纠纷预防与诉源治理：
公证理论与实务系列丛书

U0369357

中国公证的现代化

体制转型
与制度创新

廖永安　谢　蔚　主　编

夏先华　段　明　副主编

清华大学出版社

北京

本书封面贴有清华大学出版社防伪标签，无标签者不得销售。

版权所有，侵权必究。举报：010-62782989，beiqinquan@tup.tsinghua.edu.cn。

图书在版编目(CIP)数据

中国公证的现代化：体制转型与制度创新/廖永安，谢蔚主编. —北京：清华大学出版社，2023.7
（2023.11重印）

（纠纷预防与诉源治理：公证理论与实务系列丛书）

ISBN 978-7-302-64008-0

Ⅰ.①中…　Ⅱ.①廖…　②谢…　Ⅲ.①公证制度－研究－中国　Ⅳ.①D926.6

中国国家版本馆 CIP 数据核字(2023)第 121784 号

责任编辑： 李文彬
封面设计： 傅瑞学
责任校对： 薄军霞
责任印制： 沈　露

出版发行： 清华大学出版社
　　　　网　　　址：https://www.tup.com.cn, https://www.wqxuetang.com
　　　　地　　　址：北京清华大学学研大厦 A 座　　　邮　　编：100084
　　　　社 总 机：010-83470000　　　　　　　　　邮　　购：010-62786544
　　　　投稿与读者服务：010-62776969，c-service@tup.tsinghua.edu.cn
　　　　质量反馈：010-62772015，zhiliang@tup.tsinghua.edu.cn
印 装 者： 三河市东方印刷有限公司
经　　销： 全国新华书店
开　　本： 170mm×240mm　　　**印　张：** 20.5　　　**字　数：** 390 千字
版　　次： 2023 年 8 月第 1 版　　　　　　　**印　次：** 2023 年 11 月第 2 次印刷
定　　价： 98.00 元

产品编号：100187-01

国家社科基金项目
"中国式现代化视域下的诉源治理体系创新研究"(22VRC029)
的阶段性成果

纠纷预防与诉源治理：公证理论与实务系列丛书

编 委 会

顾 问：熊选国 谢 勇

总主编：廖永安 施汉生

主 任：张卫平

委 员：（按姓氏拼音排序）

蔡 勇 蔡 煜 车承军 陈 婷 段 伟 郭恒亮

李全一 刘 疆 马登科 齐树洁 苏国强 谭 曼

汤维建 王 京 王明亮 吴 振 肖建国 解庆利

詹爱萍 张 鸣 张立平 赵晋山 郑振玉 周志扬

学术秘书：张红旺 刘浅哲

纠纷预防与诉源治理：公证理论与实务系列丛书

总　序

在漫长的历史长河中，寻求自然秩序与社会秩序的和谐，始终是中华文明孜孜以求的理想目标。作为儒家思想的创始人，孔子提出了构建"无讼社会"的治理思想。历经两千多年的历史传承，这一思想逐渐融入中国社会治理的神经末梢，藉由预防纠纷减少诉讼，已经成为普遍的社会共识。进入新时代以来，习近平总书记多次强调，要推动更多法治力量向引导和疏导端用力，"完善预防性法律制度""把非诉讼纠纷解决机制挺在前面""加强诉源治理"等，这既是对中华优秀传统法律文化的理性传承，也是基于现代社会治理经验的思想升华。

法谚云："多设一家公证处，就可少设一家法院。"作为一项典型的预防性法律制度和非诉讼纠纷解决机制，公证制度凭借其证明效力、执行效力、要件效力在预防纠纷和诉源治理中扮演着极为重要的角色。一个人从出生到死亡所发生的很多行为都可以进行公证，婚姻状况、亲属关系、遗嘱继承、经济交往等不一而足。在一定程度上，可以说公证制度担当着规划国民经济社会活动的功能。不仅如此，公证制度的功能还在不断扩充，通过参与送达、取证、保全、调解、执行等方式成为法院之助手，公证与诉讼的对接成为完善多元化纠纷解决机制的重要一环，尤其是在服务知识产权发展、金融风险防控、"一带一路"建设、社会信用体系建设等国家战略中，公证制度的功能优势日益凸显。

现代意义的公证制度虽然源自欧陆，但中国古代社会经济生活中也有相应的制度替代物，例如由具有特定威望的"中人"参与民事契约缔结，实际发挥着公证证明功能。中华人民共和国成立后，中国公证制度由此开启了曲折而艰辛的探索，各地人民法院陆续开办公证业务，中间经历"文革"时期的停滞，1979 年司法部重建后，即着手恢复重建公证制度，在直辖市、省辖市、县设立公证处，代表国家办理公证业务。2000 年，以司法部《关于深化公证工作改革的方案》为标志，中国公证制度再次经历重大改革，公证机构从单一的行政体制逐渐转变为自主开展业务、独立承担责任的公益性事业体制。2005 年，中华人民共和国第一部《公证法》终于诞生，由此确立了中国特色社会主义公证制度的基本框架。截至目前，中国已有近3000 家公证机构，每年办理公证量超过 1000 万件，公证制度的作用正在日益凸显，并逐渐得到社会的广泛知晓、认可和信任。

回顾改革开放四十余年来的改革发展，我国公证制度日臻完善，公证制度的活力正在进一步释放。但我们也应当清醒地认识到，当前公证制度的改革发展仍面临着体制不畅、活力不足、理论不足、成效不彰等问题。公证制度的服务能力与新时代人民日益增长的美好生活需要仍然存在较大差距，公证行业还存在机构和人员弱化、服务供给能力不足、服务质量效率和公信力不高等问题。从国家治理体系和治理能力现代化的顶层设计出发，中国公证制度如何合理界定自己的角色，发挥其在民法典实施中的独特功能，为公民权利保护和市场经济发展做出更大贡献，已然成为未来发展所面临的新问题与新挑战。

湘潭大学法学院长期致力于调解、公证、仲裁等非诉讼纠纷解决机制的理论研究和人才培养，经过十余年的沉淀和发展，已经成为中国多元化纠纷解决机制教学研究的重镇。为了破解中国公证制度改革发展面临的困难局面，湘潭大学法学院于2021年向司法部申请设立了全国首家"司法部公证理论研究与人才培训基地"，力图通过高等院校与实务部门的协同攻关，共同推动中国公证事业的有序发展。与此同时，有感于目前我国公证理论研究十分滞后，系统成熟的理论研究成果极为匮乏，我们希望能够依托基地这个平台，凝聚全国公证领域的学术名家与实务专家，共同编写一套《纠纷预防与诉源治理：公证理论与实务系列丛书》，为开拓公证事业发展的新局面贡献些许力量。总体而言，丛书的编写将致力于实现以下几个目标。

其一，激发公证在社会治理现代化中的潜能。"法治建设既要抓末端、治已病，更要抓前端、治未病"。作为预防纠纷、减少诉讼的重要武器，公证制度在社会治理体系和治理能力现代化蕴藏着巨大的潜能。然而，由于当前我国公证制度的运行中仍然存在诸多体制机制方面的问题，公证在社会治理现代化中的潜能尚未被充分激发。为此，丛书将坚持以问题为导向，围绕当前公证制度改革发展中的基础性、全局性、前瞻性、紧迫性问题，进行广泛的调查研究和深入的理论探讨，着力破解公证发展面临的困境，积极推动公证改革实践探索，为激发公证在社会治理现代化中潜能提供更加科学有效的建议方案，让中国公证事业的发展更具动力、更有活力。

其二，推动构建有中国特色的公证理论体系。"思想是行动的先导，理论是实践的指南"。缺乏一套科学完备、契合本土的理论体系，是中国公证制度改革发展中问题丛生的重要原因。长期以来，公证理论研究并未获得学术界应有的重视，深层次、有分量的理论研究成果较为罕见，大部分研究成果是公证员基于实务工作需要而撰写，缺乏足够的思想深度和理论创新。为了打破公证理论研究被边缘化的困境，丛书将坚持理论创新导向，凝聚理论实务专家，立足本土实际，参酌国际动态,推动公证理论、公证实务与公证改革的良性互动,推动构建中国特色的公证理论体系,努力形成中国公证的学术体系、学科体系和话语体系。

其三,着力培养德才兼备的高素质公证人才。事业兴衰,关键在人。从公证事业的长远发展来看,公证人才队伍是核心要素。只有吸纳更多的优秀法律人才加入公证队伍,并充分调动公证人员的积极性,公证服务和公证品质才能提升,公证的公信力才能树立。针对当前公证队伍不稳定、公证员专业素质不强的问题,培养德才兼备的高素质公证人才是中国公证制度改革发展的当务之急。为此,丛书将坚持理论与实践相结合,国际与国内相比较的理念,着力打造一套科学、系统、规范、实用的公证教材,为中国公证的人才培养提供强有力的理论指导和体系化的培训支撑。

丛书的编写得到了司法部公共法律服务管理局的倾心指导和鼎力支持。作为清华大学出版社与司法部公证理论研究与人才培训基地共同打造的学术品牌,丛书将分别设立专著系列、译著系列、实务系列。与此同时,丛书将坚持兼容并蓄的编写理念,面向中国公证理论界和实务界广泛征集选题,只要是具备充分的学术性、思想性、创新性的研究成果,均可申请纳入本丛书进行出版。我们期望并相信,在中国公证同仁的关心、支持和积极参与下,丛书的面世能够为推动中国公证的改革发展提供理论指导,为发挥公证在社会治理和诉源治理中的功能作用提供实践参考,为构建具有中国特色的公证制度作出应有的贡献。

廖永安　施汉生

2021 年 4 月 25 日

坚持守正创新　全面激发公证事业的发展活力

代　序

　　"完善预防性法律制度"和"加强诉源治理"是习近平法治思想的重要内涵。作为一项典型的预防性法律制度,公证制度在诉源治理中扮演着极为重要的角色。为了进一步深化公证制度的理论研究和改革探索,促进全国公证行业的理论交流和实务探讨,共同推动中国公证事业的高质量发展,经过前期向社会广泛征文之后,在司法部公共法律服务局的指导下,由司法部公证理论研究与人才培训基地、湘潭大学共同主办的首届"中国公证改革发展高端专题研讨会"于2022年1月10日在湘潭成功举行。

　　本次会议着力探讨的几个议题都是当前公证事业发展过程中亟待解决的现实问题,对于公证行业的影响十分深远。会议第一单元"公证体制改革与机制优化"重点就我国机构本位的公证模式进行了反思,并在对公证权的属性予以解析的基础上,就合作制公证机构的改革进行了理论解读,对其规范发展的路径提出了真知灼见。第二单元"公证业务创新与实务发展"主要就部分公证业务的公证程序完善进行了探讨。重点结合《民法典》的相关规定,对遗嘱公证和遗赠扶养协议公证的程序规则提出了完善建议,并从公证的预防性司法制度定位出发,对未来公证法的修改建言献策。第三单元"公证程序优化与在线公证"紧密结合互联网和区块链技术的发展,深入剖析了在线公证的法理基础以及运行困境的应对策略。该单元还重点对网络赋强公证这一创新业务的程序优化进行了省思。经过一整天的热烈探讨与交流,与会者对本次会议涉及的几个主要议题有了更为深刻的认知与理解,也越来越意识到公证在当前中国社会发展中的作用潜力和今后公证事业发展的任重而道远。

　　正如习近平总书记所说,"法治建设既要抓末端、治已病,更要抓前端、治未病。我国国情决定了我们不能成为'诉讼大国'。我国有14亿人口,大大小小的事都要打官司,那必然不堪重负! 要推动更多法治力量向引导和疏导端用力,完善预防性法律制度……"。公证作为一项重要的预防性法律制度,在诉源治理和推进国家治理体系、治理能力现代化中将发挥不可或缺的作用。习近平总书记的讲话为新时代公证事业的发展指明了方向,同时也预示着中国公证事业已经迎来了蓬勃发展的大好机遇。新时代对公证事业的发展提出了新要求。面对长期以来公证事业发展与预期相去甚远的现实情况，公证行业必须坚持守正创新，把公证事业作为贯彻习近平法治思想，推进国家治理体系和治理能力现代化的重要抓手。

第一，要树立创新公证事业的发展理念。现代公证的作用不应只局限于简单的法定证明，在法院"案多人少"、诉讼弊端日益凸显的当下，公证应当积极融入国家治理体系和治理能力的现代化建设之中，从诉源治理的角度出发，充分发挥自身预防和化解纠纷的功能优势。可以说，公证功能发挥的程度，在一定层面上彰显了一个国家治理体系与治理能力现代化的水平。能把矛盾纠纷预防和化解于无形，是一个国家治理能力和治理水平的最高境界。当前，公证法律服务大多只是被动地应对社会的刚性需求，这无疑是远远不够的，公证行业还需积极主动深入服务社会经济发展的各个领域，能动地促进社会经济的高质量发展。

第二，要积极探索公证体制机制创新。从行政体制到事业体制再到合作制，公证体制改革的历史经验告诉我们，单一、僵化的公证体制机制，永远不可能全面激活公证行业的发展动力。要想充分激发公证行业的活力，就必须坚持公证体制机制模式的多元化。公证服务作为一项准公共产品，既应体现其公益性、均等性，也应体现其专业性、市场性，如此才能为社会提供多层次、个性化的特色公证服务。对于社会需求而言，既需要有普惠的公证法律服务，也要有高端的公证法律服务。要坚持公益性与市场性的有效结合，积极探索创新公证机构组织形式，建立与社会主义市场经济发展相适应的公证机构，进一步增强公证发展活力。

第三，要进一步拓宽创新公证服务领域。紧紧围绕党和国家工作的大局，发挥公证机构、公证员首创精神，充分运用公证服务、沟通、证明、监督等职能，努力满足新时代经济社会发展中多层次、宽领域的公证法律服务需求，从而有效解决当前公证服务对新型业务领域介入不够、不深的问题，进一步深化公证在服务金融、民营企业、保障"三农"、知识产权保护、司法辅助事务、家庭事务、竞技体育、突发公共事件应对等诸多领域的法律服务。

第四，要不断创新公证服务的方式方法。在不到百年的时间里，我们的国家经历了从农业文明到工业文明再到信息文明的飞速变化，当前新一轮科技革命和产业变革方兴未艾，以互联网、大数据、人工智能等为代表的数字技术向社会各领域全面渗透。为满足人民群众日渐高涨的在线服务需求，公证行业既要坚持制度创新，也要注重技术创新，实现双轮驱动，并将两者深度融合。网络赋强公证、在线公证等都是将技术创新与制度创新深度融合的有益尝试。通过加快推进数据共享，推广运用在线公证服务模式，可以为人民群众提供更加高效、便捷的公证法律服务。

以上都是今后公证事业发展过程中需要着力进行的创新与转型。未来公证法的修改如何贯彻全面依法治国背景下国家治理体系和治理能力现代化总体目标，这是新时代公证事业面临的新课题。面对当前的新形势、新挑战以及社会发展提出的新要求,公证事业必须从发展理念、体制机制、服务领域和方式方法等维度进行全面创新,坚持通过创新来激发公证事业的发展活力。毋庸置疑,公证当前在我国仍是一份前景广阔的朝阳事业。我相信随着各界对公证理论与实务研究的不断重视,我们一定能够共同推动公证服务朝着更加职业化和专业化的方向发展。我也相信只要各位公证人勇于担当,敢于作为,我们也一定能够共同推动公证事业,实现更大的繁荣与发展。

正是基于这一目标,我们从本次会议的众多成果中精心遴选出了部分优秀论文,将其汇编成书并予以出版。我们力求全面反映参与此次征文活动的各位代表的深刻见解,充分展示公证理论与实务领域的新问题、新发展、新动向和新思考。希望本书的出版,能给公证理论研究人员与实务工作者带来些许启迪。长期以来,我国公证理论研究较为薄弱,并未得到应有重视,且与公证实践的联系也不够密切,反哺公证实践发展的效果不彰。衷心希望本书的出版,能起到抛砖引玉之效,吸引更多的理论研究者与实务工作者关注公证事业,共同推动公证制度深度参与诉源治理与纠纷预防化解,从而在国家治理体系和治理能力的现代化建设进程中发挥更好、更大的作用。

廖永安

2022 年 3 月 28 日

目　录

第一编　公证体制改革的理论检视

第二编　公证制度规范的优化革新

第三编　公证业务创新的实践探索

第四编　在线公证模式的发展趋势

专题二十二 民事法律行为在线公证的风险与应对

第一编
公证体制改革的理论检视

专题一　法律责任视角下的合作制公证机构性质探讨
——从司法裁判检讨公证机构的改制

阮　啸　孙　戈 *

2021年6月司法部印发了《关于深化公证体制机制改革　促进公证事业健康发展的意见》,其提出的目标是到2022年事业体制公证机构、合作制公证机构普遍建立比较完善的管理体制和运行机制,规范执业、充满活力,领域广泛拓展、服务高质高效。在规范推进合作制公证机构建设发展方面,要求制定合作制公证机构管理办法,明确公有公益属性,对设立变更注销、加强党的建设、依据章程管理运行、产权归属、利润分配等作出规定。

一、合作制公证机构性质的理论争鸣与实践探索

本轮公证机构合作制改革正在如火如荼地进行,尽管《中华人民共和国民法典》(全书简称《民法典》)已经给法人和非法人组织的形式定了型,然而合作制公证机构最基础的定性问题仍然在理论界争论不休。从深层次来看,合作制公证机构的定性之所以众说纷纭,其根本原因在于体制问题,是对公证权的性质没有正确的认识和定性。[①] 与上一轮公证机构的合作制改革环境不同,当前公证的整体管理思路实际已发生非常大的变化。如果说上一轮的公证改革是与律师一起管理,体制方面还可以参照律所的合作制合伙制,那么现在公证被归入公共法律服务后大概率是与司法鉴定一起管理——比如2021年7月司法部《关于深化公共法律服务专业人员职称制度改革的指导意见》就表现得非常明显。公证与司法鉴定在机构

---

　* 阮啸,浙江省杭州市杭州互联网公证处支部委员、互联网业务部长;孙戈,浙江省杭州市杭州互联网公证处知识产权中心秘书长。

① 洪英:《国家治理现代化视阈下公证机构体制改革相关问题研究》,载《中国法律评论》2015年第1期。

性质上同样面临了性质多元不确定的复杂局面。尤其是涉及改制机构见证的典型案例,实际上从民事责任的方向给公证机构未来的改制敲响了警钟。

(一)合作制公证机构性质的理论争鸣

1. 法人说

汤维建认为,应将合作制公证机构定性为具有法人资格的非营利性社会服务机构。[①] 谢江东认为,合作制公证处具有经济性和公益性的双重属性,属于特别法人。[②] 刘疆虽然更倾向于将合作制公证机构定性为"捐助法人"比较有利于公证事业的发展,但其实际上在分析了"不以营利为目的的营利性机构"和"不以营利为目的的非营利性机构"等多种方案后认为是各有利弊的。 如果是合作制公证机构试点,则将公证机构定性为非营利机构,将出资性质确定为"捐资"更合理一些;如果未来进一步推进合伙制公证机构试点,则将公证机构的性质确定为"不以营利为目的的营利机构"更合理,出资的性质也应当确定为"资本金"。[③] 另外,一些公证行业内的专家也更倾向于法人说。

2. 非法人组织说

杨立新认为,可以将合作制公证机构定性为不具有法人资格的专业服务机构。[④] 孙笑侠认为,合作制公证机构与合作制律师事务所在民事主体地位上具有一致性。因此,显然不宜把合作制公证机构定位为"捐助法人",而应当定位为"非法人组织"。合作制公证机构的"非法人组织"定位,既有利于公证机构作为法律职业机构发挥公证活动的组织作用,又有助于发挥对公证人提供独立公证服务的监督作用;既体现公证机构的专业性地位,又激发公证人劳动的专业性活力。[⑤] 另外,张卫平、叶青、薛凡以及徐国栋的第一方案都更倾向于非法人组织说。

3. 其他观点

鉴于现有的公证理论与实践,任何非黑即白的方案其实都是不现实的。所以在《民法典》框架下,体制外公证机构的组织形式可选择项实际有:合作制(特别法人)、有限公司(营利法人)、特殊的普通合伙(非法人组织)、捐助法人(非营利法人)

---

① 汤维建、段明:《合作制公证机构改革的困惑与抉择》,载《中国司法》2021年第2期。
② 谢江东:《论合作制公证处的非营利性和发展方向——以〈民法总则〉营利法人与非营利法人区分为视角》,载《中国公证》2017年第11期。
③ 刘疆:《机遇和挑战:合作制公证处试点改革若干重大问题》,载《中国公证》2019年第5期。
④ 参见杨立新:《公证机构的法律性质与三种模式》,载《中国公证》2018年第1期。
⑤ 孙笑侠:《属于"非法人组织"而不是"捐助法人"——民法典视野中合作制公证机构的定性》,载"公证文选"微信公众号,https://mp.weixin.qq.com/s/TNEmtb7psjH48nhlK26EIQ,2021年4月23日最后访问。

等。徐国栋甚至还介绍了关于"中间法人"的第二方案。[①]

4. 论点小结

从目前理论层面的论述来看,对于合作制公证机构的性质大致上有"法人说"和"非法人组织说"两种比较对立的定性方案;其中行业内的专家更倾向于较为契合业务现状的"法人说",而行业外的专家更倾向于类比律师事务所等中介机构的"非法人组织说"。当然,除此两种对立说法之外,还有中间道路。当然正如刘疆所说,改革没有最好的改革方案,所有的改革方案都是妥协的产物,实践中最具可行性的方案就是最好的方案。

(二) 合作制公证机构的实践路线

1. 出资模式

经过 20 年的市场和政策的大浪淘沙,从上一批延续下来的出资模式,不仅各方面经验更为成熟,而且实际已经发展出公证机构合作制的中国特色。在这种模式下,既直接成就了全世界最大的公证机构,也间接孵化了全中国最好的公证信息化企业。而本轮获批的合作制公证机构大部分也是按照这种模式所架构,发展势头也甚是可以。

2. 捐资模式

目前,山东省已经采用"捐助法人"的方式设立了 8 家合作制公证机构。与相对市场化的"出资"模式不同,所谓"捐资"模式的公证机构通常是由多名公证员作为合作人自愿组合、捐资组建,捐资永不收回,也不继承;公证机构根据法人章程运行,自负盈亏,收益盈余主要用于公共积累,终止时的剩余财产只能归于公益。但这种改革正如业内专家所说,是由山东本地的特定政治环境所决定的;但却导致其他有些地区纷纷效仿。这些机构虽然希望成为捐助法人,甚至也有相应正式文件支持,但实际上却似又未取得对外法人牌照。

3. 各种运行模式简评

各省在管理合作制试点公证机构过程中研究出台了一些管理办法,但由于缺乏上位法的支撑,都不符合以规范性文件形式出台的要求,不利于规范管理。现行公证法律法规中没有对合作制公证机构作出明确的定义,导致其他政府部门对其性质存在认识误区或者歧义。如在税务申报时,广东省有合作制试点公证机构被

---

① 中间法人是晚近出现的概念。公益法人和营利法人的二分法不能解决一些社会团体的身份确定资格。对这种法人采用准则主义的设立方式,把它们细分为有限责任中间法人和无限责任中间法人,前者参照关于有限公司的规定,后者参照无限公司(就是合伙)的规定进行规制。尽管《中间法人法》后来被废除,但它留下的跳出营利与非营利的两极思维考察中间项的路径颇有价值,值得借鉴。

定义为"合伙性质的个体工商户",实际承担较重的税负(比照律师行业及相关鉴证类行业税收问题,湖北省税务局认为其无权认定行业性质,且否定了实行核定征收个税的办法,实际上依然未解决税务申报的根本性问题);有的合作制试点公证机构被财政部门认为性质不明,不是事业单位,不具备参与政府购买公证法律服务的竞标资格,影响了业务开拓。① 实际上另外还有一种更鲜明的体制曾经昙花一现:2000年1月,为了贯彻落实《司法部关于在深圳市进行合伙制公证处试点工作的通知》,司法部在深圳市设立了全国唯一一家合伙制试点公证处——深圳市至信公证处。但事与愿违,深圳市至信公证处在试点不到两年内便被撤销。②

多种实践路线如能并存,倒也不是坏事;但是如果完全无视《民法典》对各种情况的界分,既要求捐助,又要求非法人组织——那么一方面捐了钱,不能分红也不能继承,就算退出也分文没有;另一方面却要对改制前几十年积累下来的非本人办理的历史案件承担连带责任,就算退出也要承担连带责任。这就明显属于权利义务不对称的情况,将极大地影响公证机构的改制积极性。

二、司法裁判实务对合作制公证机构定性的影响

在办理公证过程中,公证机构或者公证人员难免会因过错给当事人、公证事项的利害关系人造成一定损失。有损失则需要相应补益,作为后果的赔偿也就不可避免了。公证处如若单单作为一个民事主体,根据民法其可承担的民事法律责任形式有:退还公证费、赔礼道歉、恢复名誉、赔偿损失以及其他应当承担的民事责任。但是在《中华人民共和国公证法》(全书简称《公证法》)中,公证民事责任就主要体现在赔偿责任上。公证赔偿是民事责任的典型具体表现。原《公证程序规则》没有规定公证民事赔偿责任。1994年以后地方公证法规出现了公证赔偿责任的规定,但未在全国实施。2000年以前,由于我国的公证机构和公证员带有国家行政机关和国家公务员的性质,发生的因公证行为引起的公证赔偿,是按照《中华人民共和国国家赔偿法》(全书简称《国家赔偿法》)的规定执行的。自2000年10月1日起,根据《关于深化公证工作改革的方案》,我国公证行业引入了民事过错赔偿制度。2001年1月1日起,为了保障公证赔偿制度的实施,中国公证员协会为全国的公证机构向保险公司投保了公证责任保险,并建立了赔偿基金,公证赔偿基金制度由此开始。③

---

① 广东省司法厅课题组:《广东省合作制公证机构试点改革的探索与启迪》,载《中国司法》2019年第8期。

② 詹爱萍:《反思与重构:〈公证法〉施行后公证体制改革述评》,载《司法改革论评》2008年第8辑。

③ 张文章:《公证制度新论》,厦门大学出版社2005年版,第80页。

（一）典型类案：改制后的合伙人需承担连带责任

万殷皓与胡瑾、刘东强等法律服务合同纠纷案是一件因法律服务合同而引起的违约损害赔偿纠纷，是一个非常典型的关于国资律师事务所办案后改制导致的合伙人担责的案例。[①] 2004 年的遗赠见证服务，因见证人之一不在场也未签字，10年后被法院认为该遗嘱不符合法定形式而不予确认。涉案遗产按照法定继承分割。遗赠受益人起诉要求赔偿损失。

法院审理认为，涉案律所经改制由为案涉遗嘱进行见证时的国资所性质变更为合伙所性质，根据《最高人民法院关于审理与企业改制相关的民事纠纷案件若干问题的规定》第 8 条关于"由企业职工买断企业产权，将原企业改造为股份合作制的，原企业的债务，由改造后的股份合作制企业承担"的规定，改制后的律所仍需为律所改制之前的债务承担责任。又因涉案律所已经依法注销，原合伙人对合伙企业存续期间的债务应承担连带责任。

本案不论是从机构主体来看，还是从业务类型来看，对于各改制的公证机构都具有非常难得的典型参考价值。机构主体从国有到合伙再到解散，也正因为改制后的合伙组织不具有法人地位，所以最终不得不让律师事务所的合伙人来对国有期间的业务承担连带责任。事实上，公证机构在这类业务更加多，而且时间跨度大，将会更加容易发生此类的责任纠纷。一方面公证人员被限薪、免费办理部分业务甚至要求捐资；另一方面却让经营者对前几十年非自己办理的业务承担连带责任，则可能是严重的权利义务不相匹配，必会严重挫伤公证从业人员的积极性。如此改革，则意义不大。在事业单位体制内，虽然有各种限制，但却是非常明确的法人组织，权利义务明确而对应。本案既涉及法律服务机构改制，又涉及机构解散，还涉及遗嘱见证业务——可以说这个案子虽然不是发生在公证机构，但几乎可以说是合作制公证机构的一个精准演习，同时也给决策制定方向提供了不得不特别注意的参考。

（二）责任现状：易定性侵权且承担较大责任

尽管目前"公证损害赔偿纠纷"案件只是民事案件中非常小的一个类型，但对于公证机构而言，却是最常遇到的纠纷之一。依据《公证法》第 43 条和最高人民法院《关于审理涉及公证活动相关民事案件的若干规定》（以下简称《公证民事案件规

[①] 详见江西省南昌县人民法院一审民事判决书(2017)赣 0121 民初 1658 号，江西省南昌市中级人民法院二审民事判决书(2019)赣 01 民终 90 号。

定》）第 1 条之规定，公证损害赔偿责任的性质为侵权责任。公证机构承担侵权责任的构成要件包括：其一，存在侵权行为，即公证机构需承担侵权责任的前提是有公证行为的存在。公证活动中，公证员和其他公证人员所实施的行为是否为公证职务行为，需依据该行为是否属于《公证法》和《公证程序规则》所规定的公证事项或事务、是否行使相应的公证职权来确定。其二，《公证民事案件规定》确立公证损害赔偿责任为过错责任原则。公证机构承担赔偿责任的缘由之一为公证人员在履行职务过程中存在过错，包括故意和过失。其三，公证机构承担赔偿责任要求公证行为造成损害后果，即公证机构因侵害公证当事人、利害关系人的权利而给其带来财产减损的后果。其四，公证行为与损害后果之间存在因果关系。

相对于其他法律服务机构还可能因违约承担相应民事责任，公证损害赔偿已被定性为了侵权责任。这种因公证所产生的责任，理论上其性质状态将决定了其责任追究方法。民事责任的产生一是基于违反法律的规定，二是基于违反合同的约定。那么，公证因业务给当事人或者利害关系人所造成损失的赔偿应该属于哪种性质的责任呢？在法国，法学界对这个问题也进行了反复的纠结与讨论。他们在违约责任与侵权责任之间形成了一元论、二元论等各种观点。其原因是公证职能本身有不明朗的地方，而两种责任本身在公证人身上皆有所体现。法国最高法院最近的判例（特别是 2008 年 1 月 23 日的判决）带来了较为确定的答案：公证人的责任主要是侵权性的。[①] 在我国，同样也存在着一些学界的争议，但一般认为将公证民事法律责任定性为一种侵权责任。一方面，申请人与公证机构之间未实际形成合同关系。合同的内容应当由当事人之间形成合意而形成，充分体现出双方当事人的意思自治；而在公证民事关系中，尽管当事人的申请应当是自愿的，但是就申请所得的结果来看申请人对于公证的大部分内容均无法与公证机构自行约定（譬如，公证事项是确定的、公证文书格式是法定的、公证收费是法定的，甚至连部分待公证文书内容往往也是由某些使用部门所指定的，等等）。另一方面，公证行为所侵害的不仅仅是相对人。公证文书作出后，其他利害关系人因信赖公证的公信力往往会产生相应的法律行为；而如果按照债权模式的相对性，那么其他因信赖公信力所造成的损失就无法得到救济。但由此造成的结果就是侵权责任通常是会较之违约责任更重。

（三）保险赔偿实务现状：大额赔偿渐增致商保难堪重负

公证执业保险制度是保险人对公证机构应当承担的民事赔偿金额和有关费用给予补偿的一种保险制度，其除了具有赔偿和分担功能外，还应具有针对公证质量

[①] ［法］让-吕克·奥贝赫：《公证人之民事责任》，唐觉译，上海人民出版社 2015 年版，第 22-24 页。

的预防和惩戒功能。2017 年,司法部办公厅关于公证执业责任保险赔偿典型案件的通报(司办通〔2017〕103 号)中的几起案件中,也非常典型地反映了一些问题。

随着人民群众的财产标的越来越大,特大案件的赔偿金额逐年增高:从十年前的一两百万一单,到近年已增长至五六百万。个别年份的保险赔付率已超过了100%。如此增长幅度,实际已给保险公司和公证机构带来了较大困扰——公证收费未增加甚至有减少的情况下,如何缴纳保险费用于应对日益增长的赔偿金额。

三、业务管理中的机构责任对公证机构改制的影响

(一)最高频的业务问题:假人假证

近几年,部分当事人冒名顶替、提交虚假证明材料等手段骗取公证书造成他人损失导致公证机构涉及民事赔偿诉讼的案件日益增多。据统计,该业务问题已经成为行政处罚和民事涉诉中最高频的问题。

从图 1、图 2 可以看出:在所有公证涉罚或涉诉的原因中,涉及"假人"(即冒用他人身份申办公证的情况)的比例最高。公证实践中如能及时发现"假人",则公证纠纷案件几乎可以减少一半。而及时发现与控制"假人"比例,其关键在于公证中需要充分提高谨慎注意意识。另外,"假人"情况的高发,也反映了我国现阶段对于冒用他人身份骗取公证文书存在着制度性缺失以及惩处力度薄弱的情况。在《刑法修正案(十一)》制定过程中,曾有人建议将第 280 条所增加的"盗用、冒用他人身

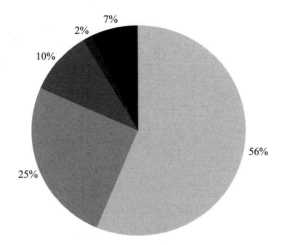

■假人56%　■假证25%　■违规收费10%　■篡改2%　■刑事犯罪7%

图 1　行政处罚中的原因分析①

① 数据系笔者 2018 年统计自司法行政(法律服务)案例库 http://alk.12348.gov.cn/。

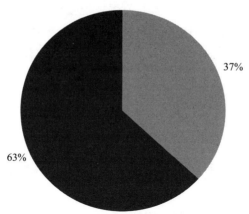

涉及"假人"37%　　■ 不涉及"假人"63%

图 2　民事涉诉中的原因分析①

份"范围扩充,但却并未得到重视。实际上,正是这些制度上的缺漏,放纵了不少有心造假的违法行为。

另外,在个别案件中过分加重公证机构的责任也是值得探讨的,比如孪生兄弟的问题:《民主与法制》杂志 2018 年 4 月 28 日以"孪生兄弟冒名抵押,公证处应担何责?"为标题报道了一起公证赔偿案件,引发不少议论。这是 2013 年发生的一起案件,即"孙幼珊与上海市东方公证处、江苏省兴化市公证处等公证损害责任纠纷案"。② 法院认为兴化市公证处在审查过程中虽尽一般审查义务,但对于此类委托公证更应该引起重视,故在本案中存在主观过失,酌定兴化公证处承担 30% 的补充赔偿责任。司法裁判过程中基于调处纠纷考虑,往往会加重公证机构的责任。

(二)最高危的业务类型:遗嘱公证

在公证损害赔偿纠纷案件中,所涉公证类型中协议、遗嘱、委托三类所占比例最高。协议或合同类公证占比最高达到 21% 是正常的,基于中国统计年鉴数据显示,协议类公证占到了全部国内公证的 22.55%(协议公证包含了买卖合同、借款合同、劳动合同、析产协议、遗赠扶养协议、夫妻财产约定、婚前财产协议等诸多类型)。同理,委托、继承、赋强公证等项目的占比虽高,但均与其基数庞大有密切关系。详见图 3、图 4。

较异常的数据是遗嘱和赠与的比例。而目前越来越多地区因限购政策影响,赠与公证数量大幅降低,随之纠纷数量也将会降低。遗嘱公证在国内公证类型中

---

① 数据系笔者 2017 年 6 月统计自中国裁判文书网 http://wenshu.court.gov.cn/。
② 详见上海市第二中级人民法院民事判决书(2017)沪 02 民终 4311 号。

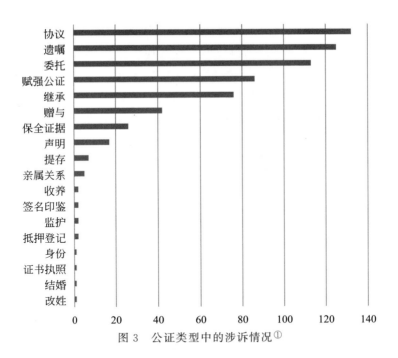

图 3　公证类型中的涉诉情况①

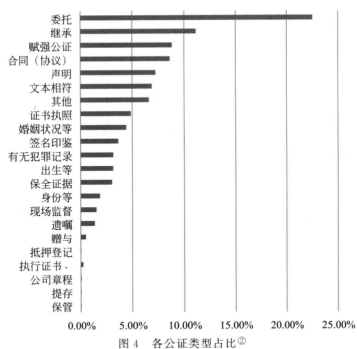

图 4　各公证类型占比②

---

① 数据系笔者 2017 年 6 月统计自中国裁判文书网 http://wenshu.court.gov.cn/。

② 数据来自中华人民共和国国家统计局编:《中国统计年鉴 2019》,载国家统计局网站,http://www. stats.gov.cn/tjsj/ndsj/2019/indexch.htm,2020 年 7 月 10 日最后访问。

的业务量通常只占到 1%～2% 的比例,但在诉至法院的纠纷类型中却占到了 20% 左右,远远大于其他同类公证的涉诉比例。究其原因,无外乎家庭财产价值增加导致家庭内部对于无偿方式转移财产情形会产生较多纠纷,其延伸至相关的法律服务领域就涉及了对公证机构的侵权求偿。

最高人民法院裁判的首个公证损害责任纠纷案件中,所涉及的公证类型也正是遗嘱——郭仲光、郭晓吾、郭晓前因与太原市城北公证处的公证损害责任纠纷,不服山西省高级人民法院(2016)晋民终 345 号民事判决,向最高人民法院提出了申请再审。[1] 虽然最高人民法院并未支持再审申请,但也从一个角度反映了遗嘱纠纷的多发性。

(三)最自伤的做法：零收费

自 2015 年开始,全国普遍开展了"免费遗嘱"公证活动。各司法行政单位纷纷将此任务摊派到各公证机构以及各公证员,并将其作为考核的内容之一。正如上文分析所述,遗嘱是所有公证业务中风险最高的业务之一。而公证保险合同中具有非常明确的约定,保险是依据所涉案件所交保费来实现的。0 收费就等于没有交保险费,而没有交保险费的话保险公司当然可以 0 赔付。如果是免费遗嘱,相当于是这单公证业务就在"裸奔"。所以,面对此类因"任务"而出现的"业务",亟需配备相应的风险控制手段。

(四)最特殊的"预防纠纷"：案件时间跨度大

公证是预防法律纠纷的第一道防线。相比于律所接受当事人委托进行代理诉讼案件或其他非诉业务而言,公证服务是公共法律服务的重要成员之一,它对于预防纠纷、加强约束、维护法制秩序发挥了不可或缺的作用。不同于人民法院的判决,公证更主要的是起到一种预防、减少纠纷的作用,而非现存争议的解决;不同于律所具体案件的代理,公证作为中立机构,在办理公证过程中不代表任何一方,没有代理期限。有鉴于此,律所等主体遇到的纷争一般在具体案件进行过程中出现,并能够依据当时出现的纷争状况及时解决,而公证机构提前分担的是大量的定纷止争功能,而待"争"真正出现时,公证案件往往已结束较长时间——如遗嘱公证引起的诉讼,自立遗嘱至遗嘱生效一般都几年甚至几十年,即公证办理至纷争出现的时间跨度巨大。

时间跨度巨大带来的最大问题则是公证保险赔偿问题,公证办理时的收费标准是依据办理时的物价水平确定的,保险的保费也与之相关,而当纷争出现时,经济发展带来的物价变化导致当时案件对应的保费将不足以填补侵权责任,这也给公证机

---

[1] 详见最高人民法院(2017)最高法民申 3746 号。

构的管理带来了不小的问题;而若公证机构改制后依然要对改制前几十年积累下来的非本人办理的历史案件承担责任,势必会对改制后的公证机构造成巨大影响。

(五) 权责脱节:限薪限费

我国公证体制在改革过程中,逐渐形成了行政体制公证处、事业体制公证处、合作制公证处并存的局面。公证机构虽然是非营利机构,但也是带有一定的经济性的,因为无论是自收自支的事业体制公证处还是合作制公证处均必须依靠业务收费以维持机构的正常运转和发展,而基于非营利性质,公证的收费又是相对低廉的。近几年,由于各级机关对公证了解不多,所以在派发任务的时候对公证只能是层层加码要求做一些减免费用的活动。而2021年《国家发展改革委、司法部关于进一步完善公证服务价格形成机制的指导意见》要求进一步降费便民,可以想见未来的公证收费还将进一步走低。收费的走低对应前文也就将导致所交保险费用会更低,那么一定会对形成积累以赔付未来的风险造成障碍。

同时,公证机构及公证人员办理公证过程中所需遵循的规则十分严格,违反相关法律及程序规则,则需依据过错责任原则承担相应的法律责任。对于公证机构而言,其在执业规则、程序、收费标准、财务管理等层层规制之下,虽更体现了公证机构的公益性和非营利性,但承担相应侵权责任时,公证案件所收取的公证费用及对应的保险费用可能存在不足以清偿的困境。那么,这就将会两个方面的问题:一个是合作人的对外连带责任,另一个是公证员的内部追偿责任。2018年的《中国公证协会关于进一步加强公证执业过错责任追偿工作的意见》(中公发〔2018〕5号)再次强调了要严格执行公证执业过错责任追偿制度。另外,2020年相关部门却又发布了"限薪"文件《司法部办公厅关于进一步完善公证机构收入分配管理机制的通知》,规定公证人员的收入不得超过一定的数额。如相应公证案件公证人员未取得相应的费用,反而在出现纠纷时需要承担相应的责任;那么对公证员尤其是合作人而言就是说,一方面要承担过重的赔偿责任,另一方面却又被限薪。权利义务的不对等必将给公证人员的队伍发展造成障碍,故而公证机构的收费及薪酬制度也是公证机构改革过程中一个亟需解决的问题之一。

四、合作制公证机构的定性及改制路径

(一) 有关合作制公证机构定性的初步结论

1. 不应存在责任叠加情况

按照薛凡的意见,依《民法典》是不可能存在既是捐助法人又是非法人组织的情形。公证机构按照刘疆的意见可以是法人，也可以是捐助法人。但捐助法人和事业单位都属于法人，不是非法人组织。不能要求公证机构既按照捐资模式成立，又不发给法人证书还要求按照非法人组织承担责任。否则两者叠加将实质上在背离司法改革的目的，将公证事业持续往低谷引导并赶公证人员继续出走——这对于整个社会治理也将产生负面影响。

2. 非法人组织形式易导致权利义务不对等

从责任上来说，非法人组织形式可能导致的合作人连带责任将难以适应目前公证业务、行政管理以及司法裁判的实际情况。尤其是改制类公证处选择非法人组织需要慎之又慎，有可能在多年之后背负几十年前的完全不属于发起人或合作人的巨额责任。

（二）优化公证机构改制的路径

第一，考虑到非法人组织对责任的承担有限，建议对部分公证机构避免按照非法人组织方式定性。如在行政命令下不得不改为非法人组织，则相关主管部门应该要考虑对现有的公证业务及司法裁判方向的调整，另外还需要配套增加收费以提高保险及赔偿基金或者增加公证员薪酬以提升其追偿时的支付能力。

第二，各部门应当在《民法典》规范下开展改制工作。如果无法取得非营利法人证书，就不应该要求捐资方式设立；如果要求捐资方式设立，就应该帮助取得非营利法人证书——而不能既不发非营利法人证书，又通过行政强制或变相强制要求必须捐资。如果强令改成既是捐助法人又是非法人组织的怪胎或者含糊其辞，从上文的案例可预见到未来司法裁判的严重后果。

如果非改为非法人组织不可，那也只能考虑新设的公证机构。对于那些承载了几十年历史案卷包袱的老公证处来说，就算在改制过程中预留几百万甚至上千万的赔偿基金可能都无法弥补未来不断增长的标的价值以及通货膨胀带来的赔偿压力，所以不建议改为非法人组织。

专题二 合作制公证机构的公有属性探究

——以集体公有解读为重点

章 勇 赵文兵[*]

2021年6月,《关于深化公证体制机制改革 促进公证事业健康发展的意见》(以下简称《意见》)经中央全面深化改革委员会审议通过,这是一份高规格的全面指导公证事业发展的政策文件。《意见》在"规范推进合作制公证机构建设发展"部分规定:"制定合作制公证机构管理办法,明确公有公益属性,对设立变更注销、加强党的建设、依据章程管理运行、产权归属、利润分配等作出规定。"此项规定纲举目张,提出了规范推进合作制公证机构建设发展的关键内容。其中,"明确公有属性"是一个重要的关注点,对于把握合作制的体制性质具有指引意义。

一、政策文件中的公有属性解读

(一)政策文件中指导思想的诠解

《意见》在总体要求部分的指导思想中明确提出,"深化公证服务供给侧结构性改革,优化事业体制公证机构运行机制,规范推进合作制公证机构建设发展","不断提高公证服务的供给总量、质量和效率"。从中可以看出:

第一,二十多年以来,一直伴随合作制改革的"试点"二字在《意见》中已经不复存在。在中国共产党中央全面深化改革委员会(简称中央深改委)审议通过的文件中明确了合作制是与事业体制并行的体制形式之一。这种"名分"的确立从某种程度来看是对合作制改革试点的肯定、对合作制体制的认可。同时,也意味着关于合作制体制的认识理解、制度构建趋于成熟,不再是边试边改、边改边试的试点过程。

---

* 章勇,安徽省六安市江淮公证处主任;赵文兵,安徽省六安市江淮公证处副主任。

那么，"明确公有属性"的提法是对合作制体制性质的政策定位，反映了当前阶段顶层设计对于公证制度的基本认识。我们有必要围绕这一政策定位、基本认识进行深入理解，以期更好地符合改革目的。

第二，公证体制机制改革更具实质内涵表述是公证服务供给侧结构性改革，体制机制改革只不过是组织形式的优化。作为写入中央深改委审议通过的文件，对于合作制改革的认识要与"我国社会主要矛盾已经转化为人民日益增长的美好生活需要和不平衡不充分的发展之间的矛盾"这一重大论断相结合，要与深化供给侧结构性改革的宏观政策相结合，并深刻理解供给侧结构性改革的内涵。如此，对于合作制体制改革而言，供给侧结构性改革既是指导方针、又是检验标准，以是否增加公证服务的队伍、增强公证服务的能力并不断提高公证服务的供给总量、质量和效率作为衡量合作制体制改革成败得失的标准。

第三，从合作制体制的具体制度构建来看，合作制改革的目标是"增强公证机构活力""综合考虑经济社会发展需求、公证行业发展等因素，规范有序推进合作制公证机构建设，激活行业发展动力"。"增强活力"和"激活动力"就是构建一套科学合理的管理体制来推动合作制改革发挥体制效能。改革不是为特定机构、特定人员带来"红利"，新的管理体制不能是"新瓶装旧酒"，不能是原有的行政、事业体制的"翻版"或"升级版"。从改革参与者、管理者的角度而言，更应该关注合作制改革中带来的新理念、新内容、新效果。改革不能走老路子，不能以行政事业体制的思维来"修修补补"地改良合作制的体制定位和内容，否则带来的结果是改革参与者止步不前，公证服务队伍建设和服务水平始终在原地打转。也因此导致公证服务总量、质量和效率与经济社会发展和人民群众需求之间的差距不断拉大。

通过上述解读，"明确公有属性"不能单独、孤立来理解，要放在《意见》的指导思想中去理解，放置在更为宽广的背景，从改革所追求的目标来理解，进而在法律框架中寻找制度构建的方案，不能带有意识偏见地理解并重蹈历史覆辙。

（二）"公有"的文义解读

《意见》中的"明确公有属性"到底是何意，"公有"并不是一个不言自明的概念，到底在何种层面上来理解"公有"二字值得推敲。

第一，公证制度是一项公有事业，其不同于一般的市场产品，而是一种公共法律服务、具有公共属性。该项制度的设立并非完全按照市场规则，而是从国家治理、社会公众需求角度出发，至于是何种产权制度、何种体制机制则是另一层面的问题。《意见》开宗明义地指出，公证制度是重要的预防性司法制度，公证服务是公共法律服务的重要组成部分。从这个角度而言，《意见》中所规定的"明确公有公益属性"是在合作制管理中对公证制度的上述预防性司法制度、公共法律服务定位的重申,这里的"公有"可以替换为"公共",与行政、事业体制公证机构的制度定位并无不同。同时,我们应认识到,公证制度公有属性的形成具有特定的历史背景、法律定位、职业规范,具有自身的规律性和特殊性,是经过国家治理考量、立法选择的一项法律制度,不管公证体制改革如何选择,公证制度的公有属性没有发生变化。在此基础上,基于公有属性、公共法律服务定位、客观中立职业定位,公证制度的职能不能随意替代,也不能随意将公证制度的职能放置在其他制度中予以兼容。

与公有属性一个相关的重要内容是公证书的效力,这是公证制度属性的直观外在体现。公证改革中的核心内容是公证体制改革,随着合作制体制的推行、合作制公证机构的不断增加,公证体制"公"的色彩逐渐淡化,那么公证效力集中呈现的载体——公证文书性质究竟该怎么定位?是否还具有"公"的属性?公文书效力是拉丁公证制度的灵魂,其蕴含的三大功能(证据效力、执行效力和确定的日期)正是拉丁公证制度生生不息、长盛不衰的根基所在。拉丁公证制度发展过程中的重要节点是,公证人书写的私人契约文书获得公文书的司法效力,以保障契约的履行并防止日后遭到任何的质疑。公证人为非讼事务制作的文书获得了等同于司法判决的公文书效力。[①] 公证制度的运行,其背后是有"公"的因素存在,或体现在其职能的取得,或体现在其目的的设定,或体现在其在国家治理体系中的安排,体制作为一种载体或形式并不是影响其"公"的属性的关键因素,公文书效力才是应予坚持的关键内容。在公证体制改革不断推进的今天,存在一种观念,似乎涉及"公"的属性的认识和做法都不符合改革趋势。强调公证文书的公文书效力具有现实意义,弱化公文书属性既与社会认知基础不符、与社会主体的心理预期存在差距,也与公证制度在法治体系中的职能不符、与公共法律服务体系设计存在差距。早在2000年《司法部律师公证工作指导司关于开展合作制公证处试点工作的通知》规定,"合作制公证处是对公证机构组织形式的变革,对公证文书的效力没有影响。公证的效力是由国家法律、法规赋予的,不是由公证机构实行什么样的机构组织形式决定的"。如此,明确公证制度的公有属性与公证书的公文书效力互为注脚,均为彼此的有力佐证。

第二,合作制公证处具有公有属性是一种公有制。那么这种公有究竟是何种意义上的公有呢?是集体所有还是国家所有?根据2000年《司法部律师公证工作指导司关于开展合作制公证处试点工作的通知》《关于设立合作制公证处的规范性意见(试行)》的相关规定:"合作制公证处由公证员(合作人)自愿组合,共同参与,其财产由合作人共有,以其全部资产对债务承担有限责任。""合作人退出公证处时,公证处应向其支付一定的退职费。""合作制公证处被终止或吊销执业证书时,

---

① 蔡勇:《解密历史文献中的公证史系列之查理曼大帝敕令》,载"律政学堂"微信公众号,https://mp.weixin.qq.com/s/jLCXK4LPiLxUD6-5qf6MVA,2022年5月1日最后访问。

应对其财产进行清算。清偿债务后的剩余财产，由合作人依照章程进行分割。"2017 年 9 月，《司法部关于推进合作制公证机构试点工作的意见》在"组织形式"中规定，"合作制公证机构由符合条件的公证员个人自愿组合，共同参与，共同出资；不要国家编制和经费，自主开展业务，独立承担民事责任，其财产由合作人共有，以其全部资产对债务承担有限责任；实行民主管理，按市场规律和自律机制运行"。时隔 17 年的两份改革文件均作出了"财产由合作人共有"的表述，可见，合作制公证机构与行政、事业体制公证机构在产权性质上的最大区别就是其不再是国有资产。

那么，在公有的范畴下理解"财产由合作人共有"至多指向集体公有，集体所有权反映了集体公有制，与《意见》明确的公有属性是相符合的。合作制公证处属于公有性质，这种公有不是国有制公有，而是集体性质的公有。合作制公证处最为核心的资产是法律赋予公证书的公文书效力、公证机构本身的公信力，以及在公证机构执业履职的公证员对形成公文书效力、公信力的贡献。合作制公证处作为非国有性质，实行独立核算，自负盈亏，依法纳税；同时，合作制公证处作为集体性质，其在扣除各项开支和税费后，从盈余部分提取一定比例的资金用于公共积累，并应当接受财务审计。如此，可以构建合作制公证机构作为集体公有的初步的实然状态。

二、新中国民法典草案中集体公有的解读

我们对一个事物的认识可以从两个方向展开：一是回望，二是远望。回望就是以历史的眼光看待事物的发展过程，历史梳理应被视为一种理解我们从哪里来、如何被塑造，并思考我们可能到哪里去的自省方式。[①] 对于合作制的集体公有，选择历史梳理同样是一种认识方式，选择新中国民法立法史[②]作为历史梳理的参考系是一种认识捷径。

《中华人民共和国民法典所有权篇》（草稿）（最初稿）（1956 年 4 月）为集体公有的合作社所有权建立起一套较为完整的规范体系。具体内容如下。

第一章"通则"中第 5 条规定："所有权分为：（一）国家所有权；（二）合作社所有权；（三）公民个人所有权。"这一规定明确了合作社所有权作为集体所有权是与国家所有权、公民个人所有权并列的一种所有权类型。

第三章"合作社所有权"中第 17 条规定："合作社是劳动人民按照自愿、互利的原则组织起来的集体经济组织。合作社的财产是劳动人民集体所有的社会主义

---

① 顾祝轩：《民法概念史·总则》，法律出版社 2014 年版，第 2 页。
② 何勤华、李秀清、陈颐编：《新中国民法草案总览》（增订本），北京大学出版社 2017 年版，第 41 页。新中国民法草案中关于合作社的规定均引自该书。

财产。合作社财产的所有人,是每一个合作社组织。"该条文既明确了合作社的集体经济组织性质,又明确了合作社产生于劳动人民。第 18 条第一款规定:"依法成立的合作社组织,对于它的生产工具、生产资料、公共建筑物、产品、商品、企业以及和它业务有关的财产,都有所有权。"该条文列举了合作社所有权的范围,体现了集体所有权的内容广泛。第 19 条规定:"农业生产合作社对社员交与合作社的土地的所有权,依照社章的规定。"农业生产合作社作为一种重要的合作社形式,在对于土地这一重要的生产资料的所有权上,将社章作为一项重要的制度规范和法律依据。第 20 条规定:"每个合作社组织都有独立的财产所有权,对它所有的财产有占有、使用和处分的权利。"该条文明确了合作社独立拥有财产所有权,进一步明确了合作社所有权的权能,与一般所有权无异。第 22 条规定:"合作社组织的财产,应该按照社章的规定,经过社员大会或社员代表大会通过和上级领导机关的批准,才能够进行处分。"本条款再次明确了社章的准据意义,并明确了社员大会或社员代表大会决议在财产处分中的程序规定。第 23 条规定:"合作社组织的财产,在转移的时候,应该按照有偿的原则进行。合作社组织从国家无偿取得的财产,只能够无偿地转移给国家。"其明确了合作社财产可以转移以及财产转移的原则。

第六章"所有权的取得和消灭"第 45 条规定:"合作社组织财产的取得,依照下列方法:(一)生产工具、生产资料、建筑物和其他财产的公有化;(二)国家的帮助;(三)根据法律或主管机关的决定;(四)扩大再生产;(五)根据买卖、赠与等民事法律行为。"该条文明确了合作社财产取得方式较为广泛,既包括公有化,又包括生产经营,还包括民事法律行为。第 52 条规定:"合作社组织财产的所有权,随着合作社组织的合并或解散而消灭。"其明确了合作社财产随着主体资格的消灭而消灭,这里存在一个有待明确的重要问题,即合作社组织财产所有权消灭后的财产归属,不知当时是朴素地认为既然来自于劳动人民、理应回归劳动人民的结论不用阐明,还是陷入公有化还是私有化之争举棋不定、有意留下空白,不管怎样,在当时的法制环境之下,未将其归于国家所有,也可以反映出立法者的认识和态度。

第七章"所有权的保护"第 58 条规定:"合作社组织的财产,在发现被人侵占的时候,合作社有权请求归还或偿还被侵占期间一切应得的利益。这种请求权不受时效的限制。"第 59 条规定:"合作社的固定资产,只有在合作社解散清理的时候,才能够用来清偿债务。合作社的公积金、公益金和其他公共积累,不允许分散或用来抵偿债务。"第 60 条规定:"合作社在经营期间,个别社员的债权人对社员的股金,不能够请求偿还。"这些规定既明确了合作社财产受到保护的权利,也对财产的处置进行了限制。①

其中，在全国人民代表大会常务委员会办公厅研究室《〈中华人民共和国民法典（草案）〉所有权篇（第五次草稿）意见汇辑》（1956 年 12 月 26 日）中关于合作社所有权相关意见如下：对于第一章通则第 1 条"财产所有权分为……（二）合作社所有权"，上海市高级人民法院的意见是第二项改为"集体所有权"，这一意见更准确地表明所有权属性。对于第 6 条"国家财产受法律特别保护……"，陕西省高级人民法院的意见是合作社与公民个人财产应受法律保护的问题，也应在该条文中一并阐明，这一意见关注集体财产受法律保护的权利保障思路。有的同志主张加上条文，"个体劳动者生产资料所有制，应当根据自愿互利的原则，通过合作化的道路，逐步转变为集体所有"。这一意见反映出集体所有源自个体劳动者的一个"出处"。对于第三章"合作社所有权"，农业部建议在本章内增加一条，说明社员个人财产和社的公共财产之间的关系。这一意见关注到个人财产和集体财产之间关系，可以说提出了一个有价值的问题，而不是"一公了之"。对于第 15 条"合作社在行使所有权的时候，必须遵守国家法律、法令，服从国民经济计划和依照社章的规定"，北京市民政局意见是因合作社财产的占有、使用、处分在社章中应有规定，所以合作社在行使所有权的时候，首先应当根据社章的规定办理。复旦大学的意见是因为合作社与国家机关或企业不同，它的活动首先是应当根据社章。这两个意见关注到社章对于合作社行使所有权的作用。

通过以上梳理，可见在 20 世纪 50 年代《民法典》立法中对于集体所有权进行了较为一贯的也较为细致的规定，这些规定直接来自苏联等社会主义国家民事立法和理论，形成了新中国早期对集体所有权的认识和立法意见，对于我们今天重读历史、研究集体所有权仍具有借鉴意义。回望历史，不至于我们今天对集体所有的认识理解和制度设计还不如 20 世纪 50 年代的所思所为。

三、合作制公证机构集体公有属性的厘定

依笔者之见，对事物的认识除了前一部分所做的回望，还应该包括远望，站在一个不宜过低也不宜过高的合适视角，选择和而不同的多重维度，不受限于固化思维，不拘泥于当下，或许会获得更接近于事物本身的认识。受专业所限，本部分的论述主要选择的是法学视角，从宪法和民法等不同的维度，并参考学者论述，对合作制公证机构的集体公有进行基本厘清。

---

① 尽管《中华人民共和国民法典所有权篇》（草稿）在 1956—1957 年间进行了多次修改，但均作了类似规定。

（一）集体公有与国家公有的异质性

在认识到集体所有也是一种公有的同时,我们应该认识到,集体所有和国家所有同为公有,但二者有明显不同。集体所有为特定群体公有,是小公;国家乃全民公有,是大公。[①] 集体所有与国家所有是两种独立的公有制类型,集体所有并不包含在国家所有之中,国家所有也不能随意改变集体所有。《宪法》第 8 条规定,国家保护城乡集体经济组织的合法的权利和利益,鼓励、指导和帮助集体经济的发展。《民法典》第 207 条规定,国家、集体、私人的物权和其他权利人的物权受法律平等保护,任何组织或者个人不得侵犯。"平等"是《民法典》较之于原《物权法》新增的立法字眼。可见,集体所有在立法表达上是不同于国家、私人所有,并受法律平等保护。合作制公证机构与行政、事业体制公证机构在产权属性上存在根本区别,前者是集体公有、产权属于集体所有,后者是国家公有、产权属于国家所有,不能动辄以公有之名,随意将合作制公证机构的财产认为是国家所有,这不符合顶层设计合作制改革的初衷,也不符合法律规定的物权保护精神,更不符合集体经济组织的自身规律。

那么,集体公有的属性如何体现? 与国家所有、私人所有的区别在哪里? 经济学教授周其仁指出,集体公有制既不是一种"共有的、合作的私有产权",也不是一种纯粹的国家所有权,它是由国家控制但由集体来承受其控制结果的一种农村社会主义制度安排。[②] 这揭示了集体公有是区别于私有与国有的产权属性,但在产权之上受"国家控制"的制度安排。宪法学者刘连泰指出,集体公有制致力于确立一个集体的目标,即一个非个人化的政治目标,它的任务不在于为个人追求特殊机会、资源和自由的状态,而在于增进作为一个整体的社会的某种普遍利益。[③] 这揭示了集体公有的制度存在目的,不是为了个别利益,而是为了普遍利益。两位学者的观点在一定意义上证成了集体公有的制度构造和制度价值,将合作制定位为集体公有是符合上述观点的。合作制是国家顶层设计的制度,目的是探索与我国政治、经济体制相适应的公证机构组织形式,为了探索更好地发挥公证制度职能作用的发展路径,它不是一种市场机制和商业组织;合作制的任务是为人民群众、法治建设、经济社会发展提供更好的公证法律服务和公证法律保障,它不是为了一部分个人的利益;合作制的运行离不开"国家控制",它的管理、业务等均要与国家政策、法律规定相符合,在公证活动中始终坚持公益性。这些都是合作制集体公有

---

① 孟勤国:《物权法如何保护集体财产》,载《法学》2006 年第 1 期。
② 周其仁:《产权与制度变迁——中国改革的经验研究》(增订本),北京大学出版社 2004 年版,第 7 页。
③ 刘连泰:《"土地属于集体所有"的规范属性》,载《中国法学》2016 年第 3 期。

属性的具体体现。

（二）集体公有是具有公有属性的私权利

集体公有是公权力还是私权利，这一问题有助于更好地认清集体公有的性质，而不是仅仅在"公有"字面上徘徊不前甚至误导认识。按照宪法学者韩秀义观点，在对"集体"的理解上，需要将其置于经济而非政治、规律而非意志、权利而非权力的场景之中。若以"分配"与"保障"来解释社会主义的内涵，那么，就能够将"集体"解释为农民自己的选择，权力也必然从"集体"中退出，这样，"集体"就是私法性质的构造物；在产权结构及功能的视角之下，"集体"实际上就是落实宪法所规定的保护私人财产、国家尊重和保障人权等内容的主体构造；若从国有产权与集体产权的关系中来理解"集体"，"集体"的功能要么是农民自助的工具，要么是农民追求更大经济利益的工具，总之，对农民自身利益维护是"集体"存在的根本宪法目的。[①] 该学者以宪法为视角，虽然以土地集体所有为论据，但是其关于集体公有的观点为我们带来启发，让我们更多地从事物发展的规律与常识的视角去认识，而不是以固有的意识思维去认识，合作制作为一种集体公有应更多从经济的、规律的、权利的角度看待，而不能过于从政治的、意志的、权力的角度对待，更不能因为对集体公有认识不当带来一些莫须有的偏见和不应承受的后果。

按照民法学者韩松观点，所有权是民法规范最根本的民事权利制度，当属私法权利。即使公法法人——公共权力机构享有的所有权也只能是一种私有权。国家与自然人都是平等的民事主体，作为所有权权利的本身，与自然人和一般法人所享有的所有权没有什么两样，都是私权利，即国家区别于自然人和一般法人利益的国家利益。既然作为民事权利的国家所有权是私法权利，那么集体所有权就更明显的是集体私有权。集体所有权不同于国家所有权，它所体现的财产利益是集体利益，不是国家利益，区别于国家利益而言集体利益是集体的私利。集体所有权的"私有权"特点，表明它与其他民事主体的民事权利在本质上是一致的，与民法的个人权利为本位的精神是一致的。各个集体所有权主体作为一个"独立"的民事主体，其所有权应受到民法的规定和保护。[②] 将集体所有定性为私权利，与公有制并不矛盾，只是放置在民法视野下的应有理解。合作制公证机构在所有权上也应是一种私权利，它既不会因为具有公有属性而优于其他民事主体的所有权，也不能因为具有公有属性而受到随意侵占。让有恒产者有恒心是从《中华人民共和国物权

---

① 韩秀义：《"集体"之宪法意涵的开掘与阐释——以"土地属于集体所有"为中心》，载《法治现代化研究》2019 年第 3 期。

② 韩松：《论集体所有权的性质》，载《河北法学》2001 年第 1 期。

法》(全书简称《物权法》)到《民法典》物权编一直坚持的理念,对于合作制公证机构在所有权层面的认识理解和制度设计应同样符合这样的理念。私权利性质,让合作制公证机构拥有民法权利,并在民法规范中具有可预期的民法权益,在法律框架下激发民事主体的创造力,与中央深改委《意见》所指明的"增强活力""激活动力"存在共通之处。

(三) 集体公有是集合个体私权利的公有

集体公有是如何产生的? 民法学者孙宪忠指出,集体所有权并不是从来就存在的权利,它是按照当时我们理解的社会主义的法思想"建立"起来的。它是 20 世纪 50 年代农民以自己的所有权入社之后才产生的。农民家庭或者个人的所有权产生在先,农民加入合作社之后才有集体,才有了集体所有权。因此,不是农民家庭或者个人的权利来源于集体,恰恰相反,而是集体的权利来源于农民家庭或个人。[①] 孙宪忠教授的论述在 20 世纪 50 年代民法草案中得以论证。孙教授进一步指出,实际上我们应该承认农民集体是一个个具体的单一农民共同的资格形成的,农民本身享有最终所有权。农民的土地承包经营权,恰恰是他们行使自己的权利的一种方式。所以农民家庭或者个人对于土地的权利,本质上是一种"自物权"。在集体公有的产生这个问题上,民法学者的观点与上述宪法学者的观点基本一致,不仅是从历史的眼光去看待,更是从解构集体公有的视角去认识和对待,将集体公有之下的集体成员的民事权利、个体权利摆在了重要的位置,集体的权利源于个体,集体的产生是个体选择的结果,个体的作用和权利不能被忽视。

如前所述,集体所有权是私权利,但又不同于一般的私权利,私权利一般是反映私有者个人利益的权利,而集体所有权是反映集体公有利益的私权利。集体所有权表明作为其客体的财产归属于一定的集体,属于全体集体成员共同所有,体现着集体成员的共同利益,它区别于集体成员的个人所有权和个人利益。虽说集体所有权主体是由全体集体成员组成的集体,离不开集体成员个人,但组成集体的成员个人在参与集体所有权的行使时并不以孤立的具体个人行使,而是作为集体人格的集体行使,集体成员个人只能为着集体利益参与所有权的行使,离开了集体他就无法享有集体所有者的利益。因此,集体所有权是集体成员公有利益的体现。[②] 2000 年《司法部律师公证工作指导司关于开展合作制公证处试点工作的通知》指出,"公证机构作为国家专门的法律证明机构,其构成的基础,是公证员及辅助人员,它首先是由人的集合组成的,其工作成果是公证员制作的公证书,是公证员智

---

① 孙宪忠:《推进农地三权分置经营模式的立法研究》,载《中国社会科学》2016 年第 7 期。
② 韩松:《论集体所有权的性质》,载《河北法学》2001 年第 1 期。

力劳动的结晶。因此，公证机构组织形式的称谓应有别于其他经济组织形式，不能使用'股份制'的提法"。由此，可以明显地得出合作制公证机构的组织形式是人合而不是资合。合作制作为集体公有，出发点在人合，落脚点依然是在公有，个体的出资、专业智慧、智力劳动是构成集体公有的重要基础，个体在执业活动中对于公证书的公文书效力、公证制度的公信力的贡献是重要资本。

（四）合作制改革中集体公有的制度权衡

以产权的视角看待合作制改革中的集体公有，该如何权衡制度设计的基本点并进而得出较为科学合理的合作制管理制度？清华大学张小军教授指出，产权改制的核心不是私有化和自由市场之类，而应该是公平配置共有产权（民权基础）和个人所有产权（人权基础），由此根据国情寻找自由市场和计划性市场、共有与个人所有产权两端之间的平衡状态。[①] 在合作制的制度设计中，过于强调"共有产权"或"个人所有产权"都是不恰当的。或者说，合作制集体公有的产权属性本身应然状态就是公平配置"共有产权"和"个人所有产权"的结果。

《全国人民代表大会常务委员会执法检查组关于检查〈中华人民共和国公证法〉实施情况的报告》在"意见和建议"部分指出，要规范有序推进合作制公证机构建设发展，抓紧制定出台合作制公证机构管理办法，明确公有公益属性和合法营利的具体制度和规则。"明确公有公益属性和合法营利的具体制度和规则"即为合作制顶层设计中的制度和规则的权衡，公有属性与合法营利二者均应考量。中国政法大学民商经济法学院谢江东深入分析论证合作制公证机构管理制度中的利润分配问题，与上述制度权衡的思路较为契合。合作制公证处采用合作的组织形式建构公证机构，具有合作的经济性和公益性，并且其比一般合作社相比更加具有公益性特点。因为普通合作社是特别社员的公益性，而公证权行使是代为行使公共职权，更加广泛和普遍，公益性要求更加严格。因此，合作制公证处公益性和经济性兼容，并且更加强调目的的公益性。合作制公证处由于本身的双重属性，应该坚持大方向上"不以营利为目的"，但是由于合作制的经济性，依然要追求利润的实现，所获盈利也应该允许适当的分配。[②] 合作制公证处不属于严格意义上的非营利法人，不能完全按照非营利法人的规范处理，同时其又不是纯粹的营利法人，不能按照公司法规范处理。作为特别法人的合作制公证处可以按照公证章程约定相应的利润分配方案，不禁止适当的利润分配，但是需要对利润分配进行必要限制，同时

[①] 张小军：《白水社区发展基金启示：共有基础上的个人所有制——兼论破解"经济学的哥德巴赫猜想"》，载《开放时代》2016 年第 6 期。

[②] 谢江东：《论合作制公证处的非营利性和发展方向——以〈民法总则〉营利法人与非营利法人区分为视角》，载《中国公证》2017 年第 11 期。

合作人退出时应该给予适当的退出费,在合作制公证机构终止时按照约定清算财产,剩余财产按照公证章程处理。基于合作制公证机构的双重属性,得出作为特别法人的合作制公证处可以按照公证章程约定进行财产处置、利润分配,这种做法符合产权制度权衡。合作制公证机构作为一种集体公有,其产生是在国家控制之下,由合作人自愿组织而成,选择"不要国家编制和经费""独立承担民事责任""以其全部资产对债务承担有限责任"等,机构的设立、注销均有严格的管理规定,章程要经过审批,服务收费要符合收费政策,既具有民事主体的特征,又具有较强的管制性,并具有合作的经济性和公益性。合作制公证机构的财产形成是建立在集体劳动(专业公证法律服务)基础上的,这种方式与传统的集体公有的机理是一致的。同时,上述公平配置"共有产权""个人所有产权"在合作制上应具有明确性,这种明确性是建立在对上述双重属性的把握,建立在合作制公证机构自身特点和财产形成机制的基础,进行的较为科学合理的界定,避免二者界定不清带来的体制机制不顺,再度回到行政、事业体制的"老问题"。

结　　论

1867 年,马克思在《资本论》中有如下一段话:"从资本主义生产方式产生的资本主义占有方式,从而资本主义的私有制,是对个人的、以自己劳动为基础的私有制的第一个否定。但资本主义生产由于自然过程的必然性,造成了对自身的否定。这是否定的否定。这种否定不是重新建立私有制,而是在资本主义时代的成就的基础上,也就是说,在协作和对土地及靠劳动本身生产的生产资料的共同占有的基础上,重新建立个人所有制。"[①]这段经典之语,给人以启迪与思考。对这段话的认识,不应该只看最后的结果,还应该看事物发展的否定之否定的过程;不应该只看"重新建立个人所有制"的结论,还应该看"在协作和对土地及靠劳动本身生产的生产资料的共同占有的基础上"的前提。反观合作制改革,在一些基本问题上还需研究论证并取得共识。集体公有是不是终极形式,是否还应该继续往前走,在治理方式上是选择法人制还是合伙制更能在法律框架下理清法律关系、构建管理制度?还是我们对集体公有的合作制解读不够深刻,看重了字面意思忽视了深层意义,想当然地认为公有与个人所有之间是矛盾对立的,而错配了二者之间的要素和数量,以致在制度设计上存在理不清捋不顺的问题。

---

① [德]卡尔·马克思:《资本论》(第 1 卷),中共中央马克思恩格斯列宁斯大林著作编译局译,人民出版社 1975 年版,第 832 页。

专题三 自收自支事业体制公证机构机制创新的困境与出路

李 智[*]

一、自收自支公证机构的改制历程

2000 年 7 月,司法部《关于深化公证工作改革的方案》(全书简称《方案》)得到了国务院批准并下发实施。《方案》要求:现有行政体制的公证处要尽快改为事业体制,人事编制、财政等相关部门要根据公证队伍发展规划和公证工作的实际需要,在编制、经费、财政税收政策等方面给予有力的保障,非财政补助收入大于支出的公证处,可以实行收入上缴办法或者企业化财务管理制度。由于司法行政机关不想改、公证机构不愿意改、公证人员对公证改革预期不明、公证改革相关配套措施欠缺等因素,行政体制公证处改为事业体制进展不明显。

到 2017 年全国公证工作会议召开时,在全国 3001 家公证机构中,事业体制 1984 家,约占总数的 66%,其中自收自支公证机构占比最高。自收自支事业单位又称为自主事业单位,是指具有生产经营性功能、稳定的经常性收入、可以抵补自身的经常性支出,但尚不具备企业管理条件的预算单位。[①] 详见表 1。

表 1 2016 年底全国事业体制公证机构拨款类型统计[②]

拨款类型	数量	占比
全额拨款	811 家	40.88%
差额拨款	220 家	11.1%
自收自支	953 家	48%

* 李智,江苏省常州市常州公证处副主任。

① 赵立波:《事业单位改革——公共事业发展新机制探析》,山东人民出版社 2003 年版,第 163 页。

② 王芳:《司法部直面公证工作改革三大问题 明确改革时间表》,载搜狐网,http://news.sohu.com/a/158271546_120078003,2022 年 7 月 15 日最后访问。

2017 年 7 月 14 日,司法部联合中央编办、财政部、人力资源社会保障部下发《关于推进公证体制改革机制创新工作的意见》,明确提出 2017 年底前,现有行政体制公证机构全部改为事业体制,对划入公益二类事业单位的公证机构要实行编制备案制、绩效工资总量核定和企业化财务管理。

公证机构由行政机关改为事业体制后,广大公证机构和公证人员坚持把公证围绕中心、服务大局、化解矛盾的实际成效,作为体现公证工作社会价值的重要标准,积极服务于重大工程招投标、招商引资、征地拆迁、城市基础设施建设、对外贸易、知识产权保护等重要领域。改制以来,自收自支公证机构在人、财、物等方面得到了自主管理权,在业务收费、办证数量、社会公益等方面都有了长足进步。2000 年改制之初全国公证收费约 11 亿元,[①]2018 年全国公证收费总计为 64.5 亿元。[②]特别是在不需要国家投入一分钱的情况下,自收自支公证机构大多购置了拥有独立产权的办公用房,向国家缴纳税收,并提供了一定数量的就业岗位。

二、自收自支公证机构机制创新的困境

(一)部分自收自支公证机构名不副实

部分行政体制公证机构改制为事业体制后,虽然名义上拨款方式是自收自支,但是实际上公证收费还是进入财政账户,实行预算管理和收支两条线,这样不彻底的改制,很难激发公证机构的活力。甚至部分自收自支公证机构机制创新出现"回头",笔者所在公证机构于 2001 年由行政机构变更为自收自支的全民事业单位。改制时明确:(1)市公证处成为执行国家公证职能、自主开展业务、独立承担责任、按市场规律和自律机制运行的公益性、非营利性的事业法人;(2)建立健全内部财务管理和核算制度,加强经费管理,实行自收自支,独立核算;(3)市公证处应当及时办理税务登记,依法纳税,不再纳入财政收支两条线的管理体制。但在 2020 年下半年,市财政部门要求笔者所在公证机构重新纳入预算管理,实行收支两条线。被纳入预算管理后,公证机构的财务管理、收入分配、业务开展等都将会面临新的问题。例如,资产购置要经过财政部门最终审批后才能购买,且周期较长,开展遗嘱、继承保全证据等公证业务必备的摄影机、照相机等设备通常是按照公证员数量进行配备,但是财政部门却规定每个单位都只能配置一台。重新回到预算管理模

---

① 参见司法部律师公证工作指导司、中国公证协会编:《公证规章汇编》(2010 年版),法律出版社 2010 年版,第 1037 页。

② 司法部公共法律服务局:《成绩可喜　未来可期——2018 年公证行业成绩单出炉》,载《中国公证》2019 年第 3 期。

式,实施严格的一般事业单位管理措施,让公证从业人员感叹"辛苦改革二十年,一夜回到解放前",公证改革成果如果没有法律、法规及时加以巩固,公证改革的成果将是脆弱的。

（二）公证机构的特殊性体现不足

与其他事业单位相比,公证机构有其特殊性。一方面,从责任承担形式上看。根据我国《公证法》规定,我国公证机构是独立承担民事责任的主体,如果因公证机构或公证员的原因过错给当事人、公证事项的利害关系人造成损失的,公证机构和公证人员要承担赔偿责任。而一般事业单位则不具备这一特点。另一方面,从公证机构开展业务情况看。一般事业单位实行收支两条线,只有一个零余额账户,但这样的规定不能满足公证机构开展业务的要求。如:提存业务是公证一项非常重要的业务,根据司法部《提存公证规则》第 8 条的规定:"公证处应当在指定银行设立提存账户,并置备保管有价证券、贵重物品的专用设备或租用银行的保险箱。"公证提存账户不能与其他账户混同,从本质而言提存账户里面的资金是属于当事人所有,如果只有一个零余额账户,提存业务则无法开展。但是,无论是 2011 年启动的事业单位分类改革还是 2020 年启动的深化事业单位改革试点工作,公证机构都是被作为一般事业单位进行对待,公证机构自身具有的特殊性无法得到体现。

（三）公证机构的人事制度僵化

截至 2018 年年底,全国 2813 家事业体制公证机构中,实行备案制的公证机构203 家,占比 7.2%(2017 年 110 家),[①]与公立医院与高等院校相比,公证机构推行编制备案制的难度要大很多。自收自支公证机构工作人员主要分为两大类:一类为在编人员,另一类为聘用制人员。在编人员按照事业单位人事制度进行管理,目前各地对于事业编制按照总量进行管理,在编人员招录程序烦琐,即使有空编、在编人员退休,编办也不一定允许招录在编人员,如笔者所在公证机构被编办定为编制招录限制单位,只有符合引进高层次人才的要求,经过批准才能够进编。对于聘用制人员的招录也要得到人社、编办、司法行政机关的批准,由于未能实现同工同酬,大多数聘用制人员都把公证机构作为跳板,一些通过公务员、事业单位招录考试进入体制内工作,一些跳槽从事律师工作,造成公证人员队伍不稳定。公证员职称制度也有待完善,一方面职称总数固定,已评上职称的公证员没有向更高一级的职称晋升,或者发生退休、调动等其他原因,就不会出现空岗,再加上公证机构专业

---

① 司法部公共法律服务局:《成绩可喜 未来可期——2018 年公证行业成绩单出炉》,载《中国公证》2019 年第 3 期。

性较强,导致公证员无法流动。因此,公证员的晋升空间严重受限。2021 年 5 月 27 日国新办举行优化公证服务更好利企便民国务院政策例行吹风会时,全国公证员人数为 13 620 人;[①]而 2000 年改革启动时,已有公证员 19 211 人。[②]

(四) 公证机构的财税负担较重

目前,自收自支公证机构是按照企业进行缴税,年收入在 500 万元以下为小规模纳税人,年收入在 500 万元以上为一般纳税人。自收自支公证机构需要缴纳的税费主要有:企业所得税、增值税、城建税、房产税、教育费附加及地方教育费附加、城镇土地使用税、工会经费、残保金等。以笔者所在公证机构为例,2019 年全年业务收入 2600 万元,各项税费大约为 400 多万元。此外,根据事业单位绩效工资的相关规定,各事业单位绩效工资水平原则上不得高于控制线,[③]如果高于控制线发放绩效工资,将按照 1:1 的比例向财政部门缴纳调节金。财税支出比例已占年收入近四分之一。且随着社会保险、公积金基数的逐年上调,自收自支公证机构的刚性支出也明显增长。自收自支公证机构还要坚持公益性属性,推出了一系列便民利民举措,如笔者所在公证机构实行标的额在 5000 元以下的小额继承免费办理、80 周岁以上老年人首次办理遗嘱免费、免费邮寄公证文书等措施,这客观上减少了公证机构的收入。公证机构属于法律服务业,主要依靠公证人员的知识和经验向当事人提供公证法律服务,增值税抵扣少。公证属于非营业性机构,即便有收益,也并非资本经营的结果,而是公证员智力劳动的成果,这与企业所得税的内涵具有本质的区别。[④] 公证机构还承担法制宣传、预防纠纷、化解矛盾等社会功能,但税收却按照企业标准缴纳,并且还要向财政部门缴纳调节金,从某种程度上负担比企业还重,造成了自收自支公证机构财税负担不合理。

(五) 公证人员的积极性不高

目前,公证从业人员压力很大,一方面,作为自收自支的事业单位,要靠公证业务收费维持公证机构正常运转;另一方面,在现行事业单位管理模式下公证人员薪酬受到严格限制。应该来说,2000 年启动的公证改革,在多劳多得、效益工资等政

---

① 《国新办举行优化公证服务更好利企便民国务院政策例行吹风会图文实录》,载中华人民共和国国务院新闻办公室官网,http://www.scio.gov.cn/32344/32345/44688/45727/tw45727/Document/1704889/1704889.htm,2021 年 9 月 24 日最后访问。

② 参见司法部律师公证工作指导司、中国公证协会编:《公证规章汇编》(2010 年版),法律出版社 2010 年版,第 1037 页。

③ 参见《国务院办公厅关于印发分类推进事业单位改革配套文件的通知》附件 7(国办发〔2011〕37 号),2011 年 7 月 14 日发布。

④ 罗厚如主编:《中国公证制度完善研究》,法律出版社 2017 年版,第 223 页。

策的推动下,公证机构收入得到了明显增长,公证员的收入相较同级公务员有一定的优势,充分调动了公证员的工作积极性。然而经过近二十年的发展,公证员的收入由于绩效工资的原因并没有随着公证处的业务收入增长而增长。公证员的收入不仅远低于律师,大多数也低于同级公务员。因此,江苏省司法厅明确要求:"要深化公证事业体制'三项机制',重点完善公证机构收入分配管理机制,协调相关党政部门在现有体制下为公证机构核定绩效工资总量争取最大政策空间,保证公证员总体收入不低于其他法律职业共同体。"[1]在目前严格的事业单位绩效工资制度下,公证员没有相对稳定的收入预期,公证机构无法引进高层次人才,公证员工作积极性难以调动。

三、自收自支公证机构机制创新的完善建议

当前自收自支公证机构机制创新工作已迫在眉睫,要按照"法定机构,自负盈亏,国家监管,照章纳税"的方向进行机制创新,[2]充分赋予公证机构自主权,考核其公益属性,促进自收自支公证机构迎来发展的春天。

(一)贯彻落实公证机构的改革举措

习近平总书记强调,凡属重大改革都要于法有据。在整个改革过程中,都要高度重视运用法治思维和法治方式,加强对相关立法工作的协调。[3] 历次公证改革的举措,都对制约公证发展的困难进行了有力回应,如果相关政策、措施都落实到位,公证行业应该会取得更大的发展,然而令人遗憾的是,不少改革举措,只是停留在纸面,并未真正落到实处。如编制制度、分配制度、财务制度等当前制约事业体制公证发展的难题,都有明确的改革举措。直到现在,相关问题不但没有明显的改革进展,甚至部分地区还出现倒退,值得相关部门重视。当前,要利用《关于深化公证体制机制改革 促进公证事业健康发展的意见》已经被中央全面深化改革委员会审议通过和全国人大常委会启动公证法执法检查的契机,对自收自支公证机构的设立、职能发挥、队伍建设、人事制度、薪酬分配等内容进行明确,协调地方党委、政府推动改革的各项要求落到实处。建议司法部同中央编办、财政部、人社部等部门,出台事业体制公证机构管理办法,以法律、法规或规章的形式对事业体制公证机构的编制、税收、财务制度、分配制度等问题加以明确,确保改革措施在地方能够贯彻落实,为公证行业长远发展打下坚实的基础。

---

① 《关于全省公证业务创新和服务优化的意见》(苏司通〔2020〕23 号),2020 年 7 月 30 日印发。

② 马越:《公证改革专家谈 公证体制改革应勇于探索法定机构体制发展前景》,载福建省司法厅官网,http://sft.fujian.gov.cn/sfyw/gzgl/ywbd/201710/t20171025_3030323.htm,2022 年 4 月 24 日最后访问。

③ 罗丹阳:《习近平:凡属重大改革都要于法有据》,载《北京青年报》2014 年 3 月 1 日,第 A03 版。

（二）适当减轻公证机构的财税负担

公证业税收制度设计要充分体现公证机构公益性、非营利性的性质。① 要完善公证行业税收政策,必须立足于公证行业定位和发展实际,加快推动完善符合公证行业特点、更加科学公平合理的税收政策,促进公证行业持续健康发展。当前,公证行业税收征管方式、公益法律支出、增值税抵扣、会计处理规定等问题,都需要司法部协调中央相关部委进行顶层设计,推动完善公证行业税收政策尽快取得实质性进展。尤其要对公证机构的运营成本、利润如何科学核算,要尽快拿出办法。公证机构作为公益性、非营利性法律服务机构,要多给予税收优惠,不能按照营利性的企业进行征税。此外,地方相关部门要充分认识公证机构在服务经济社会发展、维护社会和谐稳定等方面做出的贡献,不能在自收自支公证机构已经纳税的情况下,再征收调节金,使公证机构面临财政和税收的双重负担。

（三）提高公证员的职业保障力度

毛主席曾经说过:"政治路线确定之后,干部就是决定的因素。"对公证事业发展而言,公证员是最重要的因素,只有公证员的积极性被调动起来,并给予完善的职业保障,公证事业才会迎来光明的未来。汉密尔顿说:"对于人的本性来说,对于人的生存权有控制权,等于对人的一切有控制权。"② 针对当前公证员薪酬与付出不成比例的现状,相关部门要充分赋予公证机构薪酬分配自主权,将"对于业务发展较好、绩效考核优秀的公证机构,可以在核定绩效工资总量时给予适当倾斜"的要求落到实处,③ 根据公证行业准入条件高以及执业风险大的特点,自收自支公证机构在留足事业发展基金和赔偿基金外,可以参照法律职业共同的薪酬进行确定公证员薪酬水平,并根据实际情况定期调整。借鉴大陆法系国家做法,公证员实行限额制和终身制,让公证员不仅是一种职业,更是一种身份标志和荣誉象征。④ 改革现有公证机构专业技术岗位设置制度,没有专业技术高级岗位的公证机构要增设高级岗位。公证行业要创造条件,吸引其他法律职业队伍中的优秀法律人才进入公证队伍。此外,建议将公证员纳入公开选拔立法工作者、法官、检察官的范围,这样有利于立法、司法队伍结构优化;有利于畅通法律职业间的互换;也有利于公证员职业的发展。在保障公证员职业发展的同时,引导公证员珍惜公证职业生命,恪守公证执业理念,履行好公证职责使命,对于违法违纪的公证人员加大惩戒力

---

① 罗厚如主编:《中国公证制度完善研究》,法律出版社 2017 年版,第 223 页。

② 〔美〕汉密尔顿等著:《联邦党人文集》,程逢如等译,商务印书馆 1980 年版,第 390-391 页。

③ 《司法部、中央编办、财政部、人力资源社会保障部印发〈关于推进公证体制改革机制创新工作的意见〉的通知》(司发〔2017〕8 号),2017 年 7 月 13 日公布。

④ 参见詹爱萍:《反思与重构:〈公证法〉施行后公证体制改革述评》,载《司法改革论评》2008 年第 10 期。

度,遏制行业不正之风。

（四）提升公证机构的服务质量

自收自支公证机构要得到更好的发展,"收"是前提,因为自收自支公证机构没有任何财政投入,必须从办好每件公证事项做起,得到高质量发展。法律的产生通常要经历从习惯到习惯法再到成文法的发展过程,公证也是一样。从西方法定公证的发展脉络来看,公证的服务事项实际上先从社会的现实需要中产生,经过公证人长期的努力发展成为一种社会习惯,最后再转化为法律。[①] 要利用公证机构的专业服务力量,把与百姓生活密切相关的遗嘱、委托、继承等传统业务做精做好。在做好传统公证业务的基础上,寻求公证工作的新领域,扩大公证服务的新范围,通过不断开辟新的业务增长点,优化业务结构,在服务知识产权保护、司法辅助、金融事务等新型业务方面取得明显进步。

（五）增强公证机构的公益属性

公证机构不是社会中介组织,不同于一般的市场主体,要坚持正确的职能定位、价值取向和执业理念,不能以收费营利为执业目的,要坚持公证服务的公益属性,正确处理社会效益与经济效益的关系,始终把社会效益放在首位。体制改革在解决队伍发展、财务管理、绩效分配自主权等问题的同时,要实行不定期的以"是否片面追求盈利、是否偏离公益目标"为重点的公益性评估[②]。积极为老年人、残疾人、生活困难群众提供公益性公证法律服务,对于符合法律援助条件的给予法律援助。积极推动公证行业的减证便民工作,树立以人民中心的办证理念,深化"互联网＋"服务,扩大公证在线办理范围,推行"最多跑一次"服务,探索开展"容缺受理"公证,提高公证服务便捷度,进一步扩大公证服务覆盖面。

结　语

公证制度是一项预防性法律制度,有着"服务、沟通、证明、监督"的功能,在维护社会和谐稳定、促进经济社会健康发展中起着重要的作用。从我国公证发展阶段来看,自收自支公证机构是符合公证现阶段发展要求的,但对一些制约发展的问题要及时给予解决,更好地促进公证事业发展。在国家越来越重视公证制度的背景下,在公证同仁的共同努力下,公证事业未来可期。

---

① 刘崴：《公证价值的重构与中国公证的未来进路——一个法律文化的角度》,载《中国公证》2015年第1期。

② 杜归真：《推进事业体制公证机构改革的浙江实践》,载《中国司法》2018年第5期。

专题四　欠发达地区公证体制改革的路径选择
——以 G 省县级公证机构为例

许　璐[*]

> "不革新,是生存也为难的。"

> ——鲁迅

我国的公证体制机制改革经过数十年的艰辛探索后,仍未解决各层级、各类型公证机构面临的"卡脖子"问题,仍存在"理论不足、逻辑不畅、动力不够、成效不彰等问题"。[①] 这既有顶层设计思虑不周全,也有基层改革探索受阻、落实执行不到位等诸多原因。这一问题在欠发达地区县级公证机构显露得尤为突出,具体表现为队伍发展滞缓、职称晋升受限、执业风险高发、人员流失严重等。此类地区县级公证机构绝大多数未向合作制或合伙制转变,仍为事业体制,其中又以地方财政全额拨款为主要类型,且 1 个县级区域一般仅有 1 家公证机构。因地方经济落后、地方司法行政机关管理僵化、地方改革政策脱节等,县级公证机构的体制改革之路道阻且长。

一、疑题：欠发达地区公证体制改革的困境表象

首先,从公证行业发展情况来看,2019 年,G 省共有 14 家公证机构停业,其中县级公证机构 13 家,占比 92.86%,实际在岗办证公证员数量同比往年明显减少,约为 15%。同年,G 省出台系列政策缓解公证机构缺员问题,次年该省公证机构数及公证员数均有所回升。详见图 1。

其次,从公证人员职业发展空间来看,申请公证员一般任职要求在公证机构实

---

* 许璐,贵州省惠水县公证处主任。
① 汤维建、段明:《合作制公证机构改革的困惑与抉择》,载《中国司法》2021 年第 2 期。

图1　G省近年来公证机构数及公证员数

习满两年(具有三年以上其他法律职业经历的实习期为一年)，实习期满后，并不能直接申任公证员，更不能直接申任四级公证员(初级称职)，而是必须等到实习期满后才能报名参加全国公证员任前统一培训，培训合格后才能递交申请材料，层层审批至司法部。这与《司法部公共法律服务管理局关于进一步加强公证员考核任职工作的通知》中关于"申请考核任职的人员，可以在参加任职培训前提交申请材料"的规定相悖。这在任职时间上就远远落后于其他法律职业。以G省律师为例，公证员与律师执业条件对比如表1所示。

表1　G省公证员与律师执业条件对比

职业	实习期		是否要求通过司法考试	职前培训周期	实习期未满能否参加培训	任职审批/考核层级	审批/考核周期
	法律工作经历	时间					
公证	无	二年	是	每年一次	否	司法部	不定
	三年以上	一年					
律师	无	一年	是	每年一次	是	省级律协	每季度一次
	担任公职律师满三年	无					

因各环节的时间限制，有的公证员在实习期满后历时两年多才获得任命，而取得执业资格后，又要满足一定年限，才符合评定初级称职的时间条件。公证人员不仅在取得执业资格的时间条件上落后于律师等其他法律职业人，在专业职称评定上也远远落后于同地区其他行业，如G省气象部门评定初级称职的时间条件起算点为入职之日，而公证员则为任命之日，仅此一点，两者差距就被拉开一大截。

除了以上执业资格及职称评定条件的限制，县域公证人员的职业发展空间相较其他地区被压缩得更加狭窄。G省县域执业公证员多属事业管理岗，根据该省公证员职称评定办法的征求意见稿，职称评定仅适用于专业技术人员，如果正式文件仍把事业管理人员排除在外,那么县域公证机构要想正常健康发展,无非两个选择:一是转岗,二是改革。前者,且不论只能解一时燃眉之急,单就现状而言,部分地方并不同意现有事业管理人员转为专业技术岗,到时协商、交涉过程恐怕又是一路的心力交瘁。后者,则是要从体制的根上一劳永逸地解决问题。

再次,从公证执业风险来看,仅 2021 年公布的全国公证行业警示教育案例,2015 年 1 月至 2017 年 2 月期间,内蒙古自治区县级公证机构因未尽到审查义务、未核实当事人及其提交的证明材料真伪,为不真实的事项办理公证 56 件,湖北省县级公证机构 45 件。公证处受到了停业整顿、罚款的行政处罚,承办公证员受到了警告、罚款、停止执业、吊销公证员执业证书等不同程度的行政处罚。

可以说,体制改革的方向迈错、步子过快或过慢,都将对执业人员的个体发展前景和公证行业的整体发展趋势,带来强大的负面冲击。

二、析题:欠发达地区县级公证体制改革遇困的成因

(一)异化为地方司法行政机关内设机构

县级事业体制公证机构本应系县级司法行政机构下属的独立自主运行的单位,但实务中却被归化为司法行政机关的内设科室,"一些地方即使发一些文件,也是不痛不痒、不解决实质问题,其核心就是公证处的自主权无法落实"。[①]

欠发达地区县级事业体制公证机构大多无独立账户,无独立资金,公证机构的人员编制、工资核算、财物管理等都依托所属主管部门司法行政机关管理,所有财政拨款均混同在司法行政机关办公经费之中,再由司法行政机关自行分配使用,公证机构无力自主招聘合同制公证人员,合同制人员的工资福利均要从司法行政机关办公经费中支出。相应地,公证人员也承担了相当分量的司法行政工作。同时普遍存在公证在编人员脱产性地被县级司法行政机关抽调办公、下乡驻村等情形,如新招录的公证员助理因长期被抽调,未在公证机构在岗实习,未累积足够的公证从业经验,实习期满后依照公证员一般任职程序被司法部任命后,直接上岗独立办证,其业务能力、公证风险识别及预判能力均严重欠缺。

(二)缺乏革新意识

欠发达地区县级"司法行政机关、公证机构和公证人员对改革方向辨析不清,

---

① 霍思伊:《公证体制改革改不动,是因为不愿改——专访司法部律师公证工作指导司副司长施汉生》,载《中国新闻周刊网》2017 年第 32 期。

顾虑重重,在改革工作中裹足不前",[①]很多改革措施缺乏大刀阔斧的决心和魄力,安于长期停留在过渡期,抱着"走一步算一步"的消极心态,醉心于事业编制的稳定,既不安于工资低下,又不敢轻易走差额或合作性改革之路,害怕改革效果不佳导致既无业务来源又无财政拨款而"饿死",故瞻前顾后、停滞不前。在这种不想改、不愿改、不敢改的思想作祟下,加上客观存在的公证工作和司法行政工作的双重任务,县级公证机构的体制改革过渡期被无限延长,公务员只能在过渡期内长期继续担任公证员,加之事业编制公证员助理招录计划滞后、拖沓、人才培养缓慢,使得公证员青黄不接,直至耗到公证员退休或辞职,因缺员而停业。县级公证机构面临的批量停业问题,大大限制了县级地区公证业务拓展和创新的步伐。

以 G 省 H 县公证处为例,在 2017 年司法部等五部委《关于推进公证体制改革机制创新工作的意见》的强制性体改要求下,才赶上末班车顺利完成体改,因编制性质变更的原因,该处公证员全部选择保留公务员身份而退出公证员队伍。因无公证员支撑继续执业,该县司法局指派一名具有公证执业资格的公务员在体制改革过渡期内到该处从事公证工作,并另指派一名具有公证执业资格的公务员参与出证交叉审批(不实际参与办证和实质审查,仅做形式上的交叉审批),此后两年内未曾招录过一名事业编公证员助理,未曾招聘过一名合同制公证员,先后招入的合同制助理均在任命前辞职。截至 2021 年 8 月,该公证处始终未曾公证员。但与公证员数量呈下滑态势相反的是,该处自体改后大力对外扩展业务,承接了地方政府项目和金融机构批量案件,办证量激增,后因固守在传统业务领域,未开拓新型公证市场,其业务量增速后继无力,甚至锐减。详见图 2、图 3。

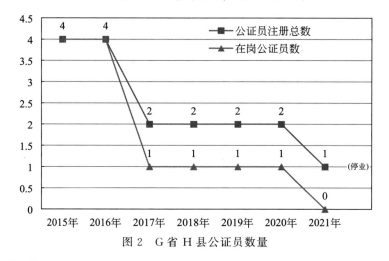

图 2　G 省 H 县公证员数量

---

① 　广东省司法厅课题组:《广东省合作制公证机构试点改革的探索与启迪》,载《中国司法》2019 年第 8 期。

图 3　G 省 H 县公证处业务量

（三）公证人才流失严重

部分欠发达省的县级机构不顾自身实际情况、不做实体调研,要么故步自封困亡在全额拨款事业单位体制内,要么好高骛远盲目跟随大流直接改制为差额拨款事业编或合作制公证机构,因激进把自己陷在"温饱线"上挣扎。

公证机构停业及新招公证员助理在培养期内辞职的现象普遍存在。已取得执业资格的公证员亦选择另谋高就,向高薪公证机构或向法官、检察官、律师职业转移,公证行业被视为"中转站"和"跳跳板"。公证人才急速流失,公证员断层、断代,县级公证机构更是陷入了"业务拓展难——公证收入低——人员流失、办证设备落后——无人力、物力支撑业务拓展"的恶性循环,2021 年新修订的《公证程序规则》施行后,无财力安装使用身份证验证机和人脸比对核对系统的公证机构比比皆是,购买使用"零跑腿"远程视频公证软件的则是寥寥无几。详见图 4。

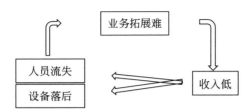

图 4　欠发达地区县级公证机构不良发展"恶循环"图例

如上所述,县级公证机构多为事业体制单位,其执业公证员又多为事业管理岗。事业管理岗无法评定专业技术职称,事业编工资收入低,职务晋升空间小,加之要承担大量公证业务以外的司法行政工作,与同级公务员尤其是享有政法津贴的司法行政公务人员相比,同工不同酬带来的不平衡感,更加剧了人才流失。

　　与行业高门槛、低收入不相匹配的,是公证执业的高风险。目前,大部分事业体制的公证机构按要求必须进驻政务服务大厅窗口办理业务,人员稀少的公证机构在保证落实"最多跑一次"、承诺当场办结公证事项数必须达到所有进驻事项的相当比例、其他公证事项办理时限必须压缩到50%以下的前提下,仍必须尽到"必要审查义务"进行调查核查,由此带来的是审查松懈,尤其是仅依赖电话核实的跨区域取证核实的公证案件,其出具有误的公证文书的数量大幅增加。

　　在金融机构小额存款免公证继承取款、不动产无争议继承过户免公证等减证便民的大趋势背景下,在无人员、无资金、无经验拓展新型公证业务的现实困难下,尚在温饱线上挣扎的欠发达地区县级公证机构要想实现"全程网办""公证首创精神""全业务、全时空公证服务"等改革目标,恐心有余而力不足。

三、解题：欠发达地区县级公证体制改革的路径选择

　　"改革是系统性纠错,公证改革是在党和国家公证改革政策引领下,对现行公证制度进行系统纠错",[①]要是实用性问题没解决好,则只会产出一系列的半成品。针对 G 省 2019 年公证机构数、公证员数明显下降的问题(图1),该省出台了《关于解决部分地区公证法律服务资源不足　提升公证服务能力的通知》,明确在深化改革的同时,要采取切实有效措施,解决当前少数公证机构因公证员短缺造成公证机构暂停执业的问题,提出发展公证员队伍、选派公证员驻点执业等措施建议,以保障县级公证法律服务的正常开展,但效果不甚明显。我国公证体制改革已历经阵痛,如今已是势在必行,欠发达地区县级公证机构"跟着狼奔豕突的盲动式改革的音乐跳舞固然不足取,抱残守缺拒斥一切制度调整也非明智",[②]要解决改革下的生存、发展问题,从根上就是要解决人、财、业务等基本性问题,根基问题解决了才能集中力量壮大队伍、开拓市场,才能高质效推进公证体制改革。

（一）设立跨区域的公证机构

　　《公证法》第 7 条规定,设立公证机构应当以"统筹规划、合理布局"为原则,且不按行政区划层层设立。欠发达地区县级公证机构一般实际在岗办证人员仅有 2 名左右,这对业务量较大的公证机构而言人员是明显不足的,而对邻县业务量较少

---

　　①　薛凡：《中国公证改革发展新阶段与公证制度的重大转型——中央深改委审议通过的深化公证改革〈意见〉解读》,载《中国公证》2021 年第 10 期。

　　②　何思明：《公证改革发展若干规律性认识》,载《中国司法》2016 年第 1 期。

的机构而言却已冗余,各公证机构在各自的困境下,单线作战,尚未形成区域联动。对此,部分相邻、相近的县级公证机构可由共同的上一级市(州)司法行政机关或共同的省(自治区、直辖市)司法行政机关牵头,整合资源,合理布局选址,合并设立为一个独立运行的跨区公证机构,被整合的原公证机构不再运行并予以注销。

跨区域的公证机构,享有独立自主的人事权和财产支配权,通过整合、优化不同地区、不同机构、不同经验的人才资源,形成资源共享、优势互补、各区域协调发展的局面。

第一,体制类型。整合后的跨区公证机构,结合各整合地的区域特点、业务量,以及合并后的整体资源和实力,因地制宜探索符合地方公证事业发展实际的体制类型,如事业体制(全额拨款、差额拨款)、合作制、合伙制公证机构。

第二,执业模式。整合后的跨区公证机构,以其设立地为主要执业场所,非设立地的其他整合地的业务办理,在与网上办证相结合的同时,指派相对固定的公证员以进驻地方政务服务大厅、公共法律服务实体平台蹲点办证、巡回公证、外出办证等灵活多样的形式开展公证业务。对于业务量较大的整合地,可视情况内设派出机构,自租场地承接业务。同时,跨区公证机构在省(自治区、直辖市)司法行政机关划定的执业区域范围内受理公证业务,对非设立地的其他整合地的不动产等属地管辖的公证事项,该跨区公证机构均有权受理。

第三,主管单位层级。整合后的跨区公证机构,因跨及两个及以上行政区域,其机构和人员实行垂直管理,直接由共同所在的市(州)或省(自治区、直辖市)司法行政部门主管。若整合后的机构为事业体制的,其编制和职称评定收归该市(州)或省(自治区、直辖市)人社部门统一负责,其办公经费由该市(州)或省(自治区、直辖市)财政直接拨款,以使公证人摆脱地方司法行政事务之累,"让公证人才专注于公证核心工作,真正把最优秀人力资源用于公证事业。"[①]

(二)增强发展公证事业的内生动力

1. 统筹整合地区资源,创新传统公证业务

跨区公证机构合理规划整合后的人员,可视公证办理流程分工的不同,分为业务线和辅助线。其中,业务线内可根据主要业务类型、公证员擅长领域等,成立遗嘱公证组、司法辅助组、知识产权组、互联网公证组、保全证据组、传统业务组(可再细分)等;辅助线内可成立公证业务受理组、材料初审组、业务承办组、调查核实组、送达组等。调查核实组承担着证明材料真伪的外出核查任务,对避免出具错证有着举足轻重的作用。

---

① 张建伟:《法律稻草人》,北京大学出版社 2016 年版,第 225 页。

随着"减证便民"政策的出台,部分传统业务正在加速萎缩,但这对政务服务工作和公共法律服务体系建设来说都是百利无害的。公证机构尤其是欠发达地区县级公证机构应当将发展重心放在非法定公证事项。如县级公证机构可以发挥区域优势,承接涉地方政府建设项目、拆迁征收项目、乡村振兴农业产链项目、摇号选房、地方企事业单位抽奖活动,以及地方金融机构和村级经济合作社所涉合同、债权文书赋强、保全等公证业务。

2. 建立对点帮扶机制,助推公证业务转型升级

"大力发展智慧公证,促进公证服务模式转变,已经成为公证行业的共识。"[①]对公证办理过程中经常出现的相关当事人无法来到现场,又不便在当地办理相关公证的情况,目前浙江、江苏等省份公证协会已出台在线公证、远程视频公证的相关规范性文件,各省会城市及部分市区的公证机构也纷纷开通在线公证、远程视频公证服务。对于欠发达地区县级公证机构,可以主动寻求优秀公证机构进行"结对帮扶"和业务交流,搭上信息资源共享的顺风车,跟上改革队伍,升级办证终端设备,优化公证业务办理方法,助推自身公证业务的转型升级。

(1)金融领域。"金融是一个高收益高风险的行业,随着市场经济的快速发展,各种金融衍生品层出不穷,金融风险问题不容忽视,公证服务恰恰可以为金融市场的健康发展和风险防控提供强有力的法律保障。"[②]其保障力的主要输出点在"公证债权文书的强制执行效力,这也是公证在金融法律服务领域的主要输出"。[③]欠发达地区县级地区所涉金融机构多为银行、农村商业银行股份公司、小额贷款公司和保险公司,证券公司、担保公司、信托投资公司和基金管理公司相对较少,县级公证机构可将金融领域业务侧重在前者的赋予债权文书强制执行效力公证,并搭配上述在线公证系统,拓展网上赋强公证业务。

(2)侦查、司法、行政执法辅助。公证参与辅助侦查、司法、行政执法活动,有两大类型。一是接受公安机关、人民法院、行政执法机关的委托,以受托人的身份参与其职能工作,公证机构的身份为广义上的公安、司法、行政执法辅助人员。二是受理当事人(公安、法院、行政执法机关)的公证申请,"以公证人员的身份对诸如送达、调解协议、查封扣押过程等情况的真实性、合法性进行证明"。[④]无论是以上哪种类型,都可以作为新形态公证业务拓展。

借鉴成都模式、鹭江模式,可以保全证据公证为依托,参与公安机关现场勘察、

---

① 杨琳:《科技赋能助力智慧公证》,载《中国公证》2021年第6期。

② 孟绍群:《拓展新型公证服务经济发展新常态》,载《法制日报》2017年7月21日,第3版。

③ 汪国标:《公证在金融领域的"三力"输出》,载《中国公证》2021年第6期。

④ 吴琳颖:《公证参与司法辅助业务执业区域问题探析》,载《中国公证》2020年第7期。

证据采集和固定、查封和扣押财产等环节,提供侦查辅助公证服务。以最高人民法院、司法部《关于开展公证参与人民法院司法辅助事务试点工作的通知》《关于扩大公证参与人民法院司法辅助事务试点工作的通知》为契机,与地方人民法院创设诉讼与公证协同服务中心,在法院调解、取证、送达、保全、执行等环节提供公证法律服务,全方位参与司法辅助事务,充分发挥公证制度职能作用。

（3）权利保护。以保全证据公证为主要内容,配置在线存证等相关办证软件,将公证业务深入到服务知识产权、名誉权、虚拟财产权、健康权等权利保护之中。具体如保全购物行为、送达行为、设备设施现状、电子数据库、互联网/APP 信息记录等。

3. 综合自身区位资源,挖掘地方特色公证业务

"公证应当超越现有业务范畴,超越于社会现状,在'法无禁止'领域研发新的法律服务。"[①]欠发达地区县级公证机构因受各方因素制约,业务创新方面在很长一段时间内都无法与业内翘楚比肩,与其筋疲力尽地追赶同类业务,不如着眼于自身地理、人口、民族、宗教、历史、文化、风俗等区位资源,另辟蹊径打造区域特色公证业务。

（1）特色化公证调解。发挥扎根基层、贴近群众、熟悉社情民意的优势,因地制宜开展公证调解业务。如在少数民族地区,结合民族特色,尊重民族善良风俗和村规民约,创新"坝坝会""祠堂会"等民族调解元素,邀请民族头人等有威望的当地人物适度参与,推出民族公证调解。在革命老区,亦可汲取红色力量,推出红色公证调解。

（2）基层群众自治事务公证。在基层选举、村（居）民大会等方面,发挥好公证作用,提供代拟法律文书、出具法律意见书、证据保全、现场监督等组合公证。

（3）介入历史遗留问题。为因历史遗留项目问题而造成购房后不动产登记难,因征地遗留问题造成的确权、继承、析产等一系列问题,因多次换届遗留未决的集体经济合同履行问题等,选取合适的角度介入,提供公证法律服务。

（三）拓宽公证员职业发展途径

1. 缩短公证员任前培训周期和任职审批时限

以四级公证员申报条件为例,人力资源社会保障部与司法部联合下发《关于深化公共法律服务专业人员职称制度改革的指导意见》（人社部发〔2021〕59 号,以下简称《意见》）所附《公证员职称评价基本标准》第 4 条第（一）项第三点指出,四级公

---

① 段伟、杨绍宏：《从供给侧改革理论中探寻公证现代化内涵》,载《中国司法》2016 年第 6 期。

证员应"具备硕士学位或第二学士学位；或具备大学本科学历或学士学位，担任公证员满1年；或具备大学专科学历，担任公证员满3年"，但实际操作中所用时间远不止此。以初级职称为例，从前文所述以 G 省气象部门为代表的行业与 G 省公证行业的对比情况不难发现，公证人员满足以上时间条件后，并不能及时取得公证员资格，过长的任前培训周期和审批任命程序，变相延长了公证员职称评定时间。缩短公证员任前培训周期、增加任前培训次数、优化任职审核任命程序，加快任命时间，急不可待。中国公证协会组织统一任前培训的时间周期可从一年一至二次增加到一年四次或以上。全国统一培训有难度的，组织培训权限可适当下放到省级公证协会。

2. 放宽专业技术职称评定标准

《意见》第 2 条第(一)项指出"公证员初级、中级、副高级、正高级职称的名称分别为四级公证员、三级公证员、二级公证员、一级公证员"，相比其他专业技术岗，同等评定条件下"公证员助理"并不能享受职称待遇(初级职称)，并且初级职称评定时间要相对慢 1 年以上。

鉴于职称评定的重要性和及时性，在坚持专业条件高要求严标准的基础上，时间条件应当缩短。考虑到欠发达地区县级公证机构的各种短板和实际困难，对其可适当放宽到基本时间条件的一半，初级职称评定的时间限制甚至可以进一步放宽至取消。评定中、高级职称和享受职称待遇不应受数量、岗位性质、职务等其他条件的限制。为避免任前培训、任职审批所需时间变相延长职称评定时间，职称取得时间应为条件符合之日。

结　语

欠发达地区县级公证机构必须走好自己的体制改革之路，不能坐以待毙，过分依赖顶层设计，不能在改革浪潮中以"被动接受者"的角色走不适合自己的别人的路，而应当积极作为，主动探索适合自己的改革之路。跨区域设立大区公证机构，能够在整合并优化各地薄弱资源的基础上，集中人、财、物拓展公证市场。同时，依靠垂直管理的模式能够拥有更加独立自主的人事权、财产支配权和考核激励权，并避免地方司法行政事务之累。

专题五　我国公证机构本位证明模式的反思与转换

——以《公证法》修订为视角

李全一*

世界上的公证制度中,有两种不同的公证证明模式,一种是公证人本位证明模式,英美法系和大陆法系的多数国家采行这种证明模式;一种是机构本位证明模式,目前只有我国等少数国家采行此种证明模式。两种证明模式各具特色,各有其制度优势,也各有其弱点。在公证法修订中,是继续坚持既有的机构本位证明模式,还是大胆改革采行公证人本位证明模式,值得探讨。

一、公证机构本位证明模式的困境

所谓机构本位证明模式,就是以机构作为公证证明的主体开展证明活动,承担证明责任的一种公证证明模式。按照我国公证法的规定,我国的公证活动采取机构本位证明模式。根据《公证法》第 6 条的规定,公证机构是依法设立,不以营利为目的,依法独立行使公证职能、承担民事责任的证明机构。在我国,公证机构是法定的公证证明主体。机构本位公证模式的主要特征有三个:一是公证证明行为由公证机构实施;二是公证证明书(公证书)由公证机构作为形式上的主体制作与出具;三是公证证明的责任由公证机构对外承担。

我国公证证明的机构本位立法模式与其他国家或地区的公证人本位立法体例形成鲜明对照。我国《公证法》第 2 条关于公证的定义中明确规定,公证是公证机构对自然人、法人或其他组织申请的法律事项予以真实性、合法性证明的活动。按此规定,从严格意义上讲,在我国大陆只有公证机构才是合法的证明主体,而公证

* 李全一,四川省公证协会副秘书长,司法部理论研究与人才培训基地特邀研究员,中国公证协会理论研究委员会委员。

员则仅为公证机构指派具体从事证明工作的人，并非证明主体。这一点，从《公证程序规则》第 5 条的规定中可以看得更加清楚。① 而在绝大多数大陆法系国家，公证的证明主体则是公证人，而并非公证机构（公证人事务所等）。如法国公证法即以公证人作为本位来设置法律关系，有关公证活动的规定均围绕着公证人而展开。《德国公证法》亦为如此，该法的第一编（全法共四编）即为"公证人"，其第 1 条明确规定："公证人是为了证明法律事实和预防纠纷而设置的独立的公职人员。"②《日本公证人法》第 1 条也开门见山直接规定的是公证人之权限，并规定公证和认证均为公证人的证明职责。我国台湾地区"公证法"第 1 条更是开宗明义地规定，"公证事务，由法院或民间之公证人办理之"。

关于我国为何要实行机构本位的公证证明模式，权威的解读认为："机构本位的立法模式是符合我国现阶段公证实际的。公证机构本位和公证人本位从本质上来说向社会提供的都是一种公信力，继续由公证机构来向社会提供证明服务，是符合整个社会的一般法律预期的。"③ 而笔者认为，立法者之所以选择机构本位的证明模式，更重要的因素可能还在于机械的公权意识在作祟。这是由于在计划经济时代，国家证明权只能由国家机关行使，公证既然是一种公权性质的证明，就是代表国家的证明，如果将此权力交予公证人个人行使，则难免与公权属性相冲突，这是其一。其二，认为机构本位证明所产生的公信力要大于个人证明所产生的公信力，易于达到"公定力"的实际效果。

诚然，在我国现阶段的国情下，机构本位的证明模式确有其不可否认的积极意义，但公证证明既然是一种国家授权性的法定证明，由谁承担证明的权利与义务，仅仅是一个立法的技术选择问题，似乎与公证证明的效力并无多少关系。法律授权公证人个人作为公证证明的主体出具的证明书，与授权机构作为证明主体出具的证明书在效力上是不会有优劣区分的。毋宁说，这只是一种制度安排，并不关涉公信力的强弱。如果一定要说机构证明的效力就自然比个人证明的效力强，那么，我国公证机构出具的公证书的证明力就应当比法国公证人出具的公证书的效力强，然而我们看到的事实却是，法国公证人出具的公证书在整个法国境内都具有强制执行力，而我国公证机构出具的公证书中，则只有公证债权文书具有强制执行力。有鉴于此，前述观点值得商榷。

机构本位公证证明模式带来的第一个问题是，公证机构在公证证明活动中处于非常尴尬的地位。在实际的证明活动中，公证员是当然的证明主体，或者说是具

---

① 《公证程序规则》第 5 条规定："公证员受公证机构指派，依照《公证法》和本规则规定的程序办理公证业务，并在出具的公证书上署名。"

② 司法部律师公证工作指导司：《中外公证法律制度资料汇编》，法律出版社 2004 年版，第 679 页。

③ 王胜明、段正坤主编：《中华人民共和国公证法释义》，法律出版社 2005 年版，第 24 页。

体证明职责的承担者，必须完成从受理、告知到审查、核实，再到公证书制作、出具，甚至直至立卷归档的全部程序性工作。同时，公证书所反映出来的证明内容，也就是对公证事项的真实性与合法性判断，也是由公证员的心证确认无疑后形成的。在整个公证证明的过程中，公证机构的证明主体作用主要体现在统一受理公证事项、统一收费，以及审批和用印权上。在这一模式下，公证机构实际上仅为躯壳上或象征意义上的证明主体，而公证员则是实质意义上的证明主体。

公证机构作为公证证明主体带来的第二个问题是，其与公证员之间的权利义务关系明显失衡。公证员作出的具体证明行为所产生的责任却由公证机构来承担，虽然法律也规定有公证员责任追究制度，但是公证员仅在具有故意或重大过失的情形下才被追究责任。这与公证证明的专家型服务和个性化服务之性质不相匹配。专家型法律服务的一个突出特征，就是服务者的权利、义务与责任相一致。但在机构本位的立法模式下，公证员的专家服务责任被明显地遮蔽于机构责任之中，使其无法得到真实的彰显。

二、机构本位模式下公证员的权利义务状况剖析

在机构本位公证证明模式下，公证员从事的具体公证证明操作实质上是一种职务行为，也就是在公证机构的统一安排下受理当事人的证明申请并从事审查核实、制作公证文书等具体的证明工作。甚至在一些规模较大、内部分工较细的公证处，一项公证事项可能还会被安排多个不同的公证人员按流程、分步骤来共同完成。显然，在这一公证证明模式下，公证员不可能直接对当事人负责，而只有对所在公证处负责的义务。公证员的权利义务都是一种内生性的关系，仅指向其所在的公证机构。笔者私下揣测，将公证机构作为公证证明主体，而把真正的公证证明主体——公证员屏蔽于事实之外，是否是受到司法审判思维的影响？

之所以作出这样的臆断，可参酌比较者大致包括：第一，在司法审判中，判决书是以人民法院的名义制发；在公证证明中，公证书由公证机构制发。第二，审判员需要在判决书上署名，公证员也需要在公证书上署名。第三，在责任承担上，审判错误的责任由法院按国家赔偿方式承担；公证证明的错误由公证机构对外承担。第四，有故意或重大过错的法官，或者有故意或重大过错的公证员均同样需要承担内部责任追究。如果这一猜测成立，则可能反映出这样一种价值伦理，即公证证明在我国是一种司法或准司法活动，属于国家公器的范畴，故而只能由国家严格控制的机构来实施，而不能旁落于个人。实际上是一种官本位思维定式的体现。

机构本位公证证明模式下的证明权利义务关系是模糊不清的。按照我国公证法规定，证明的权利义务均由公证机构——公证处享有和承担。《公证法》第6条

将其表述为公证机构的"两个独立"，即独立行使公证职能，独立承担民事责任。公证证明的所有法定程序在外观上（或者说在法律规定上）均系公证机构来完成，诸如受理、告知、审查、核实、出证、复查、救济等。在此种模式下，公证员只是"在公证机构从事公证业务的执业人员"（《公证法》第16条），其权利义务难以对等。

根据《公证法》第22条第二款对公证员的基本权利义务的规定，我国公证员的权利大致可以概括为：（1）获得劳动报酬；（2）享受保险和福利待遇；（3）提出辞职、申诉或者控告；（4）非因法定事由和非经法定程序，不被免职或者处罚。这些权利均为劳动法所规定的一般劳动者均应享有的基本权利，与其他任何一个一般劳动者在其工作单位中所享有的权利没有丝毫区别，完全没有体现出公证员作为从事专业法律服务的公证证明专家所应享有的基本证明权利。

《公证法》第22条第一款将公证员的基本义务规定为：第一，遵纪守法；第二，恪守职业道德；第三，依法履行公证职责；第四，保守执业秘密。同时，《公证法》第23条还规定了公证员的禁止性义务，这些禁止性义务主要包括：（1）不得同时在两个以上公证机构执业；（2）不得从事有报酬的其他职业；（3）不得为本人及近亲属办理公证或者办理与本人及近亲属有利害关系的公证；（4）不得私自出具公证书；（5）不得为不真实、不合法的事项出具公证书；（6）不得泄露在执业活动中知悉的国家秘密、商业秘密或者个人隐私。[1] 相对于公证员权利的规定而言，公证法关于公证员义务的规定则充分体现了公证职业的证明专家责任特色。其中，如保守执业秘密，禁止为亲属公证（回避）、不得从事有报酬的其他职业等，均为各国公证法所一致确立的公证人执业所必须遵循的基本义务。

从以上我国《公证法》对公证员义务的规定来看，其实已经从实质上将公证员视为公证证明的真正主体，只是未从权利上予以明确认可而已。正如《公证证明活动中的自由心证》一文中所指出的那样，"我国的公证证明活动，是由公证员的自主判断与公证机构的表见外观确认相统一的证明模式"。[2] 这也是为何存在公证员权利义务不对等的原因所在。有鉴于此，从权利义务平衡的法理上考量，同时也从公证证明作为一种专家型法律服务的职业特征来审视，有必要改革和完善我国现行公证证明主体制度，废除权利义务不对等的机构本位公证证明模式，以责权利明晰、权利义务对等的公证员本位公证证明模式予以取代之。

---

① 《公证法》第23条规定的禁止性义务还包括：不得侵占、挪用公证费或者侵占、盗窃公证专用物品；不得毁损、篡改公证文书或者公证档案；法律、法规、国务院司法行政部门规定禁止的其他行为。除最后一项兜底条款外，其他两项似乎应为刑法或治安处罚法规定的违法犯罪行为。

② 李全一：《公证证明活动中的自由心证》，载《中国公证》2009年第2期。

三、公证人本位证明模式契合公证法律服务的特性

我国公证制度大致有以下几个基本特征：其一，公证是一种法定证明活动；其二，公证是一项民事非诉证明活动；其三，公证的目的是确认证明对象真实合法；其四，公证文书具有社会公信力。以下，笔者通过分析来阐明个人本位公证证明模式与上述四项特征的相容性与自洽性。

（一）公证人本位与法定证明行为

所谓法定证明，就字面理解，即法律所明确规定为证明的证明。在我国的法律体系中，只有公证这一项制度被法律以"证明"的名义来予以明确界定。一是公证作为一项法定的证明权，必须是由法律所授权的人来行使。二是公证的内容法定。内容法定是指公证行为所作用的对象原则上均由法律来规定，换一个角度审视，也就是公证人的职责范围一般要由法律来设定与限制。三是公证行为的程序由法律来规定。在公证活动中，公证行为实施者需要遵循什么样的流程和规则都由法律来规定。四是公证文书的效力由法律规定。各国的公证法和民事诉讼法规定均对公证文书的效力进行了价值设定。如多数大陆法系国家均规定公证文书具有推定真实的证据效力，原则上无需经过质证即可被法院所当然采信。法定证明与个人本位公证模式的相容性，具体表现在：

首先，既然公证是一项法律授权性的证明，如前所述，法律既可以授权于某个机构，也可以授权于具备法律规定条件的某类个人。世界上除我国以外，绝大多数国家均采取直接授权符合一定法定条件的个人来行使，这些条件包括：须具备法学教育背景、须通过法定的专门资格考试、须满足一定的道德评价条件等，我国的公证法律也是这样规定的，公证员准入要件与其他国家的规定基本相同，符合个人本位证明的基础条件。其次，公证内容法定与个人本位公证行为之间同样并不会发生冲突。内容法定是说公证行为的施行者只能在法定的职务范围内实施公证行为，不能跨越这一职责范畴开展公证活动。世界上的一切社会活动都是由人来实现的，因此机构的职责权限，必然也是由人来完成的，在我国现行公证机构本位的公证模式下，公证虽然从外观上看是由公证处完成的，但就具体的个案公证活动而言，则是由公证人来实际操控的。因此可以认为，在我国公证的法定内容从本质上看都是由公证人来实施的，故而法律直接赋予公证人这些职责，比赋予机构并无多少差异。再次，公证的民事证明特征与个人本位证明之间也并不相抵牾。公证活动的作用范围一般都被限定于民商事领域，这是因为公证是一项为保护私权活动安全而设置的预防性法律制度，而私权行为均由行为人自己做主，法律在这一领域

表现出十分谦抑的一面,故而公证只能在意思自治的领地中发挥功用。公证人个人本位的证明方式,正好与私权的自治本质相协调,与之非但并行不悖,甚至还会相得益彰。最后,公证文书效力的法定性与个人本位证明之间也不会水火不相容。可资参考者,如鉴定专家的结论、勘验专家的结论等,既然公证人属于法定的民商事证明专家,其制作出来的公证书就应当享有法律规定的证明力。

(二) 公证人本位与非诉证明行为

公证的非诉证明特征主要是与诉讼证明或称司法证明相区别而言的。所谓司法证明,是指诉讼主体按照法定的程序和标准,运用已知的事实来认定案件事实的活动。[①] 公证证明与司法证明中的民事司法证明有许多相近之处,如均以中立的立场进行证明、均为法定证明、均需遵循严格的法律程序和标准、均为效力特定的证明、均为公共性质的证明,以及其证明结果均具有或部分具有执行力、二者的价值目标大体一致等。但毋庸置疑的是,两者亦存在着本质的区别。

首先,从证明的主体上来看,司法证明的主体包括司法机关、当事人、诉讼代理人和辩护人,而公证证明的主体则只有公证人(我国为公证机构)和当事人或其委托代理人,没有诉讼代理人和辩护人。其次,从证明的方式上看,司法证明一般要经过取证、举证、质证和认证四个环节,在民事诉讼中至少也要经过举证、质证和认证三个阶段。而公证证明则只有举证和审查认定两个阶段,原则上不存在质证环节。但公证证明中的咨询、代书、协调等证前证中证后事务,如根据当事人的要求办理的财产保管、产权登记、纠纷调解等综合服务,在司法证明中则不存在。第三,从证明的对象和种类来看,司法证明的对象是诉讼客体或者案件事实,而公证证明的对象则是当事人申请证明的事项,且还应当是无争议的私权事项。同时,司法证明的种类既包括民事法律关系,也包括刑事法律关系和行政法律关系,而公证证明的种类原则上仅限于民事法律关系。第四,二者在证明范围上还产生相互排斥的现象。司法证明的案件范围十分宽泛,只要是当事人起诉的争议案件,均可管辖;而公证证明的管辖范围则只能是由公证法所规定的非诉讼事项,凡进入司法证明的法律事项公证机构原则上不能涉足。

在其他大陆法系国家,公证人受理公证事务并不像我国的公证程序这样是依当事人申请而启动,而是受当事人的委托为当事人制作公证文书或对其私文书进行认证。因此公证对当事人而言,实际上是以民商事法律服务专家代理人的身份,代当事人书写属于自己的法律(如契约等)。[②] 这种由公证人代写的"法律"之所以

---

① 聂福茂主编:《证据法学》,中国人民公安大学出版社 2005 年版,第 145 页。
② 民事法律理论认为,当事人之间就相互交往所达成的契约,相当于为自己设立的法律,必须遵守。

在事实认定上具有比私人自己所写的"法律"更具真实性、合法性的效力,是因为法律赋予公证人对这类由其依职权所制作的证书以一定意义上的公平正义价值判断,"即赋予公证文书强于私署文书的效力(证明力和执行力)"。① 同时,公证人还是当事人的参谋,是法律自身配给当事人的无私的顾问。显然,要当好当事人无私的顾问,以公证人个人本位的模式运作更加符合顾问的角色定位。这就像律师担任当事人顾问一样,必须是以律师个人的身份,以忠于法律、忠于事实、忠于当事人的精神开展服务,方能受到当事人的青睐。鉴此,笔者认为,个人本位证明模式,乃是公证这一民商事非诉法律证明服务的本质要求。这一点,从近年来最高人民法院与司法部共同推行的公证参与司法辅助事务的创新探索中也能够清晰地体悟出来。公证参与法院司法辅助事务,从形式上看,是公证机构与法院的合作关系,但实质上,是法院委托公证机构的公证人以法院的名义从事送达、调解、调查取证、协助执行等事务,公证人在法院辅助事务中,是特殊的劳务提供者,并非公证机构的职务行为。基于上述分析,笔者认为,公证人个人本位的证明模式,更加与非诉证明的公证制度特性相匹配。

(三) 公证人本位与真实合法性证明原则

真实性、合法性证明是公证作为一种法定证明制度赖以存在的根基,也是其预防纠纷、减少诉讼的社会价值的根本要求。在现代公证的发源地法国,公证一词的法语原意即为对事实的"确认"。② 因此可以说,公证就是真实性、合法性证明,真实与合法性证明既是公证的出发点,也是其归属点,既是公证的基本原则,也是判断公证文书效力的具体标准。纵观大陆法系国家的公证制度价值取向,无不立基于此。如《德国公证人法》第 4 条规定:公证人应当拒绝办理与职责无关的公证,特别应当拒绝显然不合法或为达到不正当目的而申请公证的事项。同时该法第 17 条还特别规定:"公证人应当了解当事人的真实意思、澄清事实,向当事人说明公证事项所涉及的法律,在笔录中,清楚准确地记录当事人的意思表示;公证人应当避免错误和疑义。"《意大利公证法》第 47 条规定,公证人应当负责查明当事人的真实意愿。《奥地利公证人法》第 34 条明确规定,公证人对法律行为所禁止或者有足够的理由怀疑当事人为该行为仅是为了伪装、为了规避法律或为了给第三者造成损害的事项,应当不予公证。《日本公证人法》第 26 条规定:"对违反法令事项,无效的法律行为即由于没有行为能力而必须撤销的法律行为,公证人不得制作公

---

① 参见[法]让·叶戈、让佛朗索瓦·皮伊布:《公证执业法》,唐觉译,法律出版社 2008 年版,第 9 页。
② 参见王胜明、段正坤主编:《中华人民共和国公证法释义》,法律出版社 2005 年版,第 10 页。

证书。"①

关于公证的合法性审查与确认,通说认为,"是指公证机构办理公证事项的内容、形式和程序,都必须符合国家法律的规定,并不得违反社会公共利益和公序良俗"。② 具体来看,合法性包括三个方面的内涵:一是符合实体法,即待证事项的内容符合国家法律规范的规定;二是符合程序法,即公证人办理公证要根据公证法、公证程序规则等法律、法规、规章规定的程序进行;三是公证文书要符合法定的制作形式要件。例如,我国《公证法》第32条的规定:"公证书应当按照国务院司法行政部门规定的格式制作,由公证员签名或者加盖签名章并加盖公证机构印章。"《日本公证人法》第36、47条规定,公证人制作公证书须记明公证书编号、委托人住所、职业、姓名、年龄、公证书全文、制作日期、地点等。③ 只有在同时符合以上三个方面法律规定的前提下所制作的公证文书,才是充分体现了公证之合法性原则的公证文书。

公证的真实、合法证明原则是全世界公证人的一个普适性公证原则。法律赋予公证人履行真实与合法性审查、核实的义务,与赋予机构完成这一义务在本质上并无多少差别。然而,从赋予公证人或公证机构完成真实性、合法性审查和判断义务与判断失误所产生的责任承担角度审视,赋予公证人这种权力更具合理性。众所周知,现代社会的管理追求的是责权利一致原则。显然,在机构本位证明模式下,公证真实性、合法性判断失误的责任追究与实际的判断人是分离的。如按照我国《公证法》第43条的规定,公证机构及其公证人给当事人或者公证事项的利害关系人造成损失的,由公证机构承担相应的赔偿责任,而公证人只是在有故意或重大过失时,才可能被公证机构追偿。如果将公证的真实性、合法性判断直接赋予公证人,则会真正回归到责权利相一致的轨道上。从各国公证法的规定来看,公证文书错误均直接追究公证人的责任。如《日本公证人法》第79、80条规定,公证人违反职务上的义务或有品行不端的行为时,应施以惩戒。惩戒的形式包括:谴责、罚款5万日元以下、停职1年以下、职务调动、免职。④《德国公证人法》第95条至121条专门就公证人的惩戒及其程序进行了规范,惩戒的形式包括罚款、临时免职、终身免职等。有鉴于此,笔者认为,个人本位的公证模式,更加有利于公证的真实性、合法性审查落到实处,一旦违反也便于追责。

---

① 以上引述均来自于司法部律师公证工作指导司编:《中外公证法律制度资料汇编》,法律出版社2004年版,第672-1040页。

② 王公义等:《中国公证制度改革研究及国际比较》,法律出版社2006年版,第23页。

③ 参见苏国强、汤庆发、刘志云编:《域外公证法汇编》,法律出版社2015年版,第9、12页。

④ 参见上书,第21页。

（四）公证人本位与公信力生成机理

公证公信力是公证制度赖以存在和发展的根基与础石，也是体现公证价值的最佳表征与直接载体。因此可以认为，公证公信力是公证的生命线，是公证行业可持续发展的动力源泉。然而，何为公证公信力，目前理论界尚无准确界定。笔者认为，在我国国情下的法律语境中，公证公信力可以界定为：法律授权的公证证明活动所产生的，建立在真实性、合法性基础上的，由公证书为载体所体现并被当事人和社会公众所普遍认同与信赖的法定证明力与公共权威性。[①]

公证公信力的主要特征包括：第一，客观公正性。客观就是实事求是，就是真实；公正就是不偏不倚，就是公平正义。客观公正，是公证法规定的公证活动必须遵循的基本原则。客观，要求公证活动以体现真实、反映真实、固定真实为要务；而公正，其本身就是一切良法的基本价值，因而可以视为合法性要求。从这个意义上，客观公正所对应的就是公证的真实合法性原则。真实合法既是公证证明标准，又是公证行为赋予证明事项的证明意义所在。第二，程序正义性。在一切公共活动中，公正均体现于程序之中，故而理论上有所谓"只有程序正义，才能产生结果正义"之通说。在公证活动中，正是程序的正义性，才使人们切身体会到"可感知的公证公信力"和"看得见摸得着的公证公信力"。因此我们有理由相信，公信力必然伴随合法的程序而产生。按照公证法的规定，公证活动必须遵循申请→受理（告知）→审查→核实→审签→出证→立卷归档等一系列证明程序和环节。这些程序活动中，大多有当事人的直接参与和共同互动，因此其可以真切地体会到公证公平、诚信的方式与理念，也自然会真切地体认到信用的真谛，[②]从而产生出对公证正能量的认同和好感，正是在这种信赖的基础上，公证公信力得以在社会生活中生发和传播。第三，效益效率性。公证公信力的效益性和效率性特征，是指公证所产生的积极社会价值和其促进民商事交往活动安全、流畅、节约、便捷的效用性。公证作为一种预防性的法律制度，其以事前介入的方法，通过过滤交易交往中的虚假与瑕疵，避免履行中发生纠纷，从而起到保障民商事交往安全的作用。[③]因此，公证证明能够产生显著的法律效益。第四，公共权威性。公证姓"公"，这里的"公"既包含有公开、公平、公正的意味，也蕴涵着公权、公益、公道的旨趣。正是基于此，大陆法系各国都将公证活动视为准公务活动，将公证人设为准公务人员。公证制度作为一种国家法律赋权性的特有证明制度，属于公共社会资源范畴，是国家公共管理体

---

① 李全一：《公证之公信力》，载《中国公证》2007 年第 12 期。

② 根据《现代汉语词典》（1978 年版）对"信用"的解释，其第一词意，能够履行跟人约定的事情而取得的信任。

③ 李全一：《公证制度的价值取向》，载《中国公证》2008 年第 11 期。

系的组成部分。因此,公证行为所产生的社会信任必然带有公共权威的属性。

也许有人会说,正是因为公证的公信力在一定程度上来源于法律赋予公证的权威性,因此公证的这种公信力如果完全由个人来生成,是否会受到减损。但笔者认为,公证公信力的生成主要来源于三个方面:一是法律的授权,二是公证文书的使用价值,三是公证服务的便民利民。机构本位的公证服务方式在这方面的确有一定的优势,比如集中人力和物力办大事、统一调配公证资源等,但由于公证的需求基本上都存在个性化和差异性,同时公证的最终公信力主要是产生在公证文书的使用效力上,只要公证文书是由法律授权者所为,且公证法设定的公证文书制作方式与标准未被刻意减损或降低,不管是机构运行方式制作的公证书还是个人方式制作的公证书,其法律效力都会一样。因此从这个意义上讲,公证的公信力与个人本位的公证模式之间并不相悖,只要公证制度的法律本质不加以改变,公证人个人本位的公证证明模式一样能够生成公证应有的公信力。

四、非法人组织的属性定位下公证证明模式的抉择

(一)合作制公证机构的定性争论

《民法典》实施后,业内业外对我国试点已久的合作制公证机构的性质究竟应当如何定位,展开了积极的讨论。有观点认为,合作制公证机构在民法典民事主体结构体系中,应当定位为非营利法人中的捐助法人,[①]而更多的学者和业界人士则认为,合作制公证机构应当归类为非法人组织范畴。

笔者也较为赞同将合作制公证机构定性为非法人组织。按照《民法典》对民事主体的划分与界定,所谓非法人组织,就是无法人资格但能以自己的名义从事民事活动的组织。非法人组织有三个主要特征:(1)其是民事主体中的一种组织体,而不是自然人,这是非法人组织和法人的相同之处;(2)非法人组织不具有法人资格,其与法人的最大区别在于,不能独立承担民事责任,非法人组织的责任最终是由设立人或出资人承担无限连带责任;(3)与法人一样,非法人组织可以自己的名义从事民事活动,能够享有民事权利,承担民事义务。[②]

非法人组织的上述特征,与我国试点的合作制公证机构运作方式比较接近。首先,合作制公证机构作为一种公益性法律服务组织,虽徒有合作制之名,但其不是市场主体,而是服务于市场主体的公共法律服务机构,由省(直辖市、自治区)司

---

① 参见刘疆:《机遇和挑战:合作制公证处试点改革若干重大问题》,载《中国公证》2019年第5期。
② 参见张荣顺主编:《中华人民共和国民法总则解读》,中国法制出版社2017年版,第343页。

法厅(局)颁发执业证书即可从事公证证明服务,①既无法归类于非营利法人组织中的社会团体,也无法归类于特别法人中的合作经济组织。其次,作为专业从事法律服务的非营利组织,合作制公证机构的组建系由合作人出资发起成立,共同管理运营,合作人对公证处资产享有共有权,②这一特性与普通有限责任公司、事业法人、捐助法人、社会自治组织等都存在显著区别;最后,合作制公证机构以自己的名义从事公证证明和其他法律所允许的服务活动,能够享有民事权利,承担民事义务。

(二)公证人本位证明模式高度契合合作制

众所周知,合作制公证机构是进入 21 世纪以后,我国公证行业公证体制改革中主要推行的体制实现模式。合作制作为中国公证机构最先进的组织载体形式,正引领着中国公证机构体制改革的方向。目前,全国已有近 140 家公证机构改制为合作制公证处,③而更多的由事业体制转制为合作体制的公证机构也正在改革的路上。如果下一步司法部明确将合作制公证机构定性为非法人组织,那么,从非法人组织的运行机理及其责任承担方式来审视,唯有个人本位的公证证明模式能够与之相匹配。

究其原因,首先,非法人组织需要承担无限责任,这与个人本位公证模式中公证人个人权利义务对等原则相一致。无限责任也可解读为终身责任,如果公证人办错证,给当事人造成损失,则应当终身追究法律责任。其次,非法人组织的出资人或者设立人应当承担连带责任,这与个人本位的合作制、合伙制公证事务所公证人合作经营、资产共有、共同承担民事法律责任的性质相吻合。最后,非法人组织的律师事务所,采取的组建方式有两种:一种是合作制律师事务所,一种是合伙制律师事务所,但无论是合作制还是合伙制,律师从事法律服务均为个人本位。公证人与律师同为国家公共法律服务体成员,公证机构的组织模式与公证人的办证方式及其责任承担方式,完全可以比照我国律师事务所与律师的关系来设定。

---

① 司法部颁布的《公证机构执业管理办法》第 7 条规定:"设立公证机构,由省、自治区、直辖市司法行政机关审核批准。"第 21 条规定:"公证机构执业证书是公证机构获准设立和执业的凭证……公证机构执业证书由司法部统一制作。"

② 2017 年司法部《关于推进合作制公证机构试点工作的意见》规定,合作制公证机构由符合条件的公证人个人自愿组合,共同参与,共同出资;不要国家编制和经费,自主开展业务,独立承担民事责任,其财产由合作人共有。

③ 据统计,截至 2021 年 6 月,全国有 133 家合作制公证机构。参见薛凡:《中国公证改革发展新阶段与公证制度的重大转型》,载《中国公证》2021 年第 10 期。

结　语

综上，我国目前采行的公证机构本位证明模式存在诸多缺陷。公证员的公证职责被不合理屏蔽，导致权利义务不对称。公证员的主观能动性及其法律服务专家的角色特点也得不到有效彰显。同时，公证机构本位证明模式与合伙制公证机构改革存在运行机理上的抵牾，不利于新时代公证事业深化改革和可持续发展。有鉴于此，在修订《公证法》时，应当摒弃机构本位的公证证明模式，积极推行公证人本位的公证证明模式。

第二编
公证制度规范的优化革新

专题六　我国公证制度定位的新解与归正

——兼论《公证法》第 2 条、第 6 条的修订

陈　军　吴俊南[*]

引　言

现行《公证法》颁布于 2005 年 8 月,出于"给今后公证机构体制改革和探索新的组织形式留下空间"的立法考量,[①]在第 2 条和第 6 条中作出了将公证定义为证明活动、将公证机构定性为证明机构的立法选择。但我们可以发现,无论是从追溯历史渊源的角度来看,还是从回应现代治理需求的角度来说,这两个条文局限性明显、适应性不足。具体表现在以下两个方面:第一,我国公证的概念仅仅限定在司法证明范围内,这与公证制度的立法本意及其实际功能作用是否存在偏差? 第二,如果仍将我国公证机构的性质理解为不以营利为目的的证明机关,是否与当前公证行业的改革趋势相违背?

究其根源,一方面,公证起源于代书人而非证明人,仅将公证或公证机构定位为证明或证明机构,这是对公证本质认识不足。另一方面,随着国家治理体系和治理能力现代化建设的深入,国家已经作出了"公证制度是重要的预防性司法制度"的顶层设计,民众需要综合性公证法律服务而非一纸证明的需求日益明显,亟需立法回应。面对历史遗留的老问题和国家、社会提出的新需求,值此《公证法》修改契机,笔者想就《公证法》第 2 条和第 6 条的具体修改路径提出一些个人浅见,以期对推动公证行业实现健康科学发展有所裨益。

---

　　* 陈军,福建省厦门市鹭江公证处党委副书记、副主任;吴俊南,福建省厦门市鹭江公证处党委委员、副主任。

　　① 《公证法》审议过程中很多同志提出应当明确公证处的性质,主要有三种观点:一是将公证处定性为事业法人,二是认为公证处是法律服务机构,三是将公证处定为社会中介组织。后来经多次研究,这三种观点都没有被采纳。参见司法部律师公证工作指导司:《中华人民共和国公证法讲话》,中国青年出版社 2005 年版,第 1-3 页。

一、公证制度定位的溯源诠析

探究公证概念与公证机构的性质，应正首先本清源，通过历史溯源，了解公证制度的立法本意，把握公证制度的内在含义。

（一）公证人是无私的顾问

众所周知，中国没有公证传统，公证制度与现代法律制度一样都是舶来品。外来的公证制度至今尚未得到社会大众的切实认可，业界也尚未深刻领会到公证的实质。[①] 因此，要真正把握公证的内涵，必须追根溯源，从全球现代公证制度发展史的角度加以探析。

现代公证制度，又称拉丁公证制度，其起源于古罗马的代书人制度，即具备法律知识的人负责拟定法律文件，提供法律咨询。由此可见，公证制度的本质倾向于提供法律服务，而公证人扮演着法律顾问这一角色，旨在从源头上防范纠纷的发生。1803 年 3 月 16 日，全球现代公证制度发展史上发生了一件具有划时代意义的重大事件，法国颁布了《风月法令》（又称《法国公证组织法》），标志着世界上首个系统完整的公证法律体系的建立。法国的国务顾问里亚皮（Real）当时就此部法律作了立法说明，阐明了公证制度的基本内涵以及公证人的职业价值。里亚皮所作的立法说明中有句至理名言——公证人是当事人无私的顾问。里亚皮还提到，公证人是当事人自由意志的捍卫者，他们的职责是防止昔日情同手足的人们蓦然反目成仇，并及时熄灭贪婪者心头燃起的欲望之火。[②]《风月法令》作为第一部公证法，确定了公证人的法律地位。公证人通过提供法律咨询、代为起草法律文书等公证法律服务，防患于未然，进一步规范社会关系，维护社会安定团结。

因此，从全球现代公证制度的历史起源来看，公证员的职责一开始便不是证明。设立公证人的法律意义在于赋予其更严肃、更崇高的角色，法律将他们看作是当事人的无私的顾问。同时，设立公证制度的价值在于预防纠纷，而证明仅仅是实现这一制度价值的方式之一。

（二）公证人是非讼领域的法官

在大陆法系中，自古就有"法官将非讼领域的部分裁判权让渡给公证人行使"

---

① 参见刘懿彤：《德国公证的立法取向》，载《比较法研究》2008 年第 1 期。
② 参见［法］让·叶戈、让·佛郎索瓦·皮伊布：《公证执业法》，唐觉译，法律出版社 2008 年版，第 9-10 页。

的历史，①因此，公证人历来就被赋予"非讼领域的法官"地位，具有疏减讼源的重要作用。在古罗马后期，作为公证人前身的代书人除了代为起草法律文书，还在法院担任典册掌理员，并在很长一段时间依附于法院。② 此外，公证案件在历史上就属于法院的非讼案件，罗马时期的非讼案件就包括公证案件。在欧洲 13 世纪时，法国国王圣路易自己负责诉讼案件，而非讼案件的裁判权则过渡给王室公证人。由此可见，公证与法院两者间具有同根同源的关系，公证人担任"非讼领域的法官"在一定程度上能够缓解司法审判体系的压力。③

随着时代发展，德国、法国等国家也逐渐将非讼领域的部分案件裁判权让渡给公证机构，并赋予公证人更广泛的"非讼领域的法官"职权。譬如，德国于 2013 年审议通过《部分非讼管辖权移交公证人法》，将遗产法院的部分职权移交给公证机构，极大地缓解了法院的审理压力。④ 2016 年，法国对离婚制度进行改革，特别规定了离婚协议只有经过公证人审查存档之后，才具有执行力。⑤

由此可见，在公证制度的发展历程中，公证人被称为"非讼领域的法官"有史可考。公证人被赋予的非讼职能对减轻当今法院的司法审判压力、提高司法效率仍有可借鉴之处。

二、公证制度定位的时代新解

随着国家治理现代化的推进，公证概念和公证机构性质也应与时俱进，应赋予其新的内涵，以满足新时代人民群众日益增长的公证法律服务需求。

（一）公证制度是重要的预防性司法制度

"多设立一个公证处，就可以少设立一个法院。"拉丁公证体系的这句格言生动地阐述了公证在预防纠纷方面无可比拟的优势，公证能够预判到社会风险并及时采取防范措施，减少纠纷的发生。当今社会，公证是国家为了稳定社会秩序，维护财产和交易的安全，预防纠纷，保障社会大众的合法权益而设立的一项重要的预防性司法制度。⑥

---

① 参见吴剑飞：《论民法典时代公证的变革》，载《中国公证》2021 年第 2 期。
② 参见吉松祥：《公证文书应当体现非讼事件的确认思维》，载"公证文选"微信公众号，https://mp.weixin.qq.com/s/R0ODRhGh6ZBpx0ApL4oBDg，2021 年 9 月 16 日最后访问。
③ 参见《中外公证发展史上的"公证——法院"同根同源》，载《中国公证》2018 年第 7 期。
④ 参见袁治杰：《德国〈部分非讼管辖权移交公证人法〉解析》，载《中国公证》2015 年第 5 期。
⑤ 参见蔡勇：《法国修改民法典——公证人可替代法官处理协议离婚案件》，载《中国公证》2016 年第 12 期。
⑥ 参见江晓亮：《公证实务指南》，中国社会科学出版社 1993 年版，第 2 页。

国家也十分重视公证活动在社会经济中预防纠纷的作用。2021 年 6 月,司法部印发经中央全面深化改革委员会审议通过的《关于深化公证体制机制改革 促进公证事业健康发展的意见》中,首句便明确指出公证制度是重要的预防性司法制度。该文件强调了公证制度的预防性价值,提出公证应充分发挥预判和防范社会风险的作用。当前,公证已经全面深入参与到经济建设、社会治理的各个方面,公证机构应肩负起为市场经济的平稳运行和社会秩序的和谐稳定保驾护航的重任,公证人作为公证法律服务的提供主体,更应该在进一步推动司法体制改革、创新社会治理中砥砺前行。

"预防胜于治疗",公证作为现代化治理体系的重要组成部分,具有防微杜渐、定纷止争的作用,是我国社会主义法治建设中第一道不可攻破的防线。

(二) 公证制度是社会纠纷多元化解的基础性司法资源

随着我国经济社会的快速发展以及人民法治观念的提升,公证的传统"唯证明论"观点已经与时代发展所要求的综合性公证法律服务理念背道而驰。同时,在法院面临"案多人少"以及司法效率不高的双重办案压力下,公证机构深度介入多元化纠纷解决机制迫在眉睫。

从政策层面来看,鼓励公证机构积极探索参与多元化解决纠纷路径,在我国早已由来已久。2000 年,经国务院批准司法部印发的《司法部关于深化公证工作改革的方案》中提出,公证机构要改革单一证明的工作方式,努力拓展公证业务领域,积极提供综合性、全方位的非诉讼性法律服务。可见,公证机构不能仅仅局限于证明职能,应以更加开放的视野来看待公证的发展前景。

近年来,最高人民法院也出台相关文件,肯定公证对深化多元化纠纷解决机制的重要作用,认为其是社会多元化纠纷解决的基础性司法资源。2016 年 6 月 29 日,最高人民法院发布《关于人民法院进一步深化多元化纠纷解决机制改革的意见》,明确鼓励公证机构介入保全证据、保全财产、强制执行等司法环节,赋予公证机构司法助手的功能,同时支持公证机构在家事、商事等领域提供调解服务或公证法律服务。同年 9 月,最高人民法院出台《关于进一步推进案件繁简分流优化司法资源配置的若干意见》,进一步提出应充分发挥行政机关、仲裁机构、公证机构等主体在预防纠纷和化解矛盾中的作用,打造诉讼与非诉讼合理衔接闭环。2017 年 6 月,最高人民法院与司法部联合发布《关于开展公证参与人民法院司法辅助事务试点工作的通知》,更进一步明确"公证活动可以为人民法院审判和执行工作提供裁判依据……公证制度具有服务、沟通、证明、监督等功能,是社会纠纷多元化解决的基础性司法资源,可以成为人民法院司法辅助事务的重要承接力量。"

三、契合现代公证制度定位的《公证法》修订建议

如上所揭,公证自古罗马时期诞生于代书制度以来,公证人的基础职责就多元而丰富,行使以国家信赖力量为背景的司法证明活动只是公证被赋予的职能之一,公证还存在如代书、提供咨询、法律服务等多项职责与社会功能,具有预防纠纷、疏减讼源等功能作用。但这些在我国《公证法》第 2 条和第 6 条中并未得到体现,相反,在这两个条文中,一方面,公证被定义为证明,公证机构被定性为证明机构,造成"公证＝证明"的误解深深地烙印在社会和我国公证人的心中,"坐堂办证""拿证来证"现象备受诟病,公证职能的发挥也不够;另一方面,第 6 条规定,公证机构"不以营利为目的",很多人直接将这一表述与"不能营利"划等号,公证行业发展举步维艰,公证改革方向也受此影响而犹疑不定。有鉴于此,笔者将针对《公证法》第 2 条与第 6 条的修改展开进一步的论述,并对这两条的修改提出具体修改建议。

(一)关于第 2 条的修改意见

笔者认为,目前我国《公证法》第 2 条中对公证的定义与现代公证的内涵存在较大的差异。从上文所述来看,公证拥有丰富内涵,作为"准司法制度",公证制度拥有多元功能,除证明外,公证人在经济发展、社会治理和国计民生中还具有更大的功能作用,一方面,可以成为企业和民众民(商)事交往的信用平台、民(商)事活动的安全交易平台;另一方面,也可以成为行政机关依法行政的依据,人民法院、仲裁机构依法裁判的依据。[①] 因此,公证制度的设计,既应当体现国家追求的"预防纠纷,疏减讼源",实现社会和谐稳定的目标,又要能够为有需求的社会成员提供专业、公正的法律服务。但我国《公证法》第 2 条将公证的概念限定在司法证明的范围内,也并未体现公证在我国作为中立第三方的立场,这与公证在实践中的角色作用和职能发挥存在偏差之处,应当进行修改。笔者认为存在以下两种修改方案:

1. 不予定义:删除我国现行《公证法》第 2 条

一种方案是在《公证法》中回避公证定义的问题,不设置专门法条对公证定义进行阐述,直接对公证的其他问题进行具体规定。这虽与我国在开头对核心概念进行定义的传统立法习惯不一致,但由于公证本身的特殊性,在《公证法》中不对公证进行定义也不失为一个良策。

在我国的法律体系中,按一般的立法习惯通常会在一部法律的开头部分对本

---

① 参见苏国强:《公证的职能诉求——"两个平台、两个依据"》,载《中国公证》2013 年第 5 期。

法的核心概念进行定义，这种方式能够开宗明义，在开头部分明确本法的制定目的、调整对象等。但这种进入法律的概念的内容通常已经被确定，或已形成统一意见。而在我国，关于公证的定义始终在讨论中，至今未形成一个通说的结论。如果在《公证法》中直接将公证定义为证明活动，公证的其他如咨询、代书等内涵无法在概念中体现，难免引起诸多争端与不便，也不利于公证的日后发展。

纵观世界各国对公证的有关立法，其他拉丁公证国家通常倾向于不对公证进行概念界定，直接跳过这一部分进入具体的规定，如法国、德国、西班牙、日本等国，以减少或回避在立法层面关于公证概念的争议。我国于 2003 年 3 月加入了拉丁公证联盟，在《公证法》中回避对公证定义的表述，已有先例可以借鉴，且通过其他拉丁公证国家的公证法律实践可以发现，在公证法律体系中回避对公证的定义对整个公证法体系的完整性影响较小，在原有法律体系中需要通过定义条文进行明确的内容，可以通过其他的条款予以补足。

综上，可以考虑在《公证法》中删去第 2 条关于公证定义的表述以避免公证立法与实践明显脱节，为日后公证行业的发展留下空间。

2. 修改原有定义：以"列举＋等"方式概括公证内涵

第二种方案为保留我国《公证法》中关于公证概念定义的安排，但对内容进行修改，改为"列举＋等"方式概括公证内涵。这种做法既能够满足我国对法条排列的传统立法习惯，在《公证法》中体现公证的定义，又能够尽可能地将现阶段公证的内涵概括，避免法律规定与实践相脱节的困境；同时借助"等"，为日后公证的改革和新发展留有余地。与此同时，由于法律需要稳定性，这就意味着公证立法不可能时刻跟随公证实践的最新变化而修改《公证法》中对公证的定义，因此，通过"列举＋等"的方式概括公证内涵，有助于在维持法律稳定性的同时为未来公证的新发展留有空间，避免出现法律阻碍公证发展的情况，也能够最大程度地体现出公证"预防纠纷、疏减讼源"的功能定位。

综上，《公证法》第 2 条具体条文表述建议为：公证是公证机构根据自然人、法人或者非法人组织的申请，基于法律授权，依照法定程序，行使包括代书、证明、契约保管、契约执行、证据固定、当事人顾问、非讼领域的法官、法律服务等预防性司法职能的活动。

（二）关于第 6 条的修改意见

《公证法》第 6 条主要体现的是我国对公证机构的定义及性质的理解，根据该条规定，公证机构被定义为"依法设立，不以营利为目的，依法独立行使职能、承担责任的证明机构"。这就意味着公证具有不以营利为目的的特征。但一直以来，关于公证机构"不以营利为目的"这一表述保留与否颇有争议。自 20 世纪 80 年代《中华人民共和国公证暂行条例》出台,围绕着公证机构的组织形式与性质定位的争议就此消彼长,至今尚未得出统一的通说作为结论,在《公证法(草案)》的制定过程中,立法者为了回避这一争议并没有明确公证机构具体有何种性质,只是在将公证机构定义为证明机构的同时,表明公证机构具有依法设立、不以营利为目的、独立行使职能等特征。这不失为一种求同存异的做法,但仍在之后引起了较大的讨论。支持保留者认为,公证机构不以营利为目的是对公证机构公益性、服务性,为社会提供公共法律服务的基本要求,取消这一表述将有损公证机构的公信力;支持删除者认为《公证法》中"不以营利为目的"的表述可能会造成对公证机构性质的误读,从而对未来公证行业、公证机构的改革造成不利的影响。尤其是随着我国公证行业的改革,公证机构的组织形式由原有的国家行政机关转变为事业单位、合作制等组织形式,而且除全额拨款的事业单位外,两种组织形式的公证处不仅自负盈亏,还必须参照企业缴纳所得税,在没有国家财政保证、还要缴纳税款的情况下,公证费用的收取成了公证机构运转的唯一经济维系。① 有些学者据此认为这与《公证法》第六条中对公证机构"不以营利为目的"的定性相冲突;但也有学者持反对意见,认为公证机构不以营利为目的与现阶段我国公证机构的经营模式并不冲突。

　　关于《公证法》第 6 条的修改,笔者认为,大致可以按照以下方式:首先是关于争议较大的公证机构"不以营利为目的"这一定性,笔者认为这一表述可以效仿《公证法(草案)》中立法者的做法,回避关于公证机构是否具有营利性的争议,将这一表述在第 6 条中删去。目前,关于公证机构"不以营利为目的"以及公证机构是否具有非营利性仍存在非常鲜明的两派观点:一派观点认为应当删去"不以营利为目的"的表述,原因是目前仍有部分人可能将这一表述与公证机构具有非营利性、不能营利划等号,但实际上公证不以营利为目的并不等于不能营利,这一表述在法条中出现易引起较多的关于公证机构性质的争议与分歧,因此不应当保留;另一派观点则认为,保留这一表述是为了能够更好地强调公证机构的公益性与社会服务性。公证以国家信用为依托,提供了一种在社会上几乎不可替代的服务,如果否认公证的"不以营利为目的",很可能使公证缺失其赖以生存的公信力,落入私证的窠臼。

　　笔者比较认同前者观点,即建议删去"不以营利为目的"的表述,与《公证法(草案)》制定时回避争议的方式一致,如果继续保留这一表述,在理论与实践中关于这一问题的讨论将一直存在,尤其是在我国正推广合作制公证机构的背景下,合作制公证机构按市场规律运行、自负盈亏的模式,可能在一部分学者或业界人士看来会

---

① 参见汤庆发:《〈公证法〉第 6 条"公证机构不以营利为目的"探析》,载《中国公证》2017 年第 5 期。

与《公证法》的规定发生矛盾，尤其是在"不以营利为目的"仍在争议，尚未明确其具体内涵的情况下，保留在法律中可能并不能起到明晰公证机构性质的作用。或许在立法中回避这一问题，待讨论成熟后再进行下一步的定性不失为一个选择。

其次是《公证法》第 6 条中将公证机构定义为"证明机构"，如上所揭，在关于《公证法》第 2 条的修改意见中笔者提到，公证的内涵和职能并不仅局限于《公证法》第 2 条中的证明，在证明之外公证还有非常广阔的空间。同样的，在第六条中将公证机构定义为证明机构也过于狭窄，需要结合目前的公证实践进行相应地修改。笔者认为，可将"证明机构"改为市场中介服务组织，这一表述既回应了以往公证行业改革中对公证机构并非国家行政机关的强调，又明确了公证机构作为中立第三方的立场。

综上所述，《公证法》第 6 条具体条文表述建议为：公证机构是依法设立，按照法定程序行使预防性司法职能，独立承担民事责任，按照自律机制和议事规则运行的市场中介服务组织。

结　　语

综上所述，公证自发轫于代书制度，在获得国家公信力背书后自然拥有了国家信赖力量，并随着社会经济的发展在"预防纠纷，疏减讼源"中发挥着越来越重要的作用，公证的内涵与外延不断扩大，迄今已具有代书、证明、契约保管、契约执行、证据固定、当事人顾问、非讼领域的法官、法律服务等多项职能。我国公证经过多年发展，亦发展出了以上功能。因此，我国现行《公证法》第 2 条、第 6 条关于公证及公证机构概念的表述显然已与我国公证实践脱节，无法准确定位公证在社会中的作用以及回应社会对公证的需求。据此有必要借此次《公证法》修改契机，在追本溯源与回应现实的基础上进行大胆修改，以确保公证改革往纵深发展，更好地服务社会经济发展需要。

专题七 我国公证制度改革策略与修法建议

——以预防性司法制度定位为视角

李全息*

引　言

我国《公证法》以沿袭于苏联的传统公证证明论为立法基础,将公证制度作为一项国家证明制度。这无疑与传统拉丁公证制度对公证的定位相悖,使公证制度发挥作用的空间和场景相当有限。中央深改委通过的《关于深化公证体制机制改革　促进公证事业健康发展的意见》,开篇明义地指出"公证制度是重要的预防性司法制度,公证服务是公共法律服务的重要组成部分"。该定义不再采用传统的"证明制度"的提法,可谓对我国公证制度的性质一锤定音,变换了我国公证事业发展的赛道,树立了公证新使命,这个转变无疑是具有里程碑意义的。将公证定性为预防性司法制度,改变了传统的公证证明论,这一定位是契合公证的预防纠纷功能的。应当以预防性司法制度重塑公证改革的共识,将构建预防性司法制度定位为本次公证法修改的目标,摒弃传统的公证证明论、参照裁判程序构建公证制度、将公证行为视为行政行为的错误倾向,真正将公证按照非讼事件进行建构。具体而言,要采取区分公证制度与认证制度、融合公证事项与公证事务、完善公证职责与公证效力、改造公证程序方面的制度、加强公证信息化、完善公证产业扶持政策等改革措施。本文将以预防性司法制度视角对我国公证制度的价值和使命进行重新描述。

一、公证预防功能的作用机制

公证作为预防性司法制度,其预防功能的作用发挥机制是多元的,概括来说,它一般以民法实施法、诉源治理机制和非讼事件职权来发挥预防功能的。正确认

* 李全息,云南省昆明市明信公证处副主任。

识这些机理,有助于在公证修法时制定合适的公证制度,来推动实现这些公证预防功能。

（一）公证衔接《民法典》与《民事诉讼法》

公证作为保障民法实施的重要法律制度,让《民法典》确定的民事制度落地生根,让具体的当事人权利得以严谨法律形式实现,从而避免人民之间的纠葛,澄清讼源。

有学者指出,大陆法系一个显而易见的常识是:公证制度是民法实施的重要法律制度,公证条款是民法典的重要组成内容[①]。孙宪忠教授认为,公证作为民法典实施法的机理在于:公证作为民事法律行为最优形式,辅导当事人进行民事法律行为的内容谋划,以辅助其实现实质意义上的意思自治;公证书具有的公文书证据效力搭建起了《民法典》与《民事诉讼法》有效衔接的桥梁,提供了一条人民权利从民事实体法进入民事诉讼法来寻求救济的管道。[②]

我国《民法典》于 2021 年 1 月 1 日起正式实施,正确全面地贯彻民法典,也成为公证人的光荣使命。关于公证贯彻民法典的使命,可以从法国民法典与公证法颁布的时间先后顺序窥视之。在 1804 年法国颁布伟大的《法国民法典》(即著名的"拿破仑法典")之前,1803 年率先颁布的是《法国公证人法》(即拉丁公证制度史上著名的"风月法令")。这是因为《法国民法典》规定了大量的公证规范条款,所以必须要先公布公证人组织法和公证行为规则。而纵观我国民事立法,基本没有关于公证的民事实体规范。民法学者徐国栋教授曾指出:"一个大陆法系国家的公证立法并非仅仅由该国的《公证法》或《公证人法》组成,而是由这一立法和民法典中关于公证的规定共同组成,甚至外加商法典、民事诉讼法典和证据法典中关于公证的规定组成。"[③]浅见认为,既然我国公证立法借鉴了拉丁公证制度,那么就应该在民事领域广泛运用,而不能将其束之高阁,本次公证修法也应当立足于促进公证制度作用的充分发挥。

（二）公证参与法院司法辅助事务

诉源治理是非诉讼纠纷解决的重要组成,是缓解司法供给不足的重要手段,是社会治理系统建设的重要内容。2019 年 1 月,习近平总书记在中央政法工作会议

---

① 葛宇锋:《法国民法典物权规定的一些启示》,载"公证文选"微信公众号,https://mp. weixin. qq. com/s/lw1Krm5KqJt9Cliw4NcH9w,2022 年 4 月 1 日最后访问。

② 孙宪忠:《公证是法律行为的优越表达方式》,载段伟、李全息:《公证人职责研究》,法律出版社 2016 年版,序言第 2 页。

③ 徐国栋:《公证制度与民法典》,载《中国司法》2005 年第 7 期。

上提出："坚持把非诉讼纠纷解决机制挺在前面,从源头上减少诉讼增量。"我国公证制度作为重要的多元化纠纷解决机制模式之一,在处理民商事纠纷,尤其在诉源治理上具有独特的价值。公证制度所具有的沟通告知、证据固定、证明效力、监督保障、纠纷调查、强制执行等职能和非诉讼、非对抗、和为贵、重沟通等工作机制,与诉源治理要求的非诉化解纠纷特性高度契合,可以为高质量地解决诉源提供一揽子解决方案。近年来,我国公证机构逐步参与到人民法院的司法辅助事务中来,试点工作已取得实效,证明了公证在诉源治理中可以大有作为。

预防胜于治疗。一名法国公证人说:"治疗不如预防,由法院解决争讼固然很好,但由公证人来预防争讼则更好,法国的争讼案件之所以要比英美法系少得多,原因在于充分发挥了公证人的预防作用。"[①]民事诉讼是社会矛盾纠纷的晴雨表,它客观地反映着社会存在的主要矛盾纠纷类型,通过对诉讼实践的关注和分析,有助于寻找到预防这些主要矛盾纠纷的公证机制。在本次公证修法中,应当努力寻求通过立法或司法政策将诉讼中常见矛盾纠纷前移公证预防,并且有必要赋予地方在引入公证制度以预防本地多发矛盾方面的立法权。

(三) 公证提供稳定法律预期

公证的核心价值在于提供稳定的法律预期。马斯洛说:"我们社会中多数成年者,一般都趋向于安全、有序的、可预见的、合法的、有组织的世界;这个世界是他所能信赖的,而且他所倾向的这个世界里,出乎意料、难以控制的、混乱的以及其他诸如此类的危险事情都不会发生。"[②]市场交易总面临着各种法律不确定性,交易主体会担心自己所进行的民事法律行为是否能够得到法院裁判的认可,他们希望在纠纷提交法院最终裁决前,自己能够获得对法律的一份稳定预期,而公证的中间司法属性,意味着它是提供这种稳定法律预期的最适合的法律制度。

公证赋予公证对象以法律确定力,通过本次公证修法,赋予公证机构处理特定非讼事件的法律资格。公证深嵌于市场经济,它通过市场交易费用、信任机制、信息机制等方式发挥其市场功能,其实现的路径是通过非讼程序赋予公证对象以法律确定力。在实施拉丁公证制度的国家,具体公证事项属于非讼事件,公证适用非讼程序,公证人在公证非讼事件中行使法律赋予的审查、确认权等。公证人在非讼事件中行使法律赋予的广泛的非讼职权。例如,2015 年,德国颁布《部分非讼管辖权移交公证人法》,赋予了公证人在非讼事件中更广泛的权限。我国《公证法》虽然没有明确公证具有非讼属性,但公证人处理继承、提存、出具执行证书、确认事实收

---

①　卢桂馨:《非诉讼领域中的法官刍议》,载《当代法学》1989 年第 3 期。

②　[美]博登海默:《法理学:法律哲学与法律方法》,邓正来译,中国政法大学出版社 1999 年版,第 227 页。

养、扶养事实等均具有非讼事件性质。通过本次公证修法明确公证机构处理部分非讼事务的资格、程序和效力，赋予公证机构更多的非讼职权。例如，是否可以在公证法中承认公证机构具有颁布监护资格证书、遗嘱检认、尽职调查等非讼职权。

二、以预防性司法制度重塑公证改革共识

2021 年 2 月，中央深改委通过的《关于加强诉源治理推动矛盾纠纷源头化解的意见》提出："法治建设既要抓末端、治已病，更要抓前端、治未病，要坚持和发展新时代'枫桥经验'，把非诉讼纠纷解决机制挺在前面，推动更多法治力量向引导和疏导端用力，加强矛盾纠纷源头预防、前端化解、关口把控，完善预防性法律制度，从源头上减少诉讼增量。"作为对上述文件的实质响应，中央深改委通过的《关于深化公证体制机制改革　促进公证事业健康发展的意见》一锤定音地将我国公证制度定位为预防性司法制度。

（一）以预防性司法制度定位公证修法目标

将公证制度定位为预防性司法制度是对"证明论"和"法律服务论"的统合。近年来，关于公证制度的价值和使命，形成"证明论"和"法律服务论"两种主张。前者认为公证的本质是国家证明制度，应当以公证证明论来构建各项公证制度。后者认为公证的本质是法律服务，应当以法律服务来构建各项公证制度。浅见认为，传统的公证证明论将公证作用局限于证明制度，作用范围过于狭窄，并不符合拉丁公证制度实践和我国公证发展的实际情况。而法律服务论虽然反映了公证的市场面向属性，但是与律师法律服务相比，没有凸显公证职业的特性。传统公证证明论以及新近的公证法律服务论都有一定的合理性，但都有相当的局限性。公证制度是预防性司法制度的主张，既可以涵盖传统公证证明论和新近的法律服务论的合理成分，又可以克服传统公证证明论范围过窄、法律服务论过于强调公证市场面向的局限性，是国家站在更高维度上对公证职能的精准定位。

将公证制度定位为预防性司法制度符合司法分工理论。一般司法分工理论认为，法官是最终司法，行使的是司法裁判权，其司法功能是对纠纷进行裁决；公证则是中间司法，行使的是非讼职权，其司法功能是对纠纷进行预防。公证与律师的区别则在于，公证人是居中代表双方当事人利益，而律师是为其委托人利益最大化服务的。中央深改委文件将公证制度确定为预防性司法制度，是完全符合司法职业分工理念的。司法分工提高效能，司法工作者合作造就法治事业昌盛。不得裁判，不得兴讼，这是公证人的职业底线。

中国公证最近几年业务发展停滞不前，说明传统公证证明论已经摸到了"天花

板"。基于这样的认识,我们应当摒弃传统的公证证明论,而将预防性司法制度作为公证新使命以及本次公证修法的基本定位。应当将公证构建成职能和机制完善的预防性司法制度、加大公证服务产出作为本次公证修法的根本目的和追求。当然,国家和个人、企业都有可能产生预防性司法的需要,也就是说预防性司法的需要既存在于国家和政府层面也存在于个体层面。在国家和政府层面具体需要时,主要是以普遍公证服务形式存在的,在个体方面具体需要时,主要是以市场化公证服务形式存在的。

公证作为预防性司法制度,存在其价值"自证困境",从而导致其公证作用往往被忽略或质疑,这一点尤其需要立法者予以注意。临床医学的功效可以被患者直接感知,而预防医学的功效却往往"润物细无声"。《黄帝内经》说"上医治未病,中医治欲病,下医治已病"。古代名医扁鹊曰:"长兄于病视神,未有形而除之,故名不出于家。中兄治病,其在毫毛,故名不出于闾。若扁鹊者,镵血脉,投毒药,副肌肤,闲而名出闻于诸侯。"从扁鹊的故事可以得到启示,公证制度作为预防性司法制度,要自证其价值是比较困难。中央深改委文件将公证定性为预防性司法制度,意味着要承认公证制度的隐性价值并加以充分运用,作为立法者要看到常人看不见的东西。

(二)以预防性司法制度凝聚公证改革共识

预防性司法制度指明了我国公证事业发展的方向,有助于形成以下六点公证改革共识。

第一,公证要摒弃传统的公证证明论,以预防性司法制度重塑我国公证法内容。传统公证证明论根深蒂固,其影响了公证机构性质、公证业务范围、公证方式等公证要素,可以说我国现行《公证法》就是建立在传统的公证证明论的基础上的。本次公证修法的重要使命是要用预防性司法制度理念重塑公证法,包括改变公证法所使用的证明话语体系。例如,可以在公证法中用"确认"来替代"证明"用词。

第二,公证程序不能按裁判程序建构。公证是预防性司法制度,其区别于裁判程序,所以公证程序不能按照裁判程序范式进行建构。比如,我国要素式公证书证词无论在基本结构、叙事风格、逻辑思路、描述内容、最终结论等方面与法院判决书具有高度的相似性,这是公证的预防功能与法官的裁判功能混同的结果,抹杀了公证职业的特性。又如,《公证法》第27条确定了当事人提供证据材料的举证责任,这一规定实际上来源于诉讼中的"当事人辩论主义",但并不符合公证职业的职权探知主义要求。浅见认为,用当事人信息披露义务代替举证责任更合适,有利于减轻当事人的举证负担,同时也鼓励证据形式自由原则。另外,许多公证程序也具有民事诉讼程序的影子,并非符合公证作为预防性司法制度的特性,本次公证修法对这些公证程序要加以注意并进行改进。

第三,公证行为不能按照行政行为对待。我国现行《公证法》将公证行为定位为证明行为,不再像以前一样视为行政行为,剔除了公证行为行政复议制度。但是,国家和地方颁布的许多公证政策,仍然将公证作为行政行为提出具体的管理要求。这些公证政策模糊了公证行为的司法属性,漠视了公证人的职业判断权,对公证发展是没有益处的。在制定公证政策以及本次公证修法时,仍有必要纠正这类不合适的做法。

第四,将公证作为非讼事件。赖来焜教授指出:"(台湾地区)按民事诉讼法规范之诉讼程序素来采行辩论原则,为裁判基础资料之提出为当事人之权能与责任;又非讼事件法规范之非讼程序则采职权探知原则……又公证法中公证程序性质上属非讼事件,且为增强公证文书之证据力及执行力,公证人执行职务时,亦应依非讼程序为职权探知,盖公证行为与一般之证明行为,虽均有实际体验之要素,但所不同者,公证行为之实际体验方法与结果,得基于职权探知而获得。"[1]可以看出,赖教授也是主张按职权探知原则构建公证制度的,其主要理由是公证属于非讼程序,故公证也应采职权探知原则。在本次公证修法时,应当将公证作为非讼事件,积极运用非讼程序的法理来回答公证具体职责的构建问题,而不是以"证明行为"这样内涵和外延都不清楚的概念作为分析对象。要通过加强利用非讼职权理论来指导和完善我国现有公证服务的方式和内容,强化公证成果的法律效果。

第五,将公证机制作为法律风险的担保机制。两方公证当事人如同债权人、债务人,公证机构则是他们法律安全的担保人,经公证审查的交易出现法律风险时,作为担保人的公证机构应当承担其相应的担保责任,这种担保责任具有补充性质。公证赔偿责任机制不是公证制度的附加,其本身就应该是公证制度的重要组成部分。本次公证修法要通过对公证责任机制进行深入研究,引导政府部门和社会公众愿意运用公证责任来转移相关的法律风险和责任。

第六,树立公证综合法律服务理念。公证法律服务是综合产品,并非简单的标准产品。近年来,公证行业意识到单独的公证法律服务并不被社会所接受,提出了公证综合法律服务理念,希望在具体公证领域构建公证综合法律服务体系。公证综合法律服务体系,顾名思义,就是围绕着实现公证效用的目标,以公证人职责为理论基础,充分运用多种公证手段和其他法律工具,整合有关资源,在特定业务领域,形成一套相互依赖、相互支撑的法律服务综合系统。公证业务形态、公证人职责、公证效力、公证角色和公证功能具有多元化特征,故公证的本质不是单一的证明法律服务,而必然是能够反映上述五方面多元化的公证综合法律服务体系。公

---

① 赖来焜:《最新公证法论》,三民书局 2004 年版,第 281 页。

证综合法律服务理念是以人民为中心的公证解决方案设计，它与预防性司法制度是完全匹配的。细究我国公证法，很多公证要素采取了分立的做法，例如将公证事项与公证事务分立，实际上一项公证服务可能是公证事项职责与公证事务功能的融合，将两者进行分立会割裂公证要素之间的内在联系，采取整合方式可能才是更科学的。

三、《公证法》修订的具体建议

（一）细化公证事项及相关制度

1. 区分公证制度与认证制度

现行《公证法》未区分公证与认证，未对认证制度做出规定。何谓公证？《德国民法典》的译者陈卫佐先生在请教一位已是公证人助理的法学博士后认为："公证证书是德国民法典所规定的最为严格的形式，指的是合同的全部条文由公证人作成证书。有关作成公证证书的细节，规定在《公证证书作成法》（即《德意志联邦共和国证书法》）里。概括来说，就是双方当事人经咨询公证人的意见后，在公证人面前作出意思表示，由公证人作成记录，并当着双方的面逐条朗读，得到双方的首肯后，由双方签名，最后由公证人前面并加上特制的公证印记。"[①]我国未区分公证与认证，在公证实务中带来了两种严重的错误倾向：公证认证化、认证公证化。公证认证化，公证员降低了公证事项的承办职业标准，将公证事项按照定式格式第三十三、三十四、三十五式进行，不利于公证人智慧和公证制度价值的发挥，长此以往将使我国公证职责简单化，难以体现拉丁公证的职业特征和价值；认证公证化，公证员将一些简单的认证需求人为地复杂化，提出更高的办理要求，加重了当事人的举证责任和公证成本。以上两种错误倾向在于公证与认证的裹搅不清，在于实质审与形式审的要求不明，以及公证与认证法律责任不区分带来的模糊。近年来，一些重大公证错案，也在于将法律行为公证做成文书签名认证所导致的，公证与认证不清，为公证员的职业选择埋下了祸根。进行公证与认证的区分，已经势在必行。我们可以看到，德国、法国公证制度对公证与认证做了严格区分，设定不同的公证承办标准和不同的法律责任机制，避免了两者的混淆。

基于以上事由，建议在公证法修改时，引入认证制度，区分公证与认证，为其设定不同的公证承办标准和法律责任机制。

---

① 《德国民法典》，陈卫佐译，法律出版社 2015 年版，第 46 页。

2. 融合公证事项与公证事务

现行《公证法》将公证客体分为公证事项与公证事务。仔细推敲可以看出，《公证法》第 12 条规定的公证事务类型，实际上只是公证员办理公证时的某项公证职责或权能。简言之，公证事项的办理，无处不渗透出公证事务职责或权能，公证事项与公证事务是一体的。例如，办理房屋转让公证，必然涉及资金监管、交易调查、咨询服务、文书保管等配套的公证事务。张红光公证员在《中国公证》上发表的相关文章已经较为深入地论述了这个问题，阐述了两分法没有理论基础，融合才符合公证职业特性[①]。目前公证事项与公证事务的两分法已经给公证事项带来了重大弊端，公证员在办理公证事项的时候并没有将公证事务这些职责或权能进行综合考虑，而是孤立地看待问题，导致脱离公证事务这些职责或权能的公证事项的价值并不大。换言之，两分法削弱了公证事项的自身价值，使其价值体系支零破碎，难以形成完整的价值链和闭环。从各国公证立法来看，也没有将公证事项与公证事务分立的立法例。

基于以上事由，为整合和融合公证职能体系，更大限度地发挥公证制度价值，避免人为切割，建议修改公证法时，取消公证事项与公证事务两分法，用"公证对象"这个概念统称公证客体。

3. 明确公证处理非讼事件

继承公证、提存公证、公证机构进行遗嘱检认、出具执行证书、进行司法辅助、尽职调查等公证行为属于典型的非讼事件，公证机构处理这些非讼事件的资格和职权需要在公证法上明确规定，以解决实务中没有明确法律权源的问题。建议在本次公证法修改时，将公证机构处理非讼事件的类型做列举，以单独一个条文呈现。

（二）完善公证职责与公证效力的"双促进"机制

公证职责与公证文书效力是公证制度这枚硬币的两面，公证人职责是法律赋予公证文书以特定法律效力的基础。在过去几年，针对某些公证机构过度使用"赋强效力"情况，公证行业一度产生了是否过度"消费"公证效力的大争论。浅见认为，公证效力本质是立法问题，公证人职责本质是实践问题，两者不能本末倒置，正因为公证人在履行公证职责上的突出贡献，而获得了立法者授予的法律特权（法律效力），但我们不能忘记公证职责这个本体，否则公证效力就会成为无缘之木。正

[①]　参见张红光：《发展公证事务必须跳出"主辅"思维窠臼——〈公证法〉第 11 条、第 12 条辨析》，载《中国公证》2018 年第 12 期。

是基于这样的认识,在公证机构管理中提出"使我们的智慧和能力、服务本身蕴含的价值能够匹配法律和政策对我们的期许,我们应该特别警惕那些单纯消费公证制度效力和公信力情形,而致力于以有价值的服务和创新举措为它增光添彩"。理想状态下,公证职责与公证效力应该是拧麻花式螺旋上升关系。本次公证修法应当进一步强化公证职责和公证效力,使两者更为契合,通过两者互动作用促进和完善公证产品的品质。

在公证职责改善方面,提出如下改革建议供参考。

第一,改造合法性概念。《公证法》第 2 条和第 28 条确定了"合法性"作为公证审查标准的地位。但合法性是个周延性概念,它本身是在没有发现无效、违法情形下的法律推论,并不是由公证机构予以证明的。从拉丁公证国家的立法来看,都是从反面来规定合法性。例如,日本公证人法规定,对违反法律的事项、无效法律行为及因行为能力欠缺需要撤销的法律行为,公证人不得出具公证书。

建议在本次公证修法时,对公证法第 28 条进行改造,将原来第四项"申请公证的事项是否真实、合法"修改为"申请公证的事项是否真实、是否违反法律规定。"用不违法性代替合法性概念更为科学、合理。这是因为,民事活动遵循"法无禁止规定即可为"的理念,并不要求民事活动要预先符合某部法律或法条。

第二,用咨询义务改造公证法确定的告知义务。《公证法》第 27 条第二款规定,公证机构受理公证申请后,应当告知当事人申请公证事项的法律意义和可能产生的法律后果,并将告知内容记录存档。学术上一般称之为公证机构"告知义务"。确保公证书有效和为当事人提供咨询,是公证人的两大基础义务,其中咨询义务可以说是公证的生命线。法国公证人咨询义务的显著特点是:其咨询范围并不限于法律方面。提供法律意见是公证人当然职责,法国公证人咨询义务"首先是提出能够解决问题的法律手段并必须告知法律允许和法律禁止的事项……客户对公证人所提供的咨询服务的期待并不仅仅限于法律手段方面,所以在设立法律框架的时候,公证人必须把可供采纳的不同形式及其利弊告诉客户。而被采纳的法律方面在税务方面的评估,则是公证人应当提供给当事人另一重要咨询信息。"[1]除了提供法律意见外,法国公证人不仅就法律适宜性提供咨询,而且还就法律行为经济上的适用性提供咨询。但跟传统拉丁公证法系的咨询义务相比,公证法所确定的告知义务仅限于法律意义层面的告知,过于狭隘,实践中往往是一告了之,难以起到应有的效果。建议用咨询义务的内涵对告知义务进行改造,将条文修改为"公证机构受理公证申请后,应当询问当事人有关情况,告知申请公证事项的法律意义,释明法律风险,提出法律意见和建议"。

---

[1]　贾琼:《由法国公证人的"咨询义务"得到的启示》,载《中国公证》2012 年第 7 期。

第三,用信息披露义务代替当事人的举证责任。当前,社会反映办理公证时需要提供的证明材料太多,相当不便民,导致群众抱怨频发。浅见认为,当事人提供证据材料的实质是向公证机构披露公证事项相关的信息,基于公证的中间司法职责,并不用强求当事人通过提供证据材料的方式来披露案件信息,可以替代性地通过陈述、证人证言、书面承诺等方式来披露信息,这符合证据形式自由原则。从证据到信息,更有利于公证人关注问题的实质,所以建议用信息披露义务代替当事人的举证责任。建议将公证法第 27 条第 1 款修改为"申请办理公证的当事人应当通过如实陈述、提供证明材料等方式向公证机构如实披露申请公证事项的有关信息"。第 28 条第(三)项修改为"披露的信息是否真实、充分"。

第四,取消"办证规则"的法律地位。《公证法》第 28 条规定"公证机构办理公证,应当根据不同公证事项的办证规则,分别审查下列事项:……"该规定事实上确立了办证规则的法律地位,公证机构和公证员都有遵循的义务。但这里的办证规则到底是指什么? 谁有权制定? 从公证法实施以来的效果观察,各级司法行政机关、公证行业协会和公证机构出台的"办证规则"可谓层出不穷,很多规定甚至是侵犯公民的公证申请权的。更为严重的后果是,导致公证员在办证的时候不是检索法律的规定而是先检索有没有行业的办证规范,公证员被这类行业规范严重束缚,基本丧失了业务创新和公证思维创新的能力。基于以上考虑,建议废除办证规则的法律地位,各地制定的行业规范仅具有参考意见,不再具有法律强制力。

第五,以公证职权探知原则为指导,落实公证的调查核实权,确定公证机构的调查义务。中央深改委通过的《关于深化公证体制机制改革促进公证事业健康发展的意见》要求要落实公证调查核实权,公安、民政、自然资源、教育、市场监督、税务等部门对公证员依法调查核实工作予以配合。《公证法》只规定了公证机构的核实权,其较之于调查权而言是偏弱的,公证作为非讼程序以及作为预防性司法制度,其理当享有相应的调查权以便于履行公证职责。建议在本次公证修法时,明确将核实权确定为调查权。同时,基于减轻当事人举证负担的考虑,建议增加公证机构在某些特定情况下有依据当事人申请进行主动调查的义务,相关条文内容建议为:"符合下列条件之一的,当事人可以申请公证机构代为收集相关证据:(一)属于国家有关部门保存,须公证机构依职权调查的档案材料;(二)其他公证机构保存,当事人无权调阅的公证资料;(三)当事人确因客观原因不能自行收集证据。"

在公证效力改善方面,建议增加因公证程序导致公证书被撤销后,当事人的行为可以按私文书对待的规定。公证是公文书形成的独立过程,它不是对私文书的再证明。许多实施拉丁公证制度的国家对因公证程序瑕疵而导致被撤销的公证文书,系将其视为私文书对待。《法国民法典》第 1318 条规定:"因制作文书官员无权限或无资格,或者因制作的文书不符合规定的形式,不能认为是公证文书时,如双方当事人均已在其上签字的,仍然产生私文书的效力。"土耳其公证法第 73 条规定:"公证书之作成不符合公证法之规定者,成为普通文书而不视为公文书。"在现实中,因公证程序瑕疵公证书被撤销后,有法官认为已形成的文书可以按私文书进行审查对待,有法官则认为公证书已撤销,已经不存在任何文书载体。建议本次公证修法能够对这个重大问题作出明确规定,避免司法意见分歧。

(三) 构建公证人智力与信息科技"双驱动"机制

信息科技是重要的生产要素,具有驱动公证事业发展的引擎作用,未来公证的发展离不开信息科技,不注重信息科技就可能丧失了参与未来法律服务竞争的门票。信息科技打破了物理隔阂,将会开启和解锁很多新的公证场景。当前我国公证行业对信息科技公证产品到底是发挥公证人的作用还是信息科技的作用存在较大的争议。浅见认为,客户需求与信息技术应当不断融合和促进,信息技术与公证职能应当深度融合,反对那些脱离客户实际需求而进行的公证职业本位以及纯粹技术主导的盲目创新活动。

国际公证联盟领导委员会于 2021 年 2 月 26 日批准通过的《国际公证联盟:远程公证十诫》对技术与公证的关系思考,值得我们参考借鉴。该文件认为"在远程电子公证文书的办理过程中,公证人应当处于核心地位。技术工具不能代替公证人所负的合法性和法律安全的责任,而必须是对这种责任的平衡和支持。技术应当是服务于公证人履行公证公共职能义务的工具,公证人的这些义务包括识别出席者、审查其行为能力和辨识能力,并且确保不存在影响当事人意思表达和文书合法性的因素"。

信息化给公证的发展带来挑战和机遇,科技公证该如何发展,需要哪些法律和政策支持,应当为信息化公证确定哪些行动边界和监管规则,公证法的修改应该响应这个时代主题。视频公证、区块链公证、在线网络赋强公证、电子公证书等,都是当前公证发展中的热点和焦点问题,它们的适法性问题还需要法律进行明确。现行《公证法》《公证程序规则》是建立在纸笔公证和当面公证的基础上的,随着信息技术的发展,公证信息化已经代替了笔纸方式,视频等通信方式也改变了面签原则,时代正赋予公证服务以全新模式。信息技术和公证员的专门知识都是公证的重要生产要素和生产力,两者的高度融合和促进将指示公证行业未来的发展。让创新得以发生和持续,是公证法的重要使命,《公证法》应当给予这些信息技术的公证服务形式以相当资格,同时保持宽容和开放性,让时代和公证实践赋予其具体内容。

基于以上理由,建议在修改公证法时,删除调整与信息技术不符的传统公证方式的条款内容,增加信息化服务方式和赋予电子公证书的法律资格,同时设立授权性条款,授权公证主管部门制定相应的"科技公证"的规则。具体方面,明确公证机构对数据和信息的核实权和共享权。

(四) 优化公证程序及相关制度

公证程序具有重要意义,它能够宣示法律职业的庄严及理性、保证公证当事人获得足够的对话机会,保证公证表达方式的统一性。我国公证程序规定由《公证法》第四章、司法部《公证程序规则》以及司法部一些单行公证业务程序规定构成。公证程序存在手续烦琐、内容重复、浪费公证人不必要的时间精力、缺乏对民事实体法的响应等弊端。首先,程序过于严密,让当事人和公证人员感觉程序烦琐,忙于应付程序性要求,反而难以抽出必要时间来关注当事人的实际需求和实体法律问题。其次,单行业务程序亮点不多,大多数条款是对《公证程序规则》规定的程序义务的简单复述,指导公证实务的意义不大。最后,我国公证程序规定缺乏对民事实体法的响应,大多数程序没有实质意义。本次公证修法应当纠正这些公证程序积弊,引导建立必要正当的公证程序。

在公证程序改善方面,提出如下改革建议供参考。

第一,按照非讼事件来改造公证程序。正如本文所论述的,公证事件是非讼事件,单项业务公证程序规定可以转换为"具体公证事件的非讼事件法",而《公证法》第四章和《公证程序规则》则可以定位为"公证非讼事件法"的总则,像《继承公证规则》《提存公证细则》等可以成为具体非讼事件法。公证作为非讼事件法,其最大的特点是职权探知原则,在本次公证修法时,可以考虑在第四章采取合适方式将职权探知原则融入各项公证程序。另外,在修改或制定《提存公证细则》或《继承公证规则》等单行业务公证程序时,应当按照非讼事件要求,构建一套完整的公证非讼职权体系,这样的公证程序规定才具有实质价值。

第二,强化公证程序规定对实体法的响应。纵览实施拉丁公证制度的国家的公证法规,其公证程序规定的大多数内容是对民事实体法的响应。例如,对于公序良俗原则在公证领域的适用,基本上采用了"显著违背公序良俗的不得公证"规则。像这样类似的问题还有:高度怀疑的公证行为是否可以公证、法律规定不明确时公证人的职责如何、不具有法律强制力的自然债务条款是否可以公证、具有履行障碍或可行性的法律行为是否可以公证、显失公平原则在公证领域如何适用等。而我国的公证程序规定基本是忽略这些核心问题的。在本次公证修法中建议对这些问题引起重视,要对民事实体法问题进行实质响应。

第三,在公证程序规定中要融入公证人的职业判断权和心证公开制度。公证人在履行审查、核实、咨询等职责时,都享有一定的职业判断权限,具有一定的弹性空间。目前的公证程序规定过于刚性,缺乏柔性,让公证人成为规则的机械执行者。建议在本次公证修法时,能够承认公证人的职业判断权,将公证程序规则制定的更为柔性一点,让公证人有行使职业判断权的空间。当然,公证人行使职业判断权的时候,应当公开自己的心证意见。有作者指出:"公证基于非讼程序的非公开性和心证适用范围的局限性,其心证过程应当是适度公开。"①

第四,新增公证便民(效率)原则。公证程序的要义在于保护当事人的合法权益,避免公证员的恣意行为损害当事人利益。公证程序不是越多越好,它应当是必须而且正当的,否则公证程序将变为"烦琐程序",不便于民众办理公证事务。因公证机构自设许多不必要的前置程序,折腾当事人来回奔波,公证程序成为"烦琐程序"的代表,客观上不便民,导致民怨四起。公证程序的履行应当遵循必须且正当原则,并且以恰当、妥善的方式来实现公证程序的要求,贯彻便民利民的要求。建议在《公证法》第四章部分写入便民原则,参考内容为"公证机构办理公证,应当遵循便民的原则,提高公证效率,提供优质服务"。

第五,确定无正当理由不得拒绝公证的规则。公证作为普遍服务,无正当理由是不能拒绝当事人的公证请求的,实施拉丁公证制度的国家基本都确立了这项规则,而我国《公证法》缺乏该重要规则。现实中,公证人推诿办理公证情况较为普遍,使人民群众的申办公证权益难以得到保障,有鉴于此,建议在本次公证修法时确定该规则,具体建议内容为:"没有法定事由或者其他正当事由,公证机构不得拒绝受理申请人的公证请求。"

第六,明确违反公证程序规定的法律后果。完整的法律规则由行为模式与法律后果构成。《公证法》虽然规定了公证执业区域管辖制度,但是没有对违反该制度的法律后果作出规定,导致在公证实践中对该规定属于管理性规范还是效力性规范争论不休。建议在本次公证修法时,对于重要的公证程序规则,最好明确违背它将会导致的法律后果,从而构成一条完整的法律规则。

(五)完善公证产业扶持政策

按经济学说法,外部性是指一个人的行为对旁观者福利的无补偿的影响。正外部性是指对旁观者的影响是有利的。例如,教育会产生一系列正外部性,比如受教育更多的人民素质会更高,意味着更低的犯罪率,可以促进技术的进步等。当教师和受教育的人并不能从这些正外部性中全部受益,经济学家就认为存在外部性。解决正外部性的方法就是政府给予补贴、税务优惠等产业政策支持,从而使这类活动更多的产出。公证是正外部性的典型例子。公证行为不仅使公证人直接受益,

---

① 刘疆:《公证程序》,载司法部司法行政学院组织编写:《公证法律理论与实务名家讲座》,中国青年出版社 2012 年版,第 184 页。

而且它作为预防性司法制度，可以减少社会纠纷，提高社会的稳定性，为市场经济运行提供助力。但公证机构和公证当事人并不能从这些公证正外部性中全部受益，所以外部性问题就产生了。如同教育一样，在实施拉丁公证制度的国家，公证都是属于国家和政府扶持的对象，通过给予支持，让更多的公证活动发生，产生对社会更为广泛的正溢出效应。

基于以上分析，建议在本次公证修法中将积极运用公证制度作为指导思想。支持各级政府和部门在进行国家治理、社会治理和行政管理时，充分发挥公证制度在推进国家治理体系和治理能力现代化中的重要作用，积极引进公证方式。对公证机构出具的公证文书应当依法予以采信，不得设定障碍排除公证制度运用和限制其发展。采取加大政府采购、税收政策扶持等方式支持公证发展。

《公证法》第11条第二款规定："法律、行政法规规定应当公证的事项，有关自然人、法人或者其他组织应当向公证机构申请办理公证。"该规定事实上遗漏了地方人大的法定公证立法权，等于剥夺和限制了地方人大对法定公证事项的设立权限。既然《立法法》确认了地方人大对非基本民事制度的立法权限，对公证这种一般民事工具的利用，地方人大应有一定的权力，根据《公证法》的有关"可以公证"的范围，决定某种具体的公证事项在当地是"可以"还是"应当"公证。公证作为预防性司法制度，常需要将本地多发的社会矛盾前移到公证环节进行预防，允许地方人大对法定公证享有立法权，有利于各地从本地实际情况出发，合理地运用公证制度来预防本地常见的矛盾纠纷。《公证法》第11条第二款的规定，事实上是人为堵塞了这一条道路。鉴于中央已经将公证定性为预防性司法制度，本次公证修法应当重开地方人大对法定公证的立法权。在这个时候，地方人大通过的公证规范属于管理性规范，不是效力性规范，不会冲击我国民事法律行为的基本制度体系。

专题八　公证执业区域制度改革的困境与出路
——结合公共产品理论的分析

黄海璐[*]

引　言

为加强溯源治理,中央全面深化改革委员会在 2021 年 2 月 19 日的相关意见中明确指出,要把公证等非诉纠纷解决机制挺在前面。[①] 公证作为一项重要的纠纷预防制度,其服务质量的提升有助于从源头上减少诉讼增量,实现诉源治理。近年来,公证体制改革不断深化,不论是对于公证处性质的重构修正,还是对于执业区域的调整放宽,二十余年来公证体制改革的探讨和尝试从未停止。其中公证执业区域制度改革是公证体制改革的重要一环,能否通过改革合理划定公证机构执业区域,直接影响着优化公证资源配置等三重目标的实现。依据司法部改革文件精神,基于提供优质公证服务及激活公证市场活力的目的,全国各省市均在积极加以推进,依据实际情况调整扩大本省公证执业区域。以 H 省[②]为例,其于 2018 年 5 月首次调整扩大公证执业区域,将原有的 101 个执业区域重新划分为 14 个执业区域,调整后每个市州为单独的执业区域;随后,从 2021 年下半年开始,又着手加快推进执业区域的扩大,将全省公证机构的执业区域调整为一个。

---

* 黄海璐,湘潭大学法学院硕士研究生。本文系湖南省法学会法学研究青年课题"公证参与诉源治理机制创新研究"(22HNFX-D-002)的阶段性成果。

① 2021 年 2 月 19 日,中央全面深化改革委员会第十八次会议通过了《关于加强诉源治理推动矛盾纠纷源头化解的意见》,意见强调"法治建设既要抓末端、治已病,更要抓前端、治未病。要坚持和发展新时代'枫桥经验',把非诉讼纠纷解决机制挺在前面,推动更多法治力量向引导和疏导端用力,加强矛盾纠纷源头预防、前端化解、关口把控,完善预防性法律制度,从源头上减少诉讼增量"。

② H 省位于我国中部、长江中游。2019 年末,H 省户籍人口 7319.53 万人,城镇常住人口为 3958.7 万人,城镇化率 57.22%。作为一个多民族省份,56 个民族均在省内有所分布。2017 年 10 月,全省 77 家行政性质公证机构全部转为事业体制,截至 2020 年,共设立公证机构 111 家(因工作人员不足部分机构暂时停业),H 省公证员人数达 444 人,公证员助理总人数为 285 人,远低于公证员。

2021 年笔者有幸参与 H 省公共法律服务体系第三方评估项目，前往各地公证机构及司法行政机关开展实证访谈，通过数据分析和研究，发现 H 省内公证执业区域制度改革实效欠佳。在改革进程中，暴露出区域内机构服务能力不足、服务需求无法保障等问题，使得改革目标与改革实践相背离。在 H 省内缘何公证机构执业区域的市级区域一体化效果欠佳，以致偏远地区还存在公证服务提供困难的现状？在推进执业区域省级一体化的进程中又会面临哪些问题？怎样才能在改革深化进程中让公证执业区域制度发挥实效？结合公证准公共产品的属性特征，可以从改革目标、改革依据、改革主体三个方面分析得出公证执业区域改革进程中出现目标背离的原因。通过分析多元主体在供给公证服务时各自的特征和缺陷，从完善法律规范、激发市场活力、保障政府兜底三个层面提出对于公证执业区域改革的路径优化。

一、公证执业区域制度改革的目标背离

（一）公证执业区域制度的立法沿革

2006 年修订的《公证程序规则》（以下简称为"《规则》(2006)"）首次专章规定公证执业区域制度，而 2021 年对于《公证程序规则》的修改却并未涉及该制度（二者关于执业区域的规定完全一致）。《规则》(2006)第 13 条明确了公证执业区域的定义，即各公证机构之间受理公证业务的地域范围，是平面、横向的地域范围划分。该制度规定由省级司法行政部门核定执业区域；公证机构设置方案及其调整方案（包括公证执业区域划分的安排）应当报司法部核定。

司法部对《规则》(2006)的解读[①]中明确"依据《公证法》设立公证执业区域制度。该制度代替了原来的公证管辖制度。"但对《公证法》和《规则》(2006)的具体条文进行分析后，应当认定我国现同时存在公证执业区域制度和公证管辖制度。公证执业区域制度与公证管辖制度看似极为相似，实则在约束主体、规范内容上均有所不同。现行有效的《公证法》第 25 条仍对于当事人可以向哪些公证机构申请公证进行了规定，也即事实上的公证管辖仍然存在，当事人申请公证受到较强的地域限制。而《规则》(2006)第 13 条第三款规定"公证机构应当在核定的执业区域内受理公证业务"，也即执业区域制度是对公证机构执业范围的规范，目的是为了避免和减少因跨区域执业导致的不正当竞争行为。因此，笔者认为我国现同时存在公

---

① 国务院办公厅：《〈公证程序规则〉解读》，载中央政府门户网，http://www.gov.cn/zwhd/2006-07/25/content_344969.htm，2022 年 7 月 3 日最后访问。

证执业区域和公证管辖制度。公证管辖制度从管理职权划分的角度,约束当事人申请公证,而执业区域制度侧重于从公证服务的角度,限制机构执业区域范围,对二者的区分有助于明确执业区域改革的方向。公证执业区域制度由公证管辖制度演变而来,却不同于"管辖"的意义,其制度运行更能体现出公证机构间的平等,亦体现出弱化行政色彩的公证体制改革趋势。

(二)公证执业区域制度改革的动因

公证执业区域制度改革以公证体制变革为背景,以破除制度局限为出发点,以激活公证市场为方向,其改革动因主要有:原有对于执业区域范围的限制,导致公证业务旱涝不均,资源配置不合理;部分县域公证处垄断经营,阻碍公证服务质量提升;人口流动范围变大,公证办理不便等。

而依据 2018 年司法部下发的改革文件①要求,公证执业区域制度改革的主要目标有三个层次。首先,改革的直接目标是通过公证执业区域的合理放宽,"优化公证资源配置",通过执业区域的放宽改善区域垄断,让优质的、具有扩张性的、发达地区的公证资源能够辐射相对落后地区;其次,通过市场对公证资源的调整,实现公证服务资源的高效配置,达到公证执业区域制度改革的间接目标,也即通过市场竞争提升服务质量,通过市场配置探寻合理服务价格,"提升公证服务质量"。最后则是公证执业区域改革的最终目标,即"为人民群众提供更加充分、优质、便捷的公证服务"。最终目标也包含三个层次的要求:"充分",需要解决部分基层公证机构无法正常营业的问题,满足当事人的公证服务需求;"优质",意在提升公证法律服务质量,遏制循环证明等屡禁不止的恶劣现象;"便捷",要求从地理位置和办理流程上多重优化,真正彰显公证法律服务的便民原则。

(三)公证执业区域制度改革的问题透视

通过调研访谈和数据收集、分析、整理,笔者发现,如以改革目标的实现作为评估执业区域改革成效的重要指标,执业区域制度改革存在实践与目标的背离。笔者将以 H 省公证行业发展现状为例,对实践中公证执业区域制度改革的现存问题与困境进行具体分析。

1. 区域内机构服务能力有限

我们往往认为,放宽公证执业区域后,当事人申请公证自然会变得更为便利。不过令人意外的是,在初次放宽执业区域后,当事人申请公证不便的情况仍然存

---

① 参见《司法部办公厅关于调整公证机构执业区域的通知》(司办通〔2018〕30 号)。

在,甚至因执业区域扩大等原因给当事人带来了更多不便。究其根本,以 H 省为代表,大部分区域的公证机构服务能力有限,并不具备扩大执业区域后理想的公证服务能力。

首先,公证机构发展状况欠佳,且区域发展差异明显。以 S 市和 C 市公证处近五年的净资产合计平均增长率①作为对比,公证执业区域放开后,大多数公证处资产状况并未明显向好(图 1)。

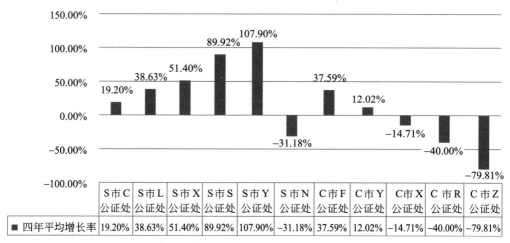

	S市C公证处	S市L公证处	S市X公证处	S市S公证处	S市Y公证处	S市N公证处	C市F公证处	C市Y公证处	C市X公证处	C市R公证处	C市Z公证处
四年平均增长率	19.20%	38.63%	51.40%	89.92%	107.90%	−31.18%	37.59%	12.02%	−14.71%	−40.00%	−79.81%

图 1　2018—2021 年 S 市和 C 市公证处净资产合计平均增长率

而对比两市公证处净资产合计差异(表 1),能明显感觉到公证机构发展趋于平缓,却又呈现出发展的两极化,发达地区及大型公证机构的发展情况,往往远优于发展落后地区和基层的公证机构。这意味着虽已经完成一轮执业区域改革,却并未实现改革的直接目标,即改革未能进一步优化公证资源配置。

表 1　2017—2021 年 S 市和 C 市公证处净资产合计对比情况

公证处名称	净资产合计(单位:万元)(以年初计)					公证处名称	净资产合计(单位:万元)(以年初计)				
	2017	2018	2019	2020	2021		2017	2018	2019	2020	2021
S市C公证处	1242	1459.2	1699.8	2060.2	2505.5	C市F公证处	528	571	977	977	1088
S市L公证处	270.9	494.1	653.4	796.5	939.9	C市Y公证处	5.4	12.2	5.6	7.3	10.9
S市X公证处	180.5	323.5	432.7	650	925.5	C市X公证处	10	8.4	6.6	6.6	2.1

①　此处依据各公证处事业单位法人年度报告统计的各年年初和年末净资产合计数据计算得出,增长率图表中如遇到上年年初净资产合计为 0 的情况,在计算平均值时未纳入该年度增长率数据。

公证处名称	净资产合计（单位：万元）（以年初计）					公证处名称	净资产合计（单位：万元）（以年初计）				
	2017	2018	2019	2020	2021		2017	2018	2019	2020	2021
S市S公证处	0	113.3	318.1	497.2	659.8	C市R公证处	5	0	5	4	10
S市Y公证处	10	11.4	48.2	80.4	102.9	C市Z公证处	0.7	1.8	−0.8	0.7	2.5
S市N公证处	10	0	10	11.79	10.44						

其次，公证从业人员数量补充不足。现行法律明确规定设立公证机构应当有两名以上公证员，也即一个公证机构至少有两名公证员[①]。依据各区域公证处近年来人数[②]变动的情况（表2）来看，不难发现除部分发达区域公证处能够及时补充新鲜血液外，部分基层公证处可能或已经因为人员因素，无法律规定数量的公证员执业。据2021年初调研数据统计显示，在H省内有十三个地州市不同程度地出现公证处因公证员人数为两人甚至因为人数不足暂停执业的现象（仅S市没有），公证员人数为两名的公证机构多达四十余家，其中C市就有三家。

表2　2017—2020年S市和C市公证处从业人数变动情况

公证处名称	从业人员数量（单位：人）				公证处名称	从业人员数量（单位：人）			
	2017	2018	2019	2020		2017	2018	2019	2020
S市C公证处	52	55	62	59	C市F公证处	15	17	20	20
S市L公证处	27	31	33	35	C市Y公证处	3	3	3	3
S市X公证处	28	34	34	40	C市X公证处	3	2	1	1
S市Y公证处	2	5	7	7	C市R公证处	2	2	4	4
S市S公证处	8	10	5	5	C市Z公证处	3	4	4	4
S市N公证处	3	8	8	8					

由于机构的服务能力有限，加之执业区域的扩大，反而不利于为当事人提供便捷的公证服务。如H省在2018年实行公证执业区域市域一体化后，部分地区县

①　依据《立法技术规范（试行）（一）》（全国人大常委会法工委发〔2009〕62号）的规定，"以上""以下""以内"均含本数。

②　此处依据各公证处事业单位法人年度报告统计的当年公证处从业人员，包含且不限于公证员。

级公证处因故暂停执业,当事人只能前往市区公证,而由于部分市级公证处的公证员人数不足,承接业务能力有限,多数公证处无力承接例如证据保全等公证事项,当事人的需求无法得到保障。上述问题从对公证员的访谈中可以得到印证。

Z 市公证处公证员:像证据保全这种需要两个工作人员,有时候我们人手不够就没办法做了,但是法律又规定了要两个人,当事人从县里跑过来我们也没办法受理。

Y 县公证处公证员:提存要求有一个专门账户,首先要在银行的账户开设专门账户,这就要求你财政独立,但我们的财政还没有从司法局脱离,所以即使有提存的业务我们也没办法办理,但当事人其实又不愿意跑那么远。

H 县公证处公证员:如果完全把县里的公证处撤掉,县里的区域太大,去市里办业务不方便。如果距离市里近的,原有县级公证处可以撤销掉,就近去市里办。就比如刚才讲的 A 县他其实离市区更近,去市区办证是更方便的。

这些访谈内容表明,一方面我们既要保障公证服务的县域供给;另一方面依照行政区划划定执业区域,不考虑地理区位的远近差异,可能也会给当事人申请公证带来不便。

2. 市场不正当竞争风险增加

最初设立公证执业区域制度,意在规范公证执业的不正当竞争行为。理论上放宽执业区域后,公证行业的不正当竞争风险就会增大,实践中也正是如此。一方面,对于部分高回报的公证业务,本就存在部分公证处为承接业务私自跨执业区域执业的情况,甚至出现恶意低价竞争等行为,影响当地业务平衡,冲击当地行业健康发展。而放宽执业区域限制后,虽异地执业法律障碍消除,但不正当竞争和冲击当地行业风险尚存。另扩大执业区域后同区域内存在多家公证机构,机构可能选择通过回扣等方式压价,甚至降低材料审核标准来招揽业务,这同样不利于公证服务质量的提升。另一方面,随着在线公证等打破地理区域限制的产品诞生,产品拥有者可以通过用户信息的不正当使用筛选潜在用户群,还出现冒充公证机构办事点、分理处侵害当事人和公证机构权益的行为[1]。这从对相关公证人员和司法行政管理人员的访谈中可以得到印证。

L 市司法行政系统工作人员:下面县里的执业区域突破了,但是市里面其实还没有,如果其他地方有好的业务,有的公证员还是希望能够承接,这样是可能会变成恶意竞争的。

3. 区域放宽后核实难度增大

执业区域的扩大加剧了信息资源的不对称性,降低了当事人虚假申请公证的

---

① 参见《厦门市鹭江公证处严正声明》,载微信公众号"厦门市鹭江公证处",https://mp.weixin.qq.com/s/A9lTDD8TmNEMmwHRiMvyfg,2022 年 7 月 3 日最后访问。

难度,导致公证机构核实更加困难,大大增加了《司法部关于公证执业"五不准"的通知》所要求的实质审查标准难度。原有执业区域制度下符合申请条件的往往只有一个公证机构,然随着执业区域的省级一体化,当事人对机构的选择多样化,使得虚假公证更易实现。虽然已经有对于此种当事人的行业内通报制度,但是公证机构无法对当事人申请假证的行为作出任何惩戒措施,当事人的违法成本低,无法形成有效震慑机制。

C市司法局工作人员:我在这个行业其实已有十多年,2018年放宽以后,像我们市区有D、C这些公证处,像以前当事人他一般只能到县里面的那一个公证处,现在就出现他到一个公证处公证虽然没有受理,但他也知道了什么材料才可以办这个公证,这种情况下他就通过制作假材料,然后到另外一个公证处去办理公证,这样还差点儿就办成功了,这样的事情我们也曾查出来过。

此外,改革后公证执业区域扩大还会使得公证异地核实难度进一步增大。一方面异地核实的成本负担不明,另一方面异地核实的责任规定缺乏。公证处承接异地的公证业务,涉及异地核实会多支出一定的金钱成本(如核实所需差旅费等)、时间成本。比起前往异地实地核实,公证员更倾向于通过电话向当地有关单位及人员核实,异地执业放开后这样的情况会更加普遍。且电话联系核实的联系方式往往由当事人自行提供,对方提供核实的证明效力存疑,公证员不得不花费更多的时间和精力对其真假进行核实,或对于是否出证过分谨慎,进一步加剧了当事人与公证机构间的矛盾。《公证法》规定了公证的异地委托核实[①],然而实践中异地核实并未得到普遍运用,这同样有访谈为证。

Z市公证处公证员:在我们这边公证员都会去调查核实,虽然是可以委托异地公证机构,但是在实操中还是比较困难的,这个方式用得不多。像以前X省的公证机构委托我们去核实,我们也还是给他们办了,因为公证机构也理解公证机构。不是说所有的信息都可以在网上系统上查询,实际操作可能比较难以使用。

二、公证执业区域制度改革遇困的成因分析

以上现状表明,放开执业区域后公证资源配置仍不尽合理。执业区域改革并未实现公证资源的优化配置,无法满足当事人的公证服务需求,当事人的需求与公证法律服务供给间仍存在矛盾,尤以基层、偏远地区为代表。公证执业区域改革出

---

① 参见《公证法》第29条:"公证机构对申请公证的事项以及当事人提供的证明材料,按照有关办证规则需要核实或者对其有疑义的,应当进行核实,或者委托异地公证机构代为核实,有关单位或者个人应当依法予以协助。"

现的目标背离直接影响改革成效,扩大执业区域改革实质是为公证资源的市场配置奠定基础,对于这一富有经济学特色的概念,可以回归经济学,借助公共产品理论,分析其改革困境的成因。

(一) 公共产品理论解释论下成因的初步检视

在西方经济学理论中,公共产品(public goods)与私人产品(private goods)是相对概念,公共产品理论着重讨论与分析公共产品的定义和属性,首次提出公共产品这一概念的是萨缪尔森[1]。从理论上说,公证法律服务应当属于准公共产品,这一判断理由有三个:首先,公证作为一种公共法律服务,公证的当事人无法阻止其他人享受公证服务,也不能垄断公证服务,公证具有非排他性。其次,公证服务能够有效预防纠纷,促进诉源治理,同时某一消费者的使用反馈,也可以反向促进公证服务的优化,从这些角度来说,个体对于公证服务的消费能够产生社会效益,进而使得每一个消费者受益,具有一定的非竞争性。最后,公证作为一种法律资源,具有有限性,也即供给总量一定时,个体消费可能会影响到其他消费者从中获得收益,其仍具有一定排他性和竞争性,也即其使用在某些时候是拥挤的。

一般来说,准公共产品的供给模式分为国家提供、市场提供、第三部门提供[2]、公私部门合作等,不同供给模式存在着各自的优势和不足。福利经济学第一定理认为,只有在特定的环境或条件下,经济才会达到帕累托效率。[3]

公共产品本身即一种重要的市场失灵表现。因公共产品的特殊属性,完全的市场供给可能会造成公共产品供给不足的现象,进而导致准公共产品的结构性失调。市场供给的外部性难以简单地用货币计量[4],市场主体趋利属性会导致交易成本虚高、降低供给效率等。此时政府的供给,更能兼顾到效率与公平。但政府也并非理性经济人,其决策效率有限且存在短见性,获取信息的不对称可能导致公共选择的错误。[5] 公证服务具有一定竞争性,为克服政府供给存在的政府失灵,公证服务发挥市场配置资源的作用具有合理性。

---

① See Paul A. Samuelson, The Pure Theory of Public Expenditure, The Review of Economics and Statistics, 1954, Vol. 36, p. 287.

② [美]埃莉诺·奥斯特罗姆:《公共事物的治理之道 集体行动制度的演进》,余逊达、陈旭东译,上海三联书店2000年版,第66页。

③ [美]约瑟夫·E.斯蒂格利茨、杰伊·K.罗森加德:《公共部门经济学》(第4版),郭庆旺译,中国人民大学出版社2020年版,第58页。

④ 肖卫东、吉海颖:《准公共产品的本质属性及其供给模式:基于包容性增长的视角》,载《理论学刊》2014年第7期。

⑤ 韦海英:《政府经济行为研究》,中国经济出版社2008年版,第71-85页。

整体而言,公证服务提供的市场因素不断增加,我国公证服务供给可能呈现国家、市场和第三部门合作供给的趋势。现公证机构仅极少数仍在行政体制内(也即由政府供给公证服务),大部分已经完成体制改革。改革后公证机构主要有两类:一类为事业单位,财务状况基本为差额拨款或自收自支(还有少部分全额拨款),属于准公共产品供给中比较典型的第三部门供给,这种供给形式因政府和市场供给的双重失灵而出现。另一类为合作制公证处,而合作制公证处的性质当前并不明确①,故而其供给模式的定位也有待进一步明确。也有学者认为这两种形式均非公证机构最佳组织形式,不论是事业单位法人,还是作为阶段性探索的合作制性质,既没有从根本上解决公证处的发展自主性问题,也不能完全激发行业发展的活力,采取合伙制才能真正让公证机构适应市场经济的发展要求②。如果未来出现此种"合伙制公证机构",属于由市场供给准公共产品的模式。

(二)结合公共产品理论的成因具象分析

从理论预设来说放开执业区域对于重新界定公证供给中政府与市场的边界有重要作用,国务院《关于加快推进公共法律服务体系建设的意见》中明确了公证作为公共法律服务的性质,我国公证服务不可能完全放宽由市场资源完成配置,且事实上公证这一准公共产品存在市场失灵现象。公证执业区域的合理限制对于实现公证资源优化配置意义重大,结合公共产品理论可以有效分析公证执业区域改革目标背离的原因。

1. 改革目标的内在冲突

在公证执业区域制度改革的目标中,存在着效率与公平的二重追求。然在很多公共产品供给中,效率与公平目标是存在取舍的,公证执业区域制度改革也是如此。能否通过法律规则的设计,让优质的公证资源流向基层地区,是我们更需要关切的问题。资源分配高效率并不能保证公证福利在社会成员中的公平分配③,而公平也即公证服务均衡化却是执业区域改革目标的应有之义。公平与效率之间的

---

①　汤维建、段明:《合作制公证机构改革的困惑与抉择》,载《中国司法》2021年第2期;刘疆:《机遇和挑战:合作制公证处试点改革若干重大问题》,载《中国公证》2019年第5期;昆明市明信公证处课题组:《中国公证体制实证分析》,载《中国司法》2011年第1期;詹爱萍:《反思与重构:〈公证法〉施行后公证体制改革述评》,载《司法改革论评》2008年第8辑;谢江东:《论合作制公证处的非营利性和发展方向——以〈民法总则〉营利法人与非营利法人区分为视角》,载《中国公证》2017年第11期;杨立新:《公证机构的法律性质与三种模式》,载《中国公证》2018年第1期。

②　苏国强:《公证体制改革永远在路上》,载《中国公证》2018年第1期。

③　[美]鲍德威、威迪逊:《公共部门经济学》(第2版),邓力平主译,中国人民大学出版社2000年版,第2页。

权衡取舍关系是许多公共政策讨论的核心问题[①]，经济学上的探讨更多集中在公共产品的供给效率上，并未对其供给的公平过多讨论。[②] 公证服务供给需要兼顾存在冲突的两种目标，也即执业区域改革中对于激发行业活力和保障公证服务均衡两个追求的兼顾。而在法理学中公平与效率的价值冲突是一种主要的目的价值冲突，需要从立法和执法层面实现价值的整合。我们认为法的效率与公平价值本质上存在统一性，我们要尽可能地扩大它们的协调性，缩小它们的矛盾冲突，这是可能通过良好的机制实现的。[③] 对于公证法律服务资源的配置应当尽可能地保证经济公平和社会公平两个层次，[④]前者要求投入产出的均衡，也即回归对于公证供给效率的关切；后者要求服务的均衡化提供，让其非排他、非竞争的性质充分展现。在执业区域改革中，一味地放宽执业区域，难以刺激公证处提升服务效能，甚至会导致基层公证服务的停摆。我国需合理考虑区域间的经济发展差异和公证员收入情况，在此基础上依据国情，合理界定在公证服务供给中的市场与政府二元关系，才能保障基层公证服务和促进行业发展。

2. 改革依据的供给不足

我国公证行业飞速革新，然而相关立法存在滞后性。首先，执业区域改革的法律依据并不明确。在实践现状下，公证执业区域制度改革逐渐冲破规范框架内行业管理的调整。如不动产相关公证执业区域的改革，各省市出台修改方案存在差异，加之改革进程已经深化到省级一体化，虽然《公证法》的立法相对宽泛，但改革规范可能与现行立法可能存在冲突，最终导致当事人的需求无法保障。其次，异地执业的具体规定空白。现有规范对于改革后公证市场竞争风险防范不足，而违反执业区域的法律责任规范滞后。通过扩大执业区域将公证推向市场，在理性经济人决策下，公证资源会呈现出两大趋势：公证机构的设置向发达地区倾斜、公证处的投入向收益高的公证类型倾斜；反之，对于基层和偏远地区，以及公益类公证的资源配置就会不足，此时会发生资源的过度集中。同时，当同一个执业区域内的公证机构提供的服务都已经达到效用可能性边界，就会出现恶性竞争现象，他们的"利己"行为以"损人"和损害社会利益为代价[⑤]。要实现公证资源优化配置，必须进一步明确竞争规则，规范约束改革后的服务供给。这也要求发达地区公证机构

---

① [美]约瑟夫·E.斯蒂格利茨、杰伊·K.罗森加德：《公共部门经济学》(第4版)，郭庆旺译，中国人民大学出版社2020年版，第110页。

② 岳军：《公共投资与公共产品有效供给研究》，上海三联书店2009年版，第55页。

③ 张文显主编：《法理学》(第5版)，高等教育出版社2018年版，第334页。

④ 肖卫东、吉海颖：《准公共产品的本质属性及其供给模式：基于包容性增长的视角》，载《理论学刊》2014年第7期。

⑤ 冯玉军：《法律与经济推理 寻求中国问题解决》，经济科学出版社2008年版，第139页。

具备对于基层偏远地区的业务辐射和资源倾斜能力,进而充分发挥公证作为非诉解纷方式所具有的纠纷预防作用。

3. 改革主体的动力有限

公证业务给社会带来了额外的收益,但结合公证的准公共产品属性,如果将公证机构理解成市场经济中的理性经济人,其并无动力承接和扩张该部分业务,也即个人收益与社会收益的不对等将直接影响公证处的积极性。对于公证处异地执业,云南某县引进公证服务①等新闻表明现在公证处异地执业的理想流动趋势是从发达地区流向落后地区。但放宽公证执业区域后,实践中公证机构跨区域执业的主动性不强,基层公证服务缺失的现象也并未得到及时改善。事实上,基层公证服务供给主要针对的是一些与群众生产生活密切相关的基础证明事项,而对于个人遗嘱、身份等基础事项的公证通常采取计件收费,收费较低。然对于该部分公证事项的保障以及对于基层地区公证服务的保障,恰恰是提升社会整体福利的关键所在,也是优化公证资源配置的关键。当然,我们也应当看到外部性化解的可能性,公证机构不论是作为事业单位还是可能的合伙企业,都有其社会责任,这是其发展的必要成本支出。

三、公证执业区域制度改革的路径优化

2018 年和 2021 年的改革,多为司法行政机关针对执业区域划定的调整和放宽,但却没有明确异地执业的规则和违反执业区域后果的规定,各地的公证执业区域制度改革具备原则指引,缺乏细节实施办法。目前来看,我国公证执业区域改革具备政策土壤,却缺乏配套支撑规范,故改革成效有限,其相关举措亟需进一步完善。在明晰公证具有准公共产品属性的基础上,需落实政府基本保障职能,优化资源配置,充分发挥市场配置资源优势,保障行业发展。

(一)优化公证管辖及异地执业规范

1. 打破管辖制度限制

公证管辖与公证执业区域的关系和定位亟需厘清。对于部分省份 2018 年和 2021 年的改革是否已在事实上突破了现有法律对于公证管辖的规定,尚存探讨空

---

① 《武定县司法局与云南省昆明市国信公证处签订武定县关于引进公证服务的协议》,载云南省昆明市国信公证处官网,http://www.kmgxgz.cn/GXWeb/article.jsp? id=218,2021 年 9 月 14 日最后访问。为了解决武定当地群众的公证法律服务需求,引进优质公证服务,有利于推进武定县"放管服"改革和公证法律服务"最多跑一次"改革,促进武定县公共法律服务体系健康发展。

间。在2021年年初云南、广东、江西和山西四地改革试点公告中均指出当事人可以选择全省范围内任意公证处，此不同于现行《公证法》之规定。以2018年H省的调整执业区域改革为例，H市成为一个执业区域，H市下辖N县的当事人可以前往市区进行公证，而若H市区的公证处并非公证法规定的四地之一，就事实上突破了现有法律规定。在实际改革中对于执业区域和管辖的规范修改，将呈现出不同的改革方向，其各有优势和不足。如果保持公证机构执业区域不变，放宽公证管辖，看上去便利了当事人，然而事实是一方面本地的公证供给不足问题没有得到解决；另一方面当事人很难承担异地公证带来的额外成本支出，只有极少量公证案件（往往与资产管理、金融相关）会选择异地优质公证处，因为其最终收益高于异地公证的成本支出。如果放宽公证的执业区域，不改变公证的管辖，显然具有较大的正外部性。现有公证机构促使改革目标落地的能力有限，且无法保证当地法院认可该部分异地执业公证处公证文书的效力，在公证文书强制执行的层面可能会遇到阻碍。

故对于公证执业区域制度的改革，应当注意管辖与执业区域改革的协调配套。在未来《公证法》的修订中应当更多放宽对当事人申请公证的管辖。首先，突破政区域划定的管辖和执业区域，从地理区域的远近考量对于执业区域和管辖的放宽，能够切实便利百姓就近办证。其次，随着人口区域流动速度的加快和跨度的加大，以及异地置产等现象的出现，继续过分限制当事人对公证处的选择，有悖公证服务的便利原则。此外，当事人能够自由选择一定执业区域范围内的公证处，有助于刺激和加快公证服务的优化。

2. 完善异地执业规范

对于公证管辖和执业区域的放开需要相互配套，循序渐进。完善规范打破管辖限制后，必须完善和明确公证处异地执业的方式。依据现行改革情况，主要有设立公证处分处、设立派出机构、设立便民窗口和当地公证处对口合作等几种模式，但满足什么样的条件可以设置分处，便民窗口是否可以超过执业区域设立，能否在派出机构办证，若不能进而在派出机构违规办证的后果都尚未有明确的法律规定，均有待进一步完善。

公证机构选择异地执业主要有两种去向：一是趋利导向下的发达地区优质公证资源聚集，二是服务均衡导向下对于基层、偏远地区的公证服务倾斜。

对于前者，市场资源配置能够有效调节，但需要对不正当竞争行为有效规制，司法行政系统和行业协会需要维护良好的行业秩序，规范恶意低价、恶性跨区域招揽业务等不正当竞争行为。现行法律[①]仍明令禁止公证机构的跨区域执业，虽公

---

① 参见《公证机构执业管理办法》第36条规定："公证机构违反《公证法》第二十五条规定，跨执业区域受理公证业务的，由所在地或者设区的市司法行政机关予以制止，并责令改正。"

证执业区域呈现不断扩大的趋势,但短期内不会完全取消执业区域限制。在探索分类推进执业区域一体化的过程中必须防范在线平台造成的业务垄断,尤其是较容易通过在线完成且对于地域没有过高要求的公证业务,可能会加剧基层、偏远地区公证机构生存难以为继的现状。此即为市场配置资源时的市场失灵,不利于公证服务的均衡化。原执业区域小基本没有竞争,故法律规定对于不正当竞争现象规制力度有限,在放开执业区域后,也可以在公证法及相关规范的修改中,细化对公证行业不正当竞争的规制。从公证行业均衡发展的角度,或许应当于《公证法》的修订中,在现有 36 条上增加两款:一是关于跨区域执业对于公证书效力的影响,如跨区域执业不影响公证文书效力,无相反证据证明下推定公证文书有效;二是明确公证机构违反执业区域执业的后果,不局限于制止和责令改正的措施,可以采取行业惩戒或行政处罚等方式。对于去行政化和市场化改革趋势下的公证机构执业竞争,正视其作为准公共产品提供主体的市场属性,确有必要进一步明确法律监管。可以参考《基层法律服务所管理办法》第 36 条[①]立法明确,公证机构违反执业区域规定跨区域执业,严重影响市场秩序的,由所在地县级司法行政机关或者直辖市的区(县)司法行政机关予以警告、没收违法所得、处以罚款等。

而后者更需要灵活的异地执业方式,以促进公证机构的积极性,避免极端情况出现。此种情形下,设置分所等耗费人力、物力过多的举措显然不符合经济规律。较为可行的模式是为运行状态良好的公证处在基层及偏远地区单独设立便民办证派出点。首先,便民服务点相对于异地在线公证,能够更好地满足公证服务特性,切实避免完全在线公证对于公证效力可能造成的影响。同时,相对于建设完整的公证处分所,便民服务点可以简单行使公证案件受理和实地核实的职能,借助统一的案件管理平台和物流,实现制证出证等功能。在这种模式下便民服务点背靠公证处,能够实现公证服务的有效提供,但也仍需要通过多种措施降低机构异地执业成本。比如,加强公证机构内部的人员交流与流动,可以将基层服务作为公证员成长锻炼的一个阶段,降低为异地执业单独扩充人员的成本;再如,鼓励公证派出人员进驻政务中心、一站式纠纷化解机构,降低基本办公场地的成本,同时也能为当事人提供更为便捷的服务。

(二) 多举措激发公证机构发展活力

1. 优化在线公证服务

《关于公证事项"跨省通办"的通知》等规范性文件中均体现出,部分简单证明

---

① 如:公证机构违反执业区域规定跨区域执业,严重影响市场秩序的,由所在地县级司法行政机关或者直辖市的区(县)司法行政机关予以警告;有违法所得的,依照法律、法规的规定没收违法所得,并由设区的市级或者直辖市的区(县)司法行政机关处以违法所得 3 倍以下的罚款,罚款数额最高为 3 万元。

公证事项的执业区域可能会随着信息和数据共享而不断扩大。在线公证的滞后将直接影响公证执业区域扩大的实效,不断提升区域信息化水平是改革推进的必须保障。首先,优化公证在线平台服务能够减少异地执业增加的成本耗费。同区域内差旅费相对于选择异地公证尚且有限,当由公证处负担的此部分成本过高,在正外部性影响下,公证处并无异地设立分所的动力,上文指出的异地设分所模式可能因此而发挥作用有限。此时,如果由当事人负担或当事人异地申请,则公证成本过高且违背便利原则。久而久之,公证机构设置的区域差异加剧,也佐证执业区域不宜盲目废除。执业区域扩大后不论是当事人的来源和核实的范围都可能更进一步的扩大,在当事人"最多跑一次"和减轻当事人负担改革背景下,对于部分法律关系简单、事实无争议、材料齐全的公证申请进行服务优化,实现即时受理、当日出证[①]或许是改革方向之一,但对于其余公证申请,如果盲目压缩出证时间可能会导致证明效力受损。对于以上种种,公证服务网络平台的建设意义重大。其次,依据现行法律的规定,应当是当事人先申请,公证处受理核实后出证,但《公证法》的规定并未明确公证必须线下受理,通过线上实现公证的受理完全可行,且可以较为便捷地实现当事人只跑一次,也即当事人只需在拿公证书的当天补齐纸质档材料和身份认证,此种情况下公证员的审核需更为谨慎。故而应当搭建起全国通行的公证受理平台,并且实现在线异地协助核实等功能,借助在线平台进一步规范简化发函等异地核实的程序,加速公证业务高质办理。

2. 分类分域推进改革

对于可省通办和跨省通办的公证业务,应当明确需要的材料清单和办证要求。我国各省分类推进改革的标准不一,各省通常依据本省实际情况规范分类推进执业区域改革。考虑到各省公证的发展情况和区域特性,针对不同类型公证采取不同执业区域的省(市)并不多(见表3)。当然我们可以相信,未来将有更多的事项放宽执业区域限制,如对于纳税信息的公证就可以逐步实现跨省通办,再如一般证明性公证事项可放开至省级行政区域。学历、学位、驾驶证公证的"跨省通办"等公证业务以机构信息公开为改革的前提,通过系统查询核实,而不再需要当事人提供证明材料,但事实上在办理这些公证时,往往还是采取当事人提交相关证明原件核验的方式。在不断扩充完善清单类型的同时,应当明确立法或者行业协会规范相关的材料清单和办证要求,合理厘定当事人和公证机构的责任范围,既要强调公证的服务属性,也不能因此忽视办证质量。

---

① 参见《武鸣区：心系百姓办实事 公证服务暖人心》,载南宁新闻网,http://www.nnnews.net/yaowen/p/3083162.html,2021 年 9 月 14 日最后访问。

表3　在互联网能够检索到的各省(市)出台的关于公证跨区域办理事项的情况

省份	公证跨区域办理事项
辽宁省	司法厅出台《关于开通公证机构网上办证功能全力推进"跨省通办""跨市通办"的通知》和《关于开通网上办证功能实现公证"最多跑一次"的实施办法》,通过网上办证促进55项公证业务的全省通办
海南省	涉外公证业务全省通办
湖北省	按照《国务院办公厅关于加快推进政务服务"跨省通办"的指导意见》,对纳税状况公证开展"跨省通办"服务
山东省	21项惠民创新应用中包含公证服务"全省通办"应用

除了基于便利原则分类别推进执业区域改革,从机构设置的层面,还需考虑到各省经济和公证行业发展水平,探索灵活的执业区域的划定方式和公证机构准入标准。如参考新疆2020年的执业区域改革策略①,根据地域调整执业区域,做到因地制宜,对症下药。2006年施行的《公证法》第7条规定公证机构的设立原则:统筹规划、合理布局、不按行政区域层层设立,《规则》(2006)第13条则规定我国现有的公证处执业区域由省、自治区、直辖市司法行政机关予以核定,现实中公证处的设立存在较强的行政地域特征,而执业区域改革推进的一个最明显的特征是加强公证机构执业的区域流动性,弱化行政化色彩。但如果只是盲目的扩大执业区域,而不考虑各省公证行业的实际情况,改革仍将无法实现优化服务和保障供给的目的。

(三)强化基础公证服务的兜底保障

公证执业区域制度改革不能脱离公证本质属性,对于基层和偏远地区的公证服务供给应当由政府兜底保障。公证执业区域和管辖的立法原意是保障当事人在当地申请公证的权利,即使有序调整放宽管辖与执业区域,准公共产品属性决定了公证服务不可能完全由市场供给,公证服务的性质要求公证机构设置均衡。当基层发生公证服务供给困难,且无公证处愿意前往当地执业时,基层政府不能缺位。此时的司法行政机关应当依据地方实际情况和公证服务需求体量,由政府列支专项财政支出。行政机关通过购买公证服务、设置公证员、引进在线公证等方式,保

---

① 参见《关于调整全区公证执业区域的通知》(新司通〔2020〕13号)第2条:"本次公证执业区域调整,主要以地(州、市)、县(市、区)为单位,适当进行差异化调整。经济发展条件和行业基础较好,尤其是公证服务资源相对均衡、执业区域调整意愿强烈的伊犁哈萨克自治州、乌鲁木齐市等12个地(州、市)公证执业区域由县级行政区扩大到地级行政区。部分公证机构的执业区域由单一县级行政区调整为两个县域共享执业区域。自身发展较好、改革较为充分的高昌区和鄯善县行政区内的公证机构执业区域合并成一个执业区域。对地域面积大、人口总量少且分布较广、公证资源总量不足、公证机构竞争能力失衡的巴音郭楞蒙古自治州等长期处于'无人处''一人处'状态且短时间内无法改变的县域,鼓励有实力的公证机构设立分支机构(办证点)。"

障当事人对于简单事项的公证需求。同时，开放的管辖制度也不会限制当事人寻求优质的复杂事项公证服务。

关于各类兜底形式可能涉及的规范前提仍值得分析。因为依照我国现行法律公证机构是法定的公证证明主体，那么当某地无法成立公证机构时，只能替代性地采取单独设置公证员的方式，但这又可能与现行法相悖。我国并不像部分域外国家的立法体例以公证员作为公证主体，那是否可以将这部分地区的公证员就近纳入已有公证机构进行管理，比照适用异地办理公证的相关规范？在调研中笔者了解到 C 市 G 公证处、X 公证处、J 公证处等因出现公证员数量不足二人的情形，最后不得不停止执业。为了满足在恢复执业之前所辖区域内民众的公证需求，H 市 F 公证处探索远程公证的办证模式，通过互联网为这些县域民众提供优质的公证法律服务。较之单独设置公证员，购买公证服务、引进在线公证是更为可行的解决措施，但需要避免互联网打破地域限制后带来的业务垄断、虚假欺诈等问题，吸收部分地区的探索经验后，应当尽快出台规范，形成统一的规范操作流程。

公证执业区域制度改革不断深化，行至深水区，改革三重目标的实现对于公证服务供给均衡和质量优化意义重大。应对执业区域改革中出现的不适配、不规范现象，应当从理论上探寻合理科学解释进路，在实践中不断调整适配改革措施。完善改革深化的规范要求，细化改革推进的指导措施，固定实践验证的先进经验，结合准公共产品供给的特性，修正改革期间出现的目标背离，完善现有法律规范，保障政府部门兜底基本服务需求，刺激市场主体探寻行业发展活力，让公证参与多元解纷的行业活力充分迸发，让公证立足普通公众的公益属性充分展现，让公证服务诉源治理的优势充分彰显。

专题九　程序违法公证书效力认定之冲突及其化解

刘亚禾[*]

引　言

公证证明是在纠纷诉诸诉讼，乃至于纠纷产生前，当事人为了预防纠纷和维护合法权益，向公证机关申请后，由公证机关行使公证权，以做成公文书的形式赋予公证事项事实上和法律上效力的证明。公证证明虽不发生法律关系设立、变更、消灭的直接效果，但往往与之有紧密关联，且依法具有高度证明力，甚至在诉讼中被赋予免证事实效力。需要明确的是，公证证明效力的正当性、权威性来源于法律对于公证证明的合法性、真实性的实体和程序的系统保障，[①]法律规范一旦缺位，其证明效力便无所依托。

现行法对公证证明的实体规定较为全面：在公证过程中，应当坚持客观、公正的原则，不能对不真实、不合法的事项出具公证文书；在公证做出后，经当事人或利害关系人申请、公证机构复查确认，对内容不真实、不合法的公证书公证机构将宣告其自始无效；在诉讼中，若有相反证据足以推翻公证证明，法院即可排除其适用，以限缩法律赋予的实质证据力。但在程序相关事项上，现行规范显得十分粗疏。对于程序违法的公证书，《公证法》未明确其可否撤销，《公证程序规则》则规定在无法补办和严重违反法定程序两种情形下可以撤销，二者在认定违反法定程序的公证书效力问题上存在冲突，没有回应公证证明程序作为公证证明生效要件的应然地位，割裂了证明程序与证明结果间的有机联系，造成实务认定的困难。实践中，由于上述立法规范的疏漏，司法裁判对程序规范的定位与作用出现了误读，不当加重了当事人的证明负担，也直接减损了法院裁判的可预见性。为了弥合理论、立法

*　刘亚禾，武汉大学法学院硕士研究生。
①　张卫平：《公证证明效力研究》，载《中外法学》2011年第1期。

与实务的间隙，有必要对现行程序规范认真检讨。将"违反法定程序可能影响公证内容"纳入公证书的撤销事由，既符合公证程序的立法定位，也符合实践的现实需要。

一、公证证明程序的立法透视

（一）公证证明程序的范围限定

《公证法》第 2 条规定："公证是公证机构根据自然人、法人或者其他组织的申请，依照法定程序对民事法律行为、有法律意义的事实和文书的真实性、合法性予以证明的活动。"由此可见，立法的初衷将"公证"的内涵限定为公证机构实施的证明活动，认为公证就是一种证明活动且应当受到法定程序的约束，对应到行为规范上，公证程序就是公证证明的程序。但需要指出的是，《公证法》第 2 条并不是一个封闭性的规定，换言之，公证并不是单纯的证明行为，这一概念还有其他内涵。《公证法》第 12 条规定，公证机构还可以根据自然人、法人或者其他组织的申请办理登记、提存、保管等事务。诚然，公证机构的主要事务和法定职责依然是证明，上述事务都是附随性的，但也是必需的。① 以上事项被纳入广义上"公证"的内涵范畴，成了公证程序规范的对象，相应的，公证证明程序和办理其他事务的程序共同组成了公证程序的整体外延。那么基于"公证"一词广义和狭义上的内涵区分，在有关程序的对象范围上，公证证明显然是有别于公证的，需要区分研究。

除了规制对象上的不同外，公证证明程序和其他公证程序在规范的效力层级和经程序做出的行为结果上也存在显著差别。一方面，有关公证证明程序的规范主要集中于《公证法》第四章和《公证程序规则》，其他事务的操作程序多散落在其他部门规章和行业规范中，两类程序规范的效力层级有较大落差；另一方面，经相应程序做出的行为结果不同，经过法定程序公证证明的法律事实和文书被依法赋予免证事实效力，②但公证机构对其他事项出具的文书仅能在诉讼中作为一般证据材料使用，最多因其公文书的属性具有形式证据力，相应的程序要求也大为不同。基于上述原因，为保证程序规范的一致性，本文将研究对象限定于公证证明的程序规范。

---

① 张卫平：《论公证证据保全》，载《中外法学》2011 年第 4 期。

② 《中华人民共和国民事诉讼法》（全书简称《民事诉讼法》）第 72 条规定："经过法定程序公证证明的法律事实和文书，人民法院应当作为认定事实的根据，但有相反证据足以推翻公证证明的除外。"但有关公证的免证事实存在不同表述，《公证法》第 36 条规定的是："经公证的民事法律行为、有法律意义的事实和文书"；《民诉法解释》第 93 条和《最高人民法院关于民事诉讼证据的若干规定》第 10 条规定的是"已为有效公证文书所证明的事实"。它们在免证事实的范围上存在差异，但并非本文主要研究对象，故在此仅作列举陈述。

（二）公证证明程序的效力分析

公证证明程序以法律规范为依托,程序的效力表现为法律规范的拘束力,而法律规范的拘束力取决于违反规范的法律后果,因此分析公证证明程序效力的关键就在于分析违反程序规定的后果规范。公证证明行为的程序规范主要集中于《公证法》第四章"公证程序"和司法部颁布的《公证程序规则》中,内容涉及受理、审查、出具公证书等事项,且多为一般性、原则性规定,更为细节的操作则散见于各类部门规章和行业规定中。通过对以上两部规范的梳理,不难发现,违反公证程序效果的规定集中体现在以下两条:

一是《公证法》第 39 条:"当事人、公证事项的利害关系人认为公证书有错误的,可以向出具该公证书的公证机构提出复查。公证书的内容违法或者与事实不符的,公证机构应当撤销该公证书并予以公告,该公证书自始无效;公证书有其他错误的,公证机构应当予以更正。"该条明确指出了公证书确有错误的两类情形:一类是公证书的内容违法或不真实,另一类为除此之外的其他错误。联系《公证法》第 2 条对公证行为设置的法定程序要求,从法条语义解释的角度,可以得出这样的结论:公证书"确有错误"是指违反法定程序出具的公证书存在错误,且这种错误属于内容违法和内容不真实之外的"其他错误"。也就是说,违反法定程序并不影响公证书的实质效力,仅属于公证机构的内部要求,由公证机构加以更正即可,自然也不影响公证在诉讼中的免证事实效力。

二是《公证程序规则》第 63 条第一款第 5 项:"公证书的内容合法、正确,但在办理过程中有违反程序规定、缺乏必要手续的情形,应当补办缺漏的程序和手续;无法补办或者严重违反公证程序的,应当撤销公证书。"前半段对一般违反程序规定、缺乏必要手续之公证书仅要求其"补办",换言之,只要公证书的实质内容是合法、正确的,办理程序仅存在轻微瑕疵并不影响公证书的实质效力,这与《公证法》第 39 条提出的"更正"并无实质差异;然而其后半段又进一步规定了"无法补办或者严重违反公证程序的,应当撤销公证书",即公证书存在程序或手续无法补办或严重违反法定程序的错误时,应当撤销,而公证机关撤销公证书意味着对公证证明的根本否定。

纵观《公证法》和《公证程序规则》的规定不难发现,两部法规范对公证证明中可能存在的错误都明确区分为实体内容的错误和其他错误,并且遵循优先实体审查的原则。但它们对程序违法的效果并未达成一致——分别归入了应当更正和撤销的事项。具体而言,《公证法》将程序违法与笔误等其他轻微瑕疵统辖为除实体错误外的其他错误,在不影响实体内容的情况下改正即可;而《公证程序规则》在区分实体错误与其他错误的基础上,单独列出了程序违法的错误,并进一步区分一般违反法定程序和严重违反法定程序。相比较来看,《公证程序规则》的规定相对细致,不仅将程序违法作为一项独立的事项区别于其他实体内容以外的瑕疵,而且进一步区分了严重违反法定程序和一般违反法定程序的后果。但实际上,将"无法补办和严重违反法定程序"单独作为一项撤销事由已然突破了《公证法》第39条的内涵,若不能通过法律解释的方法将其归入上位法规定中,两部法规范将不可避免地出现效力冲突。

二、程序违法公证书效力认定的冲突检视

(一)更正抑或撤销：冲突规范的选择适用

法律的位阶是指一部法律在某个国家整个法律体系中的纵向地位。法律位阶的高低是由立法主体的地位高低决定的。① 本文主要考察的两部法律分别是《公证法》和《公证程序规则》,其中《公证法》由全国人大常委会制定,《公证程序规则》由司法部依据《公证法》制定,前者位阶和效力显然高于后者。前文通过对程序效力规范的比较分析已经发现,《公证法》与《公证程序规则》在对违反公证证明程序的公证书效力认定上存在分歧。此时在实践中必须解决的问题是：位阶不同的两部法律相矛盾而有权机关还没有宣告低位阶的法律是无效的情况下,司法机关应该适用哪一部法律? 笔者认为,应当适用高位阶的法律,因为此时低位阶的抵触性规定在实然上已经是无效的,由于实质无效而不能适用。但是《公证法》与《公证程序规则》对存在程序错误的公证书应如何处理的分歧并不是最新一次的法律修改中才出现的,而是在立法伊始便产生了,即使两部法律相继修改也始终没有回应这一问题。若直接以法律位阶的高低否定低位阶法律规范的效力难免草率,还应当考虑立法的分歧能否通过法律解释来消除。只有在穷尽各种法律解释方法后才能对一项法律规范做出应然层面的效力评价。

因而还需要讨论的问题是：《公证程序规则》第63条第5项中设置的"无法补办或者严重违反公证程序"能否归入《公证法》第39条"公证书的内容违法或者与事实不符"的情形中。笔者认为,在十几年间的立法对这一问题没有太大变化和文义解释显然难以自圆其说的情况下,此处采用目的解释更为恰当。《公证法》第3条规定,"公证机构办理公证,应当遵守法律,坚持客观、公正的原则。"此处的"法律"显然既包括实体规范也包括程序规范,说明公证程序规范并不都是任意性规范,至少存在能够拘束公证证明行为的倡导性规范②。但同时,《公证法》第36条规

---

① 张根大：《论法律效力》,载《法学研究》1998年第2期。
② 倡导性规范即提倡和诱导当事人采用特定行为模式的法律规范。概念参见王轶：《论倡导性规范——以合同法为背景的分析》,载《清华法学》2007年第1期。

定的公证证明效力并不特意强调遵循法定程序。① 因此,从《公证法》的立法目的来看,公证程序最重要的作用是保障公证的顺利进行和公证证明结果的正确做出。《公证法》第 39 条排除公证证明程序对公证书的效力影响,体现的价值选择为程序的工具价值大于程序本身的独立价值,故而违反或者严重违反程序本身并不具有撤销公证书的正当性。虽然这一规定的科学性还有待论证,但《公证程序规则》中有关违反程序应当撤销公证书的规定至少在程序违法的标准设置上违背了《公证法》的立法目的,是与上位法的背离,那么违反公证证明程序的法效果,便只能以《公证法》第 39 条为依托。

(二) 背离抑或超越:法律内涵的实质探寻

《公证法》第 39 条将公证书的撤销事由限定在内容违法和与事实不符两项情形中,似乎完全排除了因程序违法而撤销公证书的可能性,容易让人对公证证明法定程序要求产生怀疑。但无论是从公证证明的证据效力范围来讲,即公证书的高度证明力仅在于为其证明的对象本身,而不扩展至公证行为做出过程;还是从撤销公证书的目的来讲,即公证书的撤销主要是避免错误证明对利害关系人的不利影响,并不像对抗式诉讼中强调对申请人在申请过程中的程序保障,不影响实体结果的程序错误本身并不具有撤销公证书的正当性。此外,自《公证法》实施以来,我国的公证业务已经成为行业自治事项,需要凭借自身低成本、高效率的证明形式获得法律服务市场的优势地位,仅以违反法定程序为由撤销公证书不符合公证制度的竞争需要。因此,《公证法》对违反程序等瑕疵的公证书仅规定"更正"符合法理要求。

但以公证书是否存在实体错误来区分公证书效力的分类方法依然值得检视。其他错误是否能与实体错误截然分开考虑? 若其他错误可能影响实体内容的正确,能否以实体内容可能错误为由撤销公证书? 要解答以上问题,就必须明确公证程序规范对公证证明结果有何种影响。

公证书的高度证明力并非公证权之当然产物,更主要的应当是公证文书本身的性质及做成该文书时所实施的公证行为。② 公证书一般均由法定的公证机构或公证人根据适格申请人的申请在其职责范围内依程序法和实体法的规定,按照规范格式制作而成。只有满足了公证书的生效要件,公证证明才最终具备诉讼中的免证事实效力。公证机构是否遵守法定程序不仅关系到申请人和利害关系人的权利确权,更直接决定了证明材料能否及时、完整地呈现在公证员面前,进而影响公

---

① 《公证法》第 36 条规定:"经公证的民事法律行为、有法律意义的事实和文书,应当作为认定事实的根据,但有相反证据足以推翻该项公证的除外。"

② 楚晗旗:《论公证文书的证据效力》,武汉大学 2017 年硕士学位论文,第 3 页。

证结果的正确形成。因此,遵守法定的公证证明程序是公证书具有可接受性的内在要求,公证证明结果与证明程序之间存在着必然的有机联系,不能截然分开。在此基础上重新解读作为生效要件的公证证明程序,自然可以得出其内涵就是,公证的作出必须遵循足以保证公证证明结果真实、合法的程序规范,一旦对程序的违反影响到证明实体内容,则这一生效要件不成立,相应的公证书无效,应当撤销。从这个意义上说,《公证法》第 39 条的规定并未实质排除程序违法影响公证证明内容的真实性、合法性进而撤销公证书的可能性。

但《公证法》的规定尚有不足之处。一则,公证证明程序违法可能影响到公证书内容的真实性与合法性,本应纳入可撤销的事项范围中,但实体内容与其他事项截然划分的规定导致程序违法仅被归入应更正的事项范围,法律规定存在矛盾。二则,没有为程序违法的撤销事由设定原则性标准,混淆了撤销和更正之间的功能界分。后发布的《公证程序规则》第 63 条看似重申了法定程序作为公证证明生效要件的重要地位,却割裂了法定程序与实体证明结果的有机联系,未能完成立法上的超越。且其片面地以违反程序的严重程度和是否可以补办来区分程序违法的公证书效力,是对公证证明要件的严重误读,背离了《公证法》的立法初衷。因此,不仅应当在立法中明确“程序违法”是撤销公证书的法定事由之一,而且考虑到程序违法对实体证明的影响是间接的,因程序违法事由撤销公证书的证明标准应低于实体性事由的证明标准。

三、程序违法公证书作为证据适用的实践考察

法律的生命在于实施,公证证明的程序规范也不例外。在历史上,公证程序属于文书诉讼,与监护事件、遗产管理事件等法院非讼事件程序基本相同,就程序的性质而言,属于非讼程序。在当事人间纠纷诉至法院后,公证文书由于其公信力而被作为证据使用需要受民事诉讼的相关规定约束。由于公证证明证据效力集中体现于诉讼中,本文对程序违法的公证证明之分析与探讨也主要以裁判文书为依据。固然从宪政主义的制衡设计出发,司法监督相对于具有准行政行为性质的公证而言具有优越性,因此基于司法监督的作用,法院对事实的认定就不必十分严格地受限于准行政机关对事实认定的约束。但对于公证机关的公证行为,如果没有法定诉讼程序,法院在形式上依然应当予以尊重。[①] 换言之,即使明知公证书的效力存在瑕疵,法院也不能依照《公证法》或《公证程序规则》对公证书的效力加以判定,而

---

① [日]菊井维大、村松俊夫:《全订民事诉讼法》(2),日本评论社 1989 年版,第 595 页,转引自张卫平:《公证证明效力研究》,载《法学研究》2011 年第 1 期。

只能以此为参考,在具体案件中通过自由心证决定是否排除适用。

《民事诉讼法》第72条明确了法定程序是公证证明具有免证事实效力的生效要件之一,但在免证事实效力的否定上,该条却只承认"有相反证据足以推翻公证证明"这一种情形。"推翻",对应的是对实体内容的根本否定,程序违法需达致何种证明标准则没有一个明确的答案。但这一问题在本质上仍然是个法律适用的问题。加之《公证程序规则》第63条也为排除程序违法的公证证明效力提供了依据,若在司法实务中,法官能合理运用法律解释方法判定程序违法的公证证明效力,在程序违法判断标准缺失的背景下,也能使公证证明的证据效力得到妥善运用,充分发挥程序对公证证明结果的正当化作用。遗憾的是,法院在实务中往往拘泥于《民事诉讼法》第72条和《公证程序规则》第63条的限定,对程序与实体内容间的关联少有考察,说理也往往迂回冗长。

笔者以各高级人民法院的裁判文书为例,以"公证程序""公证效力"为检索对象,在无讼案例网上进行检索,附加"高级人民法院""民事案由"为筛选条件,于2021年5月25日从"无讼案例网"查询到高级人民法院的裁判文书97篇。通过对裁判文书的标记和整理,剔除9份非民事案由文书、11份重复上传文书和13份与"公证程序"无实际关联的文书[①],共得到有效分析样本64篇。该64份裁判文书具体分布如表1所示。

表1　高级人民法院对程序违法公证书效力的认定情况

是否认可公证证明的证据效力	文书数量(份)	裁判理由	文书数量(份)
认可	43(占比67.2%)	不违反法律规定	15
		非违反效力强制性规定	15
		未举证推翻公证证明	13
不认可	21(占比32.8%)	严重违反法定程序	11
		公证书缺乏合法性	10

分析表1可知,在我国认可公证证明效力的司法实务中,高级人民法院对程序瑕疵的认定拘泥于公证程序规范本身的性质和对《民事诉讼法》中"推翻"一词进行限定的现象并不鲜见。43份裁判文书中,除确认不违反法律规定的15份文书外,共有28份裁判文书以不违反效力强制性规定和未举证推翻公证证明为由认可了存在程序瑕疵的公证证明效力,占比65.1%。例如,河南省高级人民法院在(2018)豫民终1359号判决书中认为,公证证明管辖的法律规定并非强制性效力规

---

① 与"公证程序"无实际关联包括:不属于法院受案范围因而未做判定的案件、争议部分不涉及公证程序违法的案件2种类型。

范，"公证机构跨区域执业会因此受到行政程序上的处理，但所做出的公证书并不必然无效"。实际上，通过对法规范的逐条检索，不论是《公证法》还是《公证程序规则》，并不存在效力强制性的程序规范，因此法院将"严重违反法定程序"等同于"违反效力强制性"规范在实质上直接否认了程序违法否定证明效力的可能性。又如辽宁省高级人民法院在(2014)辽民三终字第00050号判决书中认为，对方当事人对公证程序存在错误的证明必须达到足以推翻公证证明的程度，"在未提供足以推翻公证证明的相反证据的情况下，仅以公证程序有瑕疵及公证人员涉嫌陷阱取证来否认公证书的公证效力，理由显不充分"。但实体内容的错误不同，程序违法的结果并不一定会直接体现在实体内容上，更多的是让人产生对实体真实的怀疑，因此，以对实体内容的"推翻"作为程序违法的证明标准是一种不当拔高，加重了对方当事人的举证负担。

在否认公证证明效力的司法实践中，法院虽然在裁判理由中详细描述了公证程序违法的具体情形，但在排除公证证明效力的部分大多简单表述为"严重违反法定程序"或"公证书缺乏合法性"，同样没有对否定的理由做出详细解释。如福建省高级人民法院在2018闽民终841号判决书中认为，"本案中，涉案公证书存在严重违反公证法有关规定的情形"，涉案公证书记载的申请公证时间和公证机构进行公证的时间都在公证书编号时间和做出公证书的时间之前一年，"该公证明显违反《中华人民共和国公证法》以及《公证程序规则》先受理审查，再进行公证的相关规定。"而对超期公证的行为，"相关当事人既未对在申请公证之后因法定原因需要延长公证期限提交证据，也未对在申请公证一年后才出具公证文书作出合理解释，严重违反《中华人民共和国公证法》第30条以及《公证程序规则》第35条的相关规定。因浩宏公司提交的涉案公证文书存在程序上述违法情形，其证明效力不予认可。"又如浙江省高级人民法院在(2009)浙知终字第176号判决书中认为，"公证书存在公证员未签名、公证时间有误等情况，两份公证书系同一案号，公证机关针对同一案号制作两份不同内容的公证书，该公证书缺乏合法性，从而不予确认。"仅仅以程序违法的公证书不具备合法性为由否认公证证明的效力，未能揭示违反证明程序对证明对象实体内容在真实性、合法性上的不利影响，同样存在说理不足的问题。

法院仅以"严重违反法定程序""未举证推翻公证证明"判断程序违法的公证证明效力，没有关注到公证程序违法的特殊性。事实上，对法定程序的违反程度并不是减损公证证明效力的决定因素，违反程序在一般情况下也仅会让人产生对证明结果的怀疑，难以达到推翻的程度。总而言之，在现行立法框架下，缺乏判断程序违法程度的原则性标准，减损裁判的可预见性在所难免。在我国民事诉讼肯定公证证明的免证事实效力背景下，这一问题尤为突出。

四、程序违法公证书效力认定的冲突化解

(一)将程序违法纳入公证书撤销事由

通常认为,公证文书是由公证人代表国家权力,依照公证程序与规则,介入私法行为,用以证明法律行为或私权事实以及文书而出具的特殊文书。[①] 在我国,公证机构出具的公证书被赋予了极高的证明力,甚至与已为人民法院发生法律效力的裁判所确认的事实同样作为免证事实,只有在有相反证据足以推翻时,才可否定其证明力。但同时,依照《民事诉讼法》第69条的规定,法定程序是公证证明具备免证事实效力的生效要件,若违反程序完全不影响公证书的证明力显然与其生效要件的定位是矛盾的。笔者认为,这一方面是司法肯定公证高度公信力的体现,赋予公证书完全证据力;另一方面从理想化主观立场上看,也暗藏倒逼公证机关严格其证明事项的实体与程序要求的意味。

法定程序不仅是公证具有免证事实效力的前提,还是公证证明的生效要件之一。公证作为国家的司法证明制度之一,证明法律行为、法律事实和有法律意义的文书的真实性、合法性,必须按法定程序进行,严格的程序是公证取得社会信赖的基础。[②] 缺乏正当性或失去了正当性的权利或者权利行使的制度不可能长久维持,[③]由此做出的公证证明书也不应具有绝对的法律效力。

为保证公证的真实性,各国均规定了一系列的法律、法规和规章,规范公证人员的操作规程,虽未直言违反程序的公证证明受到何种影响,但从公证书的形式要件的角度规定了缺失相应要件的后果。如德国《联邦公证人条例》第19条第1项规定,"公证人故意或者过失违反对他人应尽的职责的,应当赔偿由此造成的损失。"公证书存在瑕疵而导致无效的,或当事人未履行阐明义务告知、提醒当事人,可能引起赔偿责任。[④]《日本公证人法》第2条明确规定:"公证人制作的文件,如不具备本法及其他法律所规定的条件,没有公证的效力。"并专章就公证书的制作从形式、实体、程序等方面进行详尽的规范。以上对公证证明附加的所有限定都是为了让公证员在可能的限度内最大程度地接触到全面和直接的信息,确保公证证明的结果尽可能趋近客观真实。而公证书形式上的缺失直接反映了法定程序的违反,特定要素的缺失不仅会让人质疑其公信力,甚至因此而使得文书生效缺失

---

① 占善刚、楚晗旗:《公证文书的证据效力探析》,载《证据科学》2016年第1期。
② 蒋笃恒:《公证制度研究》,中国政法大学2002年博士学位论文,第120页。
③ [日]谷口安平:《程序的正义与诉讼》,王亚新等译,中国政法大学出版社1996年版,第12页。
④ 李乐辰:《公证书之撤销程序研究》,武汉大学2020年硕士学位论文,第15页。

要件。

我国《公证法》同样规定了办理公证证明时应遵循的具体规范，若因公证机构及其公证员的过错造成损失，由公证机构承担相应的赔偿责任。公证证明的高度公信力本就源自于做成公证书时严谨周密的行为，若规范性程序缺失，不仅会导致公证公信力的丧失，更重要的是，会使得用以做出公证书的材料失去了合法性和真实性保障，进而影响到公证证明内容的合法与真实。根据《公证法》第39条之规定，"公证书的内容违法或者与事实不符的，公证机构应当撤销该公证书并予以公告，该公证书自始无效。"公证书的内容违法或者与事实不符并非是与客观真实的状态比较得出的结果，而是依照法定程序能够了解到的最大限度地接近客观真实的现实状态，因此，违反法定程序达到一定限度就会影响到公证书的内容，《公证法》第39条之规定可以扩大解释为撤销包括违反法定程序的情形。退一步说，即使现行法规定仅限于直接因果关系可撤销的情形，法定程序本身是公证证明的生效要件，一旦公证书存在不符合生效要件的情形，撤销无疑是错误公证书最重要的救济方式。

（二）以"可能影响公证内容"重构撤销规则

公证证明行为若违反法定程序以致影响到公证书内容的真实性、合法性，且这种影响达到一定程度时，公证书就不具备相应生效要件，在诉讼中自然也不具备免证事实效力。但以违反法定程序为由否定公证书的公信力并不是绝对的，一般程度的违反只会造成公证书上瑕疵，只有在违反程序达到某种程度时，以程序违法为由撤销公证书或排除其免证事实效力的适用才具有正当性。

《公证程序规则》尝试用"严重违反法定程序"来设定这一标准。以违反的程度划分的确具有合理性。通常认为，违反管辖规定、超过规定期限是一般违反，而公证员不具备公证资格则是严重违反。司法实践中，为实现裁判的统一性，让自由裁量限定在可预期的范围内，更重要的是，保障公证证明的免证事实效力不被随意动摇，"严重"一词往往被理解为"违反强制性规定"。但笔者经过检索发现，有关公证程序的效力性强制性规范多集中在更容易引起直接争议的公证债权文书领域和有关遗嘱、委托等公证事项中，有关公证证明的一般性程序则付之阙如。前文对司法实践的考察也说明，简单以"严重违反"作为判断标准并不能恰当解决判断标准不明的问题。

公证证明并不特别强调程序的独立价值，因此在确定何种程度的程序违反会造成公证书撤销的效果时，核心关注点应是程序在公证证明行为做出时发挥的作用，即程序对证明内容的保障作用。如同诉讼中程序对发现真实的保障作用一般，诉讼从不强求抵达客观真实，而是框定了一个程序范围，在这个范围内能得到的事实就是诉讼希望的法律真实,程序的存在就是为了让这个范围内的事实尽可能接近客观真实。公证证明虽然属于非讼程序,但其运作的机理与诉讼类似。公证机构进行公证证明时,需要审查的事实大体可以分为两类:一类是在公证员面前发生的事实,如在公证员面前签约、赠与、订立遗嘱;另一类是过去已经发生的事实,如亲属关系、侵权结果。对后者的审查显然只能依靠呈现于公证员面前的材料做出,得到的证明结果是一种法律真实;而对于前者的审查,过去有学者认为这是一种客观真实,但实际上公证员并不享有广泛的调查权,难以得知当事人的真实意思,仅能就在其面前发生的事实做出证明,是一种趋近客观真实的状态。至于是否是当事人通谋为虚伪意思表示,本不是公证人审查的权限与义务所在,并非公证书所证明的范围。[①]

　　单纯地描述程序的违反程度而不与这种违反对公证书实体内容的影响相连接,不符合公证书撤销的制度目标。那么违反法定程序以致影响实体内容到何种程度时,才能达到撤销的标准呢?对于实体内容的错误,我国法律规定只有在有相反证据足以推翻公证证明时,才能排除其适用,换言之,只有在能够推翻公证书证明的内容时才达到撤销的标准。对于程序适用的错误,我们可以结合公证实体错误的撤销标准,比照民事诉讼中程序违法和实体错误与判决结论之间因果关系的标准来衡量。一般而言,民事诉讼中程序违法与判决结论之间的因果关系标准比实体法律违反与判决结论之间的因果关系标准要低。这是因为,实体法律规范的适用是否存在错误较易发现,相应地,其与判决结论之间是否存在因果关系也较易认定;而程序违法通常是潜在的,即使存在程序违法,其与判决结论之间是否有因果关系在认定上也存在困难。[②] 故而,公证违反法定程序对公证书的影响,并不需要达到能够证明按照原定的法定程序就必然能够得出推翻现有公证证明的程度,只要程序违法达到使公证证明内容的形成有不同的可能性的程度,即可认定其与公证证明之间有因果关系进而撤销公证书。

　　事实上,在我国民事司法实务中,一些法院在判断是否采纳违反法定程序做出的公证文书作为裁判依据时,已经明确提出了要以是否影响公证证明的真实性与合法性为标准。如福建省高级人民法院在(2019)闽民终 1296 号判决书中认为,"公证书是否有效,应当结合各种因素综合判断,不宜以出证时间间隔的长短作为判定公证书效力的唯一标准。即使本案公证书存在超出法定期限的程序瑕疵,但为其证明的事项真实客观,依法应作为认定事实的依据"。因此,以"可能影响公证内容"重构撤销规则不仅有理论上的支撑,也有实践的根基。

---

①　楚晗旗:《论公证文书的证据效力》,武汉大学 2017 年硕士学位论文,第 13 页。
②　占善刚:《民事诉讼撤销原判决之程序违法事由》,载《法学研究》2021 年第 1 期。

专题十 公证损害责任制度的实证检视与完善进路

——基于 2748 份裁判文书的分析

罗 云[*]

引 言

公证是公证机构根据民事主体的申请,依照法定程序对民事法律行为、有法律意义的事实和文书的真实性、合法性予以证明的活动。我国《民事诉讼法》第 69 条规定,经过法定程序公证证明的法律事实和文书,人民法院应当作为认定事实的根据,但有相反证据足以推翻公证证明的除外。同时,根据《最高人民法院关于民事诉讼证据的若干规定》第 10 条的规定,"已为有效公证文书所证明的事实",当事人无需举证证明。换言之,对于提出公证证明的当事人而言,公证证明具有证据法上的免证法律效果。[①]

公证制度是我国司法制度的重要组成部分,其核心是公证书的公信力。[②] 公证机构出具的公证书对民事主体的行为选择会产生重要影响,它往往是当事人做出行为决策的主要依据。一旦公证书出现错证,民事主体很有可能做出不恰当的民事行为并遭受损失。同时,错误的公证书也会干扰民事司法的运作。法院对案件争议事实做出认定时,若无充分反证,则"应当"采信公证书所证明的事实。一旦公证书出现错证,已生效裁判文书依据公证书而认定的事实也随之出错,该裁判文书只能通过审判监督程序予以撤销,从而导致民事司法"定纷止争"功能的弱化。因此,公证机构出具的公证书具有社会交往意义上和司法制度内的双重公信力,公证机构应当谨慎履行职责。[③]

---

* 罗云,中山大学法学院硕士研究生。

① 参见张卫平:《公证证明效力研究》,载《法学研究》2011 年第 1 期。
② 参见潘绍华:《解读公证公信力保障制度》,载《中国公证》2008 年第 2 期。
③ 参见侯仰坤:《对公证书进行司法裁判的合理性及必要性》,载《法律适用》2010 年第 Z1 期。

通过对民事裁判文书的实证调研,笔者发现司法实务中"因公证机构履职不当而导致的公证书错误或者不真实的情况"较为多发,这种情况的出现不仅对民事司法产生干扰,客观上还导致相关民事主体遭受经济损失。"公证损害责任纠纷"就是民事主体要求公证机构就其履职行为不合法而承担赔偿责任的一类案件。这类案件较为直观地反映当前我国公证实践中存在若干较为突出的问题,也反映了当前民事司法实践对公证业务的合法性评价标准。

一、宏观考察:公证损害责任案件的司法具象

本文以截至 2021 年年底,裁判文书数据库中的 2748 份裁判文书为样本展开分析。样本数据的来源是"威科先行"裁判文书数据库,该数据库具有良好的业内口碑,样本的检索方式是标题精确检索关键词"公证损害责任",实现对数据库中公证损害责任案件的全覆盖。以下用可视化图表形式,呈现这类案件的基本情况。

(一)案件的省域分布与区域经济发展水平不完全匹配

理论上讲,经济发展水平越高的地区,各种经济、民事活动越加活跃,其对于公证的需求也越加旺盛。因此,公证损害责任案件的分布应与其经济发展水平相对应。本文考虑到我国排名较前的公证事项有:赠与合同、赠与和继承,这些事项通常与家庭资产分割相关联,而经济发展水平越高的地区,其家庭资产保有量也就相应更高。故本文以"城镇家庭资产保有量水平"来衡量该地区的经济发展水平。①表 1 为公证损害责任案件数量省(市)域分布及其经济发展水平排名表(在此仅列举案件数量排名前十的省(市)):

表 1 公证损害责任案件数量前十省(市)及其经济发展水平排名

地区	案件数量(件)	案件数量排名	经济发展水平排名
北京	389	1	1
上海	247	2	2
辽宁	197	3	26
四川	195	4	21
河南	180	5	18
广东	170	6	6
江苏	117	7	3

---

① 数据来源于中国人民银行调查统计司城镇居民家庭资产负债调查课题组:《2019 年中国城镇居民家庭资产负债情况调查》,载新浪财经网,http://www.199it.com/archives/1040000.html,2021 年 8 月 24 日最后访问。

续表

地区	案件数量（件）	案件数量排名	经济发展水平排名
山东	115	8	10
安徽	97	9	9
河北	95	10	8

在所有省、自治区、直辖市中，北京、上海的公证损害责任案件数量最多，相对于全国法院受理的 2748 件案件，其数量占比分别高达 14.16％和 8.99％。广东和江苏则分别位列第六、第七。然而，从案件数量的省域分布来看，并未呈现与区域经济发展水平的完全对应关系。除北京、上海和安徽能够完美匹配外，其余省（市）域的公证损害责任案件数量与其经济发展水平并不匹配，因此，我们难以简单地用经济发展水平水平或总体民事案件数量来解释部分省（市）域公证损害责任案件数量偏高的现象。

（二）案件的年度分布

公证损害责任案件的数量能够反映出我国公证业务的规范情况。因此，有必要观察我国公证损害责任案件的年度分布情况，具体见图 1。

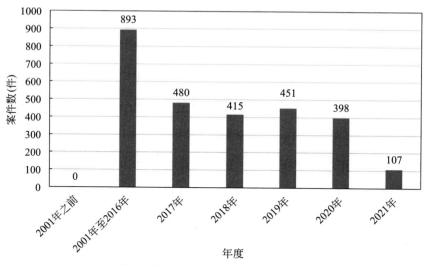

图 1　公证损害责任案件年度分布图

据图 1，可以看出，公证损害责任案件的年度分布较为均衡，自 2017 年以来，全国法院每年受理公证损害责任案件保持在 450 件左右。同时，公证损害责任案件的数量总体上呈现着下降趋势，其原因是随着 2017 年《公证法》的修改和相关配套司法解释的陆续出台，公证机构的公证业务活动相比之前更加规范，故相应的纠纷数量也随之下降。

（三）案件的管辖与审级分布

公证损害责任案件的审理法院涵盖了从基层人民法院到最高人民法院的四级法院。公证损害责任案件的审理级别也实现了从一审到再审的全覆盖。图 2 和图 3 分别是公证损害责任案件管辖法院分布比例和审理级别分布比例。

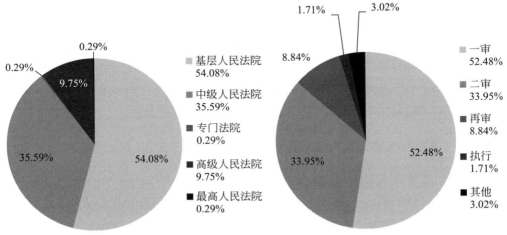

图 2　公证损害案件管辖法院比例分布图　　图 3　公证损害案件审理级别比例分布图

据图 2，我们特别关注到，最高院和省高院分别审理了少量公证损害责任案件，这意味着最高院和各省高院均通过司法判例和类案检索的形式对下级法院审理此类案件形成了一定的影响。

例如，在针对"被侵权人对公证损害赔偿的案外人享有的债权执行不能部分是否能认定为损失"的问题上，最高人民法院在（2019）最高法民再 14 号民事裁定书中认为，被侵害人赵毅可向有关人民法院申请强制执行，该案执行不能的部分即为被侵害人赵毅因此造成的损失。[①] 该案确立的判决规则即为吉林高院所确认，吉林省高级人民法院在（2020）吉民终 25 号民事判决书中指出，终结本次执行程序并非执行不能，执行程序亦未终结，故被侵害人长发农商银行的损失尚未确定。被侵害人可待损失确定后，另行主张权利。[②] 从反面角度确认执行不能后可以将执行不能部分认定为损失，进而被侵害人能够主张损害赔偿的权利。

在图 3 中，我们特别关注到，有相当部分案件（约为 8.84%）进入了再审程序，这意味着当事人对公证机构是否承担责任和承担多大比例的责任存在较大的争

---

① 赵毅诉云南省昆明市明信公证处公证损害责任纠纷案，最高人民法院（2019）最高法民再 14 号民事裁定书。

② 吉林省长春市信维公证处诉长春发展农村商业银行股份有限公司公证损害责任纠纷案，吉林省高级人民法院（2020）吉民终 25 号民事判决书。

议。进一步分析判决书，我们发现上下级法院之间对公证业务的司法审查标准往往存在较大差异。

比如，针对公证机构的业务过错审查标准，上海市第二中级人民法院在（2009）沪二中民三（商）终字第401号民事判决书中认为，被上诉人公证处已按相关程序规定，对申请人提交证件的原件进行了核对，但囿于技术条件，未能识别出被上诉人的身份证系伪造，被上诉人公证处对此并无主观过错。[1] 然而，对于同样的行为，最高人民法院在（2019）最高法民再14号民事裁定书中却指出，公证处在办理被侵害人房屋委托公证事项过程中，既没有进行现场拍照以备查验，也没有认真审核公证现场自称被侵害人的人所持离婚证的真实性即完成"人证合一"的比对，显有过错。[2] 概言之，在对于某些事项的司法审查过程中，上下级法院司法审查的严厉程度不同，导致公证机构是否需要承担责任陷入不确定的状态。

（四）案件的当事人和代理人类别

公证损害责任案件的当事人，绝大部分是自然人，占比91.55%。这意味着公证损害责任案件的利益受损者基本上都是个体，而不是法人和非法人组织。在绝大多数情况下，不合法公证的后果是由作为个体的自然人来承受的。与法人和非法人组织相比，作为个体的自然人承受风险的能力一般较低，所以法院必须更加重视不合法公证行为对自然人的伤害，维护受害自然人的合法权益，详见图4。

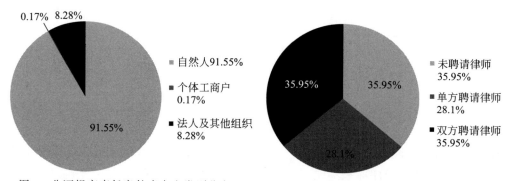

图4　公证损害责任案件当事人类别分布图　　图5　公证损害责任案件当事人代理人类别图

有超过35.95%的公证损害责任案件当事人在诉讼时没有聘请律师。这与作为个体的自然人的一般经济状况是匹配的，他们在承受利益损失之时，没有更多经济能力聘请律师，详见图5。

---

[1]　中国工商银行股份有限公司上海市卢湾支行诉上海市东方公证处、陈乙、陈丙、陈丁公证损害赔偿纠纷案，上海市第二中级人民法院（2009）沪二中民三（商）终字第401号民事判决书。

[2]　赵毅诉云南省昆明市明信公证处公证损害责任纠纷案，最高人民法院（2019）最高法民再14号民事裁定书。

（五）案件的标的额

公证损害责任案件的标的额大致上反映了民事纠纷标的额的特征,绝大多数（约为 83.93％）案件标的额在 100 万元以下。与商事纠纷相比,以"户婚田土"为主的民事纠纷标的额相对较小。不过,"户婚田土"直接关系到自然人的切身利益,切不可因标的额小,而忽视作为个体的自然人在不合法公证行为中的伤害程度及其在公证损害责任案件中诉请权利保护的强烈动机。详见图 6。

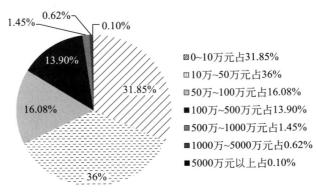

图 6　公证损害责任案件标的额分布图

（六）案件的裁判结果

公证损害责任案件的裁判结果相当多元化。作为研究重点,我们主要关注"一审全部/部分支持"（8.77％）、"二审改判"（2.33％）、"再审改判"（0.11％）、"发回重审"（2.22％）、"提审/指令审理"（1.56％）等指标。通过对上述裁判文书的阅读,我们大致判断在所有公证损害责任案件中,公证机构被法院认定公证行为不合法并判令承担赔偿责任的案件约占 10％。尽管这一估算数据并不十分精确,但是已经能够反映公证损害责任案件裁判结果的基本情况。简而言之,十个公证机构涉诉的案件中就有一件被认定公证不合法,需承担全部或部分损害赔偿责任。详见图 7。

（七）案件的法律适用

公证损害责任案件的法律适用体现了法官在个案中是如何思考和判断涉公证行为之合法性。除了《公证法》《民事诉讼法》等法律外,在 2748 份裁判文书中,最常使用的规范性文件条文为《最高人民法院关于审理涉及公证活动相关民事案件的若干规定》第 4 条、第 5 条以及《公证程序规则》第 63 条。详见图 8。

以上三个条文是法官在个案中判断公证机构/公证员在从事公证业务时,是否履行审慎义务的主要依据。尤其是《最高人民法院关于审理涉及公证活动相关民

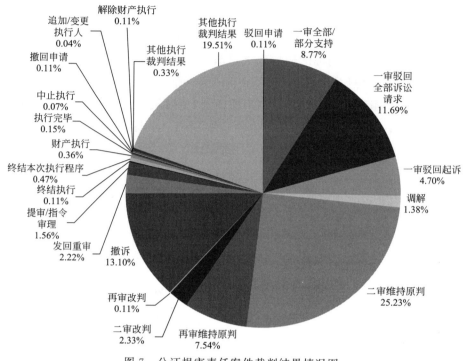

图 7　公证损害责任案件裁判结果情况图

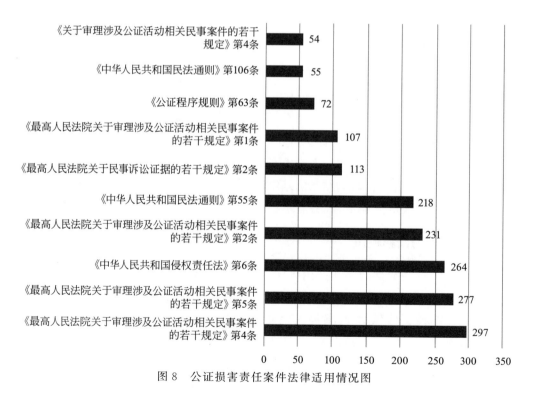

图 8　公证损害责任案件法律适用情况图

事案件的若干规定》第 4 条,该条第(一)(四)(五)项对公证员的审慎义务要求是非常宽泛的。只要违反了审慎审查义务,公证机构就存在过错并应当承担赔偿责任。[①] 例如,该条第(一)项规定"为不真实、不合法的事项出具公证书",就存在以结果不真实倒推过程不合法的倾向。这种倒推的逻辑进路可能对公证机构不利,实质上是不适当地扩大了公证机构的赔偿责任。

二、微观审视:公证损害责任案件的司法审查标准

在选取的 2748 份裁判文书样本中,法院判定公证机构承担责任的案件有 241 份。法院判定公证机构在公证业务办理过程中,存在多种过错情形,赔偿责任的承担方式也较为多样。以下选取较有代表性的案例,概要地总结我国民事司法审理公证损害责任案件的审查标准。同时,也概要地列出我国当前公证实践中,有哪些做法被法院认定为"不合法"。

(一)明知公证证明的材料虚假或者与当事人恶意串通

根据《最高人民法院关于审理涉及公证活动相关民事案件的若干规定》第 5 条 "当事人提供虚假证明材料申请公证致使公证书错误造成他人损失的,当事人应当承担赔偿责任。公证机构依法尽到审查、核实义务的,不承担赔偿责任;未依法尽到审查、核实义务的,应当承担与其过错相应的补充赔偿责任;明知公证证明的材料虚假或者与当事人恶意串通的,承担连带赔偿责任"。

分析此条规定的基本结构,可以发现,其中隐含着"公证机构承担的赔偿份额与过错的严重性相匹配"的要求。[②] 也就是说,当公证机构存在一般性过错时,其只是"应当承担与其过错相应的补充赔偿责任";而当公证机构存在严重过错,即所谓"故意过错"时,其很可能需要承担完全的责任。

例如,在最高人民法院(2020)最高法民申 389 号案件中,最高人民法院根据已经生效的(2016)吉 0194 刑初 25 号刑事判决书,认定忠诚公证处存有"明知公证证明的材料虚假或者与当事人恶意串通"的情形,进而判决忠诚公证处应当对张湘艳的全部损失承担赔偿责任。[③] 法院之所以在此种情形下认定公证人应承担完全比例的赔偿责任,是因为公证人在完全知道原因的情况下断然牺牲了被侵害人的利

---

① 参见李静:《公证机构审慎核实义务之我见》,载《中国公证》2015 年第 9 期。
② 参见胡云腾、孙佑海主编:《〈最高人民法院审理涉公证民事案件司法解释〉理解与适用》,人民法院出版社 2014 年版,第 139 页。
③ 吉林省长春市忠诚公证处诉张湘艳公证损害责任纠纷案,最高人民法院(2020)最高法民申 389 号民事裁定书。

益,他不是出自简单的疏忽,而是有意识地冒了一次风险,接受了损害了的可能性。[①]

(二)明知与客观事实不符

公证机构明知与客观事实不符,仍然出具错误公证书,即便达不到前述司法解释规定的"明知公证证明的材料虚假或者与当事人恶意串通"情形,法院仍然可以类推适用该规定。

例如,在四川省成都市中级人民法院(2018)川 01 民终 1808 号案件中,成都中院认为:"蜀信公证处明知王铁山已经去世,还出具王铁山、严琦岚将房屋赠与王梅的公证书,主观存在过错,应当承担连带赔偿责任。"[②]

(三)严重违反公证程序、办证规则以及行业规范

公证机构在办理公证业务时,应当遵循程序正当原则。只有按照法定程序作出的公证,才是具有法律效力的公证。[③] 严重违反公证程序、办证规则以及行业规范,是法院在办理公证损害责任案件时,认定公证机构存在过错,应当承担赔偿责任的最常见情形。

在福建省漳州市中级人民法院(2014)漳民终字第 338 号案件中,法院认为:"弘立信公证处在办理本案公证事项时,严重违反公证程序、办证规则以及国务院司法行政部门制定的行业规范,出具公证书,存在过错,最终造成被上诉人林赛琴依据(2012)闽漳弘证民字第 596 号公证书,完成将本案讼争房产的过户及出售手续,致使上诉人林春雷、聂朋荣对本案讼争房产享有的三分之二继承权无法实现",法院判定公证机构对上述损失承担全部赔偿责任。[④]

(四)"人证同一"的比对问题

中国公证协会颁布的《公证机构审查自然人身份的指导意见》第 9 条规定:"经辨认当事人的相貌特征与其提交的身份证件上相片的相貌特征差距较大且难以认定同一时,公证人员应当要求当事人提交书面说明并提交其他证明材料,同时可以采取其他方式作为辅助确认手段。当事人拒绝提交书面说明及其他证明材

---

① 参见[法]让-吕克·奥贝赫:《公证人之民事责任》,唐觉译,上海人民出版社 2015 年版,第 30 页。

② 王仲强诉四川省成都市蜀信公证处公证损害责任纠纷案,四川省成都市中级人民法院(2018)川 01 民终 1808 号民事判决书。

③ 参见詹爱萍:《真实、合法:公证证明标准之新思考》,载《河南财经政法大学学报》2014 年第 5 期。

④ 林春雷、聂朋荣诉福建省漳州市弘立信公证处、林赛琴公证损害责任纠纷案,福建省漳州市中级人民法院(2014)漳民终字第 338 号民事判决书。

料,或者当事人提交的其他证明材料经核查无法认定人证同一,公证机构应当根据《公证程序规则》第四十八条的规定不予办理公证。”

该条规定了“人证同一”比对的技术性细节,为法院在认定公证机构是否在“人证同一”的比对过程中是否存在过错提供了一种可参考的标准。因此,一旦公证机构在“人证统一”比对过程中未按照此条规范指引操作,便很可能会被法院认定存在过错,进而承担相应的责任。

例如,在最高人民法院(2019)最高法民再 14 号案件中,最高院再审认为该案涉及的两家公证机构均在“人证同一”的比对问题上出现错误。其中,明信公证处在公证现场未仔细核对身份证,“即使通过肉眼对现场拍照的初步识别,亦可认定公证现场的二人与身份证上照片明显不符”。五华公证处在办理另一公证事项时,“既没有进行现场拍照以备查验,也没有认真审核公证现场自称赵毅的人所持离婚证的真实性,显有过错”。明信公证处、五华公证处在办理涉房屋委托公证业务过程中因自身的过错行为,导致了本案当事人赵毅所有的房屋被赵锦出卖给他人,造成了赵毅的财产损失,两家公证处均应对赵毅因此造成的损失承担补充赔偿责任。[①] 又如,广东省广州市中级人民法院在(2020)粤 01 民终 17178 号民事判决书中认为,在人证不能同一认定时,根据该指导意见,公证机关可要求当事人提交其他证明材料,通过其在其他证明材料上的签名、相片等作为进一步确认当事人身份的辅助手段。综合本案事实,公证机关并未采取该辅助手段,故本案可认定公证机关存在过错。本案并无证据证实公证处与当事人恶意串通,综合本案行为主体的过错及行为原因力的大小考量,酌定海珠公证处、南方公证处对刘木坚不能清偿张雪华损失部分分别承担 10% 和 5% 的补充赔偿责任。[②]

(五)因错误公证导致人身损害的赔偿责任

在山西省大同市中级人民法院(2015)同民终字第 718 号案件中,御诚公证处因出具存在错误的继承权公证书,导致继承权利害关系人服毒自杀。该利害关系人近亲属起诉公证处要求承担人身损害责任。法院认为:“御诚公证处对此虽不存在直接过错,但上述两被上诉人因其工作人员的过失不仅给上诉人李腊平及其丈夫宋万军造成巨大的经济损失,也造成很深的精神伤害,是导致宋万军服毒自杀

---

① 赵毅诉云南省昆明市明信公证处公证损害责任纠纷案,最高人民法院(2019)最高法民再 14 号民事裁定书。

② 张雪华诉广东省广州市海珠公证处财产损害赔偿纠纷案,广东省广州市中级人民法院(2020)粤 01 民终 17178 号民事判决书。

的因素之一。"①法院认为公证处对利害关系人的死亡存在过错，应当承担主要赔偿责任。

在该案中，法院认定被害人的死亡结果与公证机构的公证行为存在因果关系，进而将公证损害赔偿责任的范围从经济利益赔偿（包括因公证损害牵连出的其他损害）扩展到人身损害赔偿。笔者认为，这种责任范围的扩展固然是件好事，能够保证被侵害人的损失得到整体性赔偿。但不得不指出，在司法实务中，法院应该慎重认定此种因果关系的成立，更准确地说，要严格限缩该种因果关系的成立。只有在基于对案情事实的整体判断的前提下，公证机构的行为对被侵害人的死亡结果的形成具有相当的原因力，才能认定二者存在因果关系，避免不恰当地扩大公证机构的民事赔偿责任。②

（六）公证事项不真实

法院对公证机构的司法审查仅限于办理公证损害责任案件所必需的范围内。基于对公证机构的业务专业性和独立性的保护，对于当事人、公证事项的利害关系人起诉请求变更、撤销公证书或者确认公证书无效的诉请，人民法院不予受理。但是，这并不排除法院在裁判文书的主文中，可做出"公证事项不真实"的确认判决。这是对公证机构公信力的直接否定。

例如，在河南省信阳市中级人民法院(2018)豫15民终1195号案件中，法院在判决理由中确认："被上诉人河南省光山县公证处出具的(2016)光证民字第488号公证书的公证事项该部分内容不真实，在公证活动中程序不当。"并且，该二审判决在判决主文中直接做出了"(2016)光证民字第488号公证书的公证事项不真实"的判项。③

三、公证损害责任制度的完善进路

（一）完善公证惩戒制度

在个别案件中，公证员存在连续性业务疏失，这就很难用"公证业务规定不明

---

① 李腊平诉大同市御诚公证处等公证损害赔偿纠纷案，山西省大同市中级人民法院(2015)同民终字第718号民事判决书。

② 参见丁念红：《公证民事责任法律适用问题研究——以法官审理公证损害赔偿纠纷案件为视角》，载《中国司法》2011年第10期。

③ 王成明、河南省光山县公证处公证损害责任纠纷案，河南省信阳市中级人民法院(2018)豫15民终1195号民事判决书。

确""公证规范不清晰"来解释。例如,在广东省广州市越秀区人民法院(2019)粤0104 民初 40833 号案件中,法院查明案外人冒充原告到被告处申请办理委托书公证。原告身份证照片与原告本人明显不符,原告前夫胡惠康的身份证信息与公安部门查核的不相符、结婚证信息与原告实际婚姻状况明显不符。[①] 在云南省昆明市中级人民法院(2014)昆民三终字第 814 号案件中,法院认为公证机构/公证员在从事公证活动时存在一系列疏忽及过失,包括未查验身份证原件、未核查婚姻关系证明的真实性、未核查婚姻关系成立的时间等,贸然向案外人出具委托售房公证书。[②]

目前,《公证法》主要规定了两级公证惩戒措施,即第 41~42 条的相关规定,但对于公证员的连续性业务疏失这类过失性行为,因其主观上并无故意过错,故并不在两级公证惩戒制度的规制范围之内,所以必须将连续性业务疏失纳入《公证法》的涵摄范围之中。具体来说,应新增公证协会惩戒委员会的惩戒措施,对于公证员的过失性业务行为,由公证惩戒委员会按照行业自律性规定处分。[③]

总的来说,我国应进一步完善公证惩戒措施,形成三级惩戒体系:对于公证员的偶然过失和连续性业务疏失等过失性业务行为,由公证惩戒委员会按照行业自律性规定处分;对于公证员的过错业务行为,应交由司法行政部门依《公证法》的相关规定予以惩戒;而对于公证员可能涉及刑事犯罪的业务行为,应经由司法行政部门移交给检察院处理,追究公证员的相关法律责任。

(二)增设公证损害赔偿责任的法律规范

在上述因公证机构职业疏失而被法院判令承担责任的公证损害责任案件中,有一部分是公证机构/公证员的职业操守问题(例如明知公证证明的材料虚假或者与当事人恶意串通、明知与客观事实不符,出具错误公证书),还有一部分是公证机构/公证员违反公证程序和行业规范(例如严重违反公证程序、办证规则以及行业规范)。以上均属于个别公证机构或公证员的职业操守和职业道德问题。

对于公证机构或公证员的职业操守和职业道德问题,因其主观上存在极大恶意,并造成严重的客观危害结果,已经达到现行《公证法》第 42 条所规定的(一)至(五)项的严重过错行为的程度。因此,应将"明知公证证明的材料虚假或者与当事

---

① 曾桂香诉广东省广州市广州公证处公证损害责任纠纷案,广东省广州市越秀区人民法院(2019)粤0104 民初 40833 号民事判决书。

② 云南省昆明市明信公证处诉赵黎、金利、赖德明、中国建设银行股份有限公司云南省分行公证损害赔偿纠纷案,云南省昆明市中级人民法院(2014)昆民三终字第 814 号民事判决书。

③ 参见李俊霖:《关于公证行业惩戒规则重修的若干思考》,载《中国公证》2015 年第 1 期。

人恶意串通""明知与客观事实不符,出具错误公证书"和"严重违反公证程序、办证规则以及行业规范"这三类行为涵摄在第六项的总括性规定范围之内,即"依照法律、行政法规的规定,应当给予处罚的其他行为"。

除此之外,《公证法》及其配套司法解释并未规定公证机构和公证员做出"明知与客观事实不符,出具错误公证书"和"严重违反公证程序、办证规则以及行业规范"这两类行为时公证机构应对受害当事人承担的损害赔偿责任形式。因此,应该在《公证法》的配套司法解释中增补这两类行为的民事赔偿责任。

笔者认为,该类行为的民事赔偿责任应规定为:明知与客观事实不符、出具错误公证书和严重违反公证程序、办证规则以及行业规范的,承担连带赔偿责任。主要基于以下两点考虑:一是"明知与客观事实不符,出具错误公证书"和"严重违反公证程序、办证规则以及行业规范"这两类行为和"明知公证证明的材料虚假或者与当事人恶意串通"的行为主观上的过错程度大致相同,造成的客观危害也都是极为严重,所以可以类推适用《最高人民法院关于审理涉及公证活动相关民事案件的若干规定》第5条对"明知公证证明的材料虚假或者与当事人恶意串通"该类行为民事赔偿责任的规定,即"明知公证证明的材料虚假或者与当事人恶意串通的,承担连带赔偿责任"。二是我们观察到当法院发现公证机构和公证员做出以上三类行为时,通常都会判决公证机构承担完全比例的赔偿责任,这说明司法实务中也认为该三类行为的客观危害大致相同,所以前两类行为可以类推适用第三类行为的民事赔偿责任规定。

(三) 细化公证业务的操作规范

另在相当一部分案件中,法院以公证机构/公证员"为不真实、不合法的事项出具公证书""人证不一致"为由,判定公证疏失。绝大多数民事判决意见都认为:公证书对社会具有重要公信力,公证机构应履行较高注意义务,审慎履行审查职责。"如何查明当事人身份""如何查证客观事实"是公证业务面临的两大难题。在某些案件中,法院存在以结果不真实倒推过程不合法的倾向。

这就要求《公证法》及配套司法解释对公证程序、公证准则、公证行业规范做出精细化的规定,使公证员在办理业务时有明确的业务标准,法院对公证行为进行司法审查时,也有可资对照的标准。为此,应从两个方面进行突破:一方面,应进一步明确行业指导意见的角色定位。2008年,中国公证协会制定了《公证机构审查自然人身份的指导意见》,该指导意见较为明确地规定了查明当事人身份的实践标准,但《公证法》及配套司法解释却一直未明确该指导意见的定位,导致不同法院对待该指导意见的态度大相径庭。因此,《公证法》应在"公证程序"一章认定该行业指导意见可作为公证员办理业务的参照标准。另一方面,应与时俱进地更新公证业务规范。由于《公证机构审查自然人身份的指导意见》的制定时间较为久远,相关规定存在一定的滞后性,比如对于辨认当事人的相貌特征,指导意见还停留在公证员目力辨别的手段,但在现有的科技条件下,已经可以用人脸识别设备代替公证员目力辨别。因此,应充分发挥公证协会和社会力量的作用,允许从业人员向法院和司法行政机关提供咨询,制定新的精细化公证业务规范。

专题十一 公证核实权及其运行机制之探讨
——以 H 省公证机构实践情况为例

周海林[*]

公证核实权已运行 15 余年,但是立法对公证核实权的内涵、行使对象等未予以明确,也未规定相应的权力保障措施等。鉴于公证申请人的"利己性"以及部分公证事项本身的复杂性,公证机构仅依靠申请人提供的材料难以查明公证事实,甚至容易遭受蒙蔽出具错误的公证文书。2020 年,最高人民法院出台《关于审理涉及公证活动相关民事案件的若干规定》(全书简称《若干规定》),明确了公证机构未依法尽到审查、核实义务的法律责任。遗憾的是,最高人民法院从义务角度出发对公证核实进行了规制,明确了公证机构的责任,却没从权力角度对公证核实予以保障,使得该权力实践运行中依旧面临诸多问题。为确保公证核实权的正当行使,应当规范和保障核实权的运行,以确保公证文书的真实性、合法性,让公证真正发挥预防纠纷、节约诉讼资源的作用。

一、论争:公证核实权的性质探析

公证核实,是指公证机构基于履行公证审查义务的需要,对申请公证的事项以及当事人提供的证明材料进行核实。在 1982 年国务院颁布的《中华人民共和国公证暂行条例》(全书简称《公证暂行条例》)中,公证机构享有调查权而非核实权。《公证暂行条例》明确了公证机构系国家行政机关、公证员系国家公务员,公证机构享有调查权。但随着社会主义市场经济的建设和发展,行政机关性质的公证机构缺乏自主权和独立性,难以发挥应有的职能,于是 1993 年中共中央出台文件提出

* 周海林,湘潭大学法学院硕士研究生。本文系湖南省法学会法学研究青年课题"公证参与诉源治理机制创新研究"(22HNFX-D-002)的阶段性成果。

对公证机构进行改革。2000 年公证体制改革后，公证机构从行政体制向事业单位体制转变，公证员也不再具有国家公务员身份。与此同时，全国人大启动了公证立法进程。2005 年《公证法》正式出台，其中虽避而不谈公证机构的性质，却在第 29 条将公证机构原有的"调查"权改为"核实"权，《公证法释义》进一步将其定义为公证核实权①。2006 年《公证程序规则》颁布，规定了公证核实权的行使程序。

由调查权转变而来的公证核实权，在 2005 运行之初就遭到学界和实务界的质疑，核实权与调查权之争更是从未停止。

（一）核实权说

持"核实权"观点的学者认为，公证机构在办理公证文书、审查公证事项及材料的过程中，不应该享有主动性强的调查权，而应以被动性的核实权为限。其主要理由在于：第一，赋予公证机构调查权，有违其非国家机关的性质。调查权是与裁量权、处罚权联系在一起的一种强制性权力，直接关系自然人、法人的人身财产权，是司法权的一个方面。② 而司法权应当为法院所独有，公证机构非司法机关、非国家机关，不应享有调查权。第二，公证机构不具备行使调查权的实力。从当前的现实物质基础来看，国家对公证机构普遍按照事业单位法人的待遇进行税收和管理，差额拨款乃至自收自支之下的公证机构面临着人力和财力的窘境。一方面，公证机构无法吸引足够的人才，已有的公证人员质量亦是参差不齐；另一方面，行使调查权必然意味着更高的成本。在此种双重弱势情况下，公证机构要行使具有强制效力的调查权十分困难。

（二）调查权说

持"调查权"观点的学者认为，调查权是公证机构履行公证职能、出具真实合法公证文书不可或缺的权力，其主要理由在于：第一，软性的核实权，无法满足公证机构客观真实的审查标准③。从《公证暂行条例》到《公证法》，公证的核心定义始终围绕"真实性""合法性""证明"展开，立法也要求公证机构坚持真实、合法的审查标准。尽管学界曾一度对实质审查和形式审查产生分歧，但从我国多年公证实践和立法趋势来看，公证机构进行实质审查是必要之举。在此情况之下，不具备强制性的核实权完全无法满足公证事实的审查，尤其是在涉及继承、婚姻的公证事项上。第二，调查权并非司法机关或者行政机关所独有。从我国的实践情况来看，拥

①　王胜明、段正坤主编：《中华人民共和国公证法释义》，法律出版社 2005 年版，第 108 页。
②　叶林、刘志华：《公证法若干理论问题研究》，载《中州学刊》2006 年第 4 期。
③　戚振华：《公证机构核实权辨析》，载《中国司法》2011 年第 6 期。

有调查权的主体并不局限于公安机关、法院、检察院、监察委等国家机关，证监会、银监会、保监会等代表国家行使行业监管职能的事业单位也享有一定权限的调查权，甚至是作为诉讼参与人的律师也拥有相当程度的调查权。因此，承担国家证明职能的公证机构也应当享有调查权。

（三）目的论视角下调查与核实的差异解读

就法律发展来说，关于"调查权"与"核实权"的概念，理论界和实务界尚未形成区分定义，在公益诉讼中检察机关所拥有的调查核实权，更是将"调查"与"核实"合二为一。从文字上进行理解，"调查"是"调取查看"或者"为了了解情况而进行考察询问"[①]，"核实"是指"审核是否属实"[②]。二者在概念上看似可以区分，但调查侧重于对未知情况进行了解，而核实则侧重对已知情况进行审查、确定其是否为真实。一旦具体到公证实践中，调查与核实根本无法区分。作为公证审查的一个环节，不管是《公证暂行条例》中的调查，还是《公证法》中的核实，均在于确认公证申请事项及相关证明材料是否符合真实性、合法性。如果发现为真实且合法，则属于对已知事项核实为真；如果发现为虚假或不合法，则不可避免会涉及对未知情况的了解。从某种程度上来说，在公证审查阶段，调查与核实是一个问题的两个方面，调查是手段，核实才是目的，它们共同作用于公证审查。

鉴于此，要讨论核实权与调查权的区别、评价公证机构是否具有核实权或调查权，应当采取目的主义建构进行考察，即公证机构依调查权或者核实权所取得的事实材料应适用的阶段、适用的目的以及相对应的责任分配。

首先，从整个纠纷解决的阶段来看，通过调查或者核实所取得的事实材料主要在纠纷预防阶段，即纠纷产生之前。公证制度最早起源于古罗马达比伦所作的文书。达比伦是古罗马专为人书写法律文书的人群，他们为当事人书写遗嘱等文书并通过签字盖章的方式进行作证。由此形成的文书只要向政府登记，便具有了公文书效力。[③] 达比伦文书便是最早期的公证文书，其目的在于通过提供证明预防纠纷。发展至今，预防纠纷依旧是公证制度最重要的目的。作为公证关键一环的公证审查乃至公证核实或调查，其所取得的事实材料，最终也主要应用于预防纠纷阶段。

其次，从公证审查环节来看，调查权或者核实权使用的目的，在于辅助公证员核对已知事项。通过核实，公证员形成内心确信，做出是否应当出具公证文书的判

---

① 夏征农、陈至立主编：《辞海》，上海辞书出版社 2009 年版，第 469 页。
② 中国社会科学院语言研究所词典编辑室编：《现代汉语词典》，商务印书馆 1993 年版，第 449 页。
③ 蒋笃恒：《公证制度研究》，中国政法大学 2002 年博士学位论文，第 22 页。

断。按照公证文书的出具过程,公证申请受理后,申请人按要求提供证明材料,公证机构才会开始审查。我国民事诉讼证据规则为"谁主张谁举证",公证虽只有一方当事人,也应当遵循这一原理,即申请人不能提供证据证明公证事项,应承担公证无法办理的后果。申请人要想办理公证文书,理当提供相关证据,公证机构应当处在一个被动审查地位,即便是在特殊情况下,也只能就申请人已提交的材料、已陈述的事实向其他单位或个人了解情况。这一过程是有据可循的被动核实,而非主动调查。

最后,从权力责任相对应的角度来看,调查权即公证机构有权对所有事项进行全面性审查,跨度更大,程度更深;而核实权为公证机构根据不同申请事项,以已有材料为基础进行核实的权力。公证机构享有权力的同时,自然也要履行义务、承担责任。一旦在公证事项中,公证机构未尽到审查义务,因故意或重大过失出具公证文书,就需要承担赔偿责任,而公证员则会被终身追责。权力、义务和责任具有一致性,与核查权相比,调查权给公证机构带来的责任更大,负担更重,对于不具有国家机构身份的公证机构来说,该项权力对应的责任太过沉重,容易使公证机构陷入纠纷。

因此,在调查权与核实权之间,选择赋予公证机构核实权较为妥当。但是,鉴于调查与核实在实践中的不易区分性,也不应过分人为禁止核查权之下的调查手段。

二、溯本:公证核实权的基本属性

(一)公证核实权具有公权力属性

要对公证核实权进行准确定性,应当追本溯源,首先考察其"母权"即公证权的性质。我国最早的公证制度规定于 1935 年司法行政部颁布的《公证暂行规则》中,随后历经 1951 年《人民法院组织暂行条例》、1954 年《人民法院组织法》、1982 年《公证暂行条例》等规定,不管是将公证机构内设于法院抑或是归属司法行政部门,在法律制度层面公证权都作为一种国家权力存在,具有明显的国家权力属性。20世纪 90 年代末,国家、社会的一体化格局被打破,出现国家——社会的二元区分,政府转变职能,以授权的方式将部分国家权力"下放"给相关民间社会组织行使,开始了国家权力的社会化。① 在此过程中,公证机构不再是国家机关,公证员也不再

---

① 张广利、徐丙奎:《权力、治理与秩序:一个可能的社区分析框架》,载《西南民族大学学报》(人文社会科学版)2013 年第 10 期。

是国家公务员。2005 年《公证法》避而不谈公证机构和公证权性质，只明确公证机构为证明机构。尽管如此，公证权国家权力属性依然存在。从权源上来看，公证权来自国家法律授权，公证机构行使公证权必须依照法定内容、法定程序，方能实现法定效力。从效力上来看，公证权的效力形式体现为公证文书。不管公证机构性质如何变迁，公证权性质如何界定，公证书始终具有区别于私文书的国家公文书性质，具有国家司法认可的证据效力。因此，公证权虽不再由国家机关行使，但具有明显的公权力属性，是一种法定证明权。而作为公证权"子权"的核实权，亦带有公权力属性。

（二）公证核实兼具权利与义务属性

权利是为社会或法律所承认和支持的自主行为能力和控制他人行为的能力，表现为权利人可以为一定行为或者要求他人作为、不作为。[1] 权利具有能动性和可选择性，权利人可以自主决定是否实际行使或者实现某种权利。[2] 根据《公证法》第 29 条和《公证程序规则》的相关规定，公证机构在核实程序的启动上、核实方式的选择上具有能动性和可选择性，公证机构可以按照自己的意愿决定是否核实，采用何种方式核实；在核实过程中，公证机构有权要求相关单位和个人进行配合，从而明确申请材料的真实性、合法性。从这个角度上而言，核实是公证机构的权利。

义务是法律关系主体承担的不利利益，主要表现为必须依法做出某行为或抑制某行为，义务人一旦违反就需要承担责任，义务强调的是受拘束性。[3] 根据《公证程序规则》，按照有关办证规则需要核实的，公证机构应当核实，"应当"一词反映了一种受拘束性。例如，在遗嘱公证中，公证机构必须准确核实立遗嘱人的婚姻状况，以避免错证的发生。在此种情形下，如果公证机构未经核实即出证，即属于办证过程中的过错，应当承担由此产生的法律后果。公证机构的义务属性，更多的是相对于公证申请人以外的其他利害关系人的权益。核实公证事项的真实性、合法性，以保障利害关系人的潜在利益不受公证文书的非法侵害。从这个角度上而言，核实也是公证机构的义务。

权利和义务的关系是对立统一的，二者相互依存、相互对立，具有结构上的相关关系、数量上的等值关系、功能上的互补关系。[4] 特殊情况下，同一主体的权利也是义务，例如设立亲权的同时设立扶养义务。公证核实即是如此。公证员有权选

---

① 周永坤：《法理学》，北京大学出版社 2007 年版，第 236 页。
② 张文显：《马克思主义法理学——理论、方法和前沿》，高等教育出版社 2003 年版，第 290 页。
③ 周永坤：《法理学》，北京大学出版社 2007 年版，第 244 页。
④ 张文显主编：《法理学》（第 5 版），高等教育出版社 2018 年版，第 135-136 页。

择核实事项、核实内容乃至核实的方式,有权要求其他单位和个人配合,具有核实的自由。但是,当出现办证规则中的法定情形或者"有疑义"情形时,公证机构就必须核实,否则会承担由此带来的责任。因此,从本质上来看,公证核实,既是一种权利,也是一种义务。

三、检视:公证核实权的实践困境

整体而言,公证核实权的法律规定为公证事业的顺利开展提供了重要保障,但是具体到公证实践中,仍出现了诸多困境。为考察公证核实权的实践现状,笔者以2020 年度 H 省公证机构的实践情况为基础①,结合 H 省 14 个市州的实地抽样调查情况,综合立法与理论对公证机构行使核实权的主要问题进行分析。

(一)公证机构队伍建设不充分

公证机构行使核实权的方式,主要以询问当事人、利害关系人、证人以及向其他单位或个人了解情况、核实材料为主,现场勘验和委托鉴定翻译的情况较为少见。在当前各部分信息系统尚未打通的情况下,采用这些方式进行核实时,除询问当事人以外,其他方式不可避免会涉及外出核实。根据《公证程序规则》第 28 条,除了核实、收集书证,外出核实应当由两人进行。受制于人口、经济发展以及公证意识薄弱等多因素,H 省县级公证机构的在岗公证员普遍比较欠缺,"二人处"并不鲜见,甚至有的地区还出现了"一人处"的特殊情况,有的地区更是即将面临"无人处"的窘境。

比如 X 市 M 县公证处在列公证人员 5 人,其中 2 人在公证机构改革过渡期结束后已经回归司法局,不再办理公证业务。仅有 3 位实际办证人员的 M 县公证机构,在遇到需要外出核实的情况时,常常陷入无人可去的尴尬境地。而且,这 3 位公证人员还有 2 位已经接近退休年纪,按照公证机构设立必须有 2 名以上公证员的标准,M 县公证处极有可能因公证员数量不足而面临停业的窘境,更不用说公证核实人员。同样面临这种情况的还有曾经的 Y 市 J 县公证处,因第四次公证机构改革过渡期限届满以及在编公证员辞职改行,导致该公证处曾于 2018 年 10 月至 2019 年期间无一公证员,被迫停业。类似的问题,在 C 市更为严重,仅 C 市就已经有 4 家公证机构因过渡期结束后公证员人数不足两人而暂停执业。

县级公证机构,其主要公证业务为继承、委托、亲属关系等,一般都会涉及较大

---

① 资料来自"H 省公共法律服务体系第三方评估工作",笔者作为评估组成员参加该项目,本文部分内容基于评估资料展开。

财产,在基本证明材料由申请人向公证机构提供后,公证机构均需要根据办证规则进行核实或询问相关利害关系人。但县级公证机构的办证人员严重不足,公证机构在办理公证时,缺乏可外出核实的人力。为此,部分公证机构被迫采取电话核实等不外出的核实形式,以保证公证机构有人员在岗。一旦涉及必须外出核实才能查清事实的公证事项时,或铤而走险直接予以公证,或以"事实不清""涉及财产金额过大"等原因拒绝公证。

(二)虚假公证打击力度不强

公证事项直接关系公证当事人的利益,不少当事人为获取不法利益,弄虚作假,试图利用虚假证明材料获取公证文书,严重加大了公证机构行使核实权的难度。根据 H 省各公证机构提供的材料,当事人对公证机构弄虚作假的情况主要集中在冒名顶替、证明材料造假、隐瞒重要情况三个方面。

冒名顶替加大公证核实难度。识别公证申请人的身份信息,保证人证一致,是公证受理、办理的前提和基础。随着科技的进步,身份证识别仪、人脸识别仪几乎可以解决绝大部分冒名顶替的行为。但是从 H 省各公证机构的硬件配备来看,并非所有公证机构都具备人脸识别仪。在部分基层公证处,公证员仅能够利用身份证识别仪检测身份证件的真假,要进行人证对比时还得靠肉眼。部分当事人正是利用当地设备的缺陷,冒名顶替前来办证。

证明材料造假,影响公证机构核实。为了获取利益,不少公证当事人或与人串通,伪造死亡证明、亲属关系等假证明材料,或者直接伪造结婚证等证件,直接加大公证机构核实难度。比如,在某公证机构办理的一起假公证案件中,刘某为代位继承外祖母名下的房产,串通社区隐瞒母亲和外祖母的真实去世顺序,并出具虚假证明。公证员派员前往社区核实时,当事人的利害关系人不小心泄露,才揭穿这场虚假公证的闹剧。

隐瞒重大情况骗取公证。此种情形主要发生在涉及重大财产的继承、委托时,公证当事人隐瞒不在同一户口本上的继承人、隐藏外省历史结婚记录等。这类情形在公证机构数见不鲜,不仅加大了公证核实的难度,更容易干扰公证员判断,增加错证风险。

对于这类虚假公证,《公证法》第 44 条早有规定,可要求提供虚假证明材料的组织或个人承担民事责任。但绝大多数情况下,被发现的虚假公证基本都没有造成实际损失,仅浪费公证机构的人力物力。从 H 省实践中的操作情况来看,公证机构向公安机关报案,得到的结果也只是虚假公证当事人被批评教育后释放。因为这一普遍实践操作,H 省不少公证机构对待骗取公证的当事人时,处理方式从报警变为了忽视,即公证处大多仅选择不予退还预交的公证费用的方式草草了之。

当事人违法成本过低,无异于助长了当事人虚假公证和骗取公证的风气。尤其是随着公证执业区域的扩大,当事人在一个公证机构提供虚假证明材料办理公证被发现后,完全有可能换到其他公证机构办理公证。这种情形的出现,无异于加大公证机构的核实难度。

(三) 有关单位和个人不配合公证核实

按照公证事项的分类,公证机构行使核实权最主要的对应单位便是公安部门、民政部门、住建部门等行政机关,以及当事人工作单位、社区居委会、农村居委会等单位。在这些部门和单位中,因 2018 年司法部、自然资源部联合发文①强调推进公证机构与不动产登记机构的业务协同和服务创新,推进信息查询共享机制建设,公证机构核实不动产信息,只需足不出户网络查询即可。至于针对其他单位和个人的核实权行使,公证机构基本需要派员外出。

在实践中,很多单位和个人并不配合公证机构的核实,其主要表现情况有三种。

一是直接拒绝公证机构的核实。自 2000 年公证机构改革以来,公证机构的性质逐渐从国家脱离,转变为事业单位。不少单位以核实信息涉及隐私、公证机构非国家机关无权核实等为理由,直接拒绝公证机构的核实。

二是设置不合理障碍,加大公证机构核实难度。部分单位鉴于《公证法》第 29 条的规定,不明确拒绝公证机构核实,但人为增加核实步骤和难度。比如,H 省 Z 市级公证机构表示,当地市档案局、民政局要求公证机构行使核实权时,必须先提交核实申请,由档案局、民政局的主管领导签字后,公证员方可去档案局、民政局核实。并且,这种申请与核实,必须一事一申请。在常见的继承权公证、遗嘱公证中,几乎每一件公证都会涉及当事人亲属关系、婚姻关系,档案局、民政局乃至公安局都是常去的地方。"一事一申请＋领导签字"的模式,无疑加大了公证核实难度。

三是同意核实,但拒绝在核实情况中签字。近年来,简政放权、便民利民呼声高涨,为精简各类证明申报材料,公安部门②等行政机关取消了多项证明材料,各地方争相效仿,越来越多的证明事项被取消。公证机构在向相关单位行使核实权时,相关单位普遍拒绝在核实笔录上签字盖章。

面对这些不配合困境,公证机构或以查看墓碑、族谱、询问邻里等间接方式核实;或以公证员个人私交推动相关单位配合核实;或要求当事人陪同前往相关单位核实;或直接采取无核实对象的"核实工作记录"予以说明情况。但这些解决办法,

---

① 参见 2018 年司法部、自然资源部联合发布的《关于推进公证与不动产登记领域信息查询共享机制建设的意见》。

② 参见《关于不再要求提供有关规章设定证明事项和取消有关规范性文件设定证明事项的通知》。

不仅加大了公证核实的困难，也让公证核实权的行使变得极不规范，更不符合公证体系大力推进当事人办理公证"最多跑一次"的服务创新与改革方向。

（四）证明资料不全导致无法核实

随着社会的进步，我国居民安土重迁的习性被打破。中国已经成为"市场中国""乡土社会"已经成为"半熟人社会"①乃至"陌生人社会"。民众的婚姻、就业、居住地点等经常处于动态变化中，身份证、结婚证等法定证件并不能完全证明亲属间的关系变化，为公证核实带来困难。

其一，因年代久远，证明资料无法核实。这类问题主要存在于继承案件中。这一情形，可在与 H 省 C 市某公证员访谈时得到印证。林某为 H 省居民，多年前和妻子刘某曾在新疆工作，如今妻子去世，林某想要继承妻子的遗产。但根据继承相关法律规定，第一顺位继承人为父母、子女、配偶，刘某的父母也应当享有继承权。根据林某口述，刘某父母多年前已经在新疆去世，但因为当时的年代原因，刘某父母的身份信息、死亡信息等都没有进入国家人口系统，而如今林某本人也找不到刘某父母的墓碑。在这种情况下，刘某父母的信息均无法核实。

其二，因证明资料丢失不全，无法核实。2007 年婚姻关系实现联网登记前，婚姻登记仅有书面记录材料，不具备网上信息记录。虽然 2018 年民政部门就强调历史档案数据补录工作②，但具体到各个地方，要真正落实全面补录依旧存在困难，不少历史数据都面临丢失、不全的情况，由此导致的"重婚"事件屡见不鲜。如今公证人员前往民政部门核实婚姻历史信息时，民政部门还会在核实反馈中标注"根据当事人申请，经查阅当事人自 2007 年以来的婚姻关系为……"。除此之外，单位档案的核实更是时常发生类似情况。

面对这些无法核实的情况，公证机构一般视情况处理，或直接以公证机构无法核实真实情况为由终止当事人公证申请，或选择基于当前已有证据直接办理公证。前者不利于维护当事人利益，后者则等同于在当前公证员赔偿责任体系下，加重了公证员执业风险。

四、诠解：公证核实权的困局成因

整体来看，公证机构行使核实权具有法律依据，也具备相应的行使程序和责任规定，但通过分析公证机构行使核实权的实践困局，可以得出以下影响公证核实效果的原因。

---

① 廖永安：《中国调解的理念创新与机制重塑》，中国人民大学出版社 2019 年版，第 46 页。

② 参见《关于加强婚姻登记历史档案数据补录工作的通知》。

（一）公证核实权的内涵标准模糊

公证机构需要按照法律规定,对公证事项以及相关办证材料进行核实以保证确凿无疑。但正如前文所说,公证核实既具有权利属性,又具有义务属性。公证机构的核实权,应当在何种程度内行使、按照什么标准行使,才算达到《公证法》所要求的审查标准"真实、合法、充分",才算满足《若干规定》中的"尽到审查、核实义务",法律没有进行细致规定,公证行业规则也并未对此予以解释。因此,公证机构只能摸着石头过河,一律类比民事诉讼中的"法律真实",即"高度盖然性标准"。然而,现实中不少法官、检察官往往在事发后进行判断,以"事后诸葛亮"的结论判断公证核实的程度[①],无异于要求公证核实达到"客观真实"标准。在这种思维之下,只要公证机构办理了错证、假证,几乎无一例外地都可以归因公于证机构的核实环节,推定其未尽到审查核实义务,要求其承担相应的责任。法律规定与公证行业规则,缺乏对公证核实权边界的解释,公证机构多年的探索做法又与司法机关的判断存在差异。这样模糊的公证核实权内涵与标准,直接影响核实权的行使和效果。

（二）公证核实权的运行程序掣肘

1. 公证核实权的启动方式不明确

根据《公证法》第 29 条,公证机构行使核实权的启动方式主要有两种,即按照有关办证规则需要核实的、认为有疑义需要核实的。

关于按照有关办证规则需要核实的具体范围,法律没有进一步解释。从当前已有的办证规则来看,主要有三个方面:其一,公证法律、法规中规定需要核实的。毫无疑问,公证机构需要严格按照规定予以核实。其二,司法部颁布的规章、规范性文件、批复等规定需要核实的。公证核实首次出现在我国法律中系 2005 年《公证法》,此后除《公证程序规则》之外,司法部并未指定公证行业的办证规则,而已有的司法部颁布的规章、规范性文件[②]等均为 2005 年之前指定的"公证调查"的相关规定,这些规定能否顺理成章适用到如今的公证核实程序中来,实践中的做法不一。其三,中国公证协会制定的办证规则中规定需要核实的。《公证法》颁布后,中国公证协会并未制定统一性的办证规则,仅颁布五个行业指导意见[③],这些指导意

---

① 刘疆:《〈公证法〉首次使用了"核实"一词》,载《中国公证》2006 年第 1 期。

② 参见《遗嘱公证细则》(2000)、《公证机构办理抵押登记办法》(2002)、《司法部关于印发〈赡养协议公证细则〉的通知》(1999)等。

③ 参见《公证机构审查自然人身份的指导意见》《关于办理保全证据公证的指导意见》《办理小额遗产继承公证的指导意见》《办理房屋委托书公证的指导意见》《办理具有强制执行效力债权文书公证及出具执行证书的指导意见》五个行业指导意见。

见能否作为办证规则，能否成为公证核实的启动依据，实践中争议较大。

至于"认为有疑义需要核实"的这一方式的启动，主要依靠公证员的经验，以达成自由心证。公证员根据以往经验及现有证明材料为基础，排除带有风险的证明材料自由自主判断是否要启动公证核实。但是从当前已有法律和制度设计来看，对于公证核实中公证员的自由心证并未进行规制，一旦公证员随意自由裁量，则难以达到公证"保护公共财产、预防纠纷、减少诉讼、维护社会经济秩序"的目的，前文中公证机构因人员不足链而走险直接出具公证文书就是典型例证。

2. 公证核实权的权利义务规定欠妥

《公证法》与《公证程序规则》仅规定公证核实时，其他单位和个人有义务进行配合，但哪些单位应当配合、如何配合、在何种期限内应当给予反馈等均没有进行进一步规定。导致在具体实践中，各单位要么推诿不配合，要么加大核实障碍。因为具体操作规定的缺乏，使得"其他单位和个人"的配合义务，几乎成为空文。某些情况下，即便其他单位的工作人员有心配合，也不知该以何种形式配合，更不敢轻易在核实结果上签字。

（三）公证核实权的保障性机制缺乏

保障性机制缺乏，是公证核实权遭遇实践困难的重要原因。第一，有关单位和个人不配合公证核实的法律后果，基本为零。从公证核实的实践来看，与其关系最密切的核实单位民政部门、档案馆、公安部门等行政机关的工作人员往往秉持"多一事不如少一事"的态度，不予配合。按照当前的立法和制度体系，对这类行政机关及其工作人员的不配合行为，公证机构没有任何可以采取的惩戒机制和反馈机制。相比法院调查取证时，其他单位或个人不得拒绝配合的强制义务、拒绝配合时可能面临罚款或拘留的惩戒机制①，公证核实权显得苍白无力。

第二，当事人虚假公证的惩戒机制存在漏洞。《公证法》第44条明确了骗取公证书的民事责任、治安管理处罚以及刑事责任。从民事责任来看，当事人虚假公证时中途被发现，一般不会造成损失，也就无民事赔偿责任。从治安管理处罚来看，与当事人虚假公证最密切的手段即为《中华人民共和国治安管理处罚法》（全书简称《治安管理处罚法》）第52条中的伪造、变造、买卖或使用公文、证件、证明文件等情形，仅有在出现这几项情形时，骗取公证的当事人才有可能被处以治安管理处罚。至于冒名顶替、虚假陈述、伪造私文书基本不会涉及治安管理处罚。从刑事责任来看，当事人虚假公证可能会涉及的罪名主要有《中华人民共和国刑法》（全书简

---

① 参见《民事诉讼法》第70条、第114条、第115条。

称《刑法》)第 280 条中的伪造、变造、买卖国家机关公文、证件、印章罪,伪造公司、企业、事业单位、人民团体印章罪,伪造、变造、买卖身份证件罪,诈骗罪,合同诈骗罪等,其中诈骗罪与合同诈骗罪一般出现在虚假公证当事人成功骗取公证文书的情形中,而前三种刑事罪名则适用更为广泛。但即便如此,在罪刑法定原则之下,当虚假公证当事人以非本人伪造、变造的虚假证明材料骗取公证、冒名顶替骗取公证、虚假陈述骗取公证时,刑法缺少可以对此直接定罪的罪名,即无法以刑法的手段进行规制。由此来看,尽管《公证法》为当事人骗取公证书提供了三种惩戒途径,但是从立法和实践来看,这三种途径各有漏洞,并不健全。

五、纾解:公证核实权规范运行的进路

(一)明确核实权的内涵标准:客观真实或法律真实

关于公证机构行使核实权应当达到的程度,学界主要存在两种观点。客观真实说认为,凡是被纳入公证机构核实范围内的事项和证明材料,公证机构都应当核查待核事实,以达到客观真实的程度。[①] 法律真实说则认为,根据法律标准确立的事实,就是法律意义上的事实,即对于已经纳入公证核实的证明材料,公证机构仅需核实其为法律事实。以学位证公证为例,认可客观真实说,即公证机关不仅需要核实学位证为真实,还要审查该生是否符合学位证的授予条件;而法律真实说,仅需要核实学位证真实非伪造,确为记载学校所颁发即可。

从立法和实践考虑,法律真实说的证明标准远比客观真实说合理。其一,法律真实说符合公证预防纠纷的目标定位。公证作为一项预防性法律制度,其主要作用的时间链条在纠纷发生前即民事诉讼之前。民事诉讼领域尚且以法律真实为基本审判标准,公证自然也应以法律真实为标准,以保持法律的统一性。其二,法律真实说更契合公证机构的核实能力。公证机构不具备国家机关的强制执行力,大多数公证机构在经历改革后也普遍成为公益二类,享受差额拨款,甚至是自收自支、自负盈亏。公证员是法律人才,并非社会全能人才,在这种环境和趋势下,要求公证核实达到要求更高的客观真实,不符合公证机构的现实能力。其三,法律真实说更能提高效率,避免人力和物力的浪费。术业有专攻,在没有相反的证据和可疑情况下,公证员有理由相信已经被其他单位或机关认可的证书、材料,以此做出综合判断。如果一味要求公证机构事无巨细进行客观真实的核实,重复证明查询只会造成人力物力的浪费,按照经济学中等价交换的原理,这种浪费成本最终会以其

---

① 师海荣、黄阳磊:《论公证核实的"度"》,载《山东行政学院学报》2018 年第 4 期。

他形式转嫁给公证申请人。因此，采用法律真实说解释核实权的内涵更为合理。

此外，在法律真实说的基础上，把握核实权的证明标准还需将其进一步解释为民事诉讼证明中的"高度盖然性"，而非有些学者提出的刑事诉讼中的"排除合理怀疑"。一方面，公证文书作为证据被推定真实的证据规则[1]，适用于民事诉讼中，而非刑事诉讼。公证文书在民事诉讼中的应用也更为广泛。另一方面，苛责公证机构这一非国家机关在公证核实时，达到公安机关、检察机关所具备的调查取证程度，并不合理。

需要特别指出的是，法律真实的高度盖然性标准，应当为公证核实所需达到的最低标准。在条件允许的情况下，若公证机构能使核实更进一步，无限接近客观真实亦是皆大欢喜，毕竟证明对象与客观事实相符合是裁判者追求的终极目标，也应是公证机构追求的目标。

（二）畅通核实权的运行程序：规范程序与告知承诺

第一，出台统一性的办证规则与行业规范。司法部颁布的规章、规范性文件、批复也好，中国公证协会制定的指导意见也罢，这些文件要么年代久远颁布于《公证法》出台之前，要么仅为某类公证事项的办证规则，有的甚至还与现行《公证法》《公证程序规则》有冲突[2]。与其讨论它们是否属于《公证法》第 29 条中的"办证规则"，不如尽快整理出台统一性的公证办证规则与行业规范，以形成更为明确的公证行业指引，明确公证核实的启动方式，也增加公证机构行使核实权的可操作性。

第二，外化公证核实中公证员的自由心证。自由心证容易被滥用的重要原因，便在于其只外现结果、不展示过程的黑匣子原理。因此，心证应当公开，是现代自由心证制度的重要特征。[3] 具体到公证核实权的运行上，可从三个方面进行公证员自由心证的公开。其一，基础的证明材料应当客观、全面、真实。所有的自由心证与内心确信，都应当以客观材料为基础，而非凭空想象。其二，严格遵守公证核实程序，制作符合公证行业规则的书面材料。其三，必要时在遵循经验法则和理性人思维的基础上，与公证当事人及时沟通做出处理结果的理由。思考过程难以外化，但做出决定的理由可以外化。

第三，规范公证机构行使核实权的程序。为保障公证机构规范、顺畅行使核实

---

① 参见《民事诉讼法》第 72 条、《最高人民法院关于适用〈中华人民共和国民事诉讼法〉的解释》第 93 条。

② 比如《遗嘱公证细则》第 6 条与《公证程序规则》第 53 条中关于公证员与见证人在场签名规定的冲突。

③ 周慕涵：《证明力评判方式新论——基于算法的视角》，载《法律科学》（西北政法大学学报）2020 年第 1 期。

权,建议立法从以下方面进行完善。其一,以"概括＋列举"的方式细化公证机构行使核实权的对象。其二,完善核实权相关主体的权利义务,即公证人员在核实证据时,必须出具能够证明自己身份的证件、公证受理文书等材料;相关单位和个人,也应采取恰当方式予以配合,如必要时在核实结果中签字。其三,明确相关单位配合公证机构核实的最长期限。具体时间设置,可参考《政府信息公开条例》中的依申请公开的期限,即能当场答复的,应当当场答复,不能当场答复的,应当在 20 个工作日内予以答复。[①]

第四,对于因客观情况确实无法核实的,可试用告知承诺制。公证制度适用"谁主张、谁举证"的规则,遭遇因证明材料灭失等客观情况公证机构无法核实时,最后承担结果的往往是公证申请人,即无法出具公证文书。因此,在此基础上,在公证核实遭遇客观困难时候,转而适用告知承诺制不失为一个折中的解决办法。2019 年 5 月,司法部印发《司法部关于印发开展证明事项告知承诺制试点工作方案的通知》,已经对"告知承诺制"的适用做出了试点部署。不过,具体到公证核实领域,告知承诺制的适用范围和条件应当受到严格控制,谨防公证机构以此推诿核实义务。

(三)健全核实权的保障机制:信用体系建设与行政监督

没有保障的权力,不是真正的权力。公证机构非国家机关的性质,决定了其不可能像人民法院、检察院一样,直接拥有强制制裁其他单位或个人的权力。因此,要健全公证机构的保障机制,不仅要依靠其他机关配合,更要建立公证系统信用体系。

第一,加强公证核实的信息互通建设,有关部门联合发文保障公证核实。最省时省力的公证核实方式,是让信息跑路,而非公证员跑路。从当前实践情况来看,全国公证行政管理和行业管理系统中设计的互联互通版块,表面上可直接查询公安信息、国土资源信息以及民政信息,但实际上普遍存在信息滞后与信息无法查询的情况。要改变这一现状,建立起真正协同统一、信息资源整合的全国公证行政管理和行业管理系统,信息互联互通建设还有很长一段路要走。在此之前,有关部门联合发文不失为保障公证机构行使核实权的好办法。比如,2018 年司法部与自然资源部的联合发文[②]就是一个成功的典范。从公证机构核实所涉及的内容来看,率先与公证机构联合发文保障公证核实的,应当为民政部门、公安部门、档案管理部门。此外,在全国范围内的中央部委联合发文之前,各地方亦可根据自身情况先行一步制定文件。

---

① 参见《政府信息公开条例》第 33 条。
② 参见《关于推进公证与不动产登记领域信息查询共享机制建设的意见》。

第二，建立健全公证系统信用体系，完善当事人虚假公证的责任机制。正如上文所述，当事人虚假公证、骗取公证的责任机制虽有民事责任、治安处罚、刑事责任三种，但其存在诸多漏洞。有学者直接指出，可在《刑法》中增设"骗取公证书罪"，以弥补当事人虚假公证的责任机制漏洞。但是，"骗取公证书罪"也仅适用于成功骗取公证书的情形，对于更为轻微的"骗取公证书未果"依旧束手无策。因此，笔者认为在以上三种惩戒方式之外，还可参考民政部门对婚姻登记中不诚信行为的惩戒方式[①]。对于公证行业而言，全国公证行政管理和行业管理系统已经初步建立，只需设置相应板块，对冒名顶替、虚假陈述或以其他方式骗取公证书的当事人进行公证失信登记。2018年司法部也发布了将公证失信行为列入黑名单的征求意见稿[②]，部分公证机构已经率先在本处的办证系统内实施。但要真正发挥对虚假公证的惩戒作用，必须要完善全国范围内的公证黑名单系统。如此，既能有效对虚假公证当事人进行适当惩戒，又能防止公证执业区域扩大成为公证当事人虚假公证的便利，节约公证审查资源。

第三，利用行政系统内部监督机制，健全不配合公证核实的惩戒机制。在全面深化司法行政改革的大背景下，地方司法行政部门的职能将进一步强化和落实。公证作为公共法律服务的一环，行政单位对其行使核实权的配合情况，直接关系到公证效果和公共法律服务的建设情况，属于司法行政部门的职责范围。因此，非国家机关的公证机构虽不能直接对行政机关不予配合公证核实的行为进行惩戒，但可以对行政机关的配合情况予以说明，上报司法行政机关。在行政单位年度考核时候，可将其作为考核指标之一。具体来说，衡量配合情况的指标可以有：核实结果平均反馈时长、拒绝配合核实比例及原因等。利用行政系统内部的监督机制，既无需增设制度，也是加快推进法治政府建设的重要举措。

---

① 参见《关于对婚姻登记领域严重失信当事人开展联合惩戒的合作备忘录》《婚姻登记严重失信当事人名单管理办法（试行）》。

② 参见2018年《司法部关于加强和规范公证当事人失信联合惩戒对象名单管理工作的实施意见（征求意见稿）》。

专题十二 基于区块链技术的电子数据公证保全之完善

郑　鑫[*]

电子数据是指通过电子邮件、电子数据交换、网上聊天记录、博客、微博客、手机短信、电子签名、域名等形成或者储存在电子介质中的信息。[①] 自 2012 年修订的三大诉讼法将"电子数据"正式列为法定证据形式已经过去了 9 年，在此期间，信息革命持续爆炸式发展，IDC 研究表明，数据领域存在着 1.8 万亿 GB 的数据。企业数据正在以 55％的速度逐年增长。ReadWriteWeb 表示，如今，只需要两天就能创造出自文明诞生以来到 2003 年所产生的数据总量。[②] 伴随着信息量的增长，电子数据在司法审判中出现的次数也越来越多。由移动公证数据中心发表的《2020 中国电子证据应用白皮书》显示，近三年约 5000 份知识产权民事审判书中有近 89％使用了电子证据，涉案保全金额年增长达 15％，全国民事案件超过 83％涉及电子证据。[③] 如此高的使用率理应给电子数据相关技术进步与制度建设带来强有力的推进，但事实并非如此，浙江大学的胡铭教授针对 853 个有效样本进行分析发现，有 57.21％的案件提交了电子数据，其中被司法机构认定为电子数据的占 17.01％。司法实践中法官对于电子数据的回避保守态度，许多被告人及其律师对于电子数据也呈现不信任的态度[④]，这本可以利用公证保全制度进行很大程度的化解，但事实上电子数据的公证保全本身也面临着前所未有的困境。

---

　* 郑鑫，湘潭大学法学院硕士研究生。本文系湖南省哲学社会科学规划基金青年项目"电子数据司法鉴定规范化研究"(17YBQ036)阶段性成果。

　① 江伟、肖建国主编：《民事诉讼法》，中国人民大学出版社 2018 年版，第 185 页。

　② 高波：《大数据：电子数据证据的挑战与机遇》，载《重庆大学学报》(社会科学版)2014 年第 3 期。

　③ 移动公证数据中心：《2020 中国电子证据应用白皮书》2021 年 3 月，第 14 页。

　④ 胡铭：《电子数据在刑事证据体系中的定位与审查判断规则——基于网络假货犯罪案件裁判文书的分析》，载《法学研究》2019 年第 2 期。

一、影响电子数据公证保全适用的因素

（一）电子数据特殊性带来的技术困境

时至今日，我们的公证机构对于公证员的选拔依旧参照《公证法》与司法部关于印发《公证员考核任职工作实施办法》的通知，对于公证人员的专业素养方面的要求集中在"通过国家统一法律职业资格考试""公证机构实习经历或者其他法律职业经历"等法律或者公证专业素养，对于电子通信等方面的职业技术要求还未涉猎。在这个连 IT 技术专家也常常觉得难以追赶技术脚步的网络世界里，公证员职业化建设步伐已经远远滞后于信息技术语境下的公证业务需求。[1] 电子数据是以特定的二进制表示，运用不可见的数字比特形式存在的，相比于传统证据，电子证据具有虚拟空间性或者数字空间性[2]。这种"非直观性"对传统的"眼见为实"的公证保全制度是一个极大的冲击，无法确保公证保全的取证环节不发生错误，无法判断公证保全的电子数据是否本身已被篡改或者污染。公证机构与公证员的技术盲区带来的是在公证保全的过程中，无法进行有效的真实性验证，更无法进行有效的电子数据真实性保护。犹如将公证保全制度的保险柜凿开一个大洞，技术问题对于电子数据的真实性产生了最直接的负面影响。

为了在一定程度上弥补技术缺位，公证机构最终选择了保守型转化的方式去解决当前的问题，将载有待保全电子数据的媒介做一个整体性的封存，将非可视的电子数据的保全转化为可视性的物件进行保全。且不论这种做法所带来的反向经济效益，其本质只是"鸵鸟心理"，试图暂时地避免直接表现出公证机构自身的技术缺陷，没有真正地重视技术缺陷带来的问题，因此这些转化型的替代方案，无法真正地解决当前的真实性问题。同时，对于电子服务器来说，该种实体转移式的封存并不能真正实现电子数据的有效保护，中心服务器管理其他节点进行数据交互，一旦服务器出问题，极易出现数据的受损和丢失。还有一部分公证机构是选择证据类型转化的方式试图解决电子数据取证与存证中的技术难题。例如，对于电脑中的文本文件，仍然采用打印的方式转化为书证，或者是打印和复制并行，这些都未能真正解决公证机构在面对电子数据时所体现出的技术短板，反而使电子数据的公证保全呈现"传统电子数据化"的发展趋势与现实中"电子数据传统化"并行的尴尬现象。[3]

---

① 李扬：《网络证据保全公证的问题与对策》，载《北京邮电大学学报》（社会科学版）2011 年第 2 期。
② 刘品新：《电子证据法》，中国人民大学出版社 2021 年版，第 5 页。
③ 孙梦龙、陈文：《区块链视角下技术证明与法律证明的良性互证》，载《湖南社会科学》2020 年第 6 期。

（二）电子数据相关制度不完善带来的操作困境

2019 年 10 月 4 日修改发布的《最高人民法院关于民事诉讼证据的若干规定》（全书简称《证据规定》）对于电子数据取证、真实性认定等问题做更进一步的要求。《证据规定》明确当事人以电子数据作为证据的，应该提供原件或者是其他情形下视为原件的资料。针对电子数据的真实性，提出了包括硬件、软件环境、取证方法的可靠性、取证活动的正常性、取证主体的适当性及其他的影响因素。但这些规定仍旧相对模糊，无法满足公证机构在对电子数据进行公证保全程序时的指导性要求。什么样的环节属于可靠、完整，怎样的取证方式属于可靠的方法，适格的电子数据取证主体的具体范围是如何等都没有进一步明确，这导致即便是有了全新的《证据规定》，诉讼中针对电子数据的质证依然更多地集中于要求举证方证明程序没有瑕疵。

《证据规定》还新增了可以确认真实性的规定，其中包括类似于免证事实中"自认"规定的于己不利类型的电子数据、正常业务活动形成、当事人约定、特殊的保管方式保管，同时还确定了中立第三方平台保存与公证机构公证的电子数据真实性资质。但是，在具体的诉讼程序中，由于《公证法》、平台操作规范等配套的规章制度未能及时修缮，导致在具体法律规章的实际运用中未能统一规范。中国公证协会发布的《办理保全互联网电子证据公证的指导意见》（以下简称《电子数据公证指导意见》），虽然明确了互联网电子数据的公证取证的笔录记载、端口接入步骤、清洁性检查等问题，但其本质上属于技术说明书性质的文件，不能解决电子数据真实性的审查标准模糊的法律问题。同时《电子数据公证指导意见》也强调电子数据的保管不属于其规范的范围，对于解决电子数据公证保全困境还是具有局限性。《电子数据公证指导意见》作为协会指导意见的性质，在目前没有相关的行政机关对此指导意见进行授权的情况下，其本身的效力也严重受限，不能够真正解决因为相关程序问题的权威性文件缺失所带来的当事人对于诉讼中电子数据所产生的质疑。因此，公证保全后的电子数据的真实性问题仍然悬而未决。

（三）电子数据技术证明与传统法律证明的思路差异

电子数据的特殊性带来技术缺口，电子数据公证保全领域的制度缺口等现实问题，所带来的实体困境最终指向的都是真正影响电子数据公证保全效力的电子数据真实性问题，但是最本质的问题还是在于传统法律证明的思路与电子数据技术证明要求的差异，导致的当前司法领域对于电子数据真实性问题的认识还不够清晰与准确。

确保公证保全的电子数据的真实性，需要把握住的是三个时间节点：第一个是公证保全程序完成之前的电子数据的真实性状态；第二个是公证员对于电子数据进行取证时的真实性问题；第三个是公证保全后电子数据在封存过程中的一个真实性状态。

1. 电子数据的原始性问题

在当前的电子数据司法实践中，关于电子数据真实性的判断，通常依靠的是因对方当事人无法提供关于电子数据真实性的质证，或提供的质证依据不充分而反向的肯定，是一种模糊化真实性概念的做法。除此之外，在不同阶段真实性的概念混淆尤为明显。在电子数据公证保全的第一个时间节点，即公证保全程序完成之前，电子数据的真实性状态更准确的描述应该是指电子数据的原始性，即在对于电子数据进行公证保全时，电子数据所处的状态是否与侵权行为发生时所存在的状态是一致的，即真实的原始状态。加拿大的《统一电子证据法》处理原始性和真实性之间的关系的规定就更加合理，当电子数据原始存储的完整性可以得到证明，就可以推定为满足最佳证据规则，即原始性推定真实性。[①] 只有真正关注到原始性层面才能够解决当前电子数据公证保全的一大质疑：公证书所针对的只是公证那一时间点的所观所为，以之追溯性地证明曾经在网络上也存在关于电子数据的某内容或者某行为，只是一种基于技术理论的推定，但如此推定的合理性何在？[②]

2. 动态电子数据的保全困境

传统的法律证明主义是一个典型的事后视角，当侵权行为发生之后，当事人的权益受损，再从结果去找过程，去搜集相关的证据。这种做法在面对孤立存在的电子数据如本地文件，依旧能够更好地解决问题，但是面对以系统数据形式存在的，特别是动态的网络数据，就显得束手无策。面对动态电子数据，取证人员的及时性难以保证，往往导致"贻误战机"最终陷入被动[③]，有公证人员的技术素质不足的原因，更多的还是因为公证机构未能正确地认识电子数据与其他的静态数据种类的差异性所在，未能正视电子数据的特殊性，未能正视传统的法律证明主义与电子数据所应该配套的技术证明思路的不一致。

3. 电子数据的原件规定对于电子数据公证保全的限制

根据《证据规定》第 15 条第二款规定，当事人以电子数据作为证据的，应当提供原件。电子数据制作者制作的与原件一致的副本，或者直接来源于电子数据的打印件或其他可以显示、识别的输出介质，视为电子数据的原件。《证据规定》表明

---

① 刘品新：《论电子证据的原件理论》，载《法律科学》（西北政法大学学报）2009 年第 5 期。
② 李学军、朱梦妮：《电子数据认证问题实证研究》，载《北京社会科学》2014 年第 9 期。
③ 王志刚：《从"快播案"看当前电子数据运用困境》，载《法治研究》2016 年第 4 期。

了最高人民法院已经开始对于电子数据的特殊性有所认识,因此在原件规定的基础上,还规定了相关的视为原件的推定情况,但是同时也表现出其思想上的保守性与守旧性。

电子数据对于副本制作主体较为严格,即需为电子数据制作者制作的与原件一致的副本才能视为原件。若将电子数据分为孤立数据与系统数据两类[①],孤立数据似乎更符合强调原制作者的推定原件的限制,而系统数据则是同步式分布,双方或多方同时尝试,没有真正意义上的制作者与接收者之分,副本的规定不适宜系统数据的原件推定,相反,"复式原件说"寄件人交付的是原件,收件人收到的也可能是原件似乎更能解释清楚"系统数据"中二者的关系[②]。直接来源于电子数据的显示和识别的输出介质,法条中所举的例子为打印件,既体现了当前官方对于电子数据的守旧态度,将电子数据转化为司法机构更为熟悉的其他证据种类形式进行固定,这本身就背离了将电子数据确立为一个独立的证据种类的立法精神,同时更是体现了对于电子数据本身的不信任,戴着有色眼镜看待电子数据,不去直面科技的发展对于当前证据制度与证据规则的挑战。这导致了公证机构对电子数据的公证保全也丧失了信心,不利于电子数据公证保全制度的发展。

二、区块链技术在电子数据真实性固定中的应用潜力

总结电子数据公证保全当前面临的实体困境,主要是"人才"和"制度"两个大的方面,最终对公证保全后的电子数据的真实性产生负面影响。区块链(Blockchain)是一种由多方共同维护,使用密码学保证传输和访问安全,能够实现数据一致储存、难以篡改、防止抵赖的分布式记账技术(Distributed Ledger Technology)。作为一种在不可信的竞争环境中低成本建立信任的新型计算范式和协作模式,区块链凭借其独有的信任建立机制,正在改变诸多行业的应用场景和规则,是未来发展数字经济、建构新型信任体系不可或缺的技术之一。[③] 区块链具有去中心化、开放性、独立性、安全性和匿名性等特点。将区块链技术引入电子数据公证保全程序之中,通过技术革新真正认识电子数据背后蕴含的技术证明理念,或许是破题的新思路。

---

① 孤立数据是指由一方当事人独立制作或掌握的,且大多以本地文件形式存在的数据;系统数据是指同时产生、储存于双方或者多方当事人的电子设备或系统中的数据类型。参见何文燕、张庆霖:《电子数据类型化及其真实性判断》,载《湘潭大学学报》(哲学社会科学版)2013 年第 2 期。

② 刘品新:《电子证据法》,中国人民大学出版社 2021 年版,第 83 页。

③ 中国信息通信研究院:《区块链白皮书》(2018 年)2018 年 9 月。

（一）区块链"人才"问题的潜在解决路径

面对当前公证员队伍存在的技术缺口，国内的学者纷纷提出了许多解决方案，主要包括两个方向：第一是人才结构的转型升级，既包括强调加强公证员的电子信息技术的学习[①]，还有强调从法学教育阶段就要开始重视单一学科培养教育模式的改革[②]，力图培养学科技术交叉型人才；第二种则是希望构建电子数据公证＋委托专业机构鉴定的电子鉴定新格局来解决人才问题导致的电子数据真实性问题。这两种解决方案都具有其本身的合理性，但是多少存在着效率抑或是效益的问题，更重要的是始终没有跳脱社会科学研究的视角，审查电子数据的真实性本质上是技术问题而非法律问题[③]。

德国证据法学者罗科信说过，"当用自然科学的知识可以确定事实时，此时法官的心证即无适用之余地。"[④]技术可以代替人的功能，这是工业革命带给我们的宝贵经验，对于解决当前电子数据公证保全中的人才困境也极具参考价值。针对公证员的技术缺口，利用区块链技术预设的程序实现公证保全程序的自动化运行，将公证员所需进行的操作最大程度简化。在原有技术下的电子数据公证保全，公证员还面临着，如果进行选择性拷贝可能出现公证保全的电子数据不完整直接影响其效力，但将涉案的电子设备中特别的大型的云端服务器中的所有数据进行整体拷贝，确保没有遗漏，却又存在因为数据量过大而难以实现的矛盾性问题，区块链技术的引入可以很好地解决上述问题。区块链数据是以哈希函数的方式储存的，哈希函数的最大特点是定时性和定长性，在消耗大约相同的时间便可以输入不同长度的电子信息使其转化为哈希值（定时性），同时产生固定长度的输出。[⑤]

针对公证员在进行电子数据公证保全过程中的程序瑕疵以及程序运行过程中污染甚至毁损电子数据的问题，用区块链的核心技术——共识机制[⑥]与时间戳技术[⑦]去代理人工可以最大程度地避免问题发生。共识算法下多节点同步共识的分布式存储，可以在工作人员存在记录瑕疵的时候，比照多节点进行互证和自证，时

---

① 冯晶、李新雨：《新证据规则下，一起电子数据保全案例引发的思考》，载《中国公证》2020 年第 6 期。

② 何悦、刘云龙：《电子证据保全公证若干问题研究》，载《中国发展》2012 年第 2 期。

③ 丁春燕：《区块链电子数据的证据能力分析——以农业保险欺诈刑事诉讼切入》，载《法学杂志》2021 年第 5 期。

④ 刘品新：《印证与概率：电子证据的客观化采信》，载《环球法律评论》2017 年第 4 期。

⑤ 袁勇、王飞跃：《区块链技术发展现状与展望》，载《自动化学报》2016 年第 4 期。

⑥ 共识机制即共识式算法，可以用于区块链全网中各节点数据一致性的协调，实现一点储存，多节点同步共识一致，实现真正的分布式存储。

⑦ 时间戳技术是指将待证数据的哈希值与权威时间源绑定，产生时间戳文件，以证明存证数据的完整性和产生时间。

间戳技术可以在公证机构进行取证存证的时候，每一个共识机制同步的过程都打上不可逆的时间戳，做到准确及时，这对于判断电子数据公证保全是否存在程序瑕疵有着很重要的意义。

（二）区块链技术对于制度完善的反向推动

针对电子数据公证保全，当前的立法缺乏在于公证保全的具体操作指导以及真实性认定部分的模糊化问题，突破路径仍旧是将技术的问题留给技术来解决。民事诉讼法本质上是规定人民法院和其他诉讼参与人在审理民事案件中所进行的各种诉讼活动，以及由此产生的各种诉讼关系的法律规范的总和[①]，而不能因为电子数据的特殊性而变成一本技术说明书。利用区块链技术预设电子数据公证保全的程序，在降低公证员进行电子数据公证保全的技术难度的同时，也可能最大程度上降低法律规范对于电子数据取证存证过程所需要描述的详尽程度，只需要在法律上对于区块链技术运用于电子数据公证保全予以肯定，使其所完成公证保全的电子数据得到法律上的认可，便可以直接跨过操作程序空缺影响真实性的这道坎。

构建多节点的区块链网络，本质是需要很多机构的接入，这对于各地独立发展的公证机构以及相互独立的公证机构与司法机构来说，是一个统一规范的契机。目前在"区块链＋司法"领域，杭州互联网法院处于全国领先的位置，沿海经济发达地区的大型公证机构应该积极学习杭州互联网法院在区块链运用以及联盟链搭建的先进经验，以综合实力强劲的大型公证机构牵头建立属于公证机构为核心的公证联盟链。越多的公证机构加入公证联盟链，就意味着能在更大范围内实现电子数据公证保全程序的统一。基于统一的运行逻辑去制定相应的公证规范，更有利于解决各地规范不一致导致的电子数据公证保全效力各异的问题，更有利于提高公众对于电子数据公证保全程序的信任，提高我国公证机构整体的公信力。

三、技术可靠性背景下技术治理主义思路的推行可能性

区块链技术的运用可以很大程度地解决当前电子数据公证保全因为公证机关以及公证员由于技术缺陷产生的实体问题。作为一个新兴技术，区块链最有法学价值之处就在于其为法学界和法律实务界引入了一种有别于传统电子证据论证模式的"证据自证"模式。[②]

如果没有区块链技术，当前的网络信息技术不足以支撑起"证据自证"的可行

---

① 江伟、肖建国主编：《民事诉讼法》，中国人民大学出版社 2018 年版，第 15 页。

② 张玉洁：《区块链技术的司法适用、体系难题与证据法革新》，载《东方法学》2019 年第 3 期。

度,但是区块链技术的引进所要完成的任务不仅仅是用自身突出的优势去引导人们信任区块链,更重要的是促进大众思维的转变,实现对于技术的信任,实现在电子数据公证保全领域从法律证明主义向技术证明主义思路的转变,这一转变将会进一步解决电子数据公证保全所面临的更深层次的问题。

(一) 技术证明主义与法律证明主义的差异

技术治理主义又被称为技术专家治国论、技术统治论等,其核心是主张社会行动应由精通现代科学技术的专家进行决策,要求将政治治理转变为一种专家操作,乃至实现国家非政治化的哲学理念。作为 20 世纪欧洲一大重要的流行思潮备受争议,哈耶克就曾提出人们高估了科学业已取得的成就,并认为 20 世纪肯定是个迷信的时代,重点提出了对于技术治理主义中唯科学主义的批评。[1] 但是也有学者指出,在专家遭遇公众信任危机之际,后现代公共舆论在呼吁一种"超专家"的出现。[2] 当前,电子数据公证保全所面临的便是代表专家的制度与公证员的信任危机。而这种信任危机的出现正是源于法律证明主义的理念受到更适于电子数据证明思路的技术证明主义的冲击。当区块链技术进入立法或是司法环节,公权力机关的态度与政策直接决定了整个法律体制的变革走向,这种固守还原案件事实而缺少对于区块链技术为代表的技术证明思路的认知,使得每一次的技术变革都将面临对整个法律运行制度体制的颠覆性挑战[3],更是无法促使电子数据公证保全制度脱离当前真实性难以鉴别的泥潭与困境。

在探寻电子数据公证保全困境的新出路时,如何确保电子数据的原始性和真实性将是一切制度建设的必要性基础,更是应该在电子数据公证保全领域推行技术证明主义思路的一个最大的原因。技术证明主义谋求使用技术的力量在侵权相关的行为发生之时就对其进行"冰封",尽可能保留案件的信息。而法律证明主义是依靠事后去寻找与案件事实有关的蛛丝马迹,通过寻找证据并去组合证据,依靠证据链条还原案件事实并以此作为案件审判的根据。后者更符合当前我国证据程序运转的逻辑与习惯,但是在解决公证保全的电子数据的原始性和真实性无法实际得证的问题上,存在很大的局限性。

(二) 动态电子数据公证保全困境解决的可能性

区块链技术的应用迅速捕捉动态电子数据每一秒的变动,并实现共识同步以

---

① [英]哈耶克：《哈耶克论文集》,邓正来译,首都经济贸易大学出版社 2001 年版,第 643 页。
② 周千祝、曹志平：《技治主义的合法性辩护》,载《自然辩证法研究》2019 年第 2 期。
③ 孙梦龙、陈文：《区块链视角下技术证明与法律证明的良性互证》,载《湖南社会科学》2020 年第 6 期。

及上戳。但是在法律证明主义的视角下,再好的技术面对动态电子数据都只是亡羊补牢,更好的技术运用只能意味着在止损的过程中尽可能减少漏网之鱼,因为技术终究没有自我意识与生命力,不可能通过电子数据对潜在的侵害行为进行预判。在传统的研究语境下,也有学者提出了利用电子数据的再生性特征,在用户删除相应信息后,侦查人员还可以依靠专业知识将其还原、再生。[①] 但是在这个 IT 专家都难以追赶技术发展脚步的时代,这一种企图利用技术进行还原的思路最终会沦为司法机构与违法犯罪分子的一场电子信息技术的博弈,对于本身不属于技术专家的司法和公证人员来说,不是最优解。更好的解决方案应该是区块链＋技治主义的强预防、强固定,基于技治主义的思想,在涉及动态电子数据的纠纷或者侵害还没有发生之前,就利用区块链技术对其实时的监控预防,同时不断地将监控信息转化为哈希值在区块链上进行固定,当纠纷发生之时,就可以如同调取监控视频一般,根据纠纷发生的时间去找具有对应时间戳印记的哈希值数据,将其读取就可以获得“解冻”后的涉案电子数据。这一思路也已经开始在公证机构以及其他提供商业服务的机构被接受和采纳。

上海徐汇公证处开展电子邮件保管箱服务,通过提供“预防性”公证保全服务即时备份电子邮件,保全电子数据。除此之外,上海徐汇公证处在线公证平台的网页取证和见证实录服务,都可以通过公证处服务器对 PC 端发送的行为实施录制并封存,根据当事人委托,对侵权信息进行全网实时监控、即时取证。在商业服务行业中,“e 签宝”等区块链公司提供的电子合同服务,改变传统线下合同简单的原件副本对比确认的模式,实现了不仅仅是合同文件本身,更是从合同拟定到签订的全过程的监控与确认。技治主义与区块链技术的结合,是在预防性思维下用更具有安全性和保密性的区块链技术进行保驾护航,即使存在“As Bit Coin Halving Approaches,51% Attack Question Resurfaces”[②] 中提到的 51% 攻击的漏洞可能性,但是伴随着区块链技术深入发展与运用,节点分布的普遍性和广泛性将使危险仅停留在理论层面。

(三)公证机构在电子数据公证保全中的新角色

公证机构作为在社会活动中扮演着重要角色的主体,一直以依赖本身以及国家的信用进行公证活动。在电子数据的公证保全中引入区块链技术,将会在一定程度上打破这种格局,使用区块链提供认证服务,区块链不需要通过各类证据的组

[①] 徐燕平、吴菊萍、李小文:《电子证据在刑事诉讼中的法律地位》,载《法学》2007 年第 12 期。

[②] See Fredrick Reese, As Bitcoin Halving Approaches, 51% Attack Question Resurfaces, COINDESK (July 6, 2016, 12: 50 BST), http://www.coindesk.com/ahead-bitcoin-halving-51-attack-risks-reappear.

合以及链式论证来验证自身的真实性，它本身就能够完成自身的真实性检验，不依赖公证公司提供信用，公证公司只是提供一个解决方案。[①] 因此，在回答构建区块链电子数据公证保全体系的第一个先决性问题，即构建区块链电子数据公证保全体系的必要性问题之后，公证机构就必须面临着第二个先决性问题，即如果引入，将采取何种价值追求？

公证机构的服务本身具有自愿公证的原则性要求，如果公证机构搭建区块链电子数据公证保全平台，并希望其能收获现实的成效，如何让更多的公众接受信任该种模式，如何转变大众的思维模式，让他们意识到电子数据预防性保护的重要性，将会是需要解决的一大难题。对于推行预防性区块链电子数据公证保全的成功经验，中国保险业在发展过程中的实践模式值得学习。根据马斯诺的人类需求层次理论，风险规避或安全需要乃是公众除生理需要之外最基本的需要。在新中国刚刚成立之初，三大改造还未完成，当时经济中非国有成分很高，国有经济实力较弱，为保证经济的稳定，必须建立风险损失补偿机制。[②] 这与当前电子数据公证保全面临的问题如出一辙，电子数据从确立到今天，以前还处于一个艰难起步的阶段，当前的司法机构与公证机构相较于社会中其他的高科技或者是互联网公司还存在技术上的不足。但是为了保证电子数据得到有效的保护，受到相关侵害后能够更有效地维权，必须建立电子数据的风险预防机制。而公证机构作为事实见证与证据保全的服务者，自然可以作为这个机制构建的主体，也就是构建区块链电子数据公证保全平台。

针对具有较强经济实力的工商业主体和无形资产拥有者，区块链电子数据公证保全平台可以有效地满足其电子数据风险预防与法律防控的需求，自然会是这一新事物的首批受益者。例如，杭州互联网法院的司法区块链与中国网络作家村的官方合作，为作家提供著作权的上链保护。再比如以"e 签宝"为代表的提供商业服务平台的区块链公司，由公证处自建区块链电子数据公证保全平台，相对于商业公司，在同等安全性的基础上，还有公证信用的加持，在遇到纠纷时也可以更有效率地与司法机构对接，更符合效率的要求。

对于其他的大众而言，更多地需要国家和官方层面的引导。在公众缺乏保险意识的情况下，当时的中国采取了国家强制性保险的制度设定，促进了中国人民保险公司的迅速崛起。公证机构本身只是事业单位，不具有强制推行某项制度的权力，但是在大众对于保险已经有了基本认识的基础上，可以借助更多的官方声音来提高大众对于区块链电子数据公证保全的认识深度。理解制度结构的两个主要基

---

① 张波：《国外区块链技术的运用情况及相关启示》，载《金融科技时代》2016 年第 5 期。
② 邓敏：《中国保险业的历史与未来：一个制度变迁视角》，载《金融研究》2000 年第 6 期。

石是国家理论与产权理论,因为是国家界定产权,因而国家理论是根本性的。[①] 十三届全国人大会议第四次会议审查通过的《中华人民共和国国民经济和社会发展第十四个五年规划和 2035 年远景目标纲要》,明确了加快数字化发展、建设数字中国的具体要求。区块链技术被纳入数字经济重点产业,这有利于纠正"区块链就是比特币"和"区块链就是'挖矿'"等错误认知,加强对于区块链技术更加正确的认识,这是公证机构乘着政策的春风,推行区块链电子数据公证保全平台的大好时机。

结　语

自从中本聪首次提出区块链的概念以来,相关领域的技术飞速发展。但事实上,时至今日,区块链技术在人们的日常生活场景中的应用远不如比特币那一翻再翻的身价般欣欣向荣。但是,被视为第四次工业革命的驱动技术,区块链技术毫无疑问会是马克思主义哲学中的"新事物",有着无比光明的前景。就像我们在讨论美国禁枪相关话题时不可忽视的关键点——美国传统文化图腾中的枪支文化所蕴含的精神力量,这或许才是美国无法真正推行禁枪政策的最大阻力。社会科学领域一直以来秉持着技术中立的态度与立场,在不断的发展过程中演化成了对于技术的一种忽视,这不失是一种傲慢。但是作为工具的技术不断发展,以忽视的态度进行模糊化处理已经不能再解决技术要求与传统观念产生的摩擦,在法律领域表现为传统的法律证明主义与技术证明主义之间的摩擦带来的电子数据困境。伪科学追求证实,科学追求证伪,当前的电子数据公证保全既不能回答自己为何证实,更不能让与之对抗的另一方有效证伪,导致电子数据制度进退两难。如果不能正确认识新技术,将技术证明主义纳入当前的证明理论体系,"传统证据电子化"与"电子证据传统化"并行的荒诞局面也将会不断地上演。

---

① ［美］道格拉斯·C.诺思:《经济史中的结构与变迁》,陈郁、罗华平等译,上海人民出版社 1994 年版,第 73 页。

第三编
公证业务创新的实践探索

专题十三 物业管理中引入公证机制的可行性及实施路径

——基于对株洲市物业管理状况的考察

株洲市国信公证处课题组[*]

株洲市国信公证处课题组[*]

引 言

物业管理是城市管理的重要组成部分,承载着广大人民群众的日常生活需求和切身利益,关系着城市的高质量发展和文明城市品质的提升,关系着国家治理能力和治理体系现代化的进程,关系着人民群众的获得感、幸福感和安全感。近年来,随着株洲经济的快速发展和人民群众对更高品质生活的追求,小区物业管理逐渐成为基层社会治理的重点、难点和热点,中间涉及业主、业委会、物业服务企业、开发商等多元社会主体的共治和博弈,利益诉求错综复杂①。针对物业管理领域纠纷多、矛盾多、举证难、调解难等问题,湖南省株洲市国信公证处"公证服务物业管理课题组"成员查阅了关于物业管理的法律法规及政策规定、物业纠纷的司法判例、公证服务物业管理的公证案例等资料,先后走访了株洲市物业管理部门、物业管理协会、部分物业管理公司、社区居委会、市长热线办公室等部门,访谈了部分业主委员会成员、律师、高校专家学者,多次召开"公证助力物业管理"专题会,就株洲市物业管理现状及存在的问题进行剖析,并对公证介入物业管理的实务操作进行梳理。课题组认为,在物业管理中引入公证机制,对于当前物业管理中矛盾的预防、纠纷的化解、争议的平息可以起到积极作用,同时也有利于扩展公证内涵,彰显公证制度价值。

---

[*] 刘策良,湖南省株洲市国信公证处主任;杨茸、尹洁、向伊莎、匡翔、王清琪、刘丹妮,湖南省株洲市国信公证处公证员。

① 株洲市政府研究室调研组:《株洲市物业管理调研报告》,载株洲市政府研究室网,http://yjs. zhuzhou.gov.cn/c14275/20191030/i1060782.html,2021年10月10日最后访问。

一、株洲市物业管理现状及存在的主要问题

（一）物业管理覆盖率低

根据株洲市住建局 2020 年相关调研数据显示,株洲市拥有物业服务企业 371 家,从业人员 5 万人。物业管理项目 1420 个,无物业管理项目 1062 个,物业管理项目在全市的覆盖率约 57.2%,其中住宅小区物业项目 880 个,涵盖住宅、办公、商业、医院、学校、园区、道路、公园等多种类型,管理建筑面积 7371 万平方米。[①] 中心城区实施物业管理的住宅项目 607 个,服务面积 4885 万平方米。详见图 1。

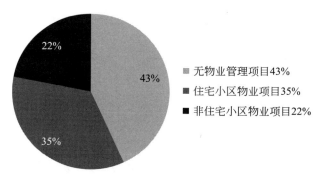

图 1　株洲市物业管理项目覆盖情况

（二）业主委员会成立难

根据株洲市住建局 2020 年相关调研数据显示,全市共成立业主大会和业委会 340 个,仅占小区总数的 38.64%。成立业主大会和业委会的数量,从 2018 年 328 个增加至 2020 年 340 个,3 年时间仅增加了 12 个。

（三）业主参与决策难

业主大会是业主参与决策的重要途径。根据《物业管理条例》的规定,"业主大会会议可以采用集体讨论的形式,也可以采用书面征求意见的形式,但是,应当有物业管理区域内专有部分占建筑物总面积过半数的业主且占总人数过半数的业主参加"。对涉及筹建和使用维修基金等重大事项,规定"应当经专有部分占建筑物

---

① 戴凛:《我市拟建立物业管理人民调解委员会　依法快速处理业主与物业公司纠纷》,载《株洲晚报》2020 年 12 月 11 日,第 A05 版。

总面积 2/3 以上的业主且占总人数 2/3 以上的业主同意"。传统投票方式是由社区志愿者拿着投票箱上门进行,投票的真实性、有效性往往容易遭到业主质疑。而目前部分地方由住建部门、小区物业、物业协会推出的投票软件,因为担心平台泄露个人隐私,且软件操作存在难度等问题,实际使用率不高,也未能有效解决业主参与决策难的问题。这种情况下,一些民生问题久悬不决,矛盾不能及时化解,持续酝酿发酵后,极易导致群体性纠纷事件,甚至转化为上访事件,严重影响社会和谐。

(四)维修资金监督难

维修资金基数较大,但目前缺乏有效的监管机制。一方面,市场上物业服务公司资质良莠不齐,一些物业公司进驻小区后企图用短平快的方式赚钱走人,维修资金就是他们觊觎的蛋糕之一;另一方面,也不排除一些别有居心的业主代表在使用维修资金过程中滥用职责,谋取私利。因为维修资金使用的事中、事后监管不到位,从而导致广大业主的权益无法得到保障。

(五)物业投诉增长快

根据市长热线办统计数据,株洲市关于物业管理投诉件数从 2019 年的 4100 件增加至 2020 年的 4560 件,2021 年 1—6 月达 2936 件,投诉数量逐年增长,成为市民投诉的集中领域(详见图 2)[①],其中围绕物业费收取不合理、电梯故障、停车费收取不合理、垃圾无人清理、房屋漏水等方面的投诉最为集中(详见图 3)。

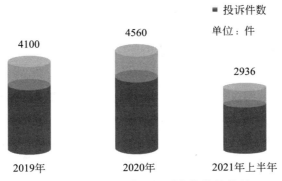

图 2 株洲市物业管理投诉案件数量情况

---

① 株洲市政府研究室调研组:《株洲市物业管理调研报告》,载株洲市政府研究室网,http://yjs.zhuzhou.gov.cn/c14275/20191030/i1060782.html,2021 年 10 月 10 日最后访问。

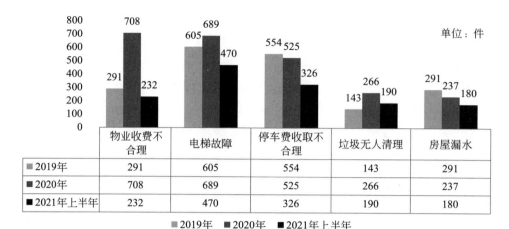

	物业收费不合理	电梯故障	停车费收取不合理	垃圾无人清理	房屋漏水
■ 2019年	291	605	554	143	291
■ 2020年	708	689	525	266	237
■ 2021年上半年	232	470	326	190	180

■ 2019年　■ 2020年　■ 2021年上半年

图 3　株洲市关于业主投诉物业管理存在的问题统计情况

二、物业管理中难点问题的原因分析

（一）立法不完善且可操作性不强

近年来,株洲市物业管理纠纷案件频发,信访投诉居高不下,物业纠纷呈现出诉求多元化、形式多样化、内容复杂化以及矛盾易激化等特点,这与当前的法律制度体系不够健全不无关系。目前,我国尚未出台有关物业管理的专门法律,《民法典》中对物业管理有一些指引性规定,国务院《物业管理条例》有些规定比较宏观,需要各地根据实际情况出台比较具体的、可操作性强的实施细则或办法。之前,因为株洲市没有地方立法权,没有出台过与物业管理相关的法规,仅出台过一些规范性文件。比如,2011 年 2 月,株洲市人民政府制定的《关于促进物业管理健康发展若干意见》(株政办发〔2011〕14 号),现已失效;2011 年 2 月 25 日株洲市人民政府办公室发布了《株洲市物业管理办法》(株政办发〔2011〕13 号);2020 年 12 月,株洲市发改委、市住建局共同发布了《株洲市城区物业服务收费实施细则》(株发改发〔2020〕158 号)。这些规定对规范和改善物业管理起到了一定的积极作用,但在解决业主委员会成立难、物业服务费调整与收缴、共用部位经营收益分配、车位租售、维修资金申请、物业服务标准公示、责任追究等备受居民关注问题方面,存在规定不细致且可操作性不强的缺陷。法律缺位容易引发各种利益冲突,不利于社会的稳定和发展。所以,株洲市亟需通过地方性立法解决实际问题。

（二）业主缺乏行使权利的便捷途径

业主委员会作为业主利益的代表,对促进小区建设和发展起着重要作用。根据《民法典》第 277 条规定,业主可以设立业主大会,选举业主委员会。但在实际操作中,业主委员会的成立可用一个字形容——"难"! 具体表现在:发起难,主要难在无人牵头;开会难,需要过半数的业主参与召开业主大会才能选出业主委员会;博弈难,需要突破开发商和物业公司的"封锁障碍";备案难,需要小区所在街道对业委会选举程序的认可才能备案;运作难,需要团结业主获得认可,与开发商、业主委员会、社区街道等多方面协调,各方面运作起来都非易事。

(三)业主委员会成员大多专业性不足

首先,成立业主委员会需要热心公益的积极分子,但这类人在各个小区中较为稀缺,更多人即使有能力、有时间也不愿当"出头鸟";其次,大多数业委会成员对物业管理不熟悉,缺少专业培训以及相关部门的监督指导,全凭一股热情干活,一旦不规范运作,极容易激化矛盾,变成业主不支持,物业也不配合,费力不讨好,最终多头受气,越干越没劲;最后,个别业主委员会缺乏监管,少数成员从中谋求私利,严重影响业主委员会的公信力。

(四)物业服务人员素质良莠不齐

我国《物业管理条例》对物业服务企业和物业服务人员提出了明确的要求,严禁未取得物业管理资质证书的企业从事物业管理工作,从事物业管理的人员应当取得相关职业资格证书。但实际上,优质物业服务企业较少,根据株洲市物业管理协会公布的数据,"2020 年度株洲市三星级物业服务项目"仅 12 个[①],占全市物业服务企业的 3% 左右。物业服务企业普遍存在专业水平低、服务意识弱、办事久拖不决等问题。部分物业服务企业片面追求短期经济效益、缺乏长远规划,认为物业服务就是"扫扫地、站站岗",聘用的从业人员普遍综合素质不高,低学历、无劳动技能、年龄偏大的居多。

(五)管理部门的监督指导力度不够

因历史和机构改革等原因,目前株洲市负责物业管理的部门职能分工不明确。株洲市住建局有内设的物业监管科,同时还有下属二级机构株洲市物业事务中心,属于副处级事业单位,二者存在权责不清晰的问题;各区住建局机关没有对应的物业监管科(股),各区设立的物业服务指导中心不隶属于区住建局管理,而是属于区政府办直属二级机构,导致管理部门"心有余而力不足",很多工作难以得到落实。

---

① 株洲市物业管理协会:《关于株洲市 2020 年度三星级物业服务项目的公示》,载株洲市物业管理协会网,http://www.zzpmi.com/html/xhpd/tzgg/xhtz/4451.html,2021 年 10 月 10 日最后访问。

有些业主委员会和物业服务企业不服从管理部门的监督与指导，管理部门缺乏有力的制约措施，使得监管与指导效果不理想。

三、公证在物业管理中的机制优势

（一）公证制度具有预防性

公证的宗旨是预防纠纷、减少诉讼。在物业管理中引入公证机制，有利于在纠纷发生前引导物业管理主体或业主依法规范操作，降低矛盾纠纷发生的概率；出现纠纷后，通过保全证据、公证调解等公证方式化解矛盾纠纷，达到减少诉讼的目的。

（二）公证人员具有专业性

公证机构有专业的证明人员即公证员，根据《公证法》的规定，担任公证员需要通过国家统一法律职业资格考试，在公证机构实习两年经考核合格，并通过司法部组织的公证员任职前专业培训后才能取得执业资格。因此，公证机构有能力根据当事人的需求，通过高效、快捷、较低成本的公证法律服务，帮助当事人解决物业管理中的有关问题。

（三）公证效力具有法定性

公证主要有三大效力：一是优先证明效力，经过公证的证据，效力高于一般的书证，《公证法》第 36 条、《民事诉讼法》第 72 条作出了相应的规定；二是强制执行效力，经公证赋予强制执行效力的债权文书，债务人不履行或不完全履行债务的，债权人可以不经诉讼，直接凭公证文书向人民法院申请强制执行；三是引起法律行为成立或生效要件的效力，《公证法》第 38 条规定：法律、行政法规规定未经公证的事项不具有法律效力的，依照其规定。公证证明不管是在法律规定还是社会实践上，都得到社会广泛的认可，甚至在域外也具有法律证明力，是进行国际间民事、经济活动不可或缺的证明文件。公证能为物业纠纷的预防和解决提供强有力的证据效力，对于某些债权文书还可以通过赋予强制执行效力，高效实现债权。

（四）公证服务具有综合性

公证具有服务、沟通、证明、监督等职能，在维护人民群众合法权益、保障民商事交易安全、维护市场经济秩序、创新社会治理等方面具有独特的职能优势和重要作用。以湖南省株洲市国信公证处为例，为满足人民群众的实际需要，该处不断将公证服务向前、向后、向纵深延伸。近 5 年，为解决"证明难"问题，开展了无偿代为调查取证 6318 件；为解决"过户难"问题，开展了无偿代办房屋过户 1455 件；为解决涉外"认证难"问题，开展了代办涉外公证书认证 508 件；为解决"奔波苦"问题，开展了无偿代办邮寄公证书 13 058 件；为解决二手房买卖过程中"先过户再付款"还是"先付款再过户"问题，免费或限高收费办理提存公证 6090 件，涉及提存资金约 23.8 亿元。[①] 湖南省株洲市国信公证处通过开展一系列有温度的延伸服务，赢得了良好口碑，为法治株洲的建设贡献了力量。在物业管理中，公证同样可以根据现实需要提供综合性的公证法律服务，比如，可以为业主大会召开提供法律咨询，设计会议程序和规则，协助组织并现场监督会议召开，对投票、统票过程以及表决结果公示情况办理保全证据公证等。

（五）公证职能具有双重性

公证机构定性为社会中介法律服务组织，不同于律师等法律服务主体，它具备天然的独立性、中立性、公立性。公证的非营利性决定了它必须始终站在中间立场上，必须首先保证国家公共利益和维护公序良俗，同时要尊重当事人的自主意志，绝不偏袒任何一方的利益。同时，在我国朴素的传统观念中，公证的价值观和公信力具备广泛的社会基础和群众基础。也正因如此，法律承认并赋予公证较其他证据形式更高的公信力，使公证可以实现法律服务与间接管理之双重功效。

（六）公证属性具有公益性

《公证法》第 6 条规定："公证机构是依法设立，不以营利为目的，依法独立行使公证职能、承担民事责任的证明机构。"司法部、中央编办、财政部、人力资源和社会保障部印发《关于推进公证体制改革机制创新工作的意见》的通知（司发〔2017〕8号）中规定："事业体制公证机构划入从事公益服务的事业单位，坚持公益性、非营利事业法人的属性。"就湖南省株洲市国信公证处而言，属于公益二类事业单位。尽管公证服务需要收费，但收费是严格按照省发改委和省司法厅共同制定的《湖南省公证服务收费管理办法》执行，公证收费不以营利为目的，收费标准普遍较低。

四、公证介入物业管理的具体路径

课题组先后对中国裁判文书网、聚法案例、威科先行三个平台的裁判文书进行比对，并最终确定以聚法案例平台的相关数据作为本次课题研究的基础数据。在聚法案例平台，共计搜索到物业服务合同纠纷 2 870 325 篇裁判文书。其中，关于

---

① 来源于株洲市国信公证处延伸服务统计数据。

前期物业服务合同、管理义务、物业费计算标准等 10 类最为集中（详见图 4）。

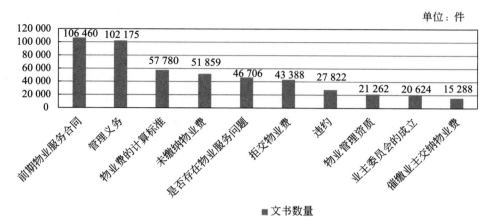

图 4　物业服务合同纠纷案例焦点问题及数量情况

在此基础上，课题组又对 2012 年至 2021 年的有公证介入的物业服务纠纷数据进行了分析。在物业服务纠纷专题 280 多万的数据中经关键词搜索，公证介入的案例有 6733 个。案例纠纷类型主要包括四大类：第一类，物业费的支付（原因比较多样，比如物业管理不到位、是否存在物业服务关系以及物业服务合同内容等）；第二类，与业主委员会和业主大会有关的纠纷；第三类，涉及物业公司的选聘、解聘、移交等方面纠纷；第四类，物业维修专项资金的使用纠纷。

课题组挑选了几个城市（北京、上海、成都、株洲）做了进一步数据分析。近三年来有公证介入的物业服务合同纠纷案件北京为 115 件、上海 22 件、成都 96 件、株洲 35 件。此外，通过关键词"物业纠纷""公证"提取的数据有 167 条，经过筛选，得出有公证参与的物业纠纷共 64 件。公证介入物业服务合同的案件类型有现场监督、保全证据、租赁协议、房屋买卖协议等多种形式。在对聚法网中与物业法律服务相关的案例进行查询梳理后，课题组发现近三年来因物业服务引发的纠纷案件大量涌现，除了原来较为常见的有物业服务企业提起的物业费诉讼纠纷案件之外，还包括很多与物业服务相关的新类型的纠纷案件，如涉及物业公司选聘、移交、物业维修专项资金使用纠纷等。

如果说特定行业风险管理是一个抽象命题，那么就物业管理领域而言，数量庞大且不断增加的物业纠纷裁判案件便是这一抽象命题的动态呈现。[①] 在现实生活中找到对应案件，通过生动真实的案例，识别可能的风险，举一反三，加深对相关风险管控问题的认知，进而得到部分的运用，是风险管理理论在实务层面的具体应

---

① 方大明、吴志华：《物业服务纠纷判例梳理与实务指引》，法律出版社 2021 年版，第 1 页。

用。正是基于这样的考虑,课题组有的放矢对公证实务中遇到的一些较为典型的问题和案例进行了梳理,以此作为公证介入物业管理路径研究之探索。

(一)提供与物业管理相关的法律咨询

公证人员是法律专业人员,具有较高的专业水平,能够解答物业管理方面的法律咨询,提供解决问题的建议和方案。2015 年,某小区物业公司在未经过业主同意的情况下,打着"增加小区资产,更好服务小区"的旗号,拟将小区绿地改建为停车场,并对外营业、收费。面对这种情况,反对这一做法的小区业主多次与物业公司协商,并向相关部门投诉,但收效甚微。物业公司不听劝阻,擅自动工,绿地大面积被毁坏,业主代表李先生来到公证处求助。根据《中华人民共和国物权法》(现已失效)规定,小区道路绿地和商品房楼顶、外墙、楼梯、楼道一样,属全体业主共有财产,任何人不得占用。同时,《物业管理条例》第 49 条规定,物业管理区域内按照规划建设的公共建筑和共用设施,不得改变用途。物业服务企业确需改变公共建筑和共用设施用途的,应当提请业主大会讨论决定同意后,由业主依法办理有关手续。而且,按照有关规定,小区的内部具体建设应该与建设前审批通过的规划图一致,不得随意改变,确实需要改变需要业主的同意和相关部门审批。公证员告知李先生,可以对小区原来的建设审批图纸进行公证,并对物业擅自毁绿建停车场行为进行保全证据公证,对物业公司提起诉讼。获得建议后,李先生号召小区召开业主大会临时会议,由业主决定是否将"绿地变成停车场"。在公证员监督下,80%以上的业主表示反对,该提案被否决。随后李先生拿着业主的决议,找到物业公司表明业主立场,称如果物业公司一意孤行,那么他们将搜集证据进行公证,然后到法院告物业公司。最终,物业公司主动恢复了绿地,李先生等业主保护了自己的合法权益,维权成功。

(二)调解物业服务纠纷

矛盾纠纷调解是一项常见的公证延伸服务,公证人员普遍具有丰富的调解经验。2020 年 9 月,湖南省株洲市国信公证处参与了株洲市天元区人民法院的司法辅助事务,该法院接待的婚姻家庭类的起诉案件,均交由公证处调解,调解不成功的才受理立案,据统计,前期调解成功率达 36%,意味着三分之一以上的案件避免了进入诉讼程序,以温和的方式得以化解,取得了良好的社会效果。在物业纠纷的调解方面,公证一样可以大显身手。2019 年,市民马女士因为拖欠了 17 年的物业费被物业公司起诉,在收到物业公司的起诉后,承办法官第一时间与物业公司进行了沟通,当确定物业公司有调解意愿时,法院便委托公证处开展送达和调解工作。公证员来到马女士家,将涉案相关起诉材料交给马女士签收,马女士告知公证员不缴纳物业费的原因是小区卫生环境差和停车难。公证员在了解情况后，经马女士同意，立即联系物业公司和承办此案的速裁法官，现场开展调解工作。在调解过程中，马女士、物业公司工作人员和公证员坐在一起，法官在法院内通过手机视频连线全程指导监督，马女士道出对物业服务的不满，物业工作人员也就相关问题向马女士做出解释，并承诺下一步将联系相关部门争取解决。经公证员释法说理，物业公司当场同意减免物业费 1000 元，马女士也承诺补齐欠缴的物业费。法官在全程指导调解之后，现场确认双方的调解协议合法有效，这起跨越 17 年的物业纠纷在公证机构的参与下得到了妥善化解。

（三）提供现场监督类公证服务

现场监督公证是公证业务的一个重要组成部分。公证机构通过现场监督公证可以监督并引导各类招投标、抽签、开奖、商品抽样、投票选举等现场活动按预定的程序和规则进行，确保相关现场活动的真实性和合法性。现场监督公证可以运用于物业管理的以下各类场景：

1. 监督业主委员会的成立或选举换届

株洲市荷塘区某小区有 2000 多户住户，前期由于历史遗留问题较多，业主之间意见不统一，经常出现邻里纷争和上访告状等情况，株洲市城市管理和综合执法局非常重视该小区的自治工作。2020 年，小区计划召开业主委员会换届选举活动，为了保证选举结果的真实性、有效性，同时为了避免产生纠纷，业主委员会特向公证处申请对换届选举活动进行公证。公证处审查了业委会提供的相关材料，对选票进行了监制，对投票箱检查后粘贴封条，组织业主志愿者挨家挨户上门进行投票，并对投票的过程及结果进行了公证。公证的参与使得该小区业主委员会换届选举工作圆满完成。

2. 监督业主大会投票决议过程

2020 年 1 月 1 日施行的《湖南省业主大会和业主委员会指导细则》第 40 条规定：业主应当按照首次业主大会会议通知的内容、要求进行投票选举和表决，行使业主权利，履行业主义务。投票结束后，首次业主大会会议筹备组应当分别指定专人进行现场验票和计票；计票结束后，计票人、监票人应当现场对计票结果签名确认。必要时可邀请公证机构现场公证。

株洲市石峰区某小区长期以来因物业公司履职能力差，服务不到位，引起小区业主强烈不满。业主委员会多次与物业公司协商，要求物业公司对业主提出的问题进行限期整改，但物业公司在后续整改过程中，仍然不作为，无视业主的合理要求。为了保障业主的合法权益，2021 年，该小区业主委员向公证处申请对业主投票解聘物业公司的过程及结果进行公证。公证员根据业主委员提供的相关材料及信息,有针对性地拟定投票方案,全程监督、参与投票过程,确保了投票决议过程及结果的真实性和有效性,小区最终解聘了物业公司。

3. 监督招标选聘物业服务人

2020年,株洲市某小区通过召开业主委员会,对现有物业公司是否留用以及是否另行招聘物业公司的问题达成一致意见,决定由业主委员会成员对每一栋每一户的业主进行上门征求意见并统计结果,但是有关部门对该结果不认可。为此,业主委员会负责人向公证处申请对负责上门征求意见的人员进行证人证言的保全证据公证。公证员通过人证识别系统确认了证人的身份,对证人上门征求业主意见、业主填写《征求意见表》的相关事实进行单独询问,并制作《证人询问笔录》,交由证人阅读后签名、捺指印,公证员出具公证书。最终,该公证被有关部门采纳,顺利解决了小区的物业公司选聘问题。

4. 监督建设单位与前期物业服务人现场查验过程

住建部颁布的《物业承接查验办法》(建房〔2010〕165号)第31条规定:物业承接查验可以邀请业主代表以及物业所在地房地产行政主管部门参加,可以聘请相关专业机构协助进行,物业承接查验的过程和结果可以公证。

2019年,某物业公司接管一处新建高档住宅小区,该小区为欧式建筑,外观精美且物业配套设施完善。物业公司进驻后,对管理区域内的公共设施设备进行了认真查验并做了试运行,但在查验过程中前期物业服务公司提出部分物业办公设备及现代化的电子收费门岗是其为提高物业服务质量入场后添置的,与建设单位无关,要求全部撤离,业主委员会提出抗议,物业承接公司虽有不服但无法反驳。在争执不休的情况下,业主委员会委员提出建设单位与前期物业服务公司现场查验过程中曾经办理了公证,随后大家联系了建设单位,请其提供公证书。通过公证处拍摄的视频画面,各方确定了电子收费门岗和物业办公设备设施均系建设单位提供,并不属于前期物业服务公司投入。承接查验在物业管理中地位特殊,角色重要,承接查验过程引发的各种纠纷着实让物业服务企业伤透脑筋,而公证的介入可以为化解纠纷提供有力的证据。

5. 监督原物业服务人与新物业服务人的交接工作和查验

株洲市天元区某小区与A公司签订了《物业服务合同》,因合同已到期,业主委员会于2020年函告A公司不再续签,要求其做好合同到期后与新物业B公司的移交工作。在A公司与B公司交接过程中,双方对交接方式和交接资料存有争议,业主委员会特向公证处申请对交接工作进行公证。公证处根据申请内容,组织A公司与B公司就争议事项进行共商共议,最终,促其达成了一致意见。公证的参与有效避免了小区失管，保证了业主的正常生活不受影响。

（四）提供合同或协议公证服务

合同（协议）公证是公证机构根据当事人的申请，对于当事人之间签订合同（协议）的真实性、合法性予以证明的活动。公证机构在办理合同（协议）公证时会审查合同（协议）的主体是否适格、当事人意思表示是否真实，合同（协议）内容是否违反法律禁止性规定等，从而确保经过公证的合同（协议）真实合法，并具有更高的法律效力。在物业管理方面，可以对以下合同（协议）提供公证服务：

1. 物业承接查验协议公证

物业承接查验是前期物业管理中的"重头戏"，非专业人士不能承担。办理此类公证时，公证员可以组织开发商、物业公司就竣工验收资料、技术资料、准许使用文件等有关事项进行沟通，然后，依据相关法律规定，起草《物业承接查验协议》并办理公证，这样可以为开发商、物业公司的权利义务划分提供有力证据。

2. 物业服务合同公证

2021年3月，株洲市某小区业主委员会到公证处述称，小区原物业公司系由开发商选聘，签订的《前期物业管理服务协议》中关于物业公司责任承担的条款规定不具体不明确，也没有相应的违约处罚条款。业主委员会成立后，因原物业公司不履行义务，无视业主的合理要求，小区已经与原物业公司解除合同并决定聘用新的物业公司。为了避免类似问题再次发生，小区业主委员会决定向公证处申请对《物业服务合同》进行公证，希望由公证员审查合同内容，提出专业意见，保障业主的合法权益，公证处受理了业主委员会的申请，并办理了相关公证。

（五）保全证据公证

保全证据公证是指公证机构对于日后可能灭失或者难以取得的证据，依法事先加以提取、收存、固定、描述，以保持该证据的真实性和证明力的措施。在物业管理中，以下情形可以申请保全证据公证：

1. 保全业主专有部分存在安全隐患的情况

2019年年初，某物业公司接到业主投诉，某户居民的阳台上堆满了疑似烟花爆竹的物品，存在严重的安全隐患。物业公司紧急联系了该业主，原来这名业主目前在外地工作，房屋还未装修，因年关将近，囤购了几箱烟花爆竹准备过年使用。经过一番沟通，业主意识到此举带来的安全隐患，当即表示交由物业公司处置这批家中的烟花爆竹。为避免纠纷，物业公司向公证处申请办理保全证据公证，对业主同意由物业公司代为履行处置行为的通话记录及物业公司进入该房屋搬离、处置烟花爆竹的全过程进行保全证据,消除了小区的安全隐患,也避免了可能发生的纠纷。

2．保全房屋漏水、妨碍通行等情况

2019年,某小区业主出国旅游一段时间回家后,发现因楼上水管破裂导致自家地板积满臭水,墙面和门上油漆完全脱落,业主紧急联系楼上住户,可对方推脱是物业的问题与自己无关,业主无奈只能自行联系工人解决。但几天后,油漆脱落情况越来越严重,地板也开始变形,特别是脏水渗过的地方发出阵阵臭味,业主决定到公证处办理保全证据公证,通过法律途径维权。公证员受理该公证申请后来到业主家中,对房屋进行查看并使用摄像机和照相机对屋内墙面、橱柜、地板等现状进行拍照和摄像,为业主出具了附有保全证据摄像资料光碟的公证书。业主通过公证的形式及时有效地固定、保存证据材料,以免证据灭失,为之后的诉讼提供了强有力的证据。

3．保全业主不履行维修养护义务由物业服务人代为履行的行为

2018年,某小区业主李某家中因空调外机水管漏水,导致小区该栋楼外墙墙体开裂、发霉,严重影响到楼下其他住户的日常生活,物业服务人员多次联系李某,督促其尽快处理水管漏水一事,但李某常年出差在外,短时间内不会返回家中。为了避免损失继续扩大,物业公司决定代李某维修漏水的水管,但物业公司担心将来无法向李某追偿相关维修费用,于是物业公司向公证处申请办理保全证据公证。公证员通过摄像、拍照对李某家外墙空调外机现状以及楼下住户墙体开裂、发霉的现状进行证据固定。物业公司通过申请办理保全证据公证,为日后向业主李某追偿维修费提供了证据保障。

4．保全政府组织强制搬出危房的行为

2019年,某小区96户房屋经危房鉴定机构认定为D级危房,严重危害到住户的人身财产安全,经政府排危工作专班研究决定异地安置住户,待住户搬离后对该处危房进行应急处置,其中88户居民按照规定时间及时从危房中搬出,剩余的8户居民未按要求搬出。为了保障人民群众的生命财产安全,政府决定采取强制执行行动,并向公证处申请对这8户进行房屋现状保全和财产清点进行公证。行动当天,8名公证人员按照前期工作部署会的安排分组行动,首先对房屋现状进行摄像,然后开始清点屋内物品,各组人员各司其职,贴标登记、分类装袋、拍照存证,财产保全工作取得圆满成功。公证的参与为政府排危工作提供有力的证据支撑。

5．保全物业公司管理不善的情况

2018年,某小区业主马某等人为证明小区物业管理公司存在管理服务不到位

的行为,向公证处申请办理保全证据公证。公证人员对小区围栏破损、道路不平、电梯故障、公用设施失修、环境卫生质量差、部分监控系统无法正常使用等问题进行了拍照和摄像。马某等人认为物业管理公司存在的问题严重,为了维护业主的合法权益将物业公司诉至法院。法院通过马某等人提交的公证书确认了物业公司没有履行物业服务合同约定义务的事实,考虑到该小区物业管理服务现状和服务成本,结合马某等人的诉讼请求,法院酌定物业公司向业主们减免部分物业服务费,并督促物业公司整改。

6. 保全非法停水停电催收物业费等行为

A 公司是株洲市某小区业主,B 公司为该小区的物业公司。2018 年,A 公司与 B 公司签订了《物业管理合同》,约定由 B 公司为 A 公司提供物业服务。从 2019 年下旬起,A 公司以不满 B 公司的服务质量为由开始拖欠物业费,B 公司向 A 公司发出《催缴物业费通知单》后 A 公司仍然拒绝缴纳物业费。之后,B 公司采取了禁止相关楼层电梯停靠、停止对 A 公司供水供电等较为激烈的催收手段,导致 A 公司被迫搬离。根据《民法典》的相关规定,物业公司采取断电、断水等措施向业主催交物业服务费属于违法行为。2021 年,A 公司向公证处申请办理保全证据公证,证明 B 公司存在违法情形,为日后维权做好准备。

7. 保全送达催缴物业费通知书的行为

2012 年,某小区与物业公司签订《物业管理服务合同》,约定物业公司为小区提供物业服务并按房屋建筑面积向业主和物业使用人收取物业服务费用。截止到 2019 年,小区共有 157 户业主欠物业公司物管费、停车费、水费、垃圾清运费等费用。2020 年,物业公司向公证处申请,对这 157 户业主在小区单元楼处的信报箱张贴《催收物业费通知单》的行为及过程办理保全证据公证,证明其对业主履行了催缴义务。公证当天,公证员现场监督物业公司工作人员逐户在信报箱上张贴《催收物业费通知单》,并对张贴过程进行拍照、摄像。最终,该公证书获法院采信,物业公司请求业主支付物业费的诉讼请求得到法院的支持。

8. 保全公示内容

根据相关规定,物业服务企业应当在物业管理区域内的显著位置公示物业服务企业名称、服务项目、服务标准、计费方式、收费标准、收费依据以及价格举报电话等信息,接受业主监督。为固定相关证据,预防纠纷,株洲市荷塘区某小区物业公司于 2020 年向公证处申请对公示项目与内容进行保全证据公证。根据公证程序要求,公证处指派两名公证人员携带摄像机、照相机等办公设备前往该小区,对由物业公司公示的上述内容进行拍照、摄像,并出具了保全证据的公证书。2021 年,有小区业主以物业没有公示物业收费标准为由据不缴纳物业费,物业公司工作人员立即向该业主出示了前述公证书,欠费业主最终缴纳了欠缴的物业费。

(六) 提供委托公证服务

业主大会召集难,业主参与度不高是物业管理中的一个难题,其中有一部分业主有意愿参与,但因特殊原因确有实际困难,比如在外地工作、日常工作忙、身体不便等。对于这部分主观上有意愿参与,客观上有实际困难的业主,可以通过委托其亲友或其他业主代理其参加业主大会,行使业主的权利。为了确保委托行为的真实性和合法性,可以对其授权委托书进行公证,部分不便亲自到公证机构办理委托公证的业主,还可以通过"零接触"远程视频的方式办理委托公证。受托人持经过公证的委托书,便可以在委托书有效期内代理委托人参与业主大会或其他相关事务。

(七) 提供提存公证服务

提存公证是公证机构依照法定条件和程序,对交付的提存物进行寄托、保管,并在条件成熟时交付债权人或其他受益人的活动。[①] 在实务中,有部分业主拒交物业费,并非不愿意缴纳,而是以拒缴物业管理费的方式对物业公司未履行应尽义务的行为表示抗议。比如,有时物业公司承诺整改或维修的项目,物业公司担心业主不缴纳物业管理费,不愿意垫付成本整改或维修。而业主则担心,缴纳了物业管理费,物业公司仍然拖延整改或维修。如遇到这种互不信任的情况,业主与物业公司可以协商办理提存公证,由业主将应当缴纳的物业管理费提存于公证机构的提存专户进行资金监管,待物业公司履行完整改或维修义务后,由公证机构将物业管理费支付给物业公司,以使双方权益均可得到保障。

(八) 利用公证信息化成果为物业管理服务

在"互联网+"时代,公证行业信息化建设也在逐渐发展,不断有新的成果涌现出来,其中不少成果的运用可以使物业管理工作变得更加高效、便捷。

1. 公证投票系统

近年来,业主委员会作为最基层的小区自治组织有大量的社区事务需要由业主投票表决,实行民主管理。实务中,投票表决过程中需印制大量选票,选票保管责任大,业委会跑楼常吃闭门羹,投票率上不去,双过半门槛高,各种问题让决策卡在投票环节难以推动。遇到这种情况,可以充分利用"公证+投票"系统的组合拳,

---

① 刘策良:《公证为专利实施许可解难》,载《中国公证》2007 年第 7 期。

使用具有公信力的公证机构投票系统,采取线上与线下相结合的投票方式,对业主表决更换物业服务人、成立业主委员会、业委会换届选举、筹集与使用维修基金、公共收益分配等事项的决策提供技术支持与法律保障,确保业主参与投票的过程规范透明,从而达到提升投票参与度的目的。例如,2019年江苏省无锡市某业主大会使用了"业委会公证投票系统",两天半的投票时间内,该小区901户业主中529位业主参与了网络投票,投票业主占全体业主人数的58.71%,投票业主专有部分面积占建筑物总面积的57.63%。投票结果经公证处网上监督,出具了公证书,并在"业委员公证投票系统"中进行了公告,业主可以在系统中自主查阅,从而有效根治了"选举舞弊""选票造假"等顽疾诟病。目前,该系统已服务人数超过2万人。双过半最快数据自在线投票发起不到36小时,业主投票参与率达到59.49%。此外,公证机构还将公证服务工作关口不断前移,从最初单一服务投票表决过程,向参与业委会筹备期间议事规则和管理规约起草、选举办法确定、业委会委员候选酝酿等环节延伸。

2. 电子数据保管系统

现在大多数公证机构都有公证数据保管系统,当事人通过相关的手机APP,可以自助式地进行取证、存证、申请出具公证书等操作,方便快捷地为预防和解决物业纠纷固定证据。例如,某小区物业管理公司未经业主大会同意,擅自招商引进培训学校占用小区公共用房开展培训业务。为了维护业主的合法权益,业委会成员向公证处提出申请对培训学校授课现场进行保全证据公证,在固定相关证据后进行维权索赔。接到申请后,公证员考虑到现场取证过程容易引起相关方的注意,难度较大,便建议当事人自行采用"公证云"APP的形式进行保全证据。通过"公证云"APP中手机拍照、手机录像功能对教师的教学现场进行拍照及录像,并将拍摄所得的照片和录像文件实时在线存储至"公证云"APP所指向的特定公证机构的存储服务器,然后当事人在"公证云"APP上申请出证。公证员对申请人及存证的数据进行审查后,登录公证处"公证云"系统管理后台解密、提取、下载电子数据文件,查看相关的《电子数据保管函》、操作日志和证据文件,经校验审核无误后办理出具电子存证保全证据公证书。

结　语

在诉源治理和多元化纠纷解决机制中,公证是一支不可忽视的力量。中共中央办公厅、国务院办公厅联合印发的《关于完善矛盾纠纷多元化解机制的意见》要求"引导更多律师、公证、基层法律服务等专业力量参与纠纷多元化解";平安中国建设协调小组出台的《关于加强诉源治理推动矛盾纠纷源头化解的意见》（平安中国组〔2021〕1号）明确应"扩大公证方式适用。积极开展家事、商事等领域公证活动，通过固定事实、固化法律关系等形式，有效预防矛盾、化解纠纷……发挥公证员在公证过程中的法律释明作用，促进各方当事人充分了解行为后果，避免纠纷、减少诉讼。积极探索综合运用多种公证手段化解纠纷，延伸公证服务触角，做好预防服务工作。"习近平总书记在2021年2月19日主持召开的中央全面深化改革委员会第十八次会议上强调："法治建设既要抓末端、治已病，更要抓前端、治未病。要坚持和发展新时代'枫桥经验'，把非诉讼纠纷解决机制挺在前面，推动更多法治力量向引导和疏导端用力，加强矛盾纠纷源头预防、前端化解、关口把控，完善预防性法律制度，从源头上减少诉讼增量。"公证作为一项典型的预防性法律制度，正是"治未病"的重要力量之一。

由此可见，物业管理中引入公证机制，既有一定的法律政策依据，又有广泛的实践经验，完全具有可行性。各公证机构应当发挥自身优势，积极介入物业管理事务，为各方搭建起信任的桥梁，协助各方厘清责任，指导监督各方主体按照法定程序或议事规则进行规范操作。同时，强烈建议立法部门在今后的物业管理立法中能够引入公证机制，倡导管理主体充分运用公证手段预防和化解矛盾纠纷，促进社会的和谐与稳定，为国家治理体系和治理能力现代化添砖加瓦。

专题十四 《民法典》视域下公证遗嘱的反思与修正
——兼论对《遗嘱公证细则》的修改建议

李安宁*

引　　言

　　公证制度与法律行为制度有两种关系：一是并行关系，二是包含关系。并行关系中，公证书的效力和法律行为的效力没有必然联系，公证只是对法律行为的存在事实的确认。包含关系中，公证作为法律行为的一种表示形式，是法律行为的构成要件之一。公证遗嘱是以公证形式作出的遗嘱，公证遗嘱中遗嘱行为与公证的关系属于包含关系，公证是遗嘱行为的表示方式、构成要件。因此，将公证遗嘱界定为"公证的遗嘱"的通说理论存在不妥，且造成了实务上不必要的误解。在准确界定公证遗嘱性质的前提下，有必要结合《民法典》关于遗嘱行为的规定对《遗嘱公证细则》进行全面的修订，明确公证遗嘱的构成要件。[①]

　　公证遗嘱聚合了公证制度与遗嘱制度的双重属性，[②]其法律属性不是二者的简单相加，而是独自构成了一个完全不同的特别的法律行为制度。但是，实务上将公证遗嘱中的"公证"和"遗嘱"截然分开，分别判断各自效力的做法并不少见。在沈1与沈2所有权确认、遗嘱继承纠纷案中，[③]法官认为"公证书是一项证据，是公

---

　　* 李安宁，西南财经大学法学院博士研究生。

　　① 本文的研究案例来源于北大法宝平台，检索条件限定为：以婚姻家庭继承纠纷为案由，以公证遗嘱无效为检索关键词，以"本院认为"部分为检索范围，以中院、高院为审判法院层级，以2016年1月1日至2021年7月1日为检索时间段。最终共检索出高院审理的案件15个，中院审理的案件114个，去除重复案例9个以及不属于公证遗嘱的案例2个，实际得到有效案例为118个。

　　② 本文中"遗嘱""遗嘱行为"等同使用，都指民法上的遗嘱行为，遗嘱行为最为重要的特征之一就是形式强制，为了强调形式强制，本文将遗嘱做成之前不具备完整法定形式的遗嘱称为遗嘱草稿，以便与遗嘱行为进行区分。

　　③ 参见上海市第二中级人民法院(2019)沪02民终8056号民事判决书。

证行为的结果。公证机关作出的撤销公证书决定,撤销的是公证机关的公证行为,而不是公证行为中作为证明对象的民事法律行为或有法律意义的事实和文书。公证遗嘱仅因公证程序本身瑕疵而被撤销的,不能否定被继承人前往公证处办理遗嘱公证、形成遗嘱意思表示的真实性与有效性,也不影响公证处在制作公证遗嘱过程中留存保管的遗嘱之效力。若经审理查明,该份被留存保管的遗嘱符合代书遗嘱等其他法定遗嘱类型的形式要件、确系被继承人的真实意思表示,仍可被认定为真实有效"。① 这种将公证遗嘱理解为"公证书＋遗嘱"的观点在实务中绝非罕见,以致出现"公证归公证,遗嘱归民法"的奇怪现象。典型如多个法院直接引用《最高人民法院关于审理涉及公证活动相关民事案件的若干规定》第 2 条"当事人、公证事项的利害关系人起诉请求变更、撤销公证书或者确认公证书无效的,人民法院不予受理,告知其依照《公证法》第 39 条规定可以向出具公证书的公证机构提出复查",认为公证遗嘱效力判定属于公证的问题,直接以"不属于人民法院受理案件的范围"为由,驳回原告申请认定公证遗嘱无效的诉讼请求。②

同时,由于公证遗嘱制度的边缘地位,学界并未对公证遗嘱进行深入研究,不管是婚姻家庭法的学者还是公证法的学者都将其简单定义为"遗嘱的公证"或者"公证的遗嘱"。③ 相较于自书遗嘱和代书遗嘱的定义,公证的遗嘱这种简单的循环定义,并未对公证遗嘱自身的概念范畴和性质作出界定,故而对处理实务中公证遗嘱的各种问题难有裨益。甚至可以说,这种理论上的混沌,对实务中公证遗嘱的现状负有不可或缺的责任。在这种理论的影响下,司法部曾于 2001 年制定了《遗嘱公证细则》(全书简称《细则》)。而《细则》指导下的实务,也存在各种问题。首先,将《中华人民共和国继承法》(全书简称《继承法》)中的"公证遗嘱"直接变更为"遗嘱公证"。这种直接改变专业术语名称的做法,既没有学理上的论证,又缺乏必要的实益,确实让人困惑不已。其次,没有系统地规定公证遗嘱的构成要件。以

---

① 参见金正华、王梓焱:《公证书被撤销后原公证遗嘱的效力问题探析》,载"至正研究"微信公众号,http://mp.weixin.qq.com/s/rzvtnaDAYlNJJAIdeDFYpQ,2022 年 1 月 2 日最后访问。文章作者是"沈 1 与沈 2 所有权确认、遗嘱继承纠纷案"的审理法官。

② 参见贵州省遵义市中级人民法院(2020)黔 03 民终 6258 号民事判决书、河南省郑州市中级人民法院(2020)豫 01 民终 7045 民事判决书、湖南省湘西土家族苗族自治州中级人民法院(2018)湘 31 民终 667 号民事判决书、北京市第三中级人民法院(2018)京 03 民终 8267 号民事判决书、安徽省滁州市中级人民法院(2018)皖 11 民终 1718 号民事判决书、山东省青岛市中级人民法院(2017)鲁 02 民终 470 号民事判决书、重庆市第五中级人民法院(2017)渝 05 民终 3395 号民事判决书。

③ 婚姻家庭法学者持此观点的代表文献包括:巫昌贞、杨德意:《继承法概论》,浙江人民出版社 1987年版,第 78 页;马忆南:《婚姻家庭继承法学》,北京大学出版社 2014 年版,第 302 页;房绍坤、范李英:《婚姻家庭继承法学》,中国人民大学出版社 2018 年版,第 226 页。公证学者持此观点的代表文献包括:陈宜、王进喜:《律师公证制度与实务》,中国政法大学出版社 2014 年版,第 378 页;王俊民:《律师与公证制度教程》,北京大学出版社 2009 年版,第 323 页。

《细则》第 16 条为例，①该条明确规定在若干具体情形下，公证机关在订立公证遗嘱时"应当录音录像"，但是多个案例中，当出现第 16 条情形必须要录音录像而没有录音录像的情形时，法院认为录音录像并不是公证遗嘱构成要件，录音录像缺乏并不影响公证遗嘱的效力。② 甚至是《细则》制定者——司法部对此做法也持肯定态度。③ 这无异于是将《细则》第 16 条完全架空。由此产生的更严重的问题是，《细则》中采用"应当""必须"等强制性规范意义的条文，公证机关是否必须遵守，是否都属于公证遗嘱的构成要件。最后，《细则》与其上位法的内部矛盾，《细则》的上位法是《继承法》第 17 条，而不是《公证法》。《继承法》和《民法典》继承编对遗嘱签署方式都只规定了"签名"，而《细则》却将签署方式扩大到了"按手印"和"盖章"。这种随意扩大遗嘱的签署方式，将《公证法》中所有签署方式直接适用到公证遗嘱中的规定，显然是对遗嘱的签署方式缺乏必要的考证。④

基于以上的梳理，我们提出如下问题：第一，公证遗嘱的性质什么？是公证还是遗嘱？第二，公证遗嘱构成要件是什么？要解决以上的两个问题，还需要回答公证制度和法律行为制度二者之间的关系，这是解决前两个问题的前提，这一问题的核心在于公证是否影响法律行为（遗嘱行为）的效力。

此外需要特别说明的是，本文无意去探讨公证是对法律行为有效证明还是对法律行为客观存在的证明，更无意探讨公证错误时公证机构应当承担何种责任。本文仅仅是站在民法的角度，对公证遗嘱的概念、性质、构成要件进行分析。

一、公证制度与法律行为的关系

公证制度和法律行为制度完全不同，法律行为作为民事法律事实的一种，是典型的实体法制度；而公证作为程序法中的一项制度，"是对民事法律事实的证明活

---

① 《遗嘱公证细则》第 16 条规定："公证人员发现有下列情形之一的，公证人员在与遗嘱人谈话时应当录音或者录像：（一）遗嘱人年老体弱；（二）遗嘱人为危重伤病人；（三）遗嘱人为聋、哑、盲人；（四）遗嘱人为间歇性精神病患者、弱智者。"

② 参见江苏省南京市中级人民法院（2018）苏 01 民终 10566 号民事判决书、广东省高级人民法院（2019）粤民申 9875 号民事裁定书、北京市高级人民法院（2014）高民申字第 03854 号民事裁定书、湖北省宜昌市中级人民法院（2021）鄂 05 民终 111 号民事判决书、湖南省长沙市中级人民法院（2020）湘 01 民终 3611 号民事判决书、湖北省武汉市中级人民法院（2020）鄂 01 民终 8986 号民事判决书、黑龙江省林区中级人民法院（2019）黑 75 民终 195 号民事判决书、广东省广州市中级人民法院（2018）粤 01 民终 785 号民事判决书。

③ 《司法部律师公证工作指导司对〈关于遗嘱公证能否因未录音或录像而被撤销的请示〉的复函》（〔2001〕司律公函 052 号）第 1 条规定："《遗嘱公证细则》第 16 条是为保障遗嘱人的合法权益，正确认定遗嘱人于立遗嘱时的行为能力，增强遗嘱公证的证明力而作的特别规定，它不是遗嘱公证生效的必备要件。从保护遗嘱人合法权益的角度出发，一般不宜以欠缺录音或录像形式而认定遗嘱公证无效。"

④ 关于"盖章"与"按手印"为什么不能替代签名，详细论证见下文分析。

动"。① 民法作为权利法,意思自治是民法最重要的价值理念,法律行为制度又是实现意思自治最重要的工具。为实现意思自治,法律行为通过对行为自由和效果自主两方面的保护来达成目标。② 其中的行为自由就必然包含意思的表示自由,表示自由意味着意思表示的方式取决于当事人的意愿,法律不应当加以限制。③而公证制度正好相反,公证必须要按照严格的程序进行。④ 因此法律行为如果要用公证形式作出,必然受到公证程序的严格限制。例如,必须要有两名以上的公证人员、必须要有公证机构、必须形成书面文件,等等;这些限制将会使得法律行为中的表示自由受到严格的限制,从而使民法意思自治理念实现遭遇巨大的障碍。出于此种考虑,民法一般对法律行为的形式采取自由原则,只要当事人将内心意思能够表示于外部即可,并不作特别形式要求。⑤ 所以,一般情形下,法律行为制度与公证制度无直接关联,法律行为有效与否和公证行为有效与否亦无关联。即法律行为有效,并不必然得出以该法律行为为公证对象的公证文书有效,同样基于一个有效公证文书,也不能推理出该法律行为的有效。正因如此,当事人申请认定公证书无效的,只需向公证机关提出申请即可,这才是《最高人民法院关于审理涉及公证活动相关民事案件的若干规定》第 2 条所要解决的问题。如甲乙订立一份汽车买卖合同,后甲将合同书在公证处进行了公证,公证机关出具了公证书。后甲发现乙隐瞒了汽车发动机泡水的事实,起诉至法院以欺诈为由要求撤销合同,法院支持了甲的请求,撤销甲乙之间的买卖合同。本例中,甲乙之间的买卖合同效力需要按照民法规则予以判断,公证书的效力则按照《公证法》判断,所以人民法院并不需要先撤销公证书,然后才能判决撤销合同。同样即使是存在公证机关作出的合法有效的"合同公证书",人民法院亦不会认定甲乙之间的买卖合同有效。

但是,公证制度和法律行为制度的并行关系并不能代表公证和法律行为制度关系的全部。民法出于其他特殊的目的,也会对法律行为的作出方式进行明确规定,要求法律行为必须以特定的形式作出,否则法律行为无效。学说将此类情形称之为"形式强制"。⑥ 形式强制中的形式一般认为有四种主要类型:一是法定书面形式,二是约定书面形式,三是公证机关的公证,四是公证认证。⑦ 其中公证机关的公证被认为是一种最强的书面形式,因为其制定程序要比一般的书面形式更为

---

① 《公证法》(2017)第 2 条规定:"公证是公证机构根据自然人、法人或者其他组织的申请,依照法定程序对民事法律行为、有法律意义的事实和文书的真实性、合法性予以证明的活动。"

② 参见朱庆育:《民法总论》,北京大学出版社 2014 年版,第 112 页。

③ 参见[德]梅迪库斯:《德国民法总论》,邵建东译,法律出版社 2013 年版,第 459 页。

④ 参见杨荣:《公证制度基本原理》,厦门大学出版社 2007 年版,第 7 页。

⑤ 参见吴汉东、陈小君主编:《民法学》,法律出版社 2013 年版,第 155 页。

⑥ 参见朱庆育:《民法总论》,北京大学出版社 2014 年版,第 304-306 页。

⑦ 参见[德]维尔纳·弗卢梅:《法律行为论》,迟颖译,法律出版社 2012 年版,第 292-304 页。

严格,并且由经过专业训练的官方人员制作。以德国民法为例,《德国民法典》上关于形式强制的要求俯拾皆是,《德国民法典》第126条明确规定"公证为书面形式的一种",①如果没有按照第126条规定的书面形式作出,则会因违反"形式强制"的规范导致法律行为无效。在具体制度上,《德国民法典》第311条规定土地所有权的转让合同必须以公证方式作出、第518条规定赠与承诺必须以公证形式作出、第766条规定保证必须以书面形式作出,等等。我国《民法典》关于形式强制的条文亦有许多,如第48条意定监护的订立、第165条的委托代理、第688条的借款合同、第851条的技术开发合同,等等。但是相比德国民法中众多将公证作为法律行为构成要件的规定,我国民法中法定的须以公证形式作出的法律行为只有公证遗嘱,其被规定于《民法典》第1139条。这可能是大家对公证遗嘱概念与性质存在普遍误解的原因之一,但从另一角度来看,我国民法如此做法能够使意思自治原则得到更为全面地贯彻。

总之,法律行为制度与公证制度关系可以概括为两种：一是并行关系,此情况下,二者各自遵循自己的判断规则,在效力上二者也没有必然联系。二是包含关系,法律行为将公证作为一种特定表示形式,在此关系中,公证构成了法律行为的生效要件之一。由于形式强制的要求,公证的有效是法律行为有效的前提,但是即使是有效的公证也不能得出法律行为有效,因为法律行为有效还要满足其他要件,如意思表示真实、行为能力等。并且包含关系要么是民法的明确规定情形,要么必须是当事人有明确的约定,这表明了民法于此类情形中已经将公证作为法律行为的构成要件进行规制,进而排除了民法与公证法的并行关系的适用。公证遗嘱制度中公证与遗嘱行为的关系就是第二类关系中的典型。

遗嘱制度是形式强制统治的领域,不管在英美法系还是大陆法系皆是如此,各国法律都对遗嘱形式有着极为严格的要求。遗嘱必须以法定的形式作出,否则遗嘱不产生效力。②而公证遗嘱作为遗嘱行为的一种,不言自明,亦属于形式强制理论范围。所以,正如上文所论述的,公证形式与遗嘱行为的关系应当属于第二种关系,即包含关系。具体而言,公证只是遗嘱行为的表示方式,此时公证的书面形式与普通的书面形式在遗嘱中的地位、功能没有任何差别,都是作为遗嘱行为的特定形式。因此得出的结论是自书遗嘱、代书遗嘱、打印遗嘱、公证遗嘱在形式上而言,都可以归为书面形式的遗嘱,本质上没有任何不同。既然公证只是遗嘱行为的一种形式,公证遗嘱也就并不能因公证具有优先效力,只是具有证据意义上更高的证

---

① 参见《德国民法典》(第5版),陈卫佐译,法律出版社2020年版,第46页。本文所引用的《德国民法典》的条文无特别说明,皆出自于此书。

② 参见史尚宽：《亲属法论》,中国政法大学出版社2000年版,第398页。

明力,这也是《继承法》中公证遗嘱比其他形式的遗嘱具有优先效力的规定在《民法典》中被废除的主要原因。[①]

二、公证遗嘱的概念界定

(一)对通说概念"公证的遗嘱"的反思

目前,学界对公证遗嘱的典型定义是"公证的遗嘱",这种观点不仅在民法学者内部广泛使用,[②]同样也在公证法学的学者中被广泛采纳。[③] 就这一概念至少有两点值得反思:第一,公证遗嘱的概念是否能简单理解为"公证"+"遗嘱"? 这种将公证遗嘱中公证与遗嘱行为断然分开定义是否合理? 第二,"公证的遗嘱"这一概念是否能够体现公证遗嘱本质属性进而准确界定公证遗嘱?

就第一点而言,将公证遗嘱理解为"公证"+"遗嘱",那么公证程序开始之前就必须存在遗嘱,因为公证程序中形成的书面内容都属于公证程序的一部分,而非事先的遗嘱。首先,这种理解与《细则》条文就有矛盾。《细则》第 14 条[④]规定,公证遗嘱的作出有两种情形:第一种情形是已经存在符合法定形式的遗嘱,此时将公证遗嘱理解为"公证"+"遗嘱"似无不妥;第二种情形是不存在符合法定形式的遗嘱,即只有遗嘱草稿或没有遗嘱和遗嘱草稿而由公证人员代拟遗嘱,此时不管是遗嘱草稿还是公证人员代拟的遗嘱,都属于遗嘱草稿[⑤]而非遗嘱。因此,从第二种情形来看,遗嘱人进行公证之前,并没有任何法律意义上的遗嘱行为。所以,如果将公证遗嘱解释为"公证的遗嘱"则必然限制公证遗嘱制度的适用范围。然而比较《德

---

① 关于公证遗嘱效力优先其他遗嘱的规定,参见《最高人民法院印发于贯彻执行〈中华人民共和国继承法〉若干问题的意见的通知》(法(民)发〔1985〕22 号)第 42 条规定:"遗嘱人以不同形式立有数份内容相抵触的遗嘱,其中有公证遗嘱的,以最后所立公证遗嘱为准;没有公证遗嘱的,以最后所立的遗嘱为准。"

② 参见巫昌贞、杨德意:《继承法概论》,浙江人民出版社 1987 年版,第 78 页;马忆南:《婚姻家庭继承法学》,北京大学出版社 2014 年版,第 302 页;房绍坤、范李英:《婚姻家庭继承法学》,中国人民大学出版社 2018 年版,第 226 页。

③ 参见陈宜、王进喜:《律师公证制度与实务》,中国政法大学出版社 2014 年版,第 378 页;王俊民:《律师与公证制度教程》,北京大学出版社 2009 年版,第 323 页。

④ 《遗嘱公证细则》第 14 条规定:"遗嘱人提供的遗嘱,无修改、补充的,遗嘱人应当在公证人员面前确认遗嘱内容、签名及签署日期属实。遗嘱人提供的遗嘱或者遗嘱草稿,有修改、补充的,经整理、誊清后,应当交遗嘱人核对,并由其签名。遗嘱人未提供遗嘱或者遗嘱草稿的,公证人员可以根据遗嘱人的意思表示代为起草遗嘱。公证人员代拟的遗嘱,应当交遗嘱人核对,并由其签名。以上情况应当记入谈话笔录。"

⑤ 对第 14 条需要说明的是:"遗嘱人未提供遗嘱或者遗嘱草稿,公证人员可代为起草遗嘱",此时代为起草的遗嘱,并不是法律意义遗嘱,而是生活用语。这里准确解释为代为起草"遗嘱草稿",并非遗嘱。因为遗嘱是禁止代理的法律行为,公证员并不能代理,他人代为书写遗嘱必须按照《民法典》第 1135 条(代书遗嘱)的规定作出,否则不能是法律意义上的遗嘱行为,他人代写遗嘱若没有满足第 1135 条规定的要件,只是遗嘱草稿,不具有任何法律效力。

国民法典》第 2232 条关于公证遗嘱的规定,①与我国公证遗嘱关于内容来源的规定并无不同;这说明《细则》第 16 条本身并没有任何问题,只是现有的公证遗嘱定义不当限制了公证遗嘱的适用范围。

其次,遗嘱一词本身是内涵十分明确的专业术语,《民法典》规定的书面遗嘱形式只有自书遗嘱、代书遗嘱、公证遗嘱、打印遗嘱;也就是说,"公证＋遗嘱"形式组合无非就是"公证＋自书遗嘱、公证＋代书遗嘱或公证＋打印遗嘱",②而这种解释显然与"公证的遗嘱"定义自相矛盾。即不符合《细则》第 14 条的规定,又产生了新的问题——既然公证的是遗嘱,那么遗嘱就必须符合《民法典》的规定,因此首先必须在形式上符合民法要求,但是不管是比较法或《细则》,都明确规定遗嘱公证之前并不必须存在符合法定形式的遗嘱。总之,将公证遗嘱界定为"公证的遗嘱"与公证遗嘱本身自相矛盾,并且在概念上不当限制了公证遗嘱的适用范围。

再次,将公证遗嘱的概念界定为"公证的遗嘱",从文义理解看,公证和遗嘱处于并行关系,会导致望文生义的误会。司法实践表明,将公证遗嘱界定为"公证的遗嘱"或"遗嘱的公证"产生了严重的问题。如前文所证,在法律行为与公证制度的并行关系中,法律行为效力与公证效力并无关系,公证书效力并不是法院审查的范围,只是经过公证的法律行为具有更高的证明效力而已。此种情形下法院直接引用《最高人民法院关于审理涉及公证活动相关民事案件的若干规定》第 2 条并无不当。但是,一旦将公证与遗嘱行为的关系理解为并行关系,就必然得出公证遗嘱的效力判断机关是公证机构。如在涉及遗嘱效力的"确认遗嘱无效"的确认型诉讼中,多个法院引用《最高人民法院关于审理涉及公证活动相关民事案件的若干规定》第 2 条的规定,认为公证遗嘱效力判定属于公证的问题,而不属于民事诉讼法调整范围,判决驳回起诉。③ 而在众多涉及公证遗嘱效力的财产继承的给付型案件中,法院普遍做法是根据当事人请求直接向公证机关调取卷宗,直接判断遗嘱的效力。④ 此时,法院虽然没有说明公证遗嘱的性质,但法院至少认为公证遗嘱效力认定问题属于法院的审查范围,而不只是公证机关的审查范围。否则,法院应当中

---

① 参见《德国民法典》(第 5 版),陈卫佐译,法律出版社 2020 年版,第 712 页。

② 参见湖北省宜昌市中级人民法院(2021)鄂 05 民终 111 号民事判决书。

③ 参见江苏省南京市中级人民法院(2018)苏 01 民终 10566 号民事判决书、广东省高级人民法院(2019)粤民申 9875 号民事裁定书、北京市高级人民法院(2014)高民申字第 03854 号民事裁定书、湖北省宜昌市中级人民法院(2021)鄂 05 民终 111 号民事判决书、湖南省长沙市中级人民法院(2020)湘 01 民终 3611 号民事判决书、湖北省武汉市中级人民法院(2020)鄂 01 民终 8986 号民事判决书、黑龙江省林区中级人民法院(2019)黑 75 民终 195 号民事判决书、广东省广州市中级人民法院(2018)粤 01 民终 785 号民事判决书。

④ 除了确认之诉中的"请求确认公证遗嘱无效"案件,法院明确表示不属于民事诉讼受理范围外,这类案件只有 8 个,占比 7%。在继给付之诉中的"继承纠纷"案件中,因公证遗嘱是否有效决定了遗产该如何继承,因此法院一般会主动调取公证档案,对公证遗嘱效力进行判断。法院并没有中止审理,但法院也没有明确表明公证遗嘱的性质。此类案件是公证遗嘱中的主要类型,占比达到 93%。

止审理,要求公证机关审查公证遗嘱真实性后,才能继续审理案件。这种明显相互矛盾的做法,肯定有一方错误地适用法律。法院在确认之诉中"驳回起诉的行为"明显是将公证制度与法律行为制度中的包含关系错用为并行关系。正如前文所阐述的,公证遗嘱中,公证是遗嘱行为的表示方式,与遗嘱人意思表示真实、行为能力等一起组成了公证遗嘱的构成要件。公证遗嘱就是遗嘱行为的一种,而遗嘱行为是典型的法律行为。所以申请认定公证遗嘱效力的案件,人民法院具有管辖权。同时,公证遗嘱的书面形式,即公证书亦是公证遗嘱,所以公证机构亦有权根据当事人申请对公证书进行审查。

总之,将公证遗嘱定义为"公证的遗嘱"或"遗嘱的公证"都与公证遗嘱本身属性有矛盾。必须明确地强调公证遗嘱是"以公证方式作出的遗嘱"。[①] 基于此种认识,前述司法实践中最为突出的问题将会得到很好的解决,公证遗嘱效力问题性质上属于民事法律行为效力问题,当然属于人民法院的受理范围,人民法院不得以不属于法院受理范围为由驳回起诉。同理,基于公证遗嘱作出过程,受到公证机构监督和管理,公证机构也有权力对公证遗嘱效力进行审查。此外,因为公证作为公证遗嘱中的法定形式,本身就是遗嘱行为的构成要素,表示方式违法必然会导致公证遗嘱无效,公证机构一旦撤销公证,意味公证遗嘱自始无效;但这并不代表者公证机关对公证遗嘱无效负责,而是仅仅因为民法形式强制的规则得出的必然结果,至于公证机关应当承担何种责任取决于《公证法》的规定,并不属于本文的探讨范围。

(二)公证遗嘱与其他形式遗嘱的对比

在界定公证遗嘱概念之后,还有必要对公证遗嘱与其他形式的遗嘱的关系进行梳理。这有助于进一步认识公证遗嘱,也更能体现公证遗嘱是"以公证形式作出的遗嘱"这一概念的准确性,更能从反面证明 "公证的遗嘱"这一概念的不妥当性。

实务中通常认为公证遗嘱无效不影响当事人订立遗嘱的真实性,也不影响公证处在制作公证遗嘱过程中留存保管的遗嘱的效力,只要这些遗嘱形式符合法律的规定,就具有遗嘱的效力。[②] 首先,这种观点仍然将公证遗嘱中的公证和遗嘱截然分开,认为二者的效力互不相关,实质是把公证与法律行为的通常的并行关系误用到了公证与遗嘱行为领域。遗嘱领域因完全奉行形式强制的理念,公证与遗嘱行为关系只能是包含关系,即公证只是法律行为效力的一个构成要件。举大家更

---

① 侯放:《继承法比较研究》,澳门基金会 1997 年版,第 81 页。

② 参见金正华、王梓焱:《公证书被撤销后原公证遗嘱的效力问题探析》,载"至正研究"微信公众号,http://mp.weixin.qq.com/s/rzvtnaDAYlNJJAIdeDFYpQ,2022 年 1 月 2 日最后访问。文章作者是"沈 1 与沈 2 所有权确认、遗嘱继承纠纷案"的审理法官。

为熟悉、法理又完全相同的合同为例，来说明此种观点错误之处。德国民法中赠与承诺必须以公证的形式作出，否则会因违反形式强制而无效。按照此观点，则得出公证的赠与合同被撤销后，仅撤销了公证行为，赠与合同不受影响。而在德国法上，该合同没有任何例外会被宣告无效。所以在法理上公证被撤销后，按照形式强制法理，公证遗嘱自然应当无效。在德国因奉行严格的形式强制，只要形式不符合法律规定，不管是公证遗嘱还是其他形式的遗嘱都会被认定为无效。其次，这种观点实质上认为此时存在两个遗嘱，一个是公证遗嘱，一个是符合形式的其他遗嘱，如自书遗嘱、打印遗嘱等。得出的结论就是遗嘱人主观只有一个终意处分的意思表示，客观上确有两个遗嘱行为，与民法的基本理念相矛盾。如甲欲订立一份公证遗嘱，内容是将房屋留给儿子乙，书写好遗嘱内容后，签名盖章并注明年、月、日，然后到公证处办理了公证，形成了公证遗嘱。实务中思路是认为此时公证遗嘱有效，甲亲自书写遗嘱因符合自书遗嘱也有效。造成的结果是，甲只有一个订立公证遗嘱的意思表示，却有两个有效的遗嘱行为：一份自书遗嘱，一份公证遗嘱。所以当公证遗嘱被撤销后，自书遗嘱仍然有效。这样的做法虽然能更好保护遗嘱人的真实意思，却造成了法理上无法调和的矛盾——一个意思表示，只会有一个有效法律行为，不可能产生两个法律行为。

更为妥当的思路是无效行为的转换制度。这样既能更好维护遗嘱人的意思表示，也能使法律行为内部的体系达成统一。法律行为无效转换制度的前提是：法律行为被确定无效，构成要件是：转换后的替代行为要件必须符合有效行为的一般构成要件，必须认为行为人知道行为无效将会从事该替代行为。仍然以上述甲订立公证遗嘱进行分析，此时甲订立的公证遗嘱无效，但在公证订立过程保留的书面形式，因符合遗嘱中的自书遗嘱形式要件，公证遗嘱转换为自书遗嘱，而被认定为有效。如此，即保护了遗嘱人真实的意思表示，又更符合法律行为的一般原理，从而实现了法理与司法效果的统一。但是，如果在订立公证遗嘱过程中保留的材料，不符合遗嘱的形式要求，依然不能通过无效转换制度，认定为其他形式的遗嘱。因为无效转换制度并不是为了避开形式强制的要求，更不能架空形式强制制度。[①]

三、公证遗嘱的构成要件

将公证遗嘱界定为"以公证方式作出的遗嘱"，能够明确表明公证遗嘱的特性：公证只是遗嘱人意思表示的方式，是意思表示的客观要件、外在形式，并且与遗嘱

---

① ［德］梅迪库斯：《德国民法总论》，邵建东译，法律出版社 2013 年版，第 399 页。

人终意处分的具体内容互为表里。鉴于遗嘱是形式强制的法律行为,[①]遗嘱的要件通常分为形式要件和实质要件。遗嘱的形式要件是由于形式强制的要求,要求遗嘱必须按照法律规定的特定形式作出。[②] 遗嘱的实质要件是基于法律行为的要求,主要有遗嘱人的行为能力、意思表示的真实性以及内容的合法性三大方面。[③] 本文仍然按照这一传统分析路径,对公证遗嘱一般要件分为形式要件和实质要件进行分别讨论。但是,公证遗嘱的构成要件,除了与一般遗嘱相同的构成要件外,还需要符合公证的程序要件,即《细则》对公证遗嘱作出的程序性要求,详见表 1。本文将公证遗嘱不同于一般书面遗嘱的程序要求统称为公证遗嘱的程序性要件。因此,本文将从公证遗嘱的实质要件、形式要件和公证程序要件分别进行讨论。

表 1　《遗嘱公证细则》内容的分类

类别	子类	内容
形式要件	遗嘱的签署	遗嘱人在申请表的签名(第 7 条);公证员的签名(第 6 条);谈话笔录上的签字(第 12 条第二款);公证人员代拟遗嘱中遗嘱人的签字(第 14 条第二、三款);签名的形式(第 18 条)
	公证遗嘱的形式	公证遗嘱形式(第 18 条第一款)
	公证员	公证员人数(第 6 条);公证员身份回避(第 9 条)
实质性要件	内容真实性	第 11 条,第 12 条第一款第 3、4 项,第 17 条第一款第 2 项
	行为能力	第 12 条第一款第 1 项,第 17 条第一款第 1 项
	与遗嘱内容有关的其他事实	询问遗嘱人的财产状况(第 12 条第 3 项);遗嘱内容(第 13 条);共同遗嘱内容的特殊要求(第 15 条)
程序性要求	程序性要求	管辖(第 4 条);所需材料(第 7 条);受理期限(第 8 条);认识能力和控制能力较弱的人订立遗嘱需要录音录像(第 16 条);公证机构的出证义务(第 17 条);终止办理公证情形(第 19 条);遗嘱的保管(第 20、21 条);遗嘱的撤销(第 22、23 条)
	其他规定	公证机关的损害赔偿责任(第 24 条)

(一)公证遗嘱的一般要件

公证遗嘱的一般要件中的实质要件与其他遗嘱并无不同。《民法典》第 1143 条将遗嘱的实质要件主要分为两类:一是遗嘱人不具备行为能力(第 1143 条第一

---

①　关于遗嘱形式强制内容,参见孙毅:《论遗嘱方式的缓和主义进路——以〈继承法〉修改的相关理念变革为中心》,载《求是学刊》2012 年第 4 期;赵春:《民法典编纂视野下的遗嘱形式及其形式要件完善》,载《北方法学》2019 年第 4 期。

②　参见陈苇、朱凡主编:《婚姻家庭继承法学》,中国政法大学出版社 2018 年版,第 322 页。

③　参见夏吟兰主编:《婚姻家庭继承法学》,中国政法大学出版社 2017 年版,第 256-262 页。

款)；二是遗嘱人意思表示不真实(第 1143 条第二、三、四款)。① 《细则》第 12 条第一款第 1 项、第 17 条第一款第 1 项都涉及了对遗嘱实质性要件的审查。

公证遗嘱的形式要件则分散规定在《细则》中。首先是关于公证遗嘱的签署方式，《民法典》和《继承法》在遗嘱中的签署方式只有"签名"，并不承认盖章和按手印可以作为遗嘱的签署方式。② 而《细则》第 18 条明确规定了公证遗嘱的签署方式是签名、手印、盖章，这明显与《继承法》《民法典》对遗嘱签署方式所持的谨慎态度相左。签名在遗嘱中主要有两种功能：一是表明签名人身份；二是签署人对书面内容的确认。③ 签署方式要表明签名人的身份就必须具备识别功能，手印因指纹具有一一对应的特性，能够具备表明签名人身份的功能。但是，自然人的签章并不具有识别功能，因为仅从印章无法判断出签署者身份。民法对盖章的签署方式是有限度的认可，具体表现为：第一，《民法典》第 390 条中的签章，一般指的法人的印章，而不是自然人的盖章；④第二，即使经过备案登记而具有一定识别功能的法人签章，也在实践中频繁出现被乱用、盗用现象，使得实践中法人印章并不能与法人一一对应，无法实现识别签名者身份的功能。⑤ 而没有经过备案和规制的私人签章，根本无法完成识别的任务。因此自然人的签章并不具有识别功能，所以签章无法作为自然人的签署方式。手印虽然能实现识别功能，却不具备确认功能，以目不识丁者为例，其虽然可以在遗嘱末尾以按手印方式签署，但其却无法确认遗嘱内容。比较法上虽然承认按手印可以作为代书遗嘱的签署方式，但将其适用范围严格限制在遗嘱签署人不具备文化条件或者不能书写的特定情形下。⑥ 考虑到公证遗嘱中遗嘱人不识字或不能书写的情况，应当将公证遗嘱中遗嘱人的签署方式放

---

① 黄薇：《中华人民共和国民法典继承编解读》，中国法制出版社 2020 年版，第 104 页。

② 《民法典》在自书遗嘱(第 1134 条)、代书遗嘱(第 1135 条)、打印遗嘱(第 1136 条)都只规定了签名作为遗嘱的签署方式，《继承法》第 17 条规定书面形式的遗嘱的签署方式也只有签名。

③ ［德］维尔纳·弗卢梅：《法律行为论》，迟颖译，法律出版社 2012 年版，第 292-293 页。

④ 参见最高人民法院民法典贯彻实施工作小组主编：《中华人民共和国民法典理解与适用》(一)，人民法院出版社 2020 年版，第 193 页。

⑤ 为了解决实务中公司法人印章伪造、乱用、一个公司多章等来逃避债务，恶意订立合同等情形，最高法院于第九次全国民商事审判纪要中单独阐述了公司的盖章的行为效力。由此观之，经过备案的公司法人印章使用尚如此混乱，可想而知法律没有任何规制的私人印章根本无法作为有效的签署方式，私人印章更加难以辨别真伪。参见最高人民法院民事审判第二庭：《〈全国法院民商事审判工作会议纪要〉理解与适用》，人民法院出版社 2019 年版，第 289-292 页。

⑥ 中国台湾地区"民法典"第 1194 条规定："代笔遗嘱，由遗嘱人指定三人以上之见证人，由遗嘱人口述遗嘱意旨，使见证人中之一人笔记、宣读、讲解，经遗嘱人认可后，记明年、月、日及代笔人之姓名，由见证人全体及遗嘱人同行签名，遗嘱人不能签名者，应按指印代之。"《奥地利普通民法》第 580 条规定："除遵守前款规定的形式外(前款是指第 579 条的代书遗嘱)，不能书写的见证人必须在三个见证人同时在场的情况下，亲自画押代替签名。为了减轻遗嘱人身份的负担，由见证人之一附注遗嘱人姓名，也是稳妥的。"参见《奥地利普通民法典》，周友军、杨垠红译，清华大学出版社 2013 年版，第 96 页。

宽到按手印。

其次是公证员的签名，①《细则》第 6 条规定订立公证遗嘱必须要有两名以上公证人员，其中一名公证员签名，但是如果只有一名公证员办理的，见证人在遗嘱和笔录上签名。对于后者，应当清晰界定为：只有一名公证员办理的，公证员和见证人应当都要在笔录和遗嘱上签名。因为如果解释为在只有一名公证员和见证人时，只需要见证人签名，得出的结论是，只有见证人和一名公证员时的签名程序要求反而比有两名公证人员时的要求更低了。公证是一个严谨的专业程序，公证人员专业性肯定要比一般的见证人高，在有两名公证人员时，仅要求一名公证员签名，尚可理解。但是只有一名公证员与见证人时，显然见证人并不具有比公证人员更强的专业性，要求见证人签名是出于确保程序公正的考虑，并不意味着放弃公证员签名的要求。其中公证员和见证人的签名应当与《民法典》的要求保持一致，只能采用签名作为公证人员的签署方式，不能扩展到按手印和盖章。所以《公证法》中的公证员的签署方式，必须在《细则》中进行限缩，有效签署方式只能是公证人员的签名。此外公证人员进行公证需要符合《公证法》和《细则》关于回避的规定。最后，公证遗嘱中的年、月、日问题，因年、月、日并非遗嘱形式要件的必然组成部分，公证遗嘱中年、月、日缺乏，应借鉴自书遗嘱中缺乏年、月、日的处理。

（二）公证遗嘱的程序要件

公证遗嘱的程序性要件属于公证遗嘱的特殊性要求，正是因为公证遗嘱的作出遵循了公证的严格程序，所以公证遗嘱被赋予极强的证明效力，②统计结果表明本文 118 个主张公证遗嘱无效的案例中，只有一个案例获得了法院支持。③ 因此，公证遗嘱的程序性要件就显得极为重要。而遗憾的是，目前大陆学者并没有对公证遗嘱的程序性要件作出详细的研究，本文将借鉴我国台湾地区学者著作，就公证遗嘱的程序性要件详细分析。

首先，遗嘱人必须在公证人前口述遗嘱。④ 如果遗嘱人事前没有形成遗嘱的书面内容，遗嘱人必须在公证人前口述遗嘱。《细则》规定公证遗嘱还可以由遗嘱人先形成遗嘱内容，只需要公证人询问确定即可（《细则》第 12 条第一款第 4 项），

---

① 公证遗嘱中，公证员作为公证遗嘱的见证人，不仅人数要符合《细则》要求，其签名必须要符合《细则》规定。参见夏吟兰主编：《婚姻家庭继承法学》，中国政法大学出版社 2017 年版，第 257 页。

② 《民事诉讼法》第 72 条规定："经过法定程序公证证明的法律事实和文书，人民法院应当作为认定事实的根据，但有相反证据足以推翻公证证明的除外。"

③ 该公证遗嘱中遗嘱人签名被证明是伪造的。参见云南省西双版纳傣族自治州中级人民法院（2017）云 28 民终 204 号民事判决书。

④ 参见林秀雄：《继承法讲义》，元照出版公司 2009 年版，第 231 页；陈其炎、黄宗乐、郭振恭：《民法继承新论》，三民书局 2009 年版，第 277-278 页。

此种确认相当于遗嘱人在公证员面前口述。在确认过程中会形成笔录，有两名公证人员的，公证员必须签名，只有一名公证员，公证员和见证人必须要在笔录签名（《细则》第6条）。并且从遗嘱人口述开始到遗嘱订立结束，公证人员、见证人必须全程在场。[①] 因此笔录即记载了遗嘱人意思表示的形成过程，又作为公证遗嘱中的特殊程序要求，确保了公证遗嘱真实性。当对公证遗嘱的效力发生争议时，笔录很可能是唯一能够判断遗嘱是否是遗嘱人真实意思表示的证据，必须按照《细则》第6条规定，如实记录、签名。否则就应当认定公证遗嘱无效。

其次，公证人员笔记（笔录）必须宣读讲解，此点主要是针对目不识丁者而言，通过宣读内容来确认遗嘱是其真实意思。因此，在一般的公证遗嘱中，公证人员宣读讲解，并不是所有公证遗嘱必须的构成要件。

最后，《细则》规定其他若干程序要求，实践中争议最为频繁的是《细则》第16条规定的若干情形下订立遗嘱，必须录音录像。就第16条规范目的而言，是为了确保遗嘱人具有行为能力并且意思表示真实。然而，"年老体弱""危重伤病""聋哑盲人"与行为能力没有必然关系，这些人在民法上具有行为能力，因此录音录像的缺乏并不能得出公证遗嘱无效。唯有"间歇性病人"属于限制行为能力人，其订立遗嘱必须确定遗嘱人具有行为能力，因为录音录像的存在很可能是唯一判断其行为能力的证据。另外，对于失语之人而言，因其无法言语，无法向公证员阐述其遗嘱内容，除非事前自己已经形成遗嘱的书面内容，否则无法订立公证遗嘱；对于失聪之人而言，在遗嘱的确认阶段，无法通过公证人员宣读来确认遗嘱内容，因此也无法订立公证遗嘱。因此即使《细则》针对聋哑人提出必须录音录像的要求，也无法保证能够订立真实有效的公证遗嘱。如果出现盲聋哑人需要订立遗嘱的特殊情形，还需要其他特别规范，比较法上一般也不认可聋哑人订立的遗嘱。[②]

四、《遗嘱公证细则》的修改建议

本文从《民法典》遗嘱行为的基本理论出发对《细则》内容进行了具体分析，包括修正当前学界对"公证遗嘱"的概念界定，将其认定为"系以公证形式作出的遗嘱"；厘清公证遗嘱中遗嘱行为与公证的关系系属包含关系；阐明公证是遗嘱行为的表达方式和构成要件。基于以上认识，本文对《遗嘱公证细则》的修改提出建议。

具体而言，建议将《遗嘱公证细则》名称变更为《公证遗嘱细则》。在规范条文方面，建议作如下修改：

---

① 参见史尚宽：《继承法论》，中国政法大学出版社2000年版，第439页。
② 日本民法明确规定，聋哑人不能订立公证遗嘱。

第一条   公证遗嘱是指以公证的方式作出的遗嘱。

第二条   公证遗嘱应当符合以下形式：公证遗嘱必须要有遗嘱人的签名。有两名以上公证人员办理的，其中一名公证员必须签名。只有一名公证员办理的，必须由另外一名见证人见证，公证员和见证人都要在遗嘱上签名。

只有在遗嘱人不能书写或者无法书写时，遗嘱人可以按手印，除此之外，公证遗嘱中按手印、盖章都不得作为公证遗嘱的签署方式。

公证遗嘱作成之时，应当注明年、月、日。

不符合签署方式的公证遗嘱无效。

第三条   公证人员必须记录与遗嘱人的谈话，做成笔录，并由公证人员和遗嘱人签名、注明年、月、日。公证遗嘱即使符合第二条情形，没有笔录或者公证人员、遗嘱人没有在笔录上签名的，应当认定遗嘱无效。

笔录中遗嘱人不能签名或无法签名的，签名方式参照第二条的规定处理。

第四条   间歇性精神病人订立遗嘱时，应当录音录像，否则遗嘱无效。

第五条   公证遗嘱因公证程序问题被撤销或确定无效的，能够证明与公证遗嘱内容一样的材料，确实是遗嘱人真实意思表示的，又符合其他遗嘱形式的，该材料应认定为由无效公证遗嘱转换的有效的其他形式的遗嘱。

专题十五　论遗嘱行为本质与遗嘱公证证明边界

徐　辉[*]

《民法典》施行后,公证遗嘱的优先效力已不复存在,立法本意与民众认知一度分歧较大,各类媒体围绕此话题也展开过热议。《民法典》时代应如何合法、有效地处置个人财产成为一个公众话题。《民法典》继承编废除公证遗嘱的优先性,本意是为了保障公民设立遗嘱的自由,但实践中却给遗嘱生效及执行造成了困扰,法律界对此变化也创设出了诸如遗嘱检认制度等[①]。《民法典》生效之前设立的遗嘱,其生效时也很大可能会适用《民法典》的相关规定,如何向遗嘱继承人解释《民法典》施行前后公证遗嘱效力的变化,也渐成了公证机构的日常工作内容。笔者在实务中就遇到过这样的投诉,遗嘱继承人也甚是不解:为何被继承人所立的公证遗嘱,最终无法在公证机构得到顺利且有效地执行。针对上述遗嘱继承人的不解以及公证机构的权能,笔者将结合公证遗嘱实务,就遗嘱行为的内涵以及遗嘱公证的证明范围开展论述。

一、遗嘱行为的成立与生效

(一)遗嘱行为的认识误区

我国《民法典》继承编在继受大陆法系遗嘱概念时,虽然确立了将形式要件作为遗嘱成立的一般构成要件,但并未对遗嘱直接进行定义,只是沿用了《继承法》中条款,规定公民可以通过遗嘱处分个人的合法财产,并强调该意思表示仅在立遗嘱人死亡时发生效力。《民法典》继承编显然忽视了已经作出的遗嘱意思表示即时产生的证据效力,即没有区分遗嘱意思表示与遗嘱行为[①]。正是因为没有上位法的规定,《公证遗嘱细则》对遗嘱进行定义时,不但没有区分遗嘱意思表示与遗嘱行为,而且将当事人设立遗嘱的意思表示扩展至整个遗嘱行为[②],导致民众对遗嘱,尤其是公证遗嘱,产生了诸多不解甚至误解,同时也给承办相关案件的公证员和公证机构带来很多困扰。

(二)《民法典》继承编中遗嘱本质的解读

《民法典》继承编虽没有对遗嘱直接进行定义,但从条文中可以推演遗嘱的本质。首先从用词角度分析,《民法典》第 141 条规定对于意思表示,行为人可以撤回,《民法典》第 1142 条又规定遗嘱人可以撤回、变更自己所立的遗嘱,纵观《民法典》所有条款,就"撤回"一词的使用,仅适用于意思表示这个客体,从而可以推断《民法典》继承编确是将遗嘱视为一种意思表示。其次,《民法典》第 1142 条的规定其实就是对原《继承法》第 20 条第一款中将遗嘱表述为"撤销"的一种修正。民法上的"撤销"意指使已经生效的民事法律行为归于自始无效,而"撤回"则指"阻止前项意思表示生效",使其失去约束力。因此,遗嘱人在生前只能"撤回"已经设立但未发生效力的遗嘱,却无法"撤销"该遗嘱,可见《民法典》继承编已将遗嘱从视为民事法律行为修正为意思表示。再者,《最高人民法院关于适用〈中华人民共和国民法典〉继承编的解释(一)》(以下简称《民法典继承编司法解释(一)》)第 27 条规定:自然人在遗书中涉及死后个人财产处分的内容,确为死者的真实意思表示,有本人签名并注明了年、月、日,又无相反证据的,可以按自书遗嘱对待。该司法解释再次明确只要有处分财产的意思表示就可按遗嘱对待,进一步证明了遗嘱意思表示的本质。最后,就遗嘱而言,其设立时并不必然创设民事法律关系,如在遗嘱生效前撤回或实施了与遗嘱内容相反的民事法律行为等,都不会因遗嘱而创设相关民事法律关系,故而不能将遗嘱直接认定为民事法律行为。

从以上分析可以得出,《民法典》继承编虽没有区分遗嘱意思表示与遗嘱行为的差别,但就遗嘱本身而言,已经将其归为一种意思表示无疑。

(三)双层六阶段理论模型下遗嘱行为的分解

学界鲜有人就遗嘱行为尝试过分解,但就明确承办公证员的职责,正确适用公证证词,更全面地解答遗嘱人抑或利害关系人的关切而言,公证机构必须要努力确

[①]　任江:《民法典继承编遗嘱形式要件效力解释论》,载《法商研究》2020 年第 6 期。

[②]　参见《公证遗嘱细则》第 2 条。

立公证遗嘱的证明边界,而为了明确边界首先就应当区分遗嘱意思表示与遗嘱行为。学界普遍认为遗嘱意思表示与遗嘱行为是一种包含关系,即遗嘱意思表示应该是遗嘱行为的构成要素之一。《民法典》第143条规定,有效的民事法律行为的构成要素之一就包括意思表示真实,但遗嘱行为如果仅依据上述条款,势必无法区分遗嘱意思表示生效和遗嘱行为生效的差别。而双层六阶段理论,就能很好地解释意思表示与法律行为的差别,其理论核心在于对意思表示和法律行为之关系的重构。意思表示不是法律行为的构成要素,而是用于创设法律行为的中介工具,二者并非包含关系,而是分层关系①。

在双层六阶段理论的视角下,《民法典》第133条的功能就在于引入法秩序,为民事主体从事私人自治活动打造两套"法律工具",即意思表示和法律行为。这两套工具的使用可分为两步:第一步,民事主体需做出意思表示,即是否存在《民法典》第133条所言之"通过意思表示"来创设法律行为的客观事实;第二步,法律行为必须接受法秩序的检验,如遗嘱的必留份制度,一旦获得法秩序的认可,它将出现行为人所要追求的法律效果,即条文所称的"设立、变更、终止民事法律关系"。该理论模型可以较完美地诠释遗嘱行为在各个阶段的法律效果,为公证机构办理遗嘱抑或解答当事人困惑提供坚实的理论支撑。

(四) 遗嘱意思表示及遗嘱行为成立与生效的不同法律效果

依据双层六阶段理论,遗嘱意思表示自作出时即成立,产生基于证据效力的效果。但遗嘱行为属死因行为的性质决定了遗嘱人生前对该遗嘱意思表示享有撤回权,仅在遗嘱人死亡时该意思表示的存在方能最终确定,撤回权因此而消灭,同时还需通过法秩序的检验,即遗嘱形式要件审查,该遗嘱意思表示始发生效力,其生效的法律效果意味着遗嘱行为才刚成立。遗嘱行为自成立时即产生遗嘱维持的约束力,该约束力至少包括保管遗嘱、监管遗产和取得遗产这三项权能。此时,继承人可以选择放弃继承或者完全接受遗嘱内容。继承人如放弃继承则遗嘱行为归于无效,继承人如接受继承则遗嘱行为生效,同时发生遗产物权变动的法律效果。

依据该理论,整个遗嘱行为以及各阶段的法律效果可以表述为:遗嘱意思表示成立(产生证据效力)→遗嘱意思表示生效(同时遗嘱行为成立,产生遗嘱维持约束力)→遗嘱行为生效(产生遗产继承效力),继而形成"(被继承人)财产物权→遗产继承权→(继承人)财产物权"的完整遗产物权转移过程。

---

① 张芸:《单方法律行为理论基础的重构与阐释——兼论〈民法总则〉法律行为规范的若干重难点问题》,载《清华法学》2017年第4期。

二、遗嘱设立中个人意志与公权力的界限

从上文可以推断,《民法典》继承编中所指称的遗嘱都应该是严格意义上的遗嘱意思表示。同时《民法典》继承编遗嘱形式增加到了 6 种,分别为自书遗嘱、代书遗嘱、打印遗嘱、录音录像遗嘱、口头遗嘱和公证遗嘱,并分别规定在《民法典》第 1134 条至第 1139 条中。前五种遗嘱形式都规定了相应的形式要件,比如需要 2 名以上的遗嘱见证人在场、必须逐页签字并注明年、月、日等,而唯独在民众接受度更高、更具权威的公证遗嘱中未见任何形式要件要求,仅规定"公证遗嘱由遗嘱人经公证机构办理"。《民法典》继承编未对公证遗嘱的形式进行规制,却又将其与另外五种形式的遗嘱置于同一法律效力层面进行考量,仅以设立遗嘱的时间先后作为是否为生效遗嘱的唯一标准,其用意就是要将所有遗嘱形式仅作为遗产继承中的一项证据材料来对待。《民法典》继承编在充分尊重遗嘱人的自由意志的前提下,加入遗嘱形式要件参与考量,继承事实发生时,如有多份遗嘱同时出现,则将所立遗嘱均视为一项证据,只要符合要式法律行为的遗嘱就为有效证据,反之则属于无效证据,从而在有效的证据中再根据所立遗嘱的时间先后,确定最后一份为生效的遗嘱。又因为公证遗嘱本身就自带法定证据的效力,自然可以直接置于有效证据中参与比较,所以《民法典》继承编中也就排除了公证遗嘱的形式要件要求,否则会引起遗嘱证据效力上的冲突。

(一) 形式要件的价值判断

根据法理学常识,法律行为的成立基于事实判断,即确定某一行为是否客观存在,而法律行为的生效则是价值判断,即依据一定的标准来推理某一行为是否构成法律行为。《民法典》继承编中将遗嘱确定为一种要式法律行为,是立法者基于社会治理经验、治理需要、治理效率所作出的一项价值判断。立法者加入对遗嘱形式要件的要求,原因在于可以适度引导遗嘱人的行为方式,从形式要素上强调遗嘱人虽可以依个人意愿自由设立遗嘱,但必须要规范且慎重为之。立法者只有让遗嘱人知晓设立遗嘱必须严格符合相关形式要件,才能防止遗嘱人随意设立或者变更遗嘱,避免当继承事实发生时造成社会秩序的紊乱。遗嘱形式要件应是法秩序价值所追求的目的,也是社会价值判断的一种需要。

司法实践中困扰遗嘱纠纷裁判的一个重要难题,就是不符合遗嘱形式要件的"遗嘱"的效力判定问题。法官一方面需要遵守《民法典》继承编中有关遗嘱形式要件的要求;另一方面也不宜直接依据遗嘱行为属于严格要式法律行为,从而得出只要存在形式要件瑕疵的遗嘱行为就一律无效的结论,否则就会出现法律效果与社

会效果的严重冲突。因此，最高人民法院在《民法典继承编司法解释（一）》第 27 条加入了针对遗书中包含有遗嘱内容的情况，即形式瑕疵治愈条款的规定，来弥合法律规定与客观现实之间的裂痕。

通过上述分析可以看出，形式要件作为公权力介入私权利的一种方式，仅仅影响该行为的效力而无涉该行为的成立，而若完全以遗嘱的形式来决定其效力，将必然导致社会秩序价值全面压制私法自治价值。显然《民法典》继承编在保护个人自由意志与社会秩序之间，更倾向于保护前者的价值，也凸显了遗嘱本身的证据特征。

（二）遗嘱必留份条款的不自洽性

《民法典》沿用《继承法》中的遗嘱必留份制度，在第 1141 条规定：遗嘱应当为缺乏劳动能力又没有生活来源的继承人保留必要的遗产份额。前文所述遗嘱的证据特征中，遗嘱的设立是个人自由意志实现的过程，只有在遗嘱行为生效时才应有公权力的介入，以维护整个社会的秩序价值。遗嘱的设立仅限于遗嘱人有无处置个人财产的意愿，并不会直接产生法律效果，无论存在与否都不会对社会秩序产生任何影响。而《民法典》第 1141 条在遗嘱的成立要件中强行加入公权力的价值判断，导致个人意愿的存在将完全依附于国家意志。且该条款通过本应在遗嘱生效时点才可能发生的事实，来限制设立时点遗嘱人的自由意志，完全不符合《民法典》继承编中关于遗嘱设立自由的立法本意，在整个继承编中显得非常突兀，前后条款更不具有逻辑自洽性，同时也给遗嘱公证实务带来无法回避的困扰。

三、公证遗嘱的审查尺度与证词表述

现行《遗嘱公证细则》规定，遗嘱公证是公证机构按照法定程序证明遗嘱人设立遗嘱行为真实、合法的活动。可见公证遗嘱的证明对象就是遗嘱人设立遗嘱的行为，且该遗嘱行为同时应当具备真实性和合法性。遗嘱行为的真实性可以通过录音录像等影像资料来还原，也可以采取证据保全的方式进行固定。而公证实务中的难点就在于如何确定遗嘱行为合法性审查的范围。对此，《遗嘱公证细则》并没有相关规定，直接导致了实务中很多公证员在办理相关遗嘱公证业务时，犯了和《民法典》第 1141 条同样的失误抑或借此条款来审查遗嘱内容的"合法性"。承办公证员过度审查遗嘱内容，显然严重限制了遗嘱人的自由意志。

（一）公证遗嘱的合法性审查边界应止于遗嘱意思表示

从上文得知《民法典》继承编中的"遗嘱"应仅作狭义上的解释，即遗嘱意思表示,同时引入了以意思表示为中心,构建遗嘱行为成立的事实判断规则,其本意是要将个人的私法自治价值作为遗嘱行为底层的价值基础,而成立后的遗嘱行为具有何种效力,才体现国家公权力主导的秩序价值对个人自由价值的直接干预。公证机构基于预防纠纷、减少诉讼的职能定位,在坚持真实客观、公正理性的前提下,最大可能地维护公证当事人的个人权益,才是公证机构的价值追求。更何况《公证法》也未赋予公证机构行使国家公权力的权限,故而完全没必要以社会治理所需来直接限制遗嘱人的遗嘱内容。就遗嘱公证而言,承办公证员应以尽力帮助遗嘱人实现其自由意志作为初衷,对遗嘱人生前的遗嘱意思表示进行固定,证明其在某个时间节点确实有处分个人财产或处理个人事务的意愿即可,而不应将证明范围扩展至整个遗嘱行为。新修订的《公证遗嘱细则》简要说明中,也认为公证遗嘱的证明应当回归设立遗嘱的本质,即"立遗嘱人的意思表示",且合法性审查的重点也应该回到遗嘱人的行为能力和意思表示,不应过度审查遗嘱内容效力,以达到便民利民的社会效果。而遗嘱内容效力本应在遗嘱人死亡时,根据其生前的行为,比如是否存在处分财产、撤回遗嘱,甚至需要必留份额等情况来最终确定。

(二)遗嘱公证证词的不严密性及其可能导致的法律风险

多年来,就证明单方民事法律行为的公证证词,公证机构就一直沿袭《中华人民共和国民法通则》(以下简称《民法通则》)时期的规定,即由"申请人的某某行为符合《民法通则》第 55 条的规定",改为"申请人的某某行为符合《民法典》第 143 条的规定"。然而,《民法通则》第 55 条表述为"民事法律行为应当具备下列条件",这是实质要件的规定,公证证词不存在问题。但《民法典》第 143 条将其更改为"民事法律行为的有效条件"。公证证词再引用该条款,表明已将所证明的对象,比如声明、委托等单方民事法律行为,统统确认为生效的民事法律行为,其证明范围不仅拓展到了整个民事法律行为,且确认该行为系生效的民事法律行为。然而,实际情况是整个公证过程中,公证员只查明了法律文书签署的真实性,而从未对法律行为进行公证。比如,委托书需交付给受托人时,委托行为才成立生效,就交付委托书这个行为,公证证词虽没有直接写明,但从法律技术层面上考量,只要在证词中引用了《民法典》第 143 条的规定,就意味着同时证明了已将委托书交付于受托人的事实,否则就不能称为生效的民事法律行为,出具这样的公证书显然缺乏事实依据。[①]

以上证词方面的不严谨对遗嘱公证的影响更为明显,可能给公证机构带来非

---

① 徐浙军:《从民法典规定谈民事法律行为类公证书格式》,载"公证文选"微信公众号,https://mp.weixin.qq.com/s/z3jPoPbt27GPw6HJl4B04A,2022 年 1 月 2 日最后访问。

常大的法律风险。首先在公证遗嘱中，公证人员仅仅查明遗嘱人设立遗嘱意思表示的事实，就适用遗嘱行为符合《民法典》第 143 条规定，证明该行为是有效民事法律行为的公证词，明显与事实不符。如上文所述，在发生遗嘱继承时遗嘱意思表示仅是一份经公证证明的证据材料，而无涉遗嘱行为的生效，遗嘱行为生效还需经过法秩序的检验、继承人表示接受遗嘱内容等，而且，这些事实情况都只可能发生在设立遗嘱之后，遗嘱是否生效存在诸多不确定性。所以，依据办证事实规范公证证词，应当使用"签名属实"的公证词，而非目前遗嘱事项的公证词。其次，将设立遗嘱意思表示归为生效的民事法律行为，也给遗嘱继承人、利害关系人造成一种错觉，即遗嘱经过公证就是生效的法律行为，如若无法按照此遗嘱内容进行遗产分配，都将归责于公证机构，甚至还可能向公证机构进行追偿。公证实务中，有很大部分遗嘱公证的当事人因为子女不孝顺，试图通过遗嘱的方式剥夺某个法定继承人的继承权，又因为遗嘱系死因行为，遗嘱人真实意思表示与生者对该意思表示真实内容之间本身就无法进行印证，最终这两者的风险都将归于公证机构，如果公证证词表述不当，很有可能将公证机构置于非常不利的位置。

结　　语

作为提供准公共产品的法律服务机构，公证机构首先要明确自身责任范围与证明边界，才可能让民众更好地了解我国公证制度的意义和价值。就公证遗嘱而言，虽现已与其他形式遗嘱处于相同的法律地位，但广大民众对公证遗嘱的接受度更高。在《继承法》施行的三十多年间，公证遗嘱的严谨性、权威性已深入人心，但目前由于相关配套制度不尽完善，导致某些地区遗嘱公证服务供给严重不足，民众的遗嘱公证需求亦得不到全面满足，公证制度预防纠纷、监督保障的职能作用更不能充分发挥。在此笔者希望本文能引起学界的共鸣，同时也与公证界同仁共勉。

专题十六 《民法典》视野下公证参与遗产管理的困境与破解

周千荀[*]

一、公证参与遗产管理的制度背景解读

《民法典》在继承编中新增了遗产管理人的产生方式、职责、权利义务等内容，自此遗产管理人制度正式确立。这为公证机构参与遗产管理提供了新思路、新途径。因此，在探讨公证机构根据遗产管理人制度发展新的遗产管理业务之前，需要对遗产管理人制度设立的背景和作用进行解读。

（一）遗产管理人制度的设立背景

1. 经济发展的现实需要

首先，随着我国经济的不断发展，人们的财产类型也日趋复杂多样。除了不动产和基础工资外，不少人还有投资理财、基金炒股等方面的收入，这些财产在遗产继承时也相应地加大了清算的难度。其次，随着三胎政策的放开，中国将在未来几十年内面临更加复杂的家庭结构，再加上不婚族和重组家庭的增多，遗产继承涉及的人多、面广、类杂，更需要加强情、理、法的结合。因此，有越来越多的遗产继承案件需要有专业人士来处理，以完成家庭财富的顺利传承和交接。

2. 社会治理现代化的必然要求

"把非诉讼纠纷解决机制挺在前面"是习近平总书记为推进法治建设、推进社会治理现代化所提出的重要论断。而增设遗产管理人制度，就是我国意图通过非讼方式解决遗产继承纠纷的重要体现。通过遗产管理人制度，继承人可以将遗产继

---

* 周千荀，湘潭大学法学院硕士研究生。本文系湖南省法学会法学研究青年课题"公证参与诉源治理机制创新研究"（22HNFX-D-002）的阶段性成果。

承的相关问题都交由遗产管理人处理，进而高效地解决或减轻继承人、债权人的负担和诉累，及时化解继承纠纷，减少社会矛盾。遗产管理人制度为促进社会和谐、维护社会稳定提供了重要的制度保障，同时也为非讼机制介入遗产管理提供了身份基础与权利依据。因此，增设遗产管理人制度是实现我国治理体系与治理能力现代化的必然要求。

3. 继承制度现代化的基本需求

继承法规制的是以亲属关系为媒介的财产流转关系，因而继承以及继承立法必须体现时代精神，既满足继承权利人的需要，又符合社会的经济发展状况，顺应继承制度的发展规律。[①] 以保护公民私有财产的继承权为目的的现代继承法，在确立以保障被继承人以及继承人利益为目的的遗嘱继承制度、法定继承制度等内容的同时，应当设立相关的制度，保障继承关系中的遗产债权人以及其他权利人利益得以平等实现。[②] 因此，《民法典》在继承编中增设遗产管理制度，既是对遗产权利人利益的积极保护，也是顺应社会发展趋势，完善和弥补我国继承法缺陷的必经之路。[③]

（二）遗产管理人制度的功能定位

遗产管理人制度的功能无外乎三种：第一，维护遗产权利人的利益。这里的遗产权利人既包括被继承人，也包括继承人；所保护的权利既包括被继承人自由处分自己遗产的权利，也包括继承人自愿放弃或接受遗产的权利。[④] 遗产管理人通过管理和保全遗产的方式，对遗产进行清算、分类、整合……尽到管理人勤勉、尽职的义务。第二，实现遗产分配的公平有序。在遗产管理人的介入下，除去了人情关系带来的尴尬和束缚，各继承人可以更全面地对遗产分配并对其分配过程进行监督，促进了遗产分配程序和结果上的公平公正。第三，提高遗产分配效率。遗产管理人的专业能力和丰富经验能使其在保障公平的同时，还能提高分配效率，顺利实现遗产所有权交接以及财富的继承延续。在这个意义上，遗产管理人制度发挥着高效、便民和保障交易安全的作用。[⑤]

（三）公证机构参与遗产管理的发展趋势

遗产管理人制度的功能定位和价值取向无不要求遗产管理秉承公平、中立的

---

① 杨立新：《我国继承法修订入典的障碍与期待》，载《河南财经政法大学学报》2016年第5期。
② 刘宇娇：《民法典视阈下遗产管理人制度之价值取向与功能定位》，载《学术探索》2021第5期。
③ 陈苇、石婷：《我国设立遗产管理制度的社会基础及其制度构建》，载《河北法学》2013年第7期。
④ 张玉敏：《中国继承法立法建议稿及立法理由》，人民出版社2006年版，第21页。
⑤ 石婷：《遗产管理制度的体系化研究》，载《学术探索》2016年第5期。

专业态度,同时也需具备专业的法律能力。这些硬性要求都为公证机构参与遗产管理提供了可行性。此外,根据国家统计局公布的 2018 年至 2020 年全国公证业务统计数据可以发现(见图 1),公证机构关于继承和遗嘱的业务呈逐年递增趋势,且在总业务数量中占比越来越居于突出位置,[①]再加上《公证法》明确赋予了公证机构"保管遗产"与"办理财产分割公证事项"的职能,公证机构担任遗产管理人在法律依据和处理经验上也占据优势。因此,公证机构参与遗产管理是需求所致、形势所趋。公证机构要抓住这一发展机遇,发挥自身的功能优势,实现公证业务与遗产管理人制度的有效对接。

图 1　2016 年至 2020 年公证业务统计

二、公证机构参与遗产管理的功能优势

(一) 公证机构的中立性符合遗产管理人的核心要求

遗产管理人作为管理、分配遗产的第三方,应当既不与继承权利人有利益关系,又能协调、兼顾各方权利人的利益诉求,确保遗产的公平公正分配。因此,选择中立第三方作为遗产管理人是遗产管理制度的应有之意。公证机构是非营利法人,其成立的公益性质决定了中立性,不受各方利益的牵扯,且对公证员的工作也有严格的考核标准,在公证管理部门和行业协会的双重监督下,各方面保障了公证机构客观、中立的立场。并且,公证机构的公证事项是基于法律规定,证明过程也

---

① 　数据来源:由国家统计局社会科技和文化产业统计司发布的中国社会统计年鉴。

有着严格的程序要求以确保公正。[①] 就继承公证而言，公证机构根据相关继承权利人的申请，在穷尽核实手段后，对被继承人的死亡事实以及相关继承权利人的继承资格进行确认，核对遗产的具体情况，了解被继承人和继承人关于遗产继承的真实意愿，确认无误后作出确权公证，并以协议书形式出具给遗产保管部门或登记部门，最终使继承人的继承权顺利实现。

（二）公证机构的公信力符合遗产管理人的基本职能

公证机构由国家设立，其职能也由国家赋予，有国家作为后盾。相比律师而言，群众更相信公证机构的公信力。公证需要公证员穷尽手段进行核实，这就要求他们在参与遗产管理时，必须与当事人积极沟通，了解当事人的真实意愿，查明遗产的范围及相关的利益关系，及时提出合理的遗产分割方案并进行分配。在当事人信任配合与公证机构严于律己的双重作用下，公证机构就有了强有效的公信力。因此，在公证机构的参与下，遗产权利人对公证机构的行为和结果很少质疑，当事人委托的事项一般都能够一次性解决，没有后续矛盾。而且，公证机构的公信力不仅存在于民众心中，还存在于各单位各部门中。对于一些不方便公布或涉及保密的文件，一般人可能难以查询或核实，但公证机构的公证员出具合理证明并说明理由后，查阅核对这些文件时，各单位部门会更为配合。另外，公证员终身责任制的实行也给民众打了一剂强心针，即便公证机构确有错误疏漏之处，当事人也可以通过相关程序及时补救或挽回自己损失的合法利益。

（三）公证机构的专业性符合遗产管理人的能力需要

相比较而言，遗产继承案件涉及的法律关系和人情关系都更为复杂，这都考验着遗产管理人的法律专业能力和沟通经验。公证机构对公证员有着严格的准入标准，除应取得法律职业资格外，还需要有一定的实践工作经验才能担任。这些专业的法律人士投入案件中，能发挥他们强大的专业能力，将遗产继承涉及的多种法律关系厘清疏明，准确定位遗产继承的内容与范围。[②] 而且法律明确了公证机构"保管遗产"和"办理财产分割公证事项"的职能，公证机构在遗产继承案件中的主要地位从未被动摇过。[③] 公证机构长期办理遗嘱和继承案件，积累了丰富的财产管理经验，并且凭借核实权限，其可以向民政局、银行、机关单位等当事人不便介入

---

① 刘国先：《公证视角下的遗产管理人制度》，载《中国公证》2020年第12期。

② 宫楠：《继承权公证中遗嘱检认的实务分析》，载《中国公证》2021第6期。

③ 马宏俊主编：《中国公证十年文萃——公证法的理论与实践》，北京大学出版社2016年版，第103页。

的单位或部门发送查询函,以查询被继承人名下资产、核实继承权利人与被继承人之间的关系等。公证机构在核实、查证的基础上,还可以承办一些司法辅助业务,如代为调取户籍和人事档案,代为办理不动产产权转移登记手续、资金监管手续等,帮助遗产权利人顺利交接财富。

(四)公证机构的稳定性符合遗产管理的执行需求

遗产管理与分配可能会经历一个长达数年甚至数十年的漫长过程,此时遗产管理人主体的稳定性对遗产管理事项能否顺利交接、实现具有重大影响。自然人主体的生老病死在所难免,其他中介机构担任遗产管理人也存在本体注销、人员更换、交接后监管不力导致无人承继业务的风险,缺乏稳定性保障。而我国公证机构均为依法设立,严格按照国家规定的组织形式组建,并非临时性的机构,且公证机构的设立和存续都具有严格的审核程序和监管措施,即便出现被撤销、合并、分立等情况,其业务信息、档案记录、重要资料等均有水平相当的承继者接替,可以保持工作的连续性,不仅稳定性有保障,服务质量也有所保障。[①] 因此,从设立、持续以及承继的整个过程上看,公证机构的稳定性相较于自然人或其他主体而言更具优势。

(五)公证机构的责任承担能力符合遗产管理的风控要求

遗产管理案件因涉及的财产、人员关系众多,存在较大风险,不仅需要承办主体有规范的风险防范机制,还需要其具备稳固且强大的责任承担能力。而公证机构为保障公证事业的持续发展,也为公证人员的工作积极性提供强大的物质支持,都参投了公证执业责任保险。[②] 公证责任保险具有强制性,因为公证责任保险既是公证人员的执业保障措施,也是公证行业规避风险的有效手段。公证人员如因不当执业行为需对他人承担民事赔偿责任,且属于公证保险责任赔偿合同约定范围的,将由保险公司负责赔偿。此举大大降低了公证机构办理业务的风险,并大幅提升了其承担风险的能力,为公证机构的长期良性运转奠定了稳固基础。在此基础上,为切实有效地解决公证机构可能面临的赔偿风险,公证协会还设立了公证赔偿后备金,主要用于支付公证责任保险范围以外的公证责任赔偿费用。公证机构强大的风险防控手段及坚实的风险承担能力有目共睹,这是其他个人、行业和机构主体所不具备的优越条件。

---

① 四川省公证协会编著:《新时代·新思维·新公证——公证服务综合养老论文选编》,四川人民出版社 2020 年版,第 318 页。

② 马宏俊主编:《中国公证十年文萃——公证法的理论与实践》,北京大学出版社 2016 年版,第 106 页。

三、公证机构参与遗产管理的实践探索

（一）公证机构确认遗产管理人资格

遗产管理人如何让相关部门相信其身份并顺利开展相应的业务，是遗产管理人制度落到实地的关键。鉴于此，有不少公证机构陆续开展了确认遗产管理人身份资格的业务。杭州互联网公证处更是做出表率，制定了《办理遗产管理人身份确认的业务指引（试行）》（以下简称《业务指引》），不仅详细规定了公证确认遗产管理人的程序、方式、权利外观凭证等，还提及了公证机构自身担任遗产管理人应当注意的事项，供业内参考研习。根据《业务指引》的规定，公证机构可以根据当事人的申请，单独就遗产管理人身份进行确认。有资格申请办理该业务的主体为拟担任遗产管理人的主体，提交申请的同时需附全体继承人签署的有关推选或不推选的书面材料。公证员经询问、审查后，方可出具遗产管理人公证书。现已有公证机构参考该项规定并付诸实践，开创了确认遗产管理人公证业务的先河。虽然从江苏、深圳、上海、云南等地的实践情况上看，确认遗产管理人公证的申请主体大多是律师事务所，但从发展潜力角度来看，随着继承人对遗产管理人制度的深入认识，会有越来越多的主体加入申请确认遗产管理人公证的行列。

（二）公证机构推荐遗产管理人

遗产管理人作为一项新建立的制度，对于我国大多数民众来说还处于不熟悉甚至是陌生的认知状态。因此有些人在遇到遗产处理的难题后，向公证机构咨询解决办法时，可能无法精准定位到自己想要办理的业务，也没有考虑过遗产管理人的合适人选。此时公证机构要充分发挥咨询功能，向当事人释明遗产管理人制度，指引当事人推选遗产管理人并办理相关后续事务。在征得当事人同意后，公证机构可以以其专业视角推荐合适的遗产管理人，同时还可以一并办理确认遗产管理人公证。推荐遗产管理人的业务适用范围广泛，目前，江苏、重庆、北京等地的不少公证机构都陆续开展了此项服务。而且在实践当中，为了应对复杂多样的法律关系，越来越多的公证机构和律师事务所开启了推荐互认计划，公证机构推荐遗产管理人的范围不局限于当事人亲属，还可以推荐互认名单中的其他专业人士、机构担任，该项服务也成了公证机构参与遗产管理的主要方式。

（三）公证机构实施遗产管理人推荐互认计划

"遗产管理人推荐互认计划"是公证机构为更好地开展遗产管理业务，与众多律师事务所共同建立的一种优势互补、合作共赢的制度模式。[①] 该计划要求公证机构在各地探索实践的基础上,就各自所建的遗产管理人名册进行有条件互认推荐的多方约定,并推出相应的遗产管理人推荐库或备案名册,以此为当事人或人民法院指定遗产管理人提供参考。公证机构利用广泛的互认名单,不仅可以自身担任遗产管理人,还可以通过推荐、确认其他遗产管理人主体的方式参与到遗产管理服务中,为当事人办理遗产事务提供多维度的便利。

目前,该计划已由国内多家公证机构签署,自愿将各机构已设立或拟设立的数据库进行互认推荐。不少公证机构在开启互认名单的同时,也开展自身担任遗产管理人的服务。浙江省海宁市公证机构更是在此基础上成立了全国第一个公民遗产服务中心,中心业务包括遗产、遗嘱登记、证照代办、遗产管理人资格确认等一站式服务内容,实现了对逝者家属的一体化遗产管理服务。海宁公证机构这一举措为"互认计划"的多元、深入化发展指明了方向,也为公证机构自身担任遗产管理人提供了实践经验,值得更多的公证机构学习适用。[②]

四、公证机构参与遗产管理的现实困境

(一)遗产管理民事实体立法缺失增加公证实践困难

《民法典》在第 1145 条中只明确了遗嘱执行人、继承人、民政部门以及村委会担任遗产管理人的资格,而对于何者能担任遗嘱执行人、继承人可以推选哪些主体做遗产管理人,并没有进一步说明。因此,严格来说,《民法典》并没有明确地赋予公证机构担任遗产管理人的资格,公证机构在遗产管理人制度中的角色和地位并没有得到法律的回应。再看《最高人民法院关于适用〈中华人民共和国民法典〉继承编的解释(一)》(全书简称《解释》),其针对《民法典》继承编中的一些粗疏规定作了进一步阐释,其中也细化了一些遗产处理的方式,比如,第 30、31 条细化了对失联继承人、胎儿等特殊人群的遗产份额处理方式,第 42 条明确了遗产具体分割时应注意的事项,这些细化条文一定程度上为遗产管理人展开遗产分配工作提供了帮助。然而,该《解释》没有做到与《民法典》继承编整个体系的有机衔接,以至于对遗产管理人制度相关的内容均未提及,公证机构自然无法从中得到能否担任遗产管理人问题的答案。这种立法缺失给公证机构参与遗产管理带来了不少的争议和

---

① 上海市公证协会:《遗产管理人推荐互认计划正式启动》,载上海公证网,http://www.shnotary. org.cn/info/060a833278314d0386ae14581d6a0324,2022 年 7 月 7 日最后访问。

② 乔小倩:《浙江省海宁市成立公民遗产服务中心》,载法治网,http://www.legaldaily.com.cn/ index/content/2021-10/12/content_8609482.htm,2022 年 7 月 7 日最后访问。

阻力,使得其在目前的实践中很难以遗产管理人的身份主导遗产管理,只能先尝试做遗产管理人的公证人或辅助者。

(二)公证参与遗产管理程序指引缺乏提高公证操作难度

针对遗产管理业务的发展,在法律规范层面,《公证法》多年未曾修改,其依照的还是先前《继承法》中的"遗产保管人"理念,只在第 12 条中规定了公证机构"保管遗嘱、遗产"的权利。但"遗产保管"的理念显然已不能完全适应《民法典》遗产管理人制度发展的要求,也无法满足公证行业发展遗产管理业务、进而担任遗产管理人的需要。在行政法规层面,《公证程序规则》虽然结合《民法典》作出了修订,但修订内容集中在新增的便民原则上,并没有就遗产管理人程序作出指引。除此之外,司法部也没有将《遗嘱公证细则》结合《民法典》的有关规定进行及时修订,导致公证机构在办理遗嘱公证时缺乏法律依据与配套程序来支持其进一步开展遗产管理业务。在行业规范层面,中国公证员协会未在其制定的《办理继承公证的指导意见》基础上就遗产管理人问题进行及时修订,也没有组织公证协会单独制定有关遗产管理人的行业指导规范。地方的公证协会虽然纷纷组织本地公证机构学习遗产管理人制度的有关规定,但也没有就遗产管理人制度制定相关的试行指导意见。

从法律体系的完整性和内部衔接角度来看,有关制定主体应当就公证参与遗产管理的启动程序、角色定位、证明规则等方面内容出台规定并加以指引,明确公证机构应当何时、通过何种方式参与到遗产管理中。目前,程序指引的缺失导致公证机构在遗产管理实践中束手束脚,发展缓慢。

(三)公证参与遗产管理的权责不明加大公证风险

首先,《民法典》对于遗产管理人权利义务、法律职责有关的规定过于粗放,导致遗产管理人职权范围不明,不同的遗产管理人在履职方式、管理职责的理解和适用上可能存在差异。比如《民法典》第 1147 条中规定遗产管理人应制作遗产清单,但对"遗产清单"的制作时间、制作要求、清单内容等没有详细说明;规定了遗产管理人有报告遗产情况的义务,但对报告内容、形式等未明确标准。诸如此类职责模糊的问题让公证机构很难预估参与遗产管理的风险。其次,遗产管理人权利、义务规定的不明确还加大了公证机构参与遗产管理的涉诉风险。自《公证法》施行以来,法律明文规定公证机构可以因"错误公证"成为民事诉讼的被告,而遗产管理本就是风险极大的业务,尤其在处置和分配被继承人遗产的过程中,极容易产生纠纷。在法律没有对遗产管理人的权利与义务作出明确规定的情况下,公证机构参与遗产管理没有一套标准的适用规范,风险很难防范。如果在遗产管理过程中确有不当,还面临着赔偿责任划分的问题。虽然当前法律明确规定公证赔偿责任的分担包括内部分担和外部分担,但是对于具体责任分担问题规定得还不够明确。公证机构参与遗产管理如有失当需要承担何种法律责任? 是否区分故意与过失? 内部责任分担的主体具体包括哪些人员? 这些问题如果得不到及时解决,必将导致公证机构对遗产管理人制度"敬而远之"。

五、公证机构参与遗产管理的规范进路

(一)确立公证机构遗产管理人资格

公证机构作为依法独立承担民事责任的专业法律机构,具备完全民事行为能力,担任遗产管理人在原则上是可行的。而且,专业、中立、稳定且具有公信力的公证机构,担任遗产管理人具有不可比拟的优势。再加上在目前的实践探索中,公证机构在确认并协助遗产管理人制作遗产清单、管理和分配遗产等方面发挥着重要的作用,如果公证机构能自己担任遗产管理人,就可以主动履行遗产管理人的职责,并对预估的风险或利益冲突直接采取应对措施,从而更好地帮助当事人处理遗产相关事宜。所以,法律应明确赋予公证机构遗产管理人资格,并相应地设置公证机构担任遗产管理人的具体选任程序。

公证机构根据不同主体指定成为遗产管理人的,在选任程序上会存在一定的差别,其优先顺序也应当区分先后:一是由被继承人选任。被继承人在身故之前,可以通过立遗嘱的方式确定遗嘱执行人或直接确定遗产管理人。遗嘱应以书面为准,如果是口头遗嘱,需要有见证人在场。被继承人已去世的,该公证机构应当征求继承人的意见,由继承人推选出公证员,继承人无法达成一致的,应当告知其申请法院指定。由被继承人确定的遗产管理人,不需要继承人的认可,但需要有证明资格的材料,且在被继承人和继承人都指定遗产管理人的情况下,以被继承人指定的对象为准。二是由继承人推任。继承开始后,被继承人没有指定遗产管理人的,可由继承人们共同推选确定遗产管理人,公证机构同时也需要核实继承人的信息。三是由法院指定。继承人之间无法达成合意确定遗产管理人的,由继承人们共同担任遗产管理人。继承人既推选不出遗产管理人,又不愿自己担任遗产管理人的,应向法院申请确定。法院收到申请后,可在继承人同意的情况下,指定公证机构及其公证员作为遗产管理人。继承人无正当理由对指定的遗产管理人提出异议的,法院不予支持。

(二)明晰公证机构参与遗产管理的权利义务

1. 公证机构参与遗产管理的权利

为保障公证机构参与遗产管理工作的顺利进行,法律应当明确并细化以下几种权利：(1)明确公证机构独立办案的权利。应当确保公证机构依法执业受法律保护,不受任何单位和个人的非法干预。公证员独立办案,对办案过程和结果终身负责,公证机构作为审批防线,对公证员的办案情况进行监督。(2)确保公证机构核实权的行使。核实权是公证业务开展的核心条件。在遗产管理案件中,公证机构有权询问当事人与案件相关的财产情况、人身关系,当事人应当如实告知;拒不配合的,公证机构有权拒绝办理相关业务。公证机构的核实权不应只局限于当事人,任何单位和个人在公证机构按照正规程序提供相关证明材料后,都应当积极配合公证员的核实工作。(3)细化管理行为中的财产处分权利。公证机构在担任遗产管理人时,可以根据财产的不同特性具体化遗产管理人处分遗产的权限。对于现金、存款、动产等普通类型的财产,公证机构可以通过当事人的一般授权进行清算、变卖、提存、分配;对于股东投票权等特殊类型财产行使、非存款类金融资产的处分,需要提前获得权利人的特别授权。(4)公证机构有拒绝公证或终止公证的权利。公证机构在参与遗产管理的过程中,如遇到《公证程序规则》第 48 条或第 50 条规定的不予办理公证或终止公证的情形,有权提出拒绝或终止公证。

2. 公证机构参与遗产管理的义务

对于公证机构在参与遗产管理的过程应当履行哪些义务,法律也应当予以明确,主要包括以下几个方面:(1)告知义务。不同于法院的"不告不理",接受咨询是公证机构的基本功能。当事人前来咨询或办理遗产管理业务时,公证人员应对当事人享有的权利、义务、法律责任等主动告知,并一次性告知当事人办理遗产管理业务应当提供的材料或信息。(2)清理遗产并制作遗产清单义务。遗产清单应当分类记录被继承人资产与负债的构成情况及具体数额,并注明遗产权利人和遗产管理人的相关信息。遗产清单自遗产管理人确定之日起开始制作,制作的时间应当控制在 3 个月内,[①]制作完成后应当立即向继承人履行书面报告义务,以便日后固定、保全遗产内容。(3)公示催告债权义务。公示催告是遗产管理人促进债权人行权的手段,其既是权利又是义务。遗产管理人应当通过书面方式通知、催告遗产利害关系人知悉遗产继承的相关情况,知悉对象应当包括受遗赠人、遗产债权人等。如需要以公告方式使相关当事人知悉的,公告的时间期限与公示程序可以参照《民事诉讼法》中的公示催告程序。(4)按照遗嘱或者依照法律规定分割遗产义务。公证机构在进行遗产分割时,有遗嘱的优先遵循遗嘱内容,但违反法律强制性规定的除外;没有遗嘱的则按法定顺序进行遗产分割。无论是遗嘱分割还是法定分割,都需要注意保障胎儿、未成年人等特殊人群的基本权益。确定遗产分割顺序

---

① 陈苇、刘宇娇:《中国民法典继承编之遗产清单制度系统化构建研究》,载《现代法学》2019 年第 5 期。

后,可以采取实物分割、变价分割、保留共有等多种方式灵活处理遗产。

(三) 明确公证机构参与遗产管理失当的法律责任

通常情况下,当事人可以通过三种途径追究公证机构的责任,分别是向公证协会或司法行政机关投诉、申请公证机构复查以及向人民法院提起民事诉讼。[①] 据此,公证机构或公证员在遗产管理失当时,承担的责任可能包括行政责任、刑事责任、民事责任以及行业惩戒四种。司法行政部门会根据情节轻重对涉事公证机构予以警告、罚款、责令停业等处分,对主要责任的公证员予以警告、罚款、吊销公证员执业证书等处分;若过错行为同时违反公证行业规范,公证协会也会给予相应的行业处分并公开披露;构成犯罪的,依法追究刑事责任。

除此之外,对于公证机构及其公证员在遗产管理中出现过错行为者,还需要承担民事赔偿责任,对公证机构的追责,应根据行为人进行遗产管理时的主观过错状况进行讨论。一类是故意的过错行为,公证机构在遗产管理中故意侵害遗产权利人合法权益的,如转移隐匿遗产、不履行报告义务、怠于处理被继承人债权债务等;另一类是过失的过错行为,是指公证机构主观上没有恶意,但因过于自信或疏忽大意的过失导致相关权利人损失的,如核实不到位致使遗漏继承人或遗产权利人、判断失误导致遗产贬值等情形。针对故意的过错行为,因主观恶意较大,公证机构在赔偿时应当负连带责任;对于过失的过错行为,公证机构则应当承担补充责任。但如果公证人员在遗产管理过程中穷尽了一切核实手段,并且公证事项已经达到了排除合理怀疑证明标准的,可以考虑引用公平责任原则,由公证机构对利害关系人的财产损失给予适当补偿。最后,还应当明确内部责任承担的主体。鉴于公证机构目前实施的办案审批制及公证员的终身负责制,内部责任的承担主体应当包括承办案件的公证员及其助理,以及审核案件的审批人,其他辅助性质的工作人员不包括在内。

(四) 规范公证机构参与遗产管理的具体程序

1. 明确公证机构参与遗产管理的启动程序

基于先行地区的业务经验,遗产管理业务并不少见,但大多需要公证机构主动识别来启动遗产管理程序。在当事人不能准确识别自己的法律问题时,公证员应当根据当事人的描述并结合自己的专业知识和办案经验,主动与当事人所表达事件背后的法律关系准确对接。如果公证员对当事人的需求视而不见,以不告不理原则为由不积极主动地识别问题,则是混淆了法院功能与公证功能、模糊了诉讼与非讼界限的表现,实际上违反了公证的工作原则。因此,在遗产管理案件的启动程

---

① 王进喜:《律师与公证制度》,中国人民大学出版社 2013 年版,第 265 页。

序上，公证机构应当主动运用自己的咨询功能，在当事人前来咨询时，全面了解当事人的需求与案件情况，并根据个案具体情况进行判断。在当事人无法准确表达自己的需求时，公证员要依据自身的专业知识和办案经验，引导当事人说出自己的真正意图，并及时指引当事人对接到相应的法律关系业务中。对应到遗产管理业务中也是如此，公证员应在业务启动阶段就积极、妥善地展现自己的专业能力，适时应用遗产管理人制度，有效促进遗产继承案件的顺利解决。

2. 细化公证机构确认与推荐遗产管理人的程序

遗产管理人在获得管理人资格后，如想对外开展工作，必须具有相应的权利外观。权利外观是指执行遗产管理权利的外在表现形式，用于向第三人证明遗产管理人的身份和权利。在我国，公证机构作为国家证明机构，办理身份证明已是传统公证业务之一，而遗产管理人作为申请人申请公证机构确认遗产管理人身份，不过是身份证明的一种新形式。申请人具有申请资格，申请内容也属于公证机构的业务范围，那么在符合申请条件的情况下，理应得到支持，公证机构也有权进行确认。因此，现有不少公证机构将确认遗产管理人公证作为参与遗产管理的主要业务。

在确认遗产管理人公证业务发展的基础上，公证机构还应注意到实践中也存在不少当事人没有事先选任遗产管理人，需要公证机构推荐适格人选的情况，于是"推荐＋确认"遗产管理人的公证业务模式也逐渐发展起来。具体来说，公证机构"推荐＋确认"遗产管理人业务的程序应是先依当事人申请，进而为其推荐适格遗产管理人，当事人同意后让其与推荐的遗产管理人签订协议，再根据双方的申请材料一并办理确认遗产管理人公证。如此一来，既方便公证机构为当事人提供个性化、一步化的公证服务，也方便遗产管理人协助当事人证明相关事项，共同促进遗产管理事项的顺利进行。

3. 完善公证机构参与遗产管理的证明规则

在遗产继承案件中，公证机构既要核实继承权利人之间的亲属关系，也需核实被继承人的财产情况，涉及的内容往往比较繁多复杂。有些案件因证明内容年深月久，导致证明材料的缺失；还有些案件证明内容因涉及个人或家族秘密，甚至会出现当事人有意隐瞒或自己也不知晓的情况。在这些特殊情况下，公证人员即使穷尽一切手段也可能无法达到证明标准。因此，鉴于该类案件证明内容的特殊性以及公证制度的独特性，可以考虑实行公证告知承诺制。[①] 具体来说，公证机构在

---

① 详见文件《开展证明事项告知承诺制试点工作方案》，司发通〔2019〕54号。告知承诺制即以书面形式将法律法规中规定的证明义务和证明内容一次性告知申请人，申请人在知晓所有告知内容后书面承诺自己申请内容的真实性，并愿意承担不实承诺的法律责任，有关机关根据申请人的书面承诺不再索要有关证明并办理相关事项。

处理遗产继承案件时,面对一些客观上无法确定的证明事项或难以获取的证明材料,可在公证人达到内心确信并获得当事人关于保证申请事项真实性的书面承诺后,不再索要有关证明并办理相关事项,若之后发现为虚假事实,则由当事人承担因不实承诺而产生的返还财产、赔偿损失等法律责任。[①] 这一做法也得到了司法部的肯定与倡导。[②] 如此一来,公证机构不仅可以解决遗产管理中的一些证明事项因战乱、年久、当事人蓄意隐瞒等原因所导致的证明不能问题,还可以使证明责任在其与当事人之间进行合法、合理地分配,从降低公证机构参与遗产管理的法律风险、提高公证人员的工作积极性,实现多效合一。

[①] 李全息、李继伟、张莉、张敏、张鸣、庄淑君、谭睿:《公证证明材料告知承诺制在公证领域的运用》,载《中国公证》2021年第11期。

[②] 司法部2021年在《关于优化公证服务更好利企便民的意见》中的指出,公证机构可以"有针对性地选取与企业和群众生产生活密切相关、使用频次较高或者获取难度较大的公证证明事项实行告知承诺制"。

专题十七　遗赠扶养协议公证新探
——兼论《遗赠扶养协议公证细则》的修订

李泳恩[*]

引　言

佛山南海区遗赠扶养协议公证案件的数量少,协议主体和内容趋同,涉"农"因素明显。其主要原因是:经济发达地区遗赠扶养需求相对少,行为能力欠缺的遗赠人被排除申办公证,感情因素的作用导致协议主体和内容趋同,协议是解决涉"农"财产的一种有效途径。遗赠扶养协议虽与人身有关,但并非身份行为,本质上属于财产性质合同。基于遗赠扶养协议的性质,遗赠人行为能力欠缺可由监护人代理申办公证,扶养人在遗赠人死后不适用 60 日内作出接受遗赠意思表示的规定。结合公证特有的"化私为公"功能,公证应当全程介入遗赠扶养协议。建议扩大《遗赠扶养协议公证细则》的指导范围,并允许符合条件的遗赠人的监护人代为申办公证。

一、遗赠扶养协议公证的实证分析

(一)对象界定与样本选取

遗赠扶养协议,是指遗赠人(亦称被扶养人)与扶养人订立的,以被扶养人的生养死葬及财产的遗赠为内容的协议。[①]

笔者在佛山市南海公证处"非凡"办证系统中,调取了 2015 年至 2020 年的遗

---

[*] 李泳恩,广东省佛山市南海公证处主任助理。

[①] 最高人民法院民法典贯彻实施领导小组主编:《中华人民共和国民法典婚姻家庭编继承编理解与适用》,人民法院出版社 2020 年版,第 687 页。

赠扶养协议公证的数据。遗赠扶养协议公证 16 件,其中有 2 件终止,有 2 件内容基本一致,只因后来涉及的房屋换领了新的房产证而重新办理,最后确定了 13 件有效样本进行分析。

(二)总体概况

1. 案件数量

从绝对数量来看,遗赠扶养协议公证案件非常少,且未发现有规律的发展趋势,具体见表 1。

表 1　2015—2020 年南海公证处办理遗赠抚养协议公证的案件数量(件)

时间(年)	2015	2016	2017	2018	2019	2020	小计
遗赠扶养协议	0	2	4	2	1	4	13

2. 遗赠人情况

遗赠人情况是分析遗赠扶养协议需求的核心信息。笔者主要从年龄结构、性别、文化(职业)、家庭情况及遗赠财产五个方面进行归纳,具体见表 2。

表 2　南海公证处办理遗赠抚养协议公证的遗赠人情况

年龄结构	全部为 70 岁以上。70 岁至 79 岁有 3 件,80 岁至 89 岁有 6 件,90 岁至 99 岁有 4 件
性别	遗赠人男性的 7 件,女性的 6 件
文化(职业)	遗赠人为文盲的 9 件(均为农民,其中 2 名低保户),另外 4 件的遗赠人则在集体企业或单位退休
家庭情况	全部为孤寡老人(没有子女或子女已故)
遗赠财产	没有指定财产的 4 件,涉及房屋的 8 件,涉及集体经济组织股权的 4 件

3. 扶养人情况

扶养人是达成遗赠扶养协议的关键。笔者主要从主体类型、性别、年龄结构及与遗赠人关系四个方面进行归纳,具体见表 3。

表 3　南海公证处办理遗赠抚养协议公证的扶养人情况

主体类型	居委会作为扶养人的 1 件,两夫妇共同作为扶养人的 1 件,两姐妹共同作为扶养人的 1 件,其余 10 件均为单个自然人作为扶养人
性别	单个自然人作为扶养人案件中,扶养人为男性的 7 件,女性的 3 件
年龄结构	30 岁至 39 岁的 2 件,40 岁至 49 岁的 3 件,50 岁至 59 岁的 7 件,60 岁至 69 岁的 2 件(夫妻和姐妹共同作为扶养人的案件中,均为一名处于 50 岁至 59 岁,另一名处于 60 岁至 69 岁的区间)
与遗赠人关系	侄辈的 5 件,较疏远的亲戚 4 件,同村村民 2 件,朋友关系 1 件

（三）主要特征

1. 案件占比小

遗赠扶养协议公证6年总共办理13件,而同一时段我处遗嘱公证案件为4761件,是前者的366倍有多,而且遗嘱公证的案件数量在后面4年差不多保持年均接近1000件,具体见表4。

表4 遗赠扶养协议公证与遗嘱公证数量对比

时间（年）	2015	2016	2017	2018	2019	2020	小计
遗赠扶养协议（件）	0	2	4	2	1	4	13
遗嘱（件）	354	618	990	945	869	985	4761

2. 协议主体和内容趋同

遗赠人均为年纪老迈的孤寡老人,属于社会中的脆弱群体[1]。扶养人绝大部分是处于青壮年的自然人,只有极少数是组织。扶养人多数为遗赠人的亲戚,只有少数是同村或朋友关系。遗赠的财产大部分有清晰指向,且多为房屋,亦有涉及农村集体经济组织的股权。当然,亦有部分在协议中没有指明具体的遗赠财产,只是笼统地写全部财产,但通过卷宗的询问笔录可以发现,没有指定具体遗赠财产的几乎就只有存款或退休金。

3. 涉"农"因素明显

遗赠人大部分是农民身份,且是文化水平低的农民（文盲）,有些属于低保户。遗赠财产中的涉农村房屋以及农村集体经济组织的股权,均属于限制流通的财产。根据案卷中的内容,全部的涉农村房屋和农村集体经济组织股权的案件,在申请办理公证之前,扶养人均是照顾遗赠人已多年,是遗赠人主动提出来办理遗赠协议公证,便于涉及农村财产的后期处理。

（四）原因分析

1. 经济发达地区遗赠扶养需求相对少

佛山市南海区位于珠三角的核心,2015年到2020年,地区生产总值从2397亿元增长至3177亿元,年均增长5.9%。[2] 随着经济的快速发展,社会福利亦水涨船

---

① 脆弱群体一般是指那些因主客观原因导致经济条件差、政治势力小、社会地位低,在社会竞争中处于不利形势的人群,如孤寡人群、残疾人、老年人、未成年人、妇女、最低保障对象、下岗失业人员等。李勇:《中国公证视野下脆弱群体保护的法律研究》,四川人民出版社2021年版,第2页。

② 《2021年政府工作报告——2021年2月8日在佛山市南海区第十六届人民代表大会第六次会议上》,载南海区人民政府网,http://www.nanhai.gov.cn/fsnhq/zwgk/xxgk/xxgkml/qrmzf/zfgzbg/content/post_4719545.html,2021年9月23日最后访问。

高,社会服务体系亦日趋完善,在社会的养老服务、医疗护理等保障方面政府有能力承担更大的责任,而作为填补社会保障制度不足的遗赠扶养协议可发挥的空间就变小了。南海公证处是南海区属的唯一一家公证处,公证业务的数据能够比较客观反映出社会状况。从 2015 年到 2020 年,遗赠扶养协议公证的数量仅 13 件,而同时期的遗嘱公证是 4761 件,是遗赠扶养协议公证数量的 366 倍有多。遗嘱作为财富传承的方式,其前提必然是遗嘱人有一定数量的财产,而且这些财产是需要事前规划和分配的,以防止继承人因日后遗产分配发生纠纷。遗嘱公证数量多,可以反过来说明居民可支配的财产多,整个地区的经济状况则较为发达。

2. 行为能力欠缺的遗赠人被排除申办公证

在实际生活中,有些孤寡老人虽然行为能力欠缺,但却是一直有人扶养。因本处"非凡"办证系统的咨询功能无法通过公证业务类型统计遗赠扶养协议咨询数据,笔者根据我处公证人员的反馈(包括咨询、疑难案件讨论、投诉等),发现因行为能力欠缺而被拒绝办理的遗赠扶养协议公证每年亦有零星的一两件。《遗赠扶养协议公证细则》第 4 条明确规定"遗赠人必须是具有完全民事行为能力",且并未有遗赠人行为能力欠缺可由监护人代理的条款规定。而《遗赠扶养协议公证细则》属于司法部颁布的部门规章,虽然颁布早在 30 年前,但目前依然有效,即使已经存在扶养的实质要件,公证员亦只能无奈拒办。虽然每年只是排除一两件,但在每年办理量为个位数的情况下,亦属"大头"。

3. 感情因素导致协议主体和内容趋同

遗赠人有一个很显著的共同特征,就是全部都为孤寡老人,无儿无女或儿女均已故。更具一致性的是,这些孤寡老人其实一直有人照顾,这些人便是后来跟遗赠人一起来公证处申办公证的扶养人。他们是长时间保持着扶养的关系,基于亲情、友情或者同乡之情,这种感情因素(一种特殊的信任)是先于订立遗赠扶养协议意图而存在的,或者说正因为有一定的感情基础,才发展成为后面的遗赠扶养关系。当然,再加上公证处在业务处理中文本的"模板化",呈现出来的遗赠扶养协议内容就更加趋同了。感情因素(一种特殊的信任)是遗赠扶养协议的核心因素之一,这也是其他途径无法给予和解决的。[①]

4. 被作为解决涉"农"财产的一种途径

农村房屋属于限制流通财产,原因在于房屋所在的宅基地的特殊性。一般来

[①]　一些老年人即便是通过司法救济途径打赢官司,但在胜诉之后,老人们需要面对的一个很现实的问题就是:赢了官司,输了感情,双方心里始终有隔阂,权利保障无法落地。吴国平:《家事法疑难问题研究》,吉林大学出版社 2019 年版,第 221 页。

说,宅基地是作为一种特殊的福利,由集体经济组织内部的成员无偿使用,宅基地的所有权属于集体,而成员享有的是使用权。在宅基地上建造的房屋,却又属于建造人的私人财产。但基于"房地一体"的原则,宅基地的限制流通性便延伸至地上房屋,房屋也成为限制流通财产。所以,对于想取得宅基地使用权并办理登记的扶养人,其必须具备本集体经济组织内部成员之身份。如果扶养人不是集体经济组织内部成员,一般会先征得集体经济组织的同意,就算日后无法办理过户登记,依旧可以根据遗赠扶养协议占有和使用遗赠的房屋。孤寡老人一般缺失法定继承人(包括第一第二顺序法定继承人),而通过遗赠处理财产又不能保障其生前的生活,遗赠扶养协议则刚好弥补前者的不足,成为一种更优的选择。

农村集体经济组织的股权在珠三角地区已经存在很多年了,是城镇化的一个产物或成果。2013年佛山南海区就全面开展集体经济组织股权确权登记改革试验项目。农村集体经济组织股权既包含身份权利,亦有财产权利,身份权利限制流通,而财产权利是可以继承的。[①] 如果扶养人属于集体组织成员,自然可以办理股权的过户登记。而如果扶养人属于集体组织之外的成员,则可以办理股权托管,遗赠的股权登记在集体组织名下,而股权收益归扶养人享有。

(五)问题检视

在案件咨询以及遗赠扶养协议案件卷宗里面,最常见的但又一直无法突破或无讨论结论的几个问题:第一,遗赠人行为能力欠缺是否可由监护人代为申办公证;第二,扶养人在遗赠人死后是否需要遵循 60 日内作出接受遗赠意思表示的规定;第三,公证可否对遗赠扶养协议的履行阶段进行监督。这些问题看似零散,却最终走向同一个主题——公证在遗赠扶养协议中有何作为?

二、遗赠扶养协议的性质探析

探讨遗赠扶养协议之性质应从两个角度入手:一是扶养,作为社会保障制度的一部分;二是遗赠,作为遗产处理的一种方式。遗赠抚养协议将二者结合起来,但这种协议的法律属性是什么,法律语焉不详。

(一)财产合同抑或身份协议

对遗赠扶养协议的性质如何理解,直接影响到法律的适用问题,主要表现在能否准用合同法的相关规定。陈本寒教授认为遗赠扶养协议不能适用合同法,因为

---

① 参见广东省佛山市中级人民法院(2019)粤 06 民终 613 号民事判决书。

协议具有身份行为的性质。[①]

身份行为是指能够引发身份关系以及身份关系当事人之间财产关系的设立、变更或者终止等身份法律后果的行为。[②] 遗赠扶养协议的目的并非要改变遗赠人与扶养人之间的身份关系,亦不要求他们之间有某种关系才能成立,协议中涉及的财产更与遗赠人与抚养人之间的身份关系无关。而且,与人身有关系是一个宽泛的概念并非所有与人身有关系的行为即属身份行为。遗赠扶养协议因涉及扶养内容,必然具有人身属性,但这种人身属性并非表现在身份之上,而是表现在感情因素之上,是以人身的特殊感情因素(一种特殊的信任)为基础而订立的协议。这也正是遗赠扶养协议与"以房养老"[③]最本质的区别。所以,遗赠扶养协议虽然具有人身属性,但并不属于身份协议,在本质上属于财产性质的合同。退一步说,即使认为遗赠扶养协议属于身份合同,如果在继承编中没有规定,亦可根据《民法典》第464条的规定参照适用合同编。

(二)死因行为抑或生前行为

前文陈本寒教授正是持遗赠扶养协议属于死因行为的观点,并且认为合同法上规定的合同均为生前行为,故而排除合同法的适用。遗赠扶养协议既包含遗赠的内容,亦包含扶养的内容,二者同等重要,不可偏废。在时间上,扶养人履行扶养义务在先,享有接受遗赠权利在后,而遗赠人则享有接受扶养的权利在先,遗赠财产的义务产生在后。所以遗赠扶养协议是既有生前行为,也有死因行为,这与目前的司法实践也是相符的。[④] 遗赠人死后,扶养人的遗赠请求权不是向已经死亡的遗赠人主张,而是向遗赠人的继承人主张,亦即意味着遗赠扶养协议虽属双方当事人之间的合意,却在一定程度上具备对第三人的效力。

[①]　主要理由为:第一,从性质来看,遗赠扶养协议是关于遗产处分的合意,而非在当事人之间设定负担的合意;第二,从内容来看,遗赠扶养协议是身份行为与财产行为的结合,而非单纯的财产行为;第三,从生效时间来看,遗赠扶养协议属死因行为;第四,从立法编排来看,主张对遗赠扶养协议关系的调整可以适用《合同法》之规定说不通。参见陈本寒:《我国遗赠扶养协议制度之完善》,载《政治与法律》2014年第6期。

[②]　王雷:《论身份关系协议对民法典合同编的参照适用》,载《法学家》2020年第1期。

[③]　"以房养老",顾名思义就是用房子来养老,事实上,其有广义和狭义之分。广义上,以房养老包括金融类以房养老和非金融类以房养老,前者主要包括住房反向抵押贷款、住房反向抵押养老保险,得通过金融机构运作方能实现,后者如房屋出租、以大房换小房、售房养老等,只需老年人有一定的经济意识便能自行操作。狭义上,"以房养老"仅指金融类以房养老。参见范卫红、倪水锋:《我国以房养老的法律障碍及对策分析》,载《重庆理工大学学报(社会科学)》2019年第5期。

[④]　参见北京市第三中级人民法院(2016)京03民终11661号民事判决书;陕西省安康市中级人民法院(2017)陕09民终708号民事判决书;江苏省无锡市中级人民法院(2018)苏02民终400号民事判决书;江苏省连云港市中级人民法院(2016)苏07民终2967号民事判决书。

（三）双方法律行为抑或双务合同

双务合同①与单务合同相对应，区分的标准是双方当事人是否互负给付义务。双务合同，即意味着合同双方享有相应的抗辩权，包括先履行抗辩权、同时履行抗辩权以及不安抗辩权。然而遗赠扶养协议具有特殊性。首先，遗赠扶养协议不可能同时履行，必须扶养在先，遗赠在后。其次，基于这种时间次序的特殊性，扶养在先是应有之义，遗赠人的先履行抗辩权没有适用的空间，更不存在扶养人行使先履行抗辩权要求遗赠人先行赠与财产的可能。最后，遗赠人的死亡导致扶养人取得遗赠财产请求权，但这个请求权并不能向已经死亡的遗赠人主张，而是向遗赠人的继承人主张，所以遗赠人擅自处分遗赠财产，扶养人也无法行使不安抗辩权。基于遗赠扶养协议履行的异时性，遗赠抚养协议不应被定性为双务合同，而应被视为一种特殊的有偿的双方法律行为。另外，如果将遗赠扶养协议纳入双务合同的主要目的是让当事人取得相应的抗辩权从而平衡二者的利益关系，那么基于遗赠扶养协议自身的特性，亦将无法达到此目的。

三、遗赠扶养协议的法律属性与公证业务的因应

（一）财产性质合同与申办公证的主体扩充

《遗赠扶养协议公证细则》与《公证程序规则》都要求遗赠人亲自申办公证，原因是遗赠扶养协议与人身有密切关系。与人身有密切关系是当事人亲自申办公证的核心因素，将遗赠扶养协议定性为财产性质的合同，剥离身份属性，为其突破"亲自申办"公证提供了基础法律依据。

遗赠扶养协议虽然不属于身份协议，却与人身有关系。只是这个人身关系表现为感情因素，是基于感情因素而使协议双方产生一种特殊的信任。感情因素虽为遗赠扶养协议的核心因素之一，但却无法成为法律或合同强制的内容，它只是遗赠扶养协议订立的前提和基础，感情因素一旦缺失，遗赠扶养协议便难以订立或已订立亦失去继续履行的基础。所以，就遗赠扶养协议内容本身而言，即使遗赠人行为能力有所缺失，但只要扶养人与遗赠人存在特殊的感情因素（特别的信任基础），亦即订立协议的基础存在，由遗赠人的监护人代为向公证处申办公证

---

① 双务合同的特色在于，两项给付义务之间存在牵连性，包括发生上的牵连性、条件上的牵连性和功能上的牵连性，而遗赠扶养协议并不具备条件和功能上的牵连性，故不属于双务合同。参见缪宇：《遗赠扶养协议中的利益失衡及其矫治》，载《环球法律评论》2020年第5期。

理应允许。

　　"亲自申办"当然是为保障申办人的利益而设置的限制条款,以防代理人作出损害申办人的法律行为,特别是在如遗嘱、赠与等单方法律行为上显得尤为重要。然而,遗赠扶养协议是双方法律行为,而且具有偿性。即使这种有偿性并不需要扶养人付出的代价与取得的遗产在价值上相一致,协议仍需履行,且具有持续性和异时性。所以是否亲自申办公证并不是判断是否有损害申办人利益的最关键因素。另外,从监护制度的角度来看,遗赠扶养协议的订立能够使被监护人在生前得到更好的扶养,在死后得到安葬,符合法律关于监护人有利处分被监护人财产的规定。因此,由遗赠人的监护人代为向公证处申办遗赠扶养协议公证,在法律上并不存在障碍。[①]

（二）特殊双方法律行为与公证告知的修改

　　在对样本遗赠扶养协议分析时发现,公证机构需告知受赠人应当在知道受遗赠后两个月内作出接受遗赠的提示。《民法典》第1124条第二款将两个月修改为60日。通过立遗嘱将财产遗赠的,必然适用该条款。但遗赠扶养协议本质上是财产性合同,是有偿的双方法律行为,遗赠财产是合同的内容之一,异于以遗嘱这一单方法律行为设定的遗赠。扶养人取得遗赠财产,是扶养人订立遗赠扶养协议、承担生养死葬义务的目的。因此,遗赠人死后,扶养人不受60日内作出接受遗赠意思表示的限制。所以,办理遗赠扶养协议公证时,公证告知的内容应当作相应的修改,除明确扶养人不受60日内作出接受遗赠意思表示的限制外,应重点告知在继承方式上遗赠扶养协议优先于遗嘱继承和法定继承,遗赠人死后,扶养人应积极向遗产管理人申报和主张权利。

（三）协议利益失衡与公证的柔性介入

　　在法律机制上,遗赠扶养协议法律属性的特殊性造成了协议双方的利益失衡。而更深层次的原因,是订立遗赠扶养协议的基础——感情因素(一种特殊的信任),且这种特殊的信任,亦是保证协议能够顺利履行的基础。对于遗赠扶养协议中的利益失衡,通过完善法律或合同内容予以矫正或再平衡固然是重要的手段,但如因缺乏调解和监督导致遗赠人与扶养人之间丧失了特别的信任,最终还得走解除协

　　[①]　上海市虹口区人民法院的两位法官认为应当有条件地认可监护人代民事行为能力欠缺的被监护人订立的遗赠扶养协议的效力,并从法律和现实两个层面展开分析,提出应严格审核监护人代民事行为能力欠缺的被监护人订立的遗赠扶养协议,最后建议有条件的,由公证机关进行公证。参见姚卫民、尹灿:《监护人代为订立的遗赠扶养协议之效力》,载《人民司法》2011年第14期。

议的路径。感情是无法强制的，是法律保持谦抑的领域。[①] 但感情是可以调和的，关系是可以调整的，有时候比法律更柔软的方式介入遗赠人和抚养人的感情和关系中，并加以适当的监督或督促，有利于遗赠扶养协议的持续履行。公证作为一项预防性的司法证明制度，具有服务、沟通、证明、监督等功能，[②]基于遗赠扶养协议的特殊属性，公证的柔性介入恰如其分，可以说是解决遗赠扶养协议履行难的重要一环。

四、公证介入遗赠扶养协议的路径探析

探讨两个事物相互作用时，必然先搞清楚两个事物各是什么、有何特点。在此也就不得不"探讨"公证是什么了。《公证法》第 2 条定义了公证，法条表达如此明了，为何还需要"探讨"呢？徒法不足以自行，得有人去"行"，但从公证从业人员数量看，公证法"行"得艰难。根据 2018 年司法部公布的数据，2017 年全国执业公证员只有 13 218 人[③]。公证员是多么稀缺，公证队伍无法壮大，行业发展人才不足，原因当然是多方面的，但其中一个很重要的原因是——对公证的认识有偏差。而只有修正对公证的认识，才能探讨公证介入遗赠扶养协议的角度。

（一）公证功能应回归正统

公证制度起源于古罗马，发展于欧洲资产阶级革命时期，以 1802 年法国颁布的《公证人法》及 1804 年颁布的《拿破仑法典》为成熟的标志。[④] 新中国的公证制度是从苏联引入的，然而公证在我国发展并不顺利，过程中还出现了一些偏差。特别是在《公证暂行条例》时期，公证并非作为独立的非讼程序存在，而是被表述为国家证明权，公证处也不再是司法系统的组成部分，而是行政系统的一个枝权。业界对公证的认知逐步偏离了拉丁公证的功能。直至《公证法》时期，依然未有改善，甚至由于《民事诉讼法》赋予公证证据的特别效力，导致公证只是"特殊证明"的认知更

[①] 从法律介入的角度来看，私人行为形成了一个有序的调控梯度。合意行为区隔为三个部分：一是不受私法调控的行为，它是法律与司法权的自我设限，体现了法律对道德、情感、社会礼仪与多元个性的尊重与容让。二是受私法调控的行为法律对其进行最低限度的调整。三是国家管制的私法行为，国家行政权与司法权同时介入其中。参见谢鸿飞：《论创设法律关系的意图：法律介入社会生活的限度》，载《环球法律评论》2012 年第 3 期。

[②] 参见《司法部关于进一步加强公证工作的意见》（司发〔2014〕12 号），载中华人民共和国中央人民政府网，http://www.gov.cn/gongbao/content/2015/content_2809141.htm，2021 年 9 月 23 日最后访问。

[③] 参见《律师、公证、基层法律服务最新数据出炉》，载司法部官网，http://www.moj.gov.cn/pub/sfbgw/zwxxgk/fdzdgknr/fdzdgknrtjxx/201803/t20180314_350044.html，2021 年 9 月 23 日最后访问。

[④] 参见昆明市公证处拉丁鹰法律工作室：《中国公证制度的模式选择》，载《中国公证》2007 年第 2 期。

加"深入人心"。①

　　既然公证制度起源于西方,修正对公证的认知,理应溯源观看公证的原貌。拿破仑《风月法》的设计者这样描述公证的职能②:"无私顾问""意思表达执笔者""告知责任范围""赋予公式文书效力和终审判决效力""保管文书""防止争议"和"遏止贪念"等,这是一些简单而日常的语言,却将公证在社会上的角色描述得深刻而丰富,这就是公证制度源头对公证职能所作出的描述。有学者据此梳理了拉丁公证的各种功能(包括基础功能、必要功能、辅助功能以及作为资源的功能)。③

　　《风月法》无论是时间还是距离都离我们很远,澳门离佛山很近,我们用文本分析和比较的方法,简单了解一下《澳门公证法》。《澳门公证法》第 1 条是描述公证的职能,第 5 条规定公证员的一般权限。④ 两条法条里包含了这些元素:"使具备法定形式""赋予公信力""指导意思表示""接受及理解当事人意思""作成文书""赋予真确性""确保保全、证明力及执行力"和"向当事人作出说明"等,与《风月法》对公证职能的描述几乎一模一样,意思亦非常之明确易懂。所以,有学者称《澳门公证法》是受罗马法浸润的正宗大陆法系葡萄牙法与中国大陆实际密切结合的产物,并通过对比多个法律文本,总结出公证"化私为公"的独特功能。⑤

　　中国公证协会已于 2003 年加入国际拉丁公证联盟,我们理应抛弃公证"特殊证明论",修正对公证功能的认知,回归拉丁公证的正统。如此一来,公证介入遗赠扶养协议方能显得有价值,亦是探讨多角度介入遗赠扶养协议的前提。

――――――――――

　　① 参见张红光:《中国公证功能之重构》,载山东省公证网,http://www.sdgzxh.org/articles/ch00013/201502/3367BE1D-D7E5-4B51-9CED-82C6DD22676D.shtml,2021 年 9 月 23 日最后访问。

　　② "……这些官员是当事人的无私顾问,同时又是他们意思表达的公正执笔者,使他们知道所订契约的责任范围;将这些承诺用明晰的语言拟成文书,赋予其公式文书的特性和终审判决的效力;使记忆长存,并忠实保存这些文书;防止善意的人们之间产生争议,遏止贪婪者实现非法争讼的欲念……"[法]让-吕克·奥贝赫:《公证人之民事责任》,唐觉译,上海人民出版社 2015 年版,第 4 页。

　　③ 基础功能是衡平性的顾问和规划功能;必要功能包括:保障性的信用与疏导功能,促进性的秩序与救济功能;辅助功能包括:法院助手、行政助手以及当事人的助手;作为资源的功能包括:记录历史、金融工具、信息供给、发展法律等。参见张红光:《中国公证功能之重构》,载山东公证协会网,http://www.sdgzxh.org/articles/ch00013/201502/3367BE1D-D7E5-4B51-9CED-82C6DD22676D.shtml,2021 年 9 月 23 日最后访问。

　　④ 《澳门公证法》第 1 条(公证职能)规定:"一、公证职能之主要作用在于使非以司法途径作出之法律行为具备法定形式,并赋予该等行为公信力。二、为着产生上款规定之效力,公证员得以当事人表达其法律行为意思之事宜上给予指导。"第 5 条(一般权限)规定:"一、公证员之一般权限为接收及理解当事人之意思,使有关意思符合法律规定及具备法定形式,作成与上述目的相符之文书及赋予该等文书真确性,并确保文书之保存、证明力及执行力。二、公证员在行使其权限时,应就其所作行为之意义及涵盖范围向当事人作出说明。"参见司法部律师公证工作指导司:《中外法律制度资料汇编》,法律出版社 2003 年版,第 1199 页。

　　⑤ 公证独特的三种功能:在实体法效力上(实体功能),公证员辅助并接受当事人意思表示,并作成有公信力(公式力)的文书;在民事程序法上(程序功能),公证员是"非讼法官",承担司法、行政辅助功能;在法律事件、状态等"有法律意义的信息资料"公证员作为信息汇总和沟通功能。三种功能简化为有四个字即是"化私为公"。参见葛宇锋:《公证功能与私法创制关系初探——公证法与民法典的互动关系的构建(节选)》,载《中国公证》2015 年第 9 期。

（二）公证多角度介入遗赠扶养协议

对法律文本作静态审查已经无法满足社会需求，真正能够起到预防纠纷的作用，需要一个动态的介入。如果将遗赠扶养协议从订立前意愿、订立过程、履行过程、履行结束作为一个完整的闭环来看，公证可以全程介入。

1. 咨询解答

从前文数据分析看出，有遗赠扶养协议需求的遗赠人一般都属于脆弱人群，文化水平偏低，法律知识匮乏。公证员作为"无私的顾问"，应用通俗易懂的语言向遗赠人解释遗赠扶养协议的法律意义，了解遗赠人的真实意愿，并对遗赠人的生活状况和财产情况进行了解核实，以确定遗赠人能通过办理遗赠扶养协议达到其真实目的。这样的解析和核实同样适用于扶养人。而且解释与沟通的过程往往需要重复多次，让公证员达到一种内心的确信——遗赠人与扶养人具备感情基础，存在一种特殊的信任。当然，公证员的核实对象除了协议双方外，亦需向遗赠人的亲属或所在基层集体组织核实情况。总而言之，必须确认双方的真实情况和真实意愿，保证双方之间是相互了解，而且是在完全知悉并了解遗赠扶养协议相关事宜的情况下作出的决定。

2. 起草文书

遗赠扶养协议虽具有偿性，但并不需要扶养人付出的代价与取得的遗产在价值上一致，只要协议是扶养人与遗嘱人的真实意思表示即可。公证处通常有常用的遗赠扶养协议模板，但每个当事人的情况各有不同，协议的具体内容就必须按照实际情况拟定，在通用模板上作出修改。公证员应当"接收及理解当事人之意思"并将其"表达并作成文书"，其实就是根据当事人的意思表示起草遗赠扶养协议的相关文件。起草法律文书是公证人的起源，是公证最原始的功能，当然就是每个公证员必须具备的基础能力。文书起草后，公证员应当"向当事人作出说明"以及"告知责任范围"，即向当事人宣读和解释遗赠扶养协议的条款，并根据当事人提出的意见进行修改，并由当事人确定最终的文本。

3. 签署协议

发挥公证赋予行为公信力、赋予文书真确性的功能。双方确定遗赠扶养协议最终的文本后，在公证员面前共同签署后，由公证处将遗赠扶养协议作成公证文书。其实这就是法律行为类公证的流程，也是前面提及的"化私为公"的最有"仪式感"的一个流程，因为有"成品"——公证书可以看得见。

4. 文本保管

发挥公证"保管文书"的功能，同时亦产生一个"信息收集"的辅助功能。私文书经过公证后获得了公文书的效力,公证处将遗赠扶养协议作成公证文书后,公证处为该协议建立公证档案并进行保管,特别是现在档案电子化后,可以让每个公证档案在理论上都可以永久保存。档案的建立,意味着遗赠扶养的信息得以收集,对收集的信息加以分析,即可供政府进行参考,公证亦发挥了作为行政辅助的功能。

5. 扶养监督

遗赠扶养协议签署后,协议正式进入履行阶段。传统的公证认知中,公证处的工作便是出具公证书,在出具公证书后公证处的工作即告完成。然而,在拉丁公证的认知里,公证书的出具正是公证工作的开始。公证"防止争议"和"遏止贪念"的功能并不只是停留在文本的起草与证明签署行为之上,这些功能在我国官方文件的表述为"服务、沟通和监督"。遗赠扶养协议签署后,公证可以做的还有很多,比如遗赠人财产清单的整理备案、扶养人各类支出单据凭证的备案、探视回访、向基层组织了解核实扶养情况等。

更重要的是,遗赠扶养协议的基础是感情因素,而感情因素是主观的,容易受干扰的。当协议双方发生争执、误解甚至发生信任危机时,公证作为柔性的手段,可介入调解双方的争执。另外,虽然扶养人在遗赠人生前的受遗赠权未生效,但公证处可根据协议和扶养人的申请对遗赠财产进行定期的检查和核实,防止遗赠人起"贪念",产生擅自处置遗赠财产的念头。

6. 接受遗赠

遗赠人死亡,扶养人完成生养死葬的义务后,扶养人的受遗赠权即告生效,协议的履行进入后一阶段——接受遗赠,亦即进入遗赠人遗产处理的阶段。此时,作为非诉程序的公证,便是处理继承事件,而公证处理继承事件已成为我国社会经济生活的习惯,无需多论。

结　论

调研发现,佛山市南海区公证处办理遗赠扶养协议公证由来已久,但因业务数量少,所以对遗赠抚养协议公证的关注度并不高。探讨遗赠扶养协议公证,其实探讨了遗赠、扶养、协议以及公证等多种法律关系,亦甚为复杂。落脚点在遗赠扶养协议,而钥匙却在公证。随着我国人口老龄化日趋明显,作为填补社会保障的不足的遗赠扶养协议,在《民法典》的制定中得到了充分的肯定。我们的公证制度源头在拉丁公证,理应回归正统,发挥公证作为预防性司法制度的功能,全程介入遗赠扶养协议之中。

作为规范性文件的《遗赠扶养协议公证细则》颁布已有 30 余年。遗赠扶养协议在理论和实践都往前发展不少,作为一个业务性指导细则理应跟上。在此笔者提出两点修订建议：第一,扩大遗赠扶养协议公证细则的指导范围。公证介入遗赠扶养协议已经不是简单地证明当事人之间的签署行为,而是从咨询解答、起草文书、签署协议、扶养监督及接受遗赠全方位介入,建议调整细则的结构,将这些全部纳入。第二,将符合条件的遗赠人的监护人纳入申办公证的主体。对于符合一定条件的行为能力欠缺的遗赠人,允许其监护人代为申办公证。条件可设定为：其一,遗赠人限定在有一定的财产,但属于缺乏劳动能力和生活来源且无法定扶养义务人的范围内；其二,办理遗赠扶养协议公证前,应当通知遗赠人的其他法定继承人并征求其他法定继承人的同意。①

---

① 参见姚卫民、尹灿：《监护人代为订立的遗赠扶养协议之效力》,载《人民司法》2011年第14期。

专题十八　民事信托视角下的财富管理与传承

——以存款信托协议书公证为例

印　媛[*]

民事信托作为一种日益被关注的财富处置手段,为财产管理与传承提供了良好的制度性安排。民事信托制度不仅能够有效保护财产按照委托人的真实意愿发挥效益,有效保护尚无自由管控财产能力的受益人利益,防止受益人肆意挥霍财产,还可有效助力构建老年人养老新模式,促使老年人老有所养、老有所依。同时,公证作为一种预防纠纷、控制风险的非讼制度,其所具备的专业性、中立性、程序的严格性和优越的社会公信力都是民事信托制度发挥价值的强大"加成"。而且,公证机构还可担任民事信托活动的监察人,以更好地平衡各方利益,维护委托人及受益人的合法权益不受侵害,保障信托目的圆满实现。

一、案例简析

(一)案例介绍

夏女士丧偶多年,一直与女儿夏小某相依为命。因夏女士患病在身,需要进行不同阶段的手术治疗。考虑到女儿年幼,无法适当管理大额资金,夏女士便想把一笔钱款交由妹妹夏某利代为管理,待女儿20岁时,再交给女儿。为此,夏女士想办理一份公证来明确这个事实。根据夏女士的需求,公证员向其推介了存款信托协议书公证,并明确、详细地告知夏女士及其家人相关内容和注意事项。双方表示理解后均同意办理存款信托协议书公证。

协议书中明确:甲方将人民币捌拾万元整交乙方代为保管、持有。该钱款以

---

* 印媛,安徽省蚌埠市众信公证处公证员。

夏某利名义存入××银行(账号：×××××××××××,金额：人民币捌拾万元整,存期120个月)。乙方承诺上述存款及利息均归甲方及受益人所有,与乙方无关,乙方对该款项不享有任何权益。乙方不得侵占、挪用上述款项。甲方选任公证机构作为监督人,甲方、受益人及公证机构均有权向乙方查阅上述款项的交易记录等信息。

同时考虑到受益人年幼及其今后的学习、生活、发展等所需资金问题之特殊情况,以及为了激励受益人积极向上、健康成长,协议书内容还增加了相应的个性化条款：如遇为受益人利益的特殊事宜(限于保障其基本生活或重大医疗等必须支取上述款项),乙方可提前交付上述款项给受益人(如甲方健在且意思表示正常,乙方应征求甲方意见,否则乙方可自行交付。如有该款项的具体收款人,乙方应根据受益人或其代理人申请将该款项通过转账等方式直接交付给该款项具体收款人)。如受益人出现升学、获奖(县区级以上)等情况,可视具体情形进行奖励。当事人拿到公证书后,将一面锦旗赠与公证人员,以表达对其热情高效服务、为民排忧解难的由衷感激之情。

(二)案例评析

考虑到委托人或受益人因年龄、智力、能力、身体状况等具体因素而不适宜持有、管理相关财产,公证人员建议引入信托方式,通过信托来选择合适的人或机构代为持有、管理信托财产。基于我国重视家族亲情的传统观念,民事信托便具有较强的发展潜力。再结合公证机构的介入,充分发挥公证预防纠纷的职能优势,以更专业、安全的法律方式来满足当事人财产管理与安全传承的需求,实为"双赢"的选择。

公证机构在面对当事人该种财富管理和传承的个性化需求时,可以充分发挥公证的专业性及公信力,准确固定证据、明确事实,以维护各方当事人的合法权益,并通过公证的方式为预防纠纷、财富管理提供安全可靠的方案和路径。对此,在办理信托协议书公证时,需要注意以下事项：

第一,应特别注意告知义务。公证人员对于信托的内容、法律意义、法律后果和委托人、受托人在信托关系中的权利义务以及法律责任均需合理、专业地告知,使当事人对于自己所办理的公证事项有清楚的认知。在上述案例中,当夏女士将大额资金以信托的方式交由妹妹夏某利持有、管理时,该信托财产便独立于夏女士的其他财产。夏某利作为受托人,必须为维护未成年受益人的利益而审慎管理该财产,不得进行不当处理,需尽到"善良管理人"的义务,且要在信托终止后,将该信托财产交归受益人所有。[①]

---

① 张鸣：《公证参与民事信托案例点评》,载《中国公证》2020 年第 9 期。

第二,尽到审慎的审查义务。公证人员需要着重审查当事人的民事行为能力、办理信托是否自愿、有无受到胁迫、内心真意如何等核心情况。

第三,信托协议书内容的构建。信托协议书包括信托财产需要明确,各方当事人的权利义务需要明确,信托目的需要合法等内容。公证人员应当引导当事人将内心需求高质量地转化为合法的公证法律文件。

二、民事信托制度的概念与发展

信托作为一种兼具管理和传承功能的财富处置手段,在我国的现实需求愈发旺盛。加之受我国重亲情、重诚义的传统观念影响,民事信托便呈现出了新的发展态势。

(一) 信托的含义

信托是指委托人将自己的财产转移给受托人[①],并由受托人依照委托人的意思来履行管理财产的职责,以实现信托财产的保值与增值,为信托受益人谋取利益最大化的行为。该含义中包括了以下几点重要内容:

第一,信托主体,即委托人、受托人和受益人。委托人是发起信托法律关系并基于合法目的将自己拥有的合法财产交由他人占有、管理的人;受托人是依照委托人的意愿或者书面文件,为受益人的利益而管理信托财产或者事务的人或机构;受益人是根据信托文件而享有一定利益的人。

第二,信托客体,即信托法律关系中的标的物,主要就是指信托财产,也即委托人转移给受托人占有并管理的财产,包括不动产、动产等。

第三,信托行为,即以信托为目的,根据当事人之间的约定而实施的一种法律行为。因而,信托行为的成立需要有相应的信托文件为依据。

(二) 民事信托的含义与特点

以受托人是否营利为标准,可以将信托划分为民事信托和商事信托。商事信托即营业信托,是指由作为经营活动的机构担任受托人的信托;民事信托是指由不以营利为目的的人或机构作为受托人的信托。[②] 民事信托主要是发挥普通大众尤其是亲朋好友在私人财产管理与传承中的优势。据此可知,民事信托具有以下特性:

---

①　薛贝妮:《我国家族信托法律问题研究》,华东政法大学 2016 年博士学位论文,第 23 页。

②　参见于朝印:《论商业信托法律主体地位的确定》,载《现代法学》2011 年第 5 期。

第一，互相信任是民事信托法律关系存续的根基。在民事信托中，委托人系基于对受托人的充分信任而将财产转移给受托人。同时，受托人又对受益人承担忠诚、勤勉、注意等信义义务。受托人所为的财产管理及处分行为须是为着受益人的利益，而不能是为着自己的利益。

第二，受托人在民事信托中是以自己的名义管理信托财产、处理相关事务的。这是信托区别于一般委托和代理制度的重要特点。在一般委托或者是代理制度中，受托人（或代理人）是以委托人或被代理人的名义从事相关活动的。

第三，信托财产的独立性。根据《中华人民共和国信托法》（以下简称《信托法》）的相关规定，在信托关系存续期间，信托财产本身即具有独立性，[①]具体分为两点：其一，信托财产独立于委托人的其他财产，其不受委托人去世或丧失行为能力等情况的影响；其二，信托财产独立于受托人的固有财产，也不得成为受托人固有财产的一部分，若出现受托人死亡的情况，信托财产亦不属于受托人的遗产范围。

（三）民事信托的发展

民事信托制度起源于英国，主要承担着财富管理、传承的功能，之后被美国引进并加以创新。美国通过制定受托人制度，促进了民事信托的发展，同时还发展起了商事信托，使得信托形态愈加丰富，成为财富管理与传承的重要手段。到了 20 世纪，大陆法系国家陆续认识到信托的价值，纷纷开始移植信托制度，使得信托成为一种普遍认可的财产处置制度。[②]

我国的信托制度亦是法律移植的结果，最早可追溯到 20 世纪 20 年代的营业信托。而后至 1979 年，中国国际信托投资公司的成立，标志着信托在我国的二次兴起。此后信托投资公司陆续发展起来。2001 年，我国首部《中华人民共和国信托法》（全书简称《信托法》）颁行。[③] 2007 年年初，《信托公司资金信托业务管理暂行办法》《信托公司管理办法》发布，使得信托作为一种财产管理工具进入快速发展期。[④] 然而，在此过程中，民事信托一直没有得到很好的发展。

如今，随着信托文化的普及，信托专业人才不断增多，越来越多的高净值人士选择以民事信托的方式来进行财富管理与传承。同时，随着我国人口老龄化问题的凸显，财富安全传承的需求也在直线上升。加之人们思想观念和法治意识的增

---

① 楼建波：《信托财产分别管理与信托财产独立性的关系——兼论〈信托法〉第 29 条的理解和适用》，载《广东社会科学》2016 年第 4 期。

② 参见高凌云：《被误读的信托——信托法原论》，复旦大学出版社 2010 年版，第 13-20 页。

③ 张鸣：《民事信托在我国的发展历史及几个问题》，载《中国公证》2020 年第 9 期。

④ 参见张军建：《信托法基础理论研究》，中国财政经济出版社 2009 年版，第 27-29 页。

强,越来越多的中年人提前为自己年幼的子女、年迈的父母打算,也趋向于选择以民事信托的方式来满足他们的生活、发展所需。纵观此种社会环境、文化发展、现实需求等有利因素,[①]都有助益民事信托在我国步入新的发展阶段。

三、民事信托在财富管理与传承中的价值

近年来,我国在步入老龄化社会的同时,人民财富也在迅速积累,人们在物质生活不断丰富之余,对于财富有效管理和安全传承的需求也在攀升,这些都为民事信托参与财产管理提供了良好的契机。

(一) 切实保障财产按照委托人的真实意愿发挥效益

在民事信托制度中,一方面信托财产的独立性使得信托关系成立后,信托财产一旦交付,便独立于委托人、受托人、受益人的固有财产,从而不受家庭成员和其他外界各方关系的干涉和影响,带来了信托财产的风险隔离效果,[②]保证了财产管理和传承的安全性,保障了财产得以按照委托人的真实意愿顺利发挥效益。

另一方面,受托人管理财产的机制使得委托人可以选任自己信赖的人来帮助自己进行财产处置。引入中立第三方,不仅更有利于协调、平衡家庭成员之间、多个受益人之间的关系,减少家庭因为财产管理和传承而引发的矛盾纠纷,[③]还有利于委托人特殊安排、特殊要求的顺利实现,最大程度地保障财产顺着委托人的心意进行流转。[④]

(二) 有效保护缺乏自由管控财产能力的受益人利益

民事信托生效后,委托人将信托财产交付给受托人,完成信托财产转移的同时受托人开始履行信托义务。而受托人最核心的信托义务就是为着受益人利益最大化而进行的信托财产的管理行为。在民事信托中,无论是对信托财产单纯保值的消极管理行为,还是对信托财产进行合理增值的积极管理行为,都是以受托人本身的能力为考量因素,而不涉及亦不依赖于受益人是否具备管理财产的能力。并且,正是由于存在年幼、年迈、失能失智等缺乏自由管控财产能力的受益人,民事信托的功能才更有价值——只需根据委托人的安排,信托财产便可遂其心愿地持续用于受益人的开销。

---

① 参见袁吉伟:《"萌芽"中的民事信托》,载《金融博览(财富)》2018年第12期。
② 参见周萍:《服务信托的内涵和发展空间》,载《当代金融家》2019年第12期。
③ 参见和丽君:《民法典遗嘱信托制度的完善》,载《福建师范大学学报》(哲学社会科学版)2020年第5期。
④ 参见郑倩:《自由价值在我国遗嘱继承制度中的定位与落实》,载《法商研究》2016年第2期。

而且，民事信托生效后，按照信托文件设定的不同内容，受托人既可以凭着自身的专业能力进行良好的信托财产管理以维护受益人的利益，亦应当恪尽职守，依据文件中所规定的方式、方法管理信托财产，从而高效地实现委托人财富管理与安全传承的心愿。

（三）有效防止受益人肆意挥霍财产

在家庭财富传承中，父辈最忧心的便是将财产一次性地转移给子女及后代，容易导致他们贪图安逸、耽于享乐、丧失上进心，不利于子孙后代的健康成长。许多家庭选择民事信托，便是看中信托生效后，信托财产实际上是由受托人管理、掌握的，作为信托受益人的后代仅享有受益权，而不能无节制地肆意挥霍财产。

基于此，委托人在设计信托协议时，便可明确信托财产的分配条件、方式、标准等具体内容，还可通过设计个性化的特色条款对后代进行正向激励与反向惩戒，从而不仅可以有效制约受益人挥霍财产，还可帮助受益人树立正确的人生观、价值观及财富观，给后代留下更为宝贵的"财富"。

（四）有效助力构建老年人养老新模式

第七次全国人口普查结果显示，我国 60 岁及以上的人口约为 2.6 亿人，占全国人口的 18.70%，其中 65 岁以上人口约为 1.9 亿人，占 13.50%，同时家庭户人口下降，2020 年家庭户人口首次低于 3 人。可见，我国人口老龄化问题日益严重，空巢老人、独居老人、失独老人问题突出，我国传统的家庭养老模式面临着极大的挑战。很多老人辛苦一生积蓄了财富，却无法处理好自己的养老问题。协助老年人对其财产进行有效管理以更好地安排晚年生活、处理养老问题的需求庞大，因而在制度安排上，需要给老年人提供更多的选择。此时以财产管理为核心的民事信托制度便可发挥其独特的价值，助力构建老年人养老新模式。尤其是针对失能失智无法自己进行财产管理的老年人而言，民事信托更是对其晚年生活的一种保障。

综合考虑提供财产管理的专业性以及提供生活照护的质量等具体因素，老年人可以提前与自己信任的亲友或信赖的专业机构订立民事信托协议，将自己设立为信托受益人，以满足自己生活所需为信托目的，在信托文件中设计好信托收益发放的条件、时间、数额（可根据具体情况灵活调整，需设计针对受益人生活保障、医疗救治等特殊情况的特殊安排）、方式（具体包括直接发放给受益人、通过转账等方式交付给该款项具体收款人）等具体内容，以保障自己晚年生活的尊严和正常化。信托受托人必须履行"善良管理人"的注意义务，审慎履行信托义务。[1] 信托制度

---

[1]　徐化耿：《信义义务的一般理论及其在中国法上的展开》，载《中外法学》2020 年第 6 期。

相较于其他监护制度更为严格,相较于其他养老模式更为安全,有利于老年人老有所依、老有所养。

四、公证对民事信托的"加成"

公证作为具有沟通、证明、监督、服务四大特殊功能的制度,预防纠纷、控制风险、化解矛盾是其核心所在。这便与信托高度契合、相互助益。公证是信托发展的"加成",信托是公证创新的契机。

(一)办理民事信托协议书公证

让专业的人来做专业的事,方能达到事半功倍的效果。民事信托对于大多数人而言,是一个比较专业、复杂且知之甚少的事务。此时,选择办理一份民事信托公证则是各方综合考虑的最佳选择。

1. 公证人员专业性的"加成"

当事人是秉持着让私人财富得到更好的管理及传承的目的而选择信托。基于此,专业、合法且具有个性化的民事信托协议则是其核心所在。在办理民事信托协议书公证的过程中,公证员不仅具备扎实的法律理论功底和法律素养,还具备丰富的执业经历,积累了相当的实践经验,善于运用自身的专业知识来为当事人分析案件情况,厘清核心问题,精准掌握当事人的担忧和顾虑并为其提供最合适、最可行的建议,帮助其将个人需求有效转化为明确的信托协议,给其提供专业、丰富的法律服务。[1]

对于民事信托协议的订立,公证员会根据《民法典》《信托法》《公证法》等法律法规的相关规定来审查具体信托条款的设置以确保信托协议的真实、有效。即信托协议的具体内容设置须包含以下几个要点:信托财产的范围要明确,受托人要明确,受益人的范围以及取得信托利益的形式、方法及各方当事人的权利职责也要明确等。[2]

同时公证员还会运用自己的专业知识对当事人进行重点告知。即在当事人选择办理民事信托协议书公证时,公证员会秉持着严肃、严谨、合法、合情的认真态度履行特别告知义务,并应重点告知各方当事人其在该信托法律关系中的地位及权利义务责任。特别是对于老年人及文化程度不高的人群,公证员一定会详细地向其说明订立民事信托协议、选择受托人的法律意义、法律后果以及相应的法律责

---

① 参见张鸣:《公证在民事信托本土化过程中的价值》,载《中国公证》2020 年第 9 期。
② 参见张鸣:《公证参与民事信托案例点评》,载《中国公证》2020 年第 9 期。

任,让他们在清楚明白、自愿平等的基础上签订协议,办理公证。

可见,公证人员的专业性是对今后民事信托协议有效履行的重要保障。公证人员作为精通财富传承的法律专业人士,可以辅助各方当事人订立高质量的民事信托协议,不仅能够最大程度地实现委托人的真实意愿,还能够给予受托人、受益人最大程度的限制和保护,以平衡各方利益,最终达到最佳的法律效果。

2. 公证文书公信力的"加成"

公证书是公证机构按照法定格式、程序出具的证明文件,是对具体公证事项的一种正式书面固定。从出具流程来看,其需要对当事人提供的办理材料进行真实性、合法性、关联性的审查、核实,以确保公证文书的真实、合法。从效力来说,其具有法律规定的证据效力优先性,除非有相反证据足以推翻之外,该公证文书应当作为认定事实真相的依据而被采信。从地位来论,公证作为一种国际惯例所认可、重视的活动,各国均存在公证机构(或公证人),公证文书亦是被国际认可的通用证明文件。

可见,无论是对其他机关、机构而言,还是对社会公众而言,公证书都因国家规定和法律历史传统而具有不可替代的强大公信力。通过公证文书,任何人均可清晰明确地认识到各方当事人意思表示的内容,足以清楚地知晓客观事实,都能够信赖公证文书所记载之法律行为的真实性、合法性。

3. 公证程序规范性的"加成"

我国《民法典》《信托法》《公证法》《公证程序规则》等法律法规不仅为公证机构全方位参与民事信托提供了坚实的制度基础,还对公证机构办理业务的程序有着明确、严格、系统的规定。一方面,公证机构要审查、核实委托人和受托人的主体身份、主体资格及相关材料,防止出现"假人假证";另一方面,公证机构还要对当事人设立信托的意思表示是否真实、自愿,信托目的是否合法等进行实质性审查,审慎剔除不合法的内容,并保证当事人能够在绝对隐私、不受干扰的环境中进行交谈、办理,尊重其对自己的财产相关事宜所进行的各项安排,让其能够充分根据自身意愿与实际需求来办理信托公证。此外,根据公证档案管理的相关规定,公证机构需统一保管公证档案,由专人负责,并执行严格的保密制度,注重对当事人隐私的保护,[①]为当事人提供放心、可靠的法律服务。

可见,完善的公证程序不仅能够保障当事人在真实、自愿的基础上设立合法的民事信托,切实保护委托人的真实意愿得以顺利实现,保证民事信托能够在不违背

---

① 参见张鸣:《"股权信托"和"公证"的结合运用》,载《中国公证》2020年第9期。

法律和公序良俗的根本前提下顺利开展。[①]　同时,完备的公证程序使得公证参与设定民事信托对于证明、稳定当事人之间的信托法律关系,提升风险管控能力都有积极的意义。

(二) 担任民事信托监察人

在民事信托中,委托人的心愿能否顺利达成、受益人的权益能否得到最大化的保护,都依赖于受托人信托义务的履行程度。而在民事信托关系存续期间,无论是亲朋挚友,还是专业的民事信托机构,都无法排除日后潜在的利益冲突和道德风险。尤其是当受益人为无民事行为能力人、限制民事行为能力人、高龄老人、失能失智者等特殊群体时,受托人是否合格、信托义务是否正确履行,便直接决定了信托目的能否实现。

因此,设立民事信托监督人,约束、制衡受托人的管理权,督促受托人及时、忠实地履行信托义务是非常必要且重要的。这就与公证机构天然具有的"监督"职能相契合。公证机构作为中立、专业的第三方,可根据民事信托文件的授权担任信托监察人,履行监督义务,监管、督察受托人履行信托义务,以更好地维护委托人及受益人的合法权益不受侵害,保障信托目的圆满实现。公证机构担任民事信托监察人具体履行以下监督职责:

1. 对受托人管理信托财产行使知情权

知情权是行使监察权的基础,只有对信托财产的管理运作情况有全面的了解和掌握,方能有效地行使监察权,对受托人进行及时监管。公证机构作为监察人,有权了解信托财产管理、运用、处分及收支的具体情况,有权查阅、复制与信托财产有关的账簿、目录、报表等财产文件并要求受托人对此进行必要说明,有权要求受托人定期汇报履职情况,根据实际情况要求受托人提供所管理的财产清单。

2. 对受托人的侵害行为行使损害赔偿请求权

当受托人违反信托目的处分信托财产或因不当管理致使信托财产遭受损害时,[②]公证机构作为监察人可代表委托人及受益人行使损害赔偿请求权;[③]当受托人未将信托财产与自己的固有财产明确区分、未进行单独的财务管理导致信托财产受到损失时,公证机构作为监察人可及时要求其返还信托财产,恢复原状。

---

① 参见徐卫:《遗嘱信托制度构建研究》,法律出版社 2014 年版,第 212-213 页。
② 参见刘正峰:《信托制度基础之比较与受托人义务立法》,载《比较法研究》2004 年第 3 期。
③ 参见张淳:《试论受托人违反信托的赔偿责任——来自信托法适用角度的审视》,载《华东政法大学学报》2005 年第 5 期。

3. 对受托人的变更享有建议权

当作为监察人的公证机构发现受托人丧失信誉、丧失履职能力或者违反信托义务、背离信托目的时，其可以向委托人及受益人建议或者是直接向人民法院提起诉讼请求变更、解除受托人。

4. 对信托财产被强制执行主张异议权

基于信托的特性，受托人是以自己的名义来管理信托财产的，所以可能会出现因受托人的原因导致信托财产被法院强制执行的情况。此时，公证机构作为监察人可以向法院提出异议、要求纠正。

结　语

随着社会经济的不断发展，财产价值的不断提高，人民的理财观念及法治意识也在不断地更新、进步。如何有效地进行财富管理？如何将财富安全、顺利、高质量地按照自身的意愿和安排进行传承成了人民群众日益增长的财产需求。信托作为一种重要的财产管理与传承方式，其所具备的自由性、灵活性可以很好地满足人民群众的该种财产需求。公证作为预防纠纷、化解矛盾的法律服务机构，其所具备的专业性、中立性及公信力，都是助力人民进行多元化财产处置与保障人民财产安全传承必不可少的要件。

将信托与公证相互结合、彼此"加成"，不仅有助于充分发挥信托的功能、彰显其价值，满足当事人财富处置的多元化需求；[①]也有利于公证服务职能的开展，引导当事人将其内心真意进行书面化、专业化的固定，加上以公证的方式赋予其更高的效力，依靠公证良好的社会形象和可信度，更好地执行民事信托协议，更是公证开展家事法律服务领域探索的极佳突破口。我国有十四亿人口、数亿家庭，庞大的法律服务市场蕴藏着庞大的现实需求，公证行业必将大有作为。

---

① 参见张鸣：《"股权信托"和"公证"的结合运用》，载《中国公证》2020 年第 9 期。

专题十九　意定监护协议公证中协议审查的规范展开

翟子玄[*]

《民法典》第 33 条对成年人的意定监护进行了规定,该规定来源于英美法上的"持续性代理权"制度。意定监护制度彰显了民法的意思自治原则,完善了我国的监护法律制度,体现了以人为本的理念。该项规定施行以来,越来越多的人意识到对意定监护协议进行公证的必要性,因为意定监护协议是一种与人身、财产密切相关且对当事人特别是意定监护协议中的被监护人会产生长期重大影响的特殊合同,加之协议双方的缔约能力可能比较有限,也有越来越多的人主张公证是意定监护协议公证的形式要件。

如今公证机构正在逐步开展意定监护协议公证业务,司法部也发布了老年人意定监护协议公证的指导案例(公证指导案例 1 号)。但是,意定监护协议公证作为新生事物,在协议的定性和协议内容的审查上仍然有很多问题需要厘清。本文尝试从意定监护协议的性质入手,探讨对公证机构意定监护协议的订立、生效、解除应当如何进行审查。

一、意定监护协议的性质检思

意定监护协议虽然在形式与内涵上与委托合同有很多相似之处,但是委托合同无法包含确定监护人的意思表示,将意定监护人双方作为委托人和受托人也会在协议生效后使委托合同的相关规范目的落空。

(一)委托合同无法承载意定监护中监护人的意思表示

《民法典》第 920 条规定了委托人可以概括委托受托人处理一切事务,但"处理一切事务"一般被认为并不是处理委托人的全部事务,而是与委托事务相关的一切

---

* 翟子玄,江苏省南京市南京公证处公证员。

可能的事务①。在域外关于概括委托的立法例中,不动产之出卖或设定负担、较长期限的不动产租赁、赠与、和解、起诉等事项必须有特别授权②。如果将意定监护协议作为一种委托合同,那么其委托事项则是委托人的一切事务,这似乎不符合如今的法律规定和法学理论。《司法部关于公证执业"五不准"的通知》第3条规定了不准办理涉及不动产处分的全项委托公证,不得办理一次性授权全部重要事项的委托公证。虽然委托合同公证是一种协议公证而非委托公证,但是将自身几乎一切事务通过协议的方式委托给对方显然也违反了司法部的上述规定,故公证机构不得进行以确定监护权为内容的委托合同公证。

(二)委托合同的相关规范在意定监护人履行监护职责后失去意义

意定监护协议在意定被监护人丧失或者部分丧失民事行为能力后生效,此时意定监护人履行监护职责,成为意定被监护人的法定代理人。如果把意定监护协议作为委托合同,则此时作为意定监护中的受托人同时是委托人的法定代理人,委托合同双方在主体上发生混同,使《民法典》中对于委托合同双方权利义务的规范落空。这不仅造成法律适用上的困境,也不利于更好地保护意定监护中处在弱势地位的被监护人。比如《民法典》规定受托人经委托人同意可以转委托,那么依照上述理解意定监护人可将监护职责转委托给第三人,同时自己作为被监护人的法定代理人同意此转委托,这显然违背了意定监护协议制度的目的,严重违背意定被监护人的意思,严重威胁意定被监护人的利益。

因此,意定监护协议不应被定义为一种委托合同,不应将意定监护人和被监护人表述成"受托人"和"委托人",而是应表述为"意定监护人"和"意定被监护人"。究其原因,意定监护协议是一种特殊合同,特别是要排除意定监护人在协议生效履行监护职责后,其作为被监护人的法定代理人对意定监护协议本身进行改变的权利,否则就会出现如上所述的合同双方主体混同的问题。在意定协议公证中,公证人员应审查确保协议中含有监护人不得作为被监护人的法定代理人,进而自行改变监护协议内容的条款似乎能更好地明确上述规则。

二、对意定监护协议订立主体的审查

(一)对意定监护协议被监护人的审查

《民法典》第33条明确了意定监护协议中的被监护人必须是具有完全民事行

---

① 最高人民法院民法典贯彻实施工作领导小组:《中华人民共和国民法典合同编理解与适用》,法律出版社2020年版,第2476页。

② 史尚宽:《债法各论》,中国政法大学出版社2000年版,第390页。

为能力的成年人,这就要求公证机构应当审查意定监护被监护人的年龄和精神状况,特别是对于老年人、间歇性精神病人以及患有严重疾病的病人,公证员应当通过观察其对事物的识别和反应能力判断其民事行为能力状况。此外,公证员还要着重审查意定监护协议被监护人的身份及意思表示是否真实,其办理公证事项过程中有无受胁迫或者受欺骗等情况。在此过程中,公证员可与意定监护协议被监护人单独交谈并录像。对于意定监护协议被监护人的行为能力及其意思表示真实性审查,可参照遗嘱公证的有关规定进行。

(二)对于意定监护协议监护人的条件审查

《民法典》第 33 条规定了意定监护被监护人的近亲属和其他愿意担任监护人的个人或者组织可以成为意定监护的监护人,但从保护被监护人权益的角度考虑,公证机构应当审查意定监护人是否具有并能够维持其监护的能力。对于意定监护人的资格条件应当作如下限制:

第一,无民事行为能力或者限制民事行为能力人不得担任意定监护人。订立意定监护协议是一种法律行为,且这种法律行为只有具备完全民事行为能力的人才有资格订立。意定监护协议是一种人身性协议,其签订也不得由不具备完全民事行为能力的法定代理人代为办理。

第二,意定监护人不得超过 70 周岁。70 周岁以上的老年人因其身体、精神机能呈现明显的下降趋势,特别是在意定监护协议生效时其作为意定监护人可能已经难以胜任监护职责,为规避意定监护被监护人得不到妥善监护的风险,公证机构在审查中应当作上述要求。意定监护人超过 50 岁的,公证员也应该向双方当事人明确告知上述风险。意定监护人是被监护人父母的,公证员可以提示意定监护人在意定监护协议生效后,其可以根据《民法典》第 29 条通过遗嘱为其子女指定监护人,避免意定被监护人在其父母死亡后其监护人缺位。

第三,因犯罪受过刑事处罚的人原则上不得担任意定监护人。因犯罪受过刑事处罚的人可能具有危险性,不宜作为意定监护的监护人,故公证员可根据实际情况要求意定监护人提供公安机关出具的无犯罪记录证明等材料。但是,在上述原则的把握上不应"一刀切",如协议双方为近亲属的,或意定监护人所犯之罪在性质上属于非侵犯人身或者财产且被判处较轻刑罚的,对意定监护协议被监护人基本不具有潜在危险性,此时公证员应当综合考察协议双方的关系、犯罪的性质、意定监护人的危险性等因素,根据具体情况对以上原则灵活把握。其他比如自然人或者组织被列为失信被执行人的、有过虐待被监护人记录的,同样不宜作为意定监护人。

总而言之,缺乏必要监护能力或有较大可能在意定监护协议生效后缺乏必要监护能力的人或组织不得担任意定监护人。在审查监护人监护能力时，公证员应当综合监护人的身体、精神状况、经济状况、家庭环境、文化程度、与被监护人关系及对其态度、过往记录等因素，考察其是否具有监护能力和在意定监护协议生效、其承担监护职责后能否保护被监护人的人身和财产权益。经审查，意定监护人监护能力有缺陷的，应当清楚地告知意定被监护人相应的风险，经其书面确认后办理公证。如公证员发现意定监护人严重缺乏监护能力的，应当决定不予办理公证。

三、对意定监护协议生效条件的审查

从《民法典》第33条的规定来看，意定监护协议在意定被监护人"丧失或者部分丧失民事行为能力"时发生效力，意定协议监护人开始履行监护职责，即意定监护协议在意定被监护人成为限制民事行为能力或者无民事行为能力人时发生效力。在意定监护协议公证中，协议双方可以选择协议生效条件为意定被监护人被人民法院认定为限制民事行为能力人或者无民事行为能力人，如此在日后协议生效的确定上更加明确。

（一）是否允许当事人约定其他协议生效条件

不少观点都认为，《民法典》第33条关于意定监护在被监护人"丧失或者部分丧失民事行为能力"时生效的规定过于僵硬，行为能力宣告制度忽视了个案的复杂性，行为能力推定状态与申请人的行为能力状态不一定完全相符。上述生效条件的规定也可能与意定被监护人的期望有所出入，有的被监护人希望在意思能力下滑，但尚未符合部分丧失民事行为能力标准时，意定监护人就开始履行监护职责；有的被监护人则希望在自身部分丧失民事行为能力但自己仍然有较高程度的意思能力时，不将监护职责交给意定被监护人，而是在满足特定条件和标准，在自身部分丧失民事行为能力且自己的意思能力显著降低时由意定监护人履行监护职责。如果允许当事人对协议的生效条件进行具体约定，无疑能更好地保障当事人的意思自治，也能更加灵活地应对个案中当事人的不同情况。但是意定监护协议中由当事人约定具体的生效条件，有违背《民法典》第33条中关于生效条件的规定之嫌。且公证机构在办理意定监护协议公证时，需要特别注意保障意定被监护人的利益。因为意定监护一旦生效，被监护人就进入对监护人的依附状态，其意思自治在一定程度上受到限制，监护人得代理被监护人实施民事法律行为，因此公证机构要在意定监护协议的审查中注意在尊重当事人意愿的同时，慎重对待监护协议生效条款，避免意定被监护人在仍然有较高意思能力的情况下陷入被监护状态。

考虑到《民法典》第33条的规定以及监护的内涵、目的，意定监护协议公证中，协议的生效条件必须达到意定被监护人部分丧失民事行为能力，在达到部分丧失民事行为能力的基础上当事人可以约定其他具体的协议生效条件，即生效条件表述为："意定被监护人部分丧失民事行为能力且……（当事人约定的其他生效条件）时，意定监护人开始履行监护职责"，当然也可以约定在意定监护被监护人丧失民事行为能力的基础上达到某种具体条件为生效条件。以这种方法处理意定监护协议生效条件不仅符合《民法典》的相关规定，也能在尊重当事人意思自治的同时更好地保护意定被监护人的权益。

（二）意定监护被监护人民事行为能力的审查

《民法典》规定无民事行为能力人和限制民事行为能力人具有监护人，因此意定被监护人与监护人约定在自己未达到部分丧失民事行为能力的情况下，在其他条件成就时由监护人行使监护职责的，公证处应当不予办理意定监护协议公证。监护是一种为了弥补被监护人行为能力而产生的制度，这种行为能力不足在我国法律中被定义为无民事行为能力或限制民事行为能力，而且《民法典》并没有将监护职责部分授予意定监护人的规定。如果允许当事人通过意定监护协议在意定被监护人仍具有完全民事行为能力的情况下，将监护职责完全授予被监护人则显然会威胁到被监护人的意思自治。如果此时意定被监护人解除意定监护协议使自己脱离监护关系，那么其希望在一定程度上得到管理、保护和辅助的目的也就此落空。因此在这种情况下，公证机构可以建议其办理委托合同公证（上述情况不宜办理委托公证，委托公证中委托人仅是单方作出委托行为，缺少委托人和受托人双方的合意，这有可能不利于受托人接受并按照委托人意思实施监护行为，影响委托人在特定事项上受到监护利益的实现。而且单方的委托不易与含有双方合意的意定监护协议对接），将上述条件作为委托的生效条件，并在委托合同中将自己需要被监护或辅助的具体内容作为委托事项。这样一来，意定监护人可以在意定被监护人仍然具有完全民事行为能力，但有其他影响到其行为能力的障碍时，自身得到一定程度的管理、保护和辅助，同时能限制受托人行使"监护"职责的范围，明确受托人行使"监护"职责的内容，并充分尊重委托人对于力所能及事项进行处理的权利。

四、对意定监护协议任意解除权的审查

虽然意定监护协议不能简单作为一种委托合同，但是其形式和内涵与委托合同仍然有很多相通之处，所以我们在意定监护协议中应灵活参照适用委托合同中的一些规则。比如，在委托合同中规定了委托人或者受托人可以随时解除委托合同，在意定监护协议公证中也应当在协议中约定协议生效前双方拥有任意解除权。

（一）意定监护协议中约定任意解除权的必要性

大陆法系国家一般都规定了委托合同中双方的任意解除权，其理由在于委托是基于合同双方的信赖，一旦双方之间的信赖丧失，会严重冲击双方的委托合同关系，此时如果不能通过给予合同当事人任意解除权使其从委托合同关系中解脱出来，则必然使委托异化。特别是委托人如果没有任意解除权，丧失信赖关系的受托人继续处理委托事务很可能会违背委托人意愿，侵害委托人权益。而在意定监护中，意定被监护人是把对自身的监护权交由意定监护人，意定监护协议也是以调整人身关系为主要内容的协议，其对协议双方信赖关系的要求远高于一般的委托，为维护协议双方的利益，特别是意定被监护人的利益，意定监护协议公证应当审查并确保协议中含有双方在协议生效前享有任意解除协议权利的内容。

（二）任意解除权应在协议签订后、生效前行使

虽然意定监护协议任意解除权是参照委托合同中任意解除权的规则，但是须在意定监护协议签订后、生效前行使。意定监护协议的生效是指已成立的监护协议在意定被监护人丧失或者部分丧失民事行为能力时，监护人开始履行监护职责。在意定监护协议生效后，意定被监护人已经丧失或者部分丧失民事行为能力，因此意定被监护人已经不可能或难以行使任意解除权，而意定监护人如果被允许行使任意解除权，则有可能导致被监护人处在无人监护的危困状态，违背了意定监护制度维护被监护人利益的初衷。故在意定监护协议公证中，公证人员应当审查确保协议中任意解除权必须在协议签订后、生效前行使。意定监护协议生效后，意定监护人若要解除意定监护协议，应当向人民法院提起诉讼请求解除并由人民法院重新指定监护人，从而保障被监护人的合法权益。

（三）行使意定监护协议任意解除权后的损失赔偿

在意定监护协议公证中，行使意定监护协议任意解除权后的损失赔偿问题可以由协议双方当事人进行约定。比如，预先约定行使解除权解除意定监护协议的违约金，如当事人无特别表示的，公证机构可建议当事人参照适用《民法典》中关于委托合同中行使任意解除权后对于对方造成损失的赔偿规则，即可在意定监护协议中约定意定监护人和意定被监护人可以随时解除合同，因解除协议造成对方损失的，除不可归责于解除方的事由外，无偿协议的解除方应当赔偿因解除时间不当造成的直接损失，有偿协议的解除方应当赔偿对方的直接损失和协议履行后可能获得的利益。

结　　语

在意定监护协议公证的审查中,公证机构应当在尊重当事人意思自治的同时,重点保障意定监护协议中被监护人的权益。这种对被监护人的特殊保护应当贯穿公证的受理、告知、意定监护协议的条款形成、签订。这种保护基于协议生效后意定被监护人的弱势地位和意定监护制度的初衷,公证机构在办理公证中对被监护人的保护也是公证机构承担社会责任、参与社会治理的一种体现。但同时公证机构在办理意定监护协议的公证时也要尊重当事人的意思自治,不能越俎代庖,过分谨慎,否则可能会违背当事人的真实意思。这就要求公证人员要在与当事人的沟通中掌握方法与技巧,紧密结合理论与实践,灵活适用法律,设计出一套符合当事人真实意愿并能够切实保障双方合法权益的监护协议方案。

第四编
在线公证模式的发展趋势

专题二十　互联网公证的正当性及其边界

汤庆发　赵福林[*]

　　长期以来,我国高度重视数字中国、数字政府建设。习近平总书记多次强调要发展数字技术、数字经济,要顺应信息化、数字化、网络化、智能化发展趋势。在探索"数字法治、智慧司法"信息化体系建设进程中[①],公证作为其中的重要一环,紧跟时代步伐,与互联网、大数据、区块链等信息技术深度融合,不断拓展延伸应用场景,形成了互联网公证新业态。目前,这一新事物在提高公证机构及公证人员办证效率、提升公证用户体验度方面起到了积极作用,但因其合法性尚存有不少争议,发展备受关注。鉴于此,本文在介绍互联网公证现实必要性的基础上,从民事制度基本规范、相关涉互联网活动效力的新规、司法判例等角度对互联网公证的正当性进行重点考察,并阐释分析互联网公证目前存在的边界问题,以期对推动互联网公证规范发展有所裨益。

一、互联网公证的现实必要性

　　深入推进"互联网＋公证"已经成为国际社会的共识,不仅缘起于国家、社会对公证法律服务的新部署、新要求,也内生于公证行业自身实现转型升级、顺应世界公证发展趋势的新需求。总体而言,提供互联网公证服务是大势所趋,也大有可为。

(一)市场需求:社会对互联网公证法律服务的迫切需求

　　科技蓬勃发展下,我国的网络覆盖范围不断扩大,网民规模持续增长,[②]互联

---

　　* 汤庆发,福建省厦门市云尚公证处主任;赵福林,福建省厦门市云尚公证处副主任。
　　① 参见张志铭、赵轩毅:《未来法治植根何处:一种分析进路的概念省察》,载《国家检察官学院学报》2022年第1期。
　　② 截至2020年12月,我国的网民总体规模已占全球网民的五分之一左右。"十三五"期间,我国网民规模从6.88亿增长至9.89亿,5年增长了43.7%。

网普及率不断提升,一个与现实社会相对应的"数字社会",一张覆盖全球的数据网络正在加速形成。互联网的全面普及以及如雨后春笋般出现的信息化产品、信息化方案,给人们的思维方式、思想观念和生活方式带来了深刻改变,也对消费、金融、教育、物流等诸多经济社会生活领域产生了深远影响,"在家云上课""在家云贷款""在家直播卖货"和"在家逛遍全球"等成为社会常态。① 在此背景下,社会公众在享受信息技术带来的丰硕成果和极大便利的同时,一方面亟需公证帮助其解决在应用电子医疗、电子游戏、电子商务等互联网技术所催生的新事物、新平台时遇到的新问题,更好地保护其在电子商务、互联网金融、网络知识产权、网络虚拟财产等网络领域中开展民事活动的合法权益;另一方面也希望能够享受到更加优质高效便捷的公证法律服务,体验到"一站式服务"乃至"足不出户,公证到家"的便捷,尤其是疫情特殊时期下,社会更需要"非接触"式公证法律服务。②

(二)政策引领:国家对法律服务建设的部署要求

近年来,党中央、国务院高度重视"数字中国"建设,这其中也包括对构建现代化法律服务网络的重视和指导。在 2019 年 1 月中央政法工作会议上,习近平总书记对深化公共法律服务体系建设作出重要指示,要求"加快整合律师、公证、司法鉴定、仲裁、司法所、人民调解等法律服务资源""尽快建成覆盖全业务、全时空的法律服务网络",为包括公证在内的法律服务工作的发展,指明了方向,提供了指南。为了贯彻落实习近平总书记"两快两全"的重要指示,以及"让百姓少跑腿、数据多跑路,不断提升公共服务的均等化、普惠化、便捷化水平"的重要指示,以"互联网＋公证"推进"数字法治、智慧司法",加快"数字中国"建设,司法部先后发布了《关于加强公证行业党的领导　优化公证法律服务的意见》(司党〔2020〕1 号)、《关于优化公证服务更好利企便民的意见》(司发〔2021〕2 号)、《关于深化公证体制机制改革　促进公证事业健康发展的意见》(司发〔2021〕3 号)等多个文件,就如何"深入推进'互联网＋公证'服务""推进公证信息化应用和信息共享"和"加强信息化建设"等进行部署、提出要求,为更好地推进互联网公证提供了政策依据和行动指南。

(三)行业改革:公证行业转型升级的现实需要

科技改变生活,疫情催化生产和服务方式。越来越多的公证人意识到,如果固守以人工为主、单纯依靠人工肉眼识别和经验判断的传统公证业务和手段,那么公

---

① 以电子商务为例,自 2013 年起,我国已连续 8 年成为全球最大的网络零售市场,2020 年,我国网上零售额达到 11.76 万亿元,较 2019 年增长 10.9%;截至 2020 年 12 月,我国网络购物用户规模达 7.82 亿,占网民整体的 79.1%。

② 参见汤庆发:《开拓新型公证业务的必要性与紧迫性》,载《中国公证》2018 年第 6 期。

证这一古老的行业,不仅可能会因区块链、电子数据存证、大数据、元宇宙等新技术的蓬勃发展走向式微,也可能会被各行各业所掀起的一浪比一浪高的信息化创新浪潮所湮没。事实上,公证行业早已"身临其境"并深受其扰,不少公证人甚至常常萌生一些疑问:公证是否会被区块链技术取代?公证机构是否会被形形色色的第三方商业技术公司所替代?继承去公证化、保全去公证化、遗嘱去公证化、金融去公证化……日渐被"边缘化"的公证还能走多远,以后还会不会有公证这个行业?面对存续难题,公证行业亟需转型升级,而应对信息化浪潮和疫情防控带来的挑战与危机的最好方式,就是探索并发展互联网公证。越来越多公证事项实现"最多跑一次""跨省通办""一网通办"的创新实践证明,互联网公证在推动公证行业改变过去备受诟病的"坐堂办证"服务模式,深化公证供给侧结构性改革,推动公证行业高质量发展上起到了积极作用,是公证行业通往"发展蓝海"的必经之路。

(四)顺应潮流:全球公证改革的重要方向

考察域外公证的发展历程可以发现,加强公证信息化建设、开展电子公证业务在域外由来已久,并逐渐成为目前重要的改革方向。比如,法国早在 1976 年就在全法范围内推广数字化遗嘱存管中心,2016 年时就有超过 1800 万件遗嘱被订立、存放在该中心。[①] 与此同时,继 2008 年签署第一份电子公证文书至今,目前法国 90% 以上的公证文书均以电子文书形式作成。疫情发生后,远程视频公证在法国得到了更进一步的发展。2020 年 11 月 20 日,法国发布政府令修改了公证程序规则,正式允许远程受理委托公证。通过这种新的"远程视频受理文书"方式,公证人和客户完全通过信息化工具进行会面。再如,意大利自 1998 年起,就相继建成、投入运行统一公证人网络 R.U.N、公证档案数据库等网络,并于 2010 年对进入 R.U.N 系统引入了一个数字身份验证和准入机制——公证人、办公室工作人员和经过授权的第三方,经过核验之后,都可以进入系统,保证 R.U.N 具备完全的私密和安全性。[②] 又如,日本从 2000 年开始进行电子认证,2002 年认证范围扩展到电子版的公司章程,目前,公司章程的电子认证已经成为主流。[③] 除大陆法系国家,英美法系也有不少国家重视和发展电子公证,比如美国在《国际与国内商务电子签名法》允许公证通过电子签名作成的基础上,于 2010 年对《示范公证法》进行了修订,彻底更新原法案中关于电子公证的内容,回应了技术、商业、政府干预不断发展的

---

① 参见蔡勇:《法国新冠疫情期间远程受理公证文书的新政令述评》,载"律政公证处"微信公众号,https://mp.weixin.qq.com/s/txUvOrroZqo7EzcpX6cUpw,2021 年 9 月 13 日最后访问。

② 参见周志扬、吕宏庆:《法国、意大利公证信息化发展对我国的启示》,载《中国公证》2016 年第 11 期。

③ 参见[日]户田信久:《日本公证相关活动的发展》,载《中国公证》2018 年第 10 期。

现实和需要。①

二、互联网公证的正当性基础

关于互联网公证，目前立法上并无明确规定，因此就这一业态的正当性和发展方向，争议颇多，困境也颇多，尤其是在"互联网公证如何确保公证客体的真实性和不违法性"这一问题上。笔者认为，要回答互联网公证的正当性问题，首先应当从互联网公证的开展是否符合民事制度基本规范的角度展开研究探讨；其次，鉴于时代发展瞬息万变与基本法律法规须保持稳定的矛盾客观存在，因此也应当从互联网公证是否符合国家为适应新时代发展需要新出台或调整的一些相关的或可参照的制度规定，来佐证其合法性。最后，司法审判实践是否接纳互联网公证的出现并认可其法律效力，也是考察互联网公证正当性的重要依据。

（一）互联网公证活动符合民事法律制度规范

在公证的三大客体中，由于有法律意义的事实类和文书类公证不以当事人的意志为转移，当事人的行为效果对公证程序和公证结果的负面影响可控，这类事实和文书通过互联网全流程在线办理，基本无争议，没必要展开。因此，以下主要围绕民事法律行为线上公证展开分析。

互联网公证是符合现行民事制度基本规范的，且可以通过"三个判断、两个视为"展开正当性分析。《民法典》第143条规定了有效的民事法律行为的三个要件：一是具有行为能力（体现在公证活动中，主要是主体资格的判断）；二是意思表示真实；三是不违背法律、行政法规的强制性规定，不违背公序良俗。

首先，主体资格的判断。互联网公证主要是通过实名登录和身份核验来确保当事人的主体资格和行为能力，其中，实名登录包括身份注册（通常可以通过其他账号绑定身份信息自动加载）、实名认证、输入手机验证码，支付时绑定银行卡等。我们知道，现如今不论是身份证件、手机号，还是银行卡都要求实名制，这就解决了"是不是个人"的问题。身份核验包括通过与公安部门人口库、人脸图像进行匹配与比对查验人证是否相符、设置简单动作比如张张嘴、眨眨眼进行活体检测，在涉及重大财产处分案件中还可进行视频交流判断，用以解决"是不是真人""是不是活人""是不是正常人"的问题，避免出现真人假证、假人真证的情况。

其次，意思表示真实的判断。线上公证审查确认当事人意思表示是否真实，主

---

① 参见昌雄飞、杨双、粟飞、王贝伟：《电子公证实务操作初探》，载"公证文选"微信公众号，https://mp.weixin.qq.com/s/2HriX3wn5-uA6pbvvYaQKg，2021年9月5日最后访问。

要是通过强制阅读(申请表、告知、笔录、拟公证的相关文书等)、"是或否"意思表示的确认、电子签名的确认、远程视频核实等方式进行。在互联网公证产品设计时,通常体现的是"已读""同意""下一步""签署"等按钮。

再次,不违背法律、行政法规的强制性规定和公序良俗的判断。在公证实务中对这一命题的判断一般较为简单。因为,公证机构所公证的文书一般有规范的格式文本,在设计线上公证产品时也已经过审查判断,公证人员在后台操作出证前也会再次审查确认。这类审查判断与线下办理的并无太大区别。需要提醒的是不违背"公序良俗"中的"公序"即"公共秩序",是指国家社会的存在及其发展所必须遵循的一般秩序。在现行政治生态下,党中央、国务院乃至国家各部委所发布的政策文件就是在构建和维护这种"秩序",因为其大多涉及国家利益、社会经济秩序、社会公共利益,也就是说如果违背了国家政策,从某种意义上就等于违背公序良俗,也就等于违反了《民法典》。前些年部分地区实行房地产限购、限贷政策但法拍房除外,近年对法拍房也进行了限购,这也说明了司法拍卖也需要符合国家政策,符合公序良俗。

最后,关于主体资格的核实,我们可以用"两个视为"从另一角度来分析:第一,根据《最高人民法院关于互联网法院审理案件若干问题的规定》第6条规定,"使用专用账号登录诉讼平台所作出的行为,视为被认证人本人行为"。目前,公证行业内很多公证机构使用的"公证云平台"就是使用专用账号登录的。[①] 第二,民事诉讼遵循的是高度盖然性的证明标准,这与刑事诉讼适用的"疑罪从无""排除合理怀疑"原则完全不同,只要公证人能够确信待证事实的存在具有高度可能性,符合法律真实,即可"视为"是真实的。[②] 毕竟,民事诉讼追求的是法律真实而不是客观真实,因为客观真实只有上帝才知道。第三,需要明确的是:互联网公证,所有数据云存储、可留痕、可检验,还可反复查看,有异议的还可进行电子数据司法鉴定。笔者认为与传统公证相比,互联网公证的结果并不输单纯依靠公证人员肉眼识别和经验判断所得出的结果。

(二)互联网公证关键环节的法律效力得到立法认可

除按照民事制度基本规范的规定开展公证活动外,近年来越来越多涉互联网法律规范的修订或出台,使得互联网公证也逐渐在立法上具备了其他相关制度规定的支持和保障,尤其是在如何确认诸如电子签名、电子印章、电子证照、电子笔

---

① 参见乔芳娥:《民间借贷纠纷中利息裁判规则的分析——以〈民法典〉第680条第二款"视为"一词的解读切入》,载《河北青年管理干部学院学报》2021年第5期。

② 参见郭夏菁:《论刑事诉讼语境下的经验法则——以实证研究为视角》,载《犯罪研究》2017年第2期。

录、电子档案、电子证据的效力这些关键环节上。比如，关于电子签名的法律效力，早在 2004 年颁布的《电子签名法》中就有关于"可靠的电子签名和手写签名或者盖章具有同等法律效力"的明确规定，2019 年 4 月修订的《电子签名法》删除了"涉及土地、房屋等不动产权益转让的"禁止使用电子签名的规定，进一步扩大了电子签名的适用范围。又如，关于电子印章、电子证照、电子档案的法律效力，2019 年 4 月国务院发布《国务院关于在线政务服务的若干规定》，通过第 9 条第二款、第 10 条第 3 款、第 11 条、第 12 条第二款等多个条款对电子证照、电子档案与传统纸质证照、档案具有同等法律效力予以了明确规定。2020 年 6 月修订、2021 年 1 月实施的《档案法》第 37 条第二款再次明确，"电子档案与传统载体档案具有同等效力，可以以电子形式作为凭证使用。"在这些法律规范的支撑下，电子签名、电子印章和电子档案等技术在银行、保险、信贷等必须高度重视风控的金融领域中的应用越来越广泛，并持续深化。

关于电子证据，早在 2012 年就随着两大诉讼法的修订、颁布取得合法地位，而关于电子证据效力的认定，目前也有最高人民法院出台的相应规则予以规范，比如《最高人民法院关于互联网法院审理案件若干问题的规定》的第 11 条、《最高人民法院关于民事诉讼证据的若干规定》的第 94 条、《人民法院在线诉讼规则》的第 13 条。根据上述条款的规定可以推定，如果互联网公证业务过程中形成的电子化材料或电子数据是通过可靠的技术手段或者通过电子取证存证平台认证，符合真实性认定条件的，公证机构是可以确认其真实性的[①]。从互联网公证实践来看，公证行业目前的信息化水平已日臻完善，电子化材料或电子数据也是直接上传到公证处的系统后台，确保公证机构在互联网公证业务的办理过程中占据着主导地位，同时公证人员及当事人的每一个操作都会自动形成全过程的工作日志，实现对公证办理过程的全程留痕。

值得一提的是，2021 年修正的《中华人民共和国民事诉讼法》新增第 16 条，明确规定"民事诉讼活动通过信息网络平台在线进行的，与线下诉讼活动具有同等法律效力。"这是诉讼法首次对线上诉讼活动的法律效力予以明确认可，为在线诉讼的发展提供了制度空间，也可以说是推动互联网公证发展的重要法律依据。

（三）互联网公证在司法实践中的成功探索

目前，已有不少司法审判实践对互联网公证给予肯定性评价。2018 年，浙江省义乌市人民法院在审理一起侵害作品复制权纠纷的案件中，对原告提供的电子

---

① 参见邢玉霞、宋世勇：《区块链技术在商业秘密保护中的运用及法律规制》，载《政法论丛》2022 年第 1 期。

数据保全公证的效力予以确认。本案中,法院认为,公证处使用的"在线公证平台"不仅能够实时保全公证云 APP 客户端拍摄的照片、录音以及录像,而且该平台还可以监控电子数据是否经过人为篡改,以确保电子数据的原始性、真实性。因此,法院采纳该证据作为抗辩事由。随着公证行业信息化程度的日益提高,法院在司法审判中对互联网公证的认可度也越来越高。

而且,互联网公证中涉及的电子签名、电子印章、电子证照、电子档案这些关键问题也得到了不少司法实践的认可。比如,电子签名方面,2016 年 8 月,杭州市上城区人民法院确认了法大大平台上电子合同的法律效力,同时也表明了法院认可电子合同中可靠的电子签名的法律效力。① 电子印章方面,河北省阜城县人民法院于 2019 年 4 月 26 日作出的行政判决书认为,被告阜城县公安局交通警察大队作出的处罚决定书合法,因为该处罚决定书中的电子印章同样具有法律效力,其效力等同于加盖印章。电子证照方面,广东省东莞市第二人民法院在(2019)粤 1927 民初 412 号判决书中,采纳了原告提供的《在东莞市建设网打印的施工许可证及电子证照》,该许可证及电子证照证明被告为项目工程的施工单位。电子档案方面,广东省高级人民法院在审理(2018)粤民终 1366 号合同纠纷案件中,认为案涉《以物抵债协议》虽为复印件,但其与原始资料《以物抵债协议》复制电子档案的内容完全一致,结合其他案件事实,认定该协议内容真实正确,可作为认定案件事实的根据。

此外,法院对经过公证的电子证据充分信任。2019 年 6 月,杭州市滨江区人民法院在办理一起商标诉讼纠纷中,将电子公证文书作为认定被告抗辩事实的依据。在该案中,原告阿里巴巴公司通过法信公证云平台取得电子证据,并在线申请出具电子公证书。该电子公证书支持在线查阅、核验,不仅降低当事人维权取证的成本,而且破解了知识产权审查难的问题。

三、互联网公证的边界及选择

创新,意味着没有先例可循,意味着机遇与挑战并存。因此,我们不能仅关注互联网公证能给公证行业带来哪些红利,也应当特别注意互联网公证在现行法律规范体系中的边界问题。

(一)互联网公证的技术边界

"公证"始终是公证行业赖以生存的基石,所有的公证活动都必须紧紧围绕这

---

① 参见王明亮:《公证行业发展与互联网金融在线公证探索》,载《中国公证》2018 年第 8 期。

一核心展开，也就是说，互联网公证也必须始终坚持以"公证"为主导，技术只是"公证"实现的手段、方式，坚决杜绝"机器"办证。当然互联网公证的"主导"与传统线下公证的"主导"并不相同：线下公证的"主导"更多体现在"事中"，比如在遗嘱公证的办理过程中，承办公证员必须全程亲自办理，亲自完成受理申请、接谈告知、录音录像、审查核实、出具公证书等公证手续，以确保其对公证客体真实性和合法性的把控。而互联网公证的"主导"不仅体现在"事中"，比如公证员通过远程视频方式了解申请人的真实意愿，更多体现在"事前"，比如通过参与事前的公证产品和流程设计，将公证员的把控审核前置，从源头控制可能的公证风险；充分运用公证档案思维，通过全流程日志记录和关键节点、必备动作的设置，确保公证过程可检验、可回溯。可以说，互联网公证从事前运用公证思维参与产品设计到事中运用证据思维审查判断，再到事后运用流程思维归档留痕，环环紧扣"公证"主导，与"机证"有着本质区别。这说明互联网公证并不是简单的"互联网＋公证"，而是两者的深度融合之下所形成的一种新的公证业态；也表明线下公证机构并不会关门、公证员也不会失业，只是职业内容发生转变，正如《法律人的明天会怎样》所说，未来法律人的新工作包括法律流程分析师等。

要坚持"公证"主导，避免陷入"机证"，须具备以下几个条件：首先，公证机构应配备专门的团队。在研发互联网公证的团队中，既需要有丰富公证经验的公证员发挥其专业优势和丰富经验参与产品设计，同时也需要精通互联网技术的程序员设计产品研发，两者相互配合、共同开展，才能确保"互联网"与"公证"深度融合。其次，公证机构必须划拨相应的资金用于互联网公证的研发和推广。只有投入一定的人力、物力、财力，才能确保互联网公证的专业化、职业化。然而，目前虽然已有多家公证机构开展互联网公证业务，但这些公证机构的规模大小不一致，有些公证机构在互联网公证方面的人才培养、技术研发、资金投入的力度明显不足，导致市面上所研发的互联网公证产品质量参差不齐。因此，开展互联网公证首先应要求公证机构具备相应的资质和规模。只有由具备一定资质和规模的公证机构"主导"，才能够把控市面上互联网公证产品的质量，区分于简单的"机证"，在一定程度上保证互联网公证的公正性、合法性。

（二）互联网公证客体的线上化边界

互联网公证的客体不应受到限制，如线下公证一样，互联网公证可以涵盖各类型公证业务。因为最难把握的民事法律行为类公证都可以实现线上化，符合基本法理，举重以明轻，有法律意义的事实类和文书类公证更不存在法理障碍和实现障碍。但由于在不同的公证客体中，公证的要求和要素并不相同，因此不同公证客体的线上化风险是不同的，其线上化程度也应当有所区别——其中，有法律意义的事实和文书不以当事人的意思表示为要素,因此在事实类和文书类公证中,公证程序和公证结果一般不受申请人身份及其意思表示的影响,也就是说,不论是谁启动公证申请、公证人员与申请人是否进行语言或视频交互,都不会对公证产生的社会效果带来什么实质影响,这意味着事实类和文书类公证完全可以全流程在线办理。这一点也可以从司法部印发的《关于优化公证服务更好利企便民的意见》(司发〔2021〕2号)中的规定得到印证。该意见明确要求"加快推进法律职业资格证书、译本与原本相符、学历学位证书、驾照等高频公证服务事项实行全流程在线办理、'一网通办',完善身份识别比对、电子签名、在线询问、在线审查等功能,实行申请、受理、审核、缴费、出证、送达等全流程在线办理。"而法律行为是以意思表示为要素,依照意思表示内容发生法律效果的目的的行为。① 因此,申请人身份及其意思表示是否真实将会给法律行为类公证的社会效果带来严重影响,直接关系到申请人合法权益的保护,须通过线上线下等多种方式核实确认。值得注意的是,这并不意味着所有的民事法律行为类公证都不可能通过全流程在线办理,因为不同行为所产生的效果是不同的,比如事务型行为的社会影响小,如果风险可控、安全有保障,出于均等、普惠、便捷、高效等角度的考虑,通过全流程在线办理未尝不可。但如果是重大权利处分类行为或会导致重要权利义务变动的行为,比如买卖房产、大额借款赋强等,建议其公证方式可以采用线上线下相结合的方式进行。

(三)互联网公证的法律边界

尽管从法理、社会经济发展以及当事人体验等方面来讲,互联网公证是值得肯定并大力推广的,但在现行立法中,并没有关于互联网公证的明确规定,因此这一创新事物在实际开展中不可避免地面临着一定的法律冲突或法律困境。

1. 与"面见"原则的冲突与消解

《公证程序规则》第5条规定,在办理公证过程中须公证员亲自办理的事务,不得指派公证机构其他工作人员办理。据此业内普遍认为公证员在办理公证时必须"亲自面见当事人",互联网公证违背了"面见"原则。对此笔者并不认同,原因有两个:首先,"面见"当事人不是公证员的工作目的,而是公证员为了完成自己工作职责的一种手段。② 其次,"面见"当事人是由于在线下公证时代,受社会科技水平的限制,公证员只能通过现实中"面对面"的方式对当事人的身份、意志、认知能力进行甄别和判断,但随着科学技术的高速发展,科技手段已经能够协助公证员对当事人进行身份确认,比如指纹、人脸识别、虹膜等生物识别技术远远超过人眼对个人

---

① 参见熊选国:《公证理论与实务》,法律出版社2018年版,第31页。
② 参见昌雄飞:《互联网场景下公证业务风险控制》,载《中国公证》2020年第2期。

身份的识别。因此,将规定中的"亲自办理"理解为"亲自面见当事人"并不准确。在互联网公证中,公证员亲自参与前期流程设计、产品研发,中期审查核实,后期出证,这些何尝不是"亲自办理"的一种表现?

2. 在人脸识别上的法律困境与应对

人脸识别技术虽然在确保公证真实性上,尤其是申请人身份真实上具有显著优势,但一旦使用不当或信息泄露极有可能会损害到申请人的财产权益或人身权益。对此,国家多次出台文件要求高度重视个人信息保护。2021年6月8日,最高人民法院审议通过《最高人民法院关于审理使用人脸识别技术处理个人信息相关民事案件适用法律若干问题的规定》,再次强调要保护人民群众"人脸"安全。因此,如何把握互联网公证与个人信息安全保护之间的"度",是摆在公证人面前的一道难题。在开展过程中,公证机构应当特别注意个人信息的保护,打造安全可控的平台,做好网络安全保障,并建立关键数据的本地、异地容灾备份机制,确保信息安全。

3. 电子公证书适用的法律困境与对策

尽管2020年3月司法部印发的《中共司法部党组关于加强公证行业党的领导优化公证法律服务的意见》(司党〔2020〕1号)中明确要求,要深入推进"互联网＋公证"服务,合作制试点公证机构2020年底前要全部具备应用电子公证书的能力。但电子公证书的效力并未得到立法上的明确肯定,实务中对此抱有疑虑,不认可电子公证书的用证单位不在少数,因此,建议司法部加快制定出台《电子公证书制作使用规则》。在规则出台之前,建议公证机构在出具电子公证书之前,提前与使用部门进行沟通,确认其对电子公证书采用的明确态度,避免由于用证单位不接受,而让当事人多跑路。

专题二十一　在线公证制度的检视与完善

殷浓利[*]

引　言

互联网业态、互联网速度、互联网思维,使社会不再满足传统的公证服务方式,而是对公证的服务质量与服务效率提出新的要求,要求公证行业紧跟互联网步伐,打破时空限制,创新服务方式,为社会提供更专业、更便捷、更高效的公证服务。近十年来,公证行业对在线公证进行了积极探索。2012年4月北京市方圆公证处推出的"智慧保险箱",提供数字版权作品存储、证明服务。2012年8月上海市东方公证处推出的"公证证据宝",可以在线完成对电子数据的固定。2014年12月厦门市鹭江公证处推出的"公证云"在线平台,可以通过手机进行实时录音、拍照。2017年11月浙江省上线公证服务平台,以全省30多家开展智慧存证、智慧取证业务的公证处为基础,集电子数据存储、固定于一体,统一全省的存证、取证的办事入口,方便老百姓找到和使用互联网服务平台……这些年,在信息技术进步的驱动下,我国公证行业在"互联网＋公证"领域的实践越来越多,呈现出百花齐放的状态。但是,公证行业对在线公证的研究,尚没有形成统一的认识,对在线公证的基本概念、原则、标准和路径等问题,甚至对于在线公证的内涵和外延都没有统一的认识。这会导致在线公证应用难以规范化、标准化和深入化,这也导致目前部分在线公证项目存在争议或不足之处。

一、在线公证的基本概念

在线公证是信息技术在公证领域渗透的必然结果,明确什么是在线公证,厘清在线公证相关的概念,是在线公证制度构建的前提。

---

[*]　殷浓利,浙江省宁波市鄞源公证处公证员。

（一）在线公证的内涵

在线公证是指公证机构采取在线方式办理公证，公证的申请、受理、审查、出具公证文书等环节在线上完成。在线公证是公证程序规则的线上再造。所谓再造，并不是对线下公证程序的照搬，而是根据在线、远程的特征，利用信息技术对公证实现方式进行扩充、对公证程序进行必要改造，使公证行为符合在线实施。当然，所谓再造，也并非对线下公证程序规则的"推倒重来式"的改造，公证的内在机理及本质规律并未发生根本性变化，在线公证的本质依然是公证。

（二）在线公证的功能

1. 打破时空界限，贯彻公证服务便民、利民价值理念

第一，相比于传统公证，在线公证当事人可以随时随地申办公证、获取公证信息，随时随地通过公证工具进行固证、存证等事务性操作，极大地突破了时间和空间的束缚。第二，在线公证可以使公证机构通过数据共享方式获取公安、民政、不动产等信息，有助于实现和扩大无证明式公证，便利当事人公证办理。第三，部分公证事项办理不受公证机构执业区域的地域限制。根据《司法部办公厅关于落实部分公证服务事项"跨省通办"有关工作的通知》，2021年1月1日起，当事人申办驾驶证公证、学历公证、学位公证可以向全国范围内任一公证机构提出申请，不受地域限制。未来，在全面落实当事人"最多跑一次"进程中，跨区域通办事项或将逐步扩大。

2. 规范公证流程，保障当事人的知情权、监督权

在线公证中，数据的传递、交流、留存、呈现发生变化，所有行为和信息可追溯、可重现、可留痕。当事人通过在线公证平台的数据留痕，可以清楚地了解自己做了什么、公证机构做了什么，了解公证事项的实质进展以及应然进展，增强当事人在公证程序中的参与性，反过来促使公证机构严格按照程序规则办理公证，进而有助于提升公证公信力。

3. 实现公证流程可视化管理，提升公证工作效率

第一，在线公证通过流程再造，支持当事人在线注册后完成实名认证，在线提交证明材料，公证员的精力集中到文书起草、审查证明材料、远程询问当事人、撰写公证书等重要环节，提高公证效率和公证质量。第二，通过系统设置，实现公证事项的繁简分流，对权利义务关系明确、法律事实清楚的简易类公证事项和公证事务，优化程序设置，减轻当事人及公证人员的程序负担。第三，电子公证书的在线送达、在线查询与核实、电子卷宗自动生成等功能的实现，使公证案件在不同环节、不同部门间得到有效传递与沟通,提升公证案件办理效率和公证机构管理效率。

(三) 与相关概念的区分

1. 在线公证与涉互联网公证

在信息技术迅猛发展的推动下,信息技术嵌入社会经济生活的各个方面,公证机构办理公证过程中,或多或少会涉及运用信息技术,或者公证事项涉及互联网。比如,公证机构设置在线咨询和预约端口,但申办、受理等环节仍在线下进行;比如公证机构通过远程视频询问方式询问当事人,但提交材料、签署文书均在线下进行;或者公证机构的保全对象系互联网证据等,均不是纯粹意义上的在线公证。厘清在线公证与涉互联网公证的概念,是正确适用正确程序规则的基础。

2. 在线公证与在线公证领域运用

在线公证边界清晰,主要研究在线公证的特点及适用规律。在线公证领域运用具有开放性,主要研究如何综合运用在线存证、取证、签约、提存、保全等公证手段,深化在线公证服务,扩大公证服务领域,提升公证社会治理效能。在线公证的客体是相对稳定且封闭的在线公证平台建设,领域运用的客体是构建公证服务体系和多业务协同应用。所以在线公证与在线公证领域运用不同,在线公证是基础,领域运用是延伸和赋能,在线公证重于规范,领域运用重于服务,厘清两者之间的区别,避免在线公证复杂化。

3. 在线公证与公证机构智慧化建设

公证机构智慧化建设具有管理属性,着重于公证机构组织、管理、运行等内部建设,涉及人员管理与权限分配、文书管理与纠错、信息推送、公证质量检查、统计报表、大数据分析等功能。在线公证涉及的是公证机构与当事人之间的沟通交流方式,是两者互相作用的公证平台建设和程序建设。故公证机构智慧化建设以垂直管理为视角,可以以司法行政部门或公证处内部的计划、指导、规范性文件为依据;而在线公证制度建设以公证基础理论为视角,以公证过程为导向,需要公证程序规则的支撑。

二、在线公证制度的理念与原则

如前所述,在线公证是公证程序规则的线上再造。那么如何再造,再造的标准是什么,首先需要理念和原则的应对,这是构建在线公证制度需要关注的重要内容。

（一）实体性理念与原则

1．以当事人为中心

坚持以当事人为中心[①]，强调当事人在公证程序中的主体地位，在线公证制度的构建应当以当事人为主体，满足当事人的需求，为当事人服务。

（1）当事人有选择在线公证或线下公证的权利。线上公证打破了线下公证的时空局限，节省了当事人的时间成本，使得当事人能够更加便捷地获取公证服务。但是线下办理公证案件也有优势，比如公证员的调解、解释、宣传工作，更具法律温情。此外，如段伟老师指出的，需要通过公证员智慧为当事人进行个案的法律谋划、需要公证员提供法律工具来保障当事人的合同安定和安全，这些功能不是简单依靠互联网思维和技术能够实现的。线下公证依然有其存在的制度价值和市场基础[②]。所以，在处理在线公证与线下公证的关系时，应当充分保障当事人的程序选择权。

（2）保障当事人获得平等的在线公证服务机会。在线公证依赖信息技术。因文化程度低、身体缺陷或者没有必要设备和网络支持等原因无法使用在线公证服务的当事人，或许无法享受在线方式的便利。如何保障处于相对弱势地位的当事人获得平等的在线公证服务机会，也是值得关注的问题。在操作层面，可以考虑通过线上线下相结合的方式，在乡镇司法所、公共法律服务中心或村镇办公室设置公证便民服务点，使当事人在公证机构指定的协办人员辅导下，使用公证机构或服务点提供的设备，在线完成申办。

（3）保障当事人表达自由、充分。线下公证时，公证人员与当事人处于同一物理空间，通过面对面询问方式确认当事人的真实意思表示。在线公证场景下，"面见"不再被局限为同一物理空间，而是扩张为信息技术所能够延伸的空间。在线模式只是改变了交流方式，并不影响当事人自由、充分进行意思表示的权利。当然，如何保障在线模式下当事人表达的有效性、充分性是在线公证必须思考的问题。比如当事人不与公证人员在同一物理空间，如何判断当事人未受胁迫、威胁，如何保障远距离信息传递的无差错，如何保障当事人借助信息技术充分表达自己意见等，均是在线公证应当关注和解决的问题。

2．坚持公证员办证的亲历性

公证员亲历，是指公证员应当亲身经历公证案件的主要过程，包括核实当事人

[①] 李全一：《秉持以当事人为本的公证理念》，载《中国公证》2009 年第 4 期。

[②] 段伟：《唱衰传统线下公证处为时过早》，载"公证文选"微信公众号，https://mp.weixin.qq.com/s/GZ7pZEgQtQDpH2_adgn89g，2022 年 1 月 2 日最后访问。

或其代理人的身份并确认其意思表示、审查证明材料、出具审查意见并拟制公证书等。

坚持公证员亲历是公证文书证明力的基础。"已为有效公证文书所证明的事实",属于《最高人民法院关于民事诉讼证据的若干规定》的免证事项,且在"当事人有相反证据足以推翻"的情况下,才可以不予采信,该推翻标准和"已为人民法院发生法律效力的裁判所确认的基本事实"一致。公证文书具有如此高的证明效力,其重要原因在于公证过程中公证员的亲历性。当然,在具体的公证过程中,公证员的亲历性分为两种:一种是对没有亲历的事实,公证员通过对证明材料的收集、审查进行认定,比如毕业证书公证、无犯罪记录公证等。一种是公证员作为亲历者参与或目睹事情发生的过程[①],比如保全证据、现场监督公证中见证保全或活动过程等;此外,公证程序区别于诉讼程序,公证事项的非对抗特征[②],公证员通过听取申请人一方的表述对事实进行判断,通常公证员没有机会听取相反意见,因此公证员需要充当"疑问方"或"质疑方"的角色,通过对当事人提交的证明材料的审查、对当事人的询问,进而排除合理怀疑。

在线公证的本质仍然是公证活动,在线公证活动与线下公证活动,对公证事项真实性探究的要求,没有任何实质差别。故此,在线公证程序,仍应坚持公证员亲历原则,重视对公证事项真实性探究,机器办证、自动出证等行为并不是真正的"公证",在线公证不能夸大技术的作用,不能通过技术设置、人工智能代替公证员的专业判断。公证的意义在于,公证员倾听当事人的具体诉求,充分阐述公证事项的法律意义和法律后果,见证当事人的法律行为;公证员在公证书上署名,是公证员对公证书承担责任的承诺,这是信息技术无法实现的。

当然,公证员亲历原则并不排斥人工智能,但人工智能只能是辅助,因为技术不可能人格化,人工智能不具有行为能力、不具有责任能力[③],所以技术可运用于信息的采集、传输、检索与利用等环节,但对事实的认定、对法律价值的判断仍需倚重公证员的实践经验和专业智慧,这仍是技术无法替代的。

(二) 程序性理念与原则

1. 程序正当性

立法活动具有滞后性和稳定性,在线公证实践没有足够成熟的经验前,《公证程序规则》不会被轻易修改;而在《公证程序规则》没有完成相应的修改之前,在线

---

① 阚道祥、范存智:《公证证明司法审查的类型化研究》,载《西藏研究》2019年第5期。

② 李全息、张鸣、李继伟、段伟、庄淑君、张莉、肖发翠、谭睿、张敏:《中国公证职责体系分析》,载《中国公证》2020年第7期。

③ 李爱君:《人工智能法律行为论》,载《政法论坛》2019年第3期。

公证行为始终面临着合法性与正当性质疑。尤其公证机构对于在线公证处于探索状态，各地在线范围不明确、在线程序不统一、在线要求不一致，直接影响了公证活动的严谨性，也导致各地公证机构"自由裁量滥用"风险。从公证行业实践角度看，我国在线公证实践将近十年，尤其近几年全国各公证机构不断开展远程视频公证等试点和创新，实践经验比较丰富；从司法审判环境角度看，《最高人民法院关于互联网法院审理案件若干问题的规定》《人民法院在线诉讼规则》相继出台，最高院以司法解释形式进一步规范在线诉讼活动；从法理研究角度来，关于在线法律服务的法律规制、法理思辨、实践检视、规则重塑、程序创新等理论研究成果层出不穷，基本理论观点趋于一致。总体而言，司法部出台在线公证规则的时机已经到来。

技术促进公证实现方式的变化，公证实现方式的变化又必然推动程序规则的变迁，而程序的变迁又修正了程序的正当性，这是法律法规革新的正常阶梯。司法部出台在线公证规则，可以消除关于在线公证程序合法性与正当性的质疑，规范公证机构在线公证行为，更大程度上促进公证法律秩序的完善。

2. 功能等值原则

在线公证程序设计并非无章可循，而是以线下公证程序为参考，按照功能等值[①]的方式进行。当然，在线公证程序并不是将线下公证程序照搬照抄、复制到线上，而是将线下公证程序的深层功能进行转换，实现动态对等，同时要求在线公证程序的构建，要尽可能地保障线下公证程序功能不因在线的形式而有所减损。也就是说在线公证程序规则并不是完全另立规则，而是基于信息技术的特点，延续、传承、革新程序规则。比如线下公证要求对当事人真实身份进行实质审查，在线公证程序通过设置"人脸比对""活体检测""身份认证"等措施完成；比如线下公证时当事人的签名、加盖印章，在线公证程序匹配电子签名、电子印章等。

当然，在线公证追求的主要价值目标是公证效率，通过在线方式，突破时空限制，节省当事人的时间成本和办证成本，进而降低公证成本，提高公证效率。但是，程序效率的提高可能减损程序公正的价值，而坚守程序公正又会阻碍程序效率的提高[②]。所以在线公证，如何在功能等值的前提下，尽可能地使程序效率和程序公正达到动态平衡，这是在线公证立法必须认真研究和解决的问题。

3. 程序减损与增量

如前所述，公证程序的线上实现，不是对线下公证程序规则的简单重复，而是公证理念的重塑和对公证流程的重构，所以在这个过程中，和线下公证程序相比，

---

① 张兴美：《电子诉讼制度建设的观念基础与适用路径》，载《政法论坛》2019 年第 5 期。
② 段厚省：《远程审判的双重张力》，载《东方法学》2019 年第 4 期。

在线公证程序不可避免地发生减损或增量。但在程序减损与增量的考量中,无论程序如何重塑,首先要把握的一点就是,不得减损当事人的实质性程序利益。

关于在线程序的增量,比如在线申办公证的途径和选择优于线下公证模式,当事人只要具备网络和相应设备,就可以随时申办公证,甚至可以自由选择服务更优的公证机构申办公证;远程视频询问过程中,对询问过程进行自动录制和保存,可以客观反映申办公证时当事人的精神状况及意思表示,比线下公证时更具客观性和准确性。关于在线程序的减损,比如在线公证弱化受理环节。按照线下程序逻辑,在申请与受理环节,一般为当事人申办公证——公证机构受理并指派公证员承办——公证机构履行告知义务。在线公证中,在以当事人为中心的理念下,在线公证程序设计充分考虑当事人的使用便利性和连贯性,对受理环节予以弱化,通过在线程序设置限定当事人申办的公证事项等措施,使当事人可以在线一次性完成公证事项的申办、一次性签署申请表与告知书。

三、在线公证制度探索中的伦理底线与风险阻断

如前所述,近几年我国公证行业对在线公证的实践越来越多,但由于立法的滞后性以及公证行业对在线公证没有形成统一的认识,导致在线公证项目良莠不齐,实施过程中出现各种状况,甚至可能影响公证程序的正当性,进而转化为公证行业执业风险。为此,应当强调坚守公证伦理底线,正确看待和处理在线公证探索过程中出现的新关系、新项目。

(一)正确研判服务主体,坚持公证机构主导

"互联网+公证"推广过程中,不可避免运用到信息技术。最典型的是公证电子数据存证、取证服务。该服务,顾名思义是公证机构提供在线存证取证工具,当事人使用公证机构提供的工具进行存证取证。但公证机构开展过程中存在诸多不规范之处,主要体现在:第一,为科技公司背书。即公证机构和科技公司合作,取证工具是科技公司提供的,存证主体仍然是科技公司,在该种情况下,部分公证机构对电子数据的获取、传输、存储进行简单判断后,即以公证行业的公信力对科技公司的行为进行背书,使该类证据获得公证优势证据效力。第二,贴牌公证或虚假宣传。更为严重的情况是,公证机构对外宣传由公证机构提供存证取证服务,但实际存证取证主体仍为科技公司。甚至有公证机构对外宣传当事人的电子数据可以实时上传到公证处电子证据保管,实际上收费主体仍为科技公司,电子数据仍存储在科技公司。该类贴牌公证或虚假宣传,由于公证证明内容与实际不符,不但会导致公证证据不被法院采纳,甚至使整个公证行业的存证取证服务以及公信力都受

到严重打击。

信息化是在线公证的重要推动力。但在运用信息技术的同时，公证机构必须明确坚持公证机构主导。技术仅仅是在线公证的实现方式，技术必须服务于公证需求，并服从于在线程序的理性再造。公证机构还应当坚持，在线公证服务中，服务主体是公证机构，公证机构应当对相关工具、平台及数据享有控制权，应当按照法定程序与办证规则要求采集、处理相关数据，并由公证机构负责传输、存储、备份。

此外，要重视"公证""在线公证""数字公证"等与公证相关的用词系公证机构、公证行业专用，公证机构要避免合作伙伴或科技公司擅自以公证的名义进行推广与宣传。对于非公证机构的平台、软件，冠以"公证"字样的，比如"移动公证"（北京某科技打造的互联网产品），要进行行业打假，要发现一起、报告一起、查处一起。

（二）严格把握技术边界，坚守公证安全底线

由于公证机构普遍缺乏计算机专业人员，基本不可能依靠内部力量实现智能化研发，因此在信息技术运用过程中，基本依靠技术外包。但技术实现方案千差万别，公证行业、公证机构建设在线平台，应当刨根问底、慎重选择技术实现方案，坚持风险防范。比如实名身份认证技术，有的技术只是采集用户身份信息，并不真正进行人证比对；有的技术采集用户人脸和身份证人脸并进行比对，但无法判断身份证真伪信息；有的技术通过银行卡认证进行身份认证，但银行卡认证是否虚假或错误在所不论；有的技术人脸识别时采集静态页面、不采集动态页面，用户可以通过提供照片实现身份认证等。公证机构建设在线平台，应当坚持公证机构全程参与并决定技术实现方案，而不能只提需求，由科技公司自由发挥决定技术实现方式，因为法律思维与技术思维不能等同，在技术实现的过程中，仍需要不断磨合和修正，使技术方案真正契合公证程序要求。应当根据公证的属性、规则要求和社会实践的客观需求，把握技术边界。技术是中立的，但掌握技术的人未必是中立的，公证机构除了引导技术向善外，还要警惕公证数据信息泄露及被不当利用。当然，技术系统的风险永远无法彻底消除，过分依赖技术成为社会风险的一个来源。[①] 但是，当技术系统在启动风险防范机制后，即使产生了风险，公证程序本身的正当性也不会遭至减损。

（三）正确看待业务创新，坚持理性思考

近几年，公证行业创新意识增强，很多公证处在技术运用、新项目、新举措等方

[①] 向玉琼：《论技术治理的民主化：基于对风险治理技术化的反思》，载《学术界》2020 年第 12 期。

面有很多很好的探索,积累了很多经验,为公证行业发展贡献积极力量。但是,同时我们也要看到,在创新领域行业欠缺理性思考,浮夸、浮躁现象比较突出:(1)缺乏原始创新能力。这几年行业内关于在线公证、数字公证的创新项目很多,经常在新闻媒体上看到"全国首次""全省首个"的报道,比如全国首个＊＊抽奖摇号平台、首发、公证第一案等等;或者有一点进展就宣传为"率先""重大进展和突破""具有重要意义",看起来很热闹,但真正具有生命力的项目很少,为行业未来五年甚至十年发展带来红利的项目更少。(2)缺乏基础理论研究。在线公证是一个新事物,没有先例可循,目前关于在线公证的创新项目很多,但是关于在线公证的基础理论研究很少。实际上,没有基础理论研究的长期积累,就不可能有原始创新的重大突破。理论的高度决定了实践的深度,创新项目即使有重大突破,由于缺乏基础理论研究的支撑,必然没有持续性。忽视对基础理论的研究,恰恰是对创新引领的背道而驰。(3)缺乏理性思考。比如区块链热潮下,出现区块链电子证据平台、区块链公证、区块链赋强、区块链证据等项目和概念,在欣欣向荣现象的背后,我们是否对区块链技术有充分的认知,区块链对于公证行业造成了什么样的影响,会改变哪些行为,能服务什么样的业务场景,又会造成什么样的新问题等,需要行业有深入的研究和妥善的应对。当然,以上种种不可避免地受到整个社会急功近利思潮的影响,但作为专业的法律从业人员,营造风清气正的创新环境,突出科学精神、强调创新质量,才是更加科学的方向。

(四)正确对待平台渠道来源,坚守行业竞争底线

线下公证模式下,各地的公证机构往往服务当地的当事人;而在线公证模式下,由于互联网的无区域性,就特定公证事项而言,通过信息技术的延伸,公证机构可以面向全国甚至全世界的公证申请人。公证机构与第三方平台、渠道对接后,就特定公证事项,可能为公证机构带来几千件、几万件甚至几十万件的公证案件。由于公证案件数量的冲击,引发行业内降低执业标准、降低公证收费等恶性竞争,与平台合作后,部分公证处收取的公证费不足标准的一半,个别公证处甚至更低。信息技术在一定程度上给公证执业活动带来了便利,但规范执业是底线,仍应坚守。

四、在线公证制度的完善建议

(一)规范在线公证术语与原则

第一,规范常用术语。与在线公证相关的名称、术语并不统一,比如"互联网＋

公证""电子公证""智慧公证""数字公证""远程视频公证""网络赋强公证""区块链网络赋强公证""区块链电子公证书"等等。这些概念的提出和变迁，与国内互联网发展进程密不可分，与智慧城市、数字经济、区块链技术等密不可分。互联网永远不断向前发展，规范常用术语时，应避免与特定互联网发展阶段挂钩、避免和特定技术挂钩，因为技术特征并不是这类公证的本质特征，这类公证的本质特征是公证员与当事人之间通过信息技术传递语音、文字和图像等信息，以此完成整个公证过程。结合社会习惯用语，建议规范为"在线公证""在线公证平台""远程视频询问""电子公证书"等。

第二，保障当事人选择权。允许当事人有选择在线公证或线下公证的权利，保障当事人获得平等在线公证服务机会。即据当事人申请或者公证业务办理需要，公证机构可以采取在线方式、线下方式，或采取线上线下结合方式办理公证。在线办理时，当事人可就近在公证机构指定服务点、在公证机构指定的协办人员辅导下，使用公证机构或服务点提供的设备，在线完成申办。

第三，明确在线公证范围。对在线公证事项范围，应采取"应上尽上"原则，即只要能在线办理的，就列入在线公证的范围。故在线公证制度重构中，宜采用排除法对不适宜采用在线方式的公证事项进行列举，比如遗嘱（属于程序有特殊要求）、遗赠扶养协议、认领亲子、收养关系、解除收养关系、抚养事实、监护、意定监护协议（属于与人身密切相关事项），公证员亲临现场的现场监督、现场保全（属于程序有特殊要求），法律、法规或行业规定不适用在线公证方式的其他事项（兜底条款）。

当然，对于在线公证在全国大范围的具体推广实施，这是无法一蹴而就的，所以公证机构对于能在线办理的事项应当分阶段、分范围逐步推广和实施。

（二）推动在线公证平台建设

第一，平台的建设和实施主体应为公证机构。应当坚持公证机构主导、技术服务公司辅助配合在线公证平台建设。平台建设完成后，公证协会或公证机构应当定期对系统安全状况、安全保护措施落实情况等进行自查。

第二，平台的数据归属于公证机构。数据归属是在线公证实施过程中的重要问题。坚持公证机构主导时，应确认数据归属于公证机构。即公证协会、公证机构应当对在线公证平台及数据享有控制权。公证机构采集、处理的与公证业务相关的数据及记录，归属于公证机构，由公证机构负责保管、存储。上述数据应能完整地记录公证执业活动的全过程。公证机构应对公证数据建立定期备份机制，确保数据安全。

第三，公证机构负责确保平台的技术安全。技术安全是在线公证实施的基础。在线公证制度虽然着眼于在线公证程序的制定，但仍应对技术安全要求予以规定，以加强公证机构对技术安全的重视。即在线公证平台应当具备身份认证、电子签名、在线询问等公证程序全流程的记录、留痕、存储能力，具备安全、独立、高效、稳定运行的能力，具备防攻击性、数据加密与灾备等安全保障措施，以确保数据安全。技术方案应当符合相关标准规范。

（三）细化在线公证程序规范

第一，身份的审核。在线身份验证在技术实现上有多种方式，包括：①手机号码短信验证；②银行卡验证；③采集用户身份信息，但不进行人证比对；④采集用户人脸和身份证人脸进行比对，但不判断采集的身份证的真伪等。其中方式①②，实践中存在大量身份信息盗用、冒名办理手机号和银行卡的情况，故不应当作为公证机构身份核验的手段。方式③④，未进行身份证件真伪有效判断，不建议作为公证机构身份核实的手段。故在线公证中，建议综合采用远程身份核验技术（包括证件证照比对、生物特征识别、国家统一身份认证平台认证等）以及证件视读、公证人员远程询问核实等多种方式交叉核验当事人身份。

第二，证明材料的核查。公证机构可通过与民政、公安、市场监管、高等院校等机构的数据对接与共享，实现对证明材料的智能核查；无法通过线上方式查证的，可线下核实。公证事项对证明材料原件有要求的，申请人应当另行提供原件。

第三，审查标准。坚持和线下公证一样的标准，需要审查当事人身份、证明材料等，根据办证规则需要核实或者对其有疑义的，应当进行核实。公证机构办理公证，要逐件办理，不得自动办理，不得自动出具公证书。

第四，简易案件的办理。对事实清楚、权利义务关系明确的简易类公证事项和公证事务，严格的公证程序要求，并无多大实际意义。故对于法律关系明确、事项简单、风险程度低的公证事项，可以不通过远程视频询问的方式确认当事人意思表示，公证机构可以采用比如书面询问方式核实有关情况。公证案件繁简分流，既减轻当事人的程序负担，也提高公证效率，符合公证实践的客观需要。

第五，电子公证书的优先效力。在线公证过程中，证明材料是电子化的，当事人的签名是电子签名，出具公证书时，首先出具电子公证书，当事人或者公证案件有实际需要的，公证机构可以同时出具纸质公证书。基于这样的流程设置，由于先产生电子公证书、再产生纸质公证书，故电子公证书是原本，纸质公证书是电子公证书的外化。故应规定电子公证文书与纸质公证文书具有同等法律效力；两者不一致时，以电子公证文书为准。

第六，电子公证书发送。公证机构发送公证书，应当向当事人确认发送的具体方式和地址。当事人选择在线发送的，电子公证书到达当事人提供或者确认的电子地址时，即为送达；公证机构应留存电子发送记录及日志。当事人选择邮寄发送的，纸质公证书邮寄至当事人提供或者确认的地址时，即为送达；公证机构应留存快递单号及物流信息。按照上述方式完成送达的，公证机构应制作送达凭证。送达凭证具有送达回执效力。在电子公证书运用中，还应对电子公证书的交换、传输、调用、管理、核验等问题进行进一步规定。

第七，公证电子卷宗的归档。在线公证过程中，公证电子卷宗和电子公证书产生原理一样，先有电子卷宗、再有纸质卷宗，电子卷宗是原本、纸质卷宗是电子卷宗的外化。而且电子卷宗中除常规纸质卷宗应当包含的内容外，还包括数字证书、电子签名、数据采集时间、实名认证信息及结果、全流程系统留痕信息等在线公证的数据。这些数据中，有些是代码、是字符串，有些是日志，有些只能通过系统查看、查阅和核验，也就是说电子卷宗的内容肯定大于纸质卷宗。在这样的前提下，纸质卷宗的意义在哪里？故在实现电子公证档案云存储或双异地备份存储、确保电子档案安全、完整的前提下，可以不要求另行打印、制作纸质档案归档。电子档案的保管期限与纸质档案一致。当然实践中，建议全国筹建 3～5 个公证数据中心进行公证电子卷宗交叉存储备份，防止数据丢失。

（四）优化其他特殊制度与配套机制

第一，小额金融纠纷解决路径重塑。深入推进公证在金融纠纷解决、特别是小额金融纠纷解决中的运用；加大与最高人民法院的沟通，在上位法修改的前提下进行小额金融纠纷解决路径重塑，比如引入白俄罗斯执行背书方式，将小额金融纠纷案件的执行转移至公证机构，即债权人在线申请执行背书后，公证机构执行确认的债权文书流转到债务人财产所在机构（如银行），债务人财产所在机构凭上述文书直接划转债务人财产。通过制度创新和方式创新，充分发挥公证制度在金融风险防控中的作用，提高小额金融债权实现效率，降低债权实现成本。

第二，公证电子数据的取证及转化。做好顶层设计，出台关于公证机构电子数据取证的规范；明确提供服务的主体为公证机构，注意公证机构不为商业行为背书；公证电子数据取证服务后转化成保全证据公证书时，要依据公证文书强优势证据效力的正当性来源，基于公证机构中立中正、不偏不倚的地位，并遵循客观、公正的原则，对取证系统、电子证据、形成过程以及传输、存储等环节进行审查与判断并得出结论；推广运用公证存证取证工具，提高公证证据在诉讼中的应用程度。

第三，电子证据平台的建设。基于法院系统与技术系统之间的风险阻断，公证行业统筹建设电子证据平台，即电子证据平台由公证机构提供，并承担技术系统运作缺陷所产生的风险，法院仅负责居中裁判，而不提供诉讼程序之外的服务。同时，推动电子数据公证核验、共享机制，推动公证电子证据平台与公证文书库与法院、仲裁、调解组织的对接，加快证据流转效率。公证电子数据取证向保全证据公证的转化中，公证证明应当达到"排除合理怀疑的标准"，排除对证据的"疑义"后，得出公证结论；要注意区分公证取证的电子数据与第三方存证的电子数据。

结　　语

如何应对信息技术的挑战，是公证要面临的重要课题。对公证行业而言，面对信息技术对公证的冲击，要防止陷入"技术崇拜主义"和"公证保守主义"的两极观点。要正确认识信息技术对公证的影响，通过正确运用信息技术，形成多层次、广覆盖的公证服务网。更重要的是，在传统公证程序在线化改造的过程中，要有重点地突破传统公证理论观念的束缚，进行公证社会治理能力创新，充分探索非诉纠纷解决模式。本文基于在线公证的实践探索，结合在线公证的程序特点，对在线公证规则重塑进行初步探讨。但信息技术对公证的影响远不止于此，在线公证是一个宏大的课题，在线公证的执业区域突破与域外执业分析、在线公证的信息与数据安全、人工智能技术在公证领域的运用、在线公证理论与程序规则的发展、完善等，仍需要行业内外的专家、学者进行进一步探讨。

专题二十二　民事法律行为在线公证的风险与应对

梅　臻

2019 年 1 月,司法部印发了《全面深化司法行政改革纲要(2018—2022 年)》,该纲要第 30 条要求:"拓展创新公证服务领域,改进公证服务方式方法,推广电子公证书、在线电子证据保全保管、债权文书强制执行效力公证网上办理等技术,全面提高公证服务效能。"司法部虽然暂未出台具体试点方案,但是已从政策层面打开了公证机构在技术上探索在线办理民事法律行为公证业务的通道。

公证是由法律授权的专业人员或机构,对法律行为、有法律意义的文书和事实进行的证明活动。[①] 而民事法律行为是民事主体通过意思表示设立、变更、终止民事法律关系的行为。[②] 意思表示是法律行为的要素、核心。[③] 法律行为的本质上是意思表示。法律行为可能是一个意思表示,也可能是两个或者多个意思表示相一致,但绝不可没有意思表示。法律行为的概念中必须以意思表示为构成要件。[④] 通说认为,意思表示是指"向外部表明意欲发生一定私法上法律效果之意思的行为"。[⑤] 意思表示由"意思"和"表示"两部分结合而成。"意思"是指设立、变更、终止法律关系的内心意图;"表示"是指将此种内心意图表示于外部的行为。[⑥] 关于民事法律行为的类型,《民法典》第 134 条区分了单方民事法律行为、双方或多方民事法律行为、决议行为;第 135 条区分了不要式法律行为、要式法律行为;第 464 条

---

*　梅臻,深圳法大大网络科技有限公司首席法务官。

① 　宫晓冰:《中国公证制度的完善》,载《法学研究》2003 年第 5 期。

② 　参见《中华人民共和国民法典》第 133 条的规定。

③ 　参见王泽鉴:《民法总则》,北京大学出版社 2009 年版,第 234 页。

④ 　最高人民法院民法典贯彻实施工作领导小组主编:《中华人民共和国民法典总则编理解与适用(下)》,人民法院出版社 2020 年版,第 686 页。

⑤ 　梁慧星:《民法总论》,法律出版社 2017 年版,第 176 页。

⑥ 　参见王利明、杨立新、王轶、程啸:《民法学》,法律出版社 2020 年版,第 195 页。

区分了双方或多方的财产行为（合同）、双方或多方的身份行为（有关身份关系的协议）。①

既然意思表示是民事法律行为的要素、核心，因此民事法律行为公证的核心是对民事主体的意思表示行为进行公证；关于民事法律行为类型的划分也影响到了民事法律行为公证业务的类型划分。从公证业务的具体形态来看，属于对民事法律行为进行公证且不违反《中华人民共和国电子签名法》（全书简称《电子签名法》）的公证业务主要可分为四类：（1）证明涉及财产关系的合同；（2）证明不涉及财产关系的合同；（3）具有强制执行效力债权文书公证及执行证书（后简称"赋强公证"）；（4）办理委托、声明、保证民事法律行为公证。本文以这四类在线公证业务作为探讨和研究的对象。

遗嘱、遗赠抚养协议因涉及违反《电子签名法》第 3 条②的规定，无法使用电子签名技术全流程办理在线公证业务，因此不纳入本文的讨论范围；其他各类公证业务或者不属于对民事法律行为的公证，或者依照其业务性质只能现场和线下办理公证（比如现场见证类型的公证），因此也不纳入本文的讨论范围。

最后需要明确的一点是，本文所探讨的民事法律行为在线公证业务，并非指民事主体在线上预约而实际上由公证员在线下办理的公证业务，而是指全业务流程在线上办理的民事法律行为公证业务。

一、在线办理民事法律行为公证的地域限制

互联网的出现和信息科技的发展帮助公证机构从技术上突破了办理公证业务的时空限制，但是现有法律法规的相关规定对公证业务的办理又存在地域限制，这里产生了两个重要的问题：第一，在互联网上办理业务，公证机构是否可以不受核定的执业区域的限制？第二，超执业区域办理公证是否会影响公证书的证明效力？

（一）互联网环境下公证机构的执业区域问题

部分法律法规规定了公证机构办理公证业务的执业区域范围，主要规定如下：首先，《公证法》第 25 条规定，自然人、法人或者其他组织申请办理公证，可以向住

---

① 王文胜：《〈民法典〉第 133 条（民事法律行为的定义）评注》，载《法治研究》2022 年第 1 期。

② 《中华人民共和国电子签名法》（2019 年修订）第 3 条规定："民事活动中的合同或者其他文件、单证等文书，当事人可以约定使用或者不使用电子签名、数据电文。当事人约定使用电子签名、数据电文的文书，不得仅因为其采用电子签名、数据电文的形式而否定其法律效力。前款规定不适用下列文书：（一）涉及婚姻、收养、继承等人身关系的；（二）涉及停止供水、供热、供气等公用事业服务的；（三）法律、行政法规规定的不适用电子文书的其他情形。"

所地、经常居住地、行为地或者事实发生地的公证机构提出。申请办理涉及不动产的公证，应当向不动产所在地的公证机构提出。申请办理涉及不动产的委托、声明、赠与、遗嘱的公证，可以向不动产所在地的公证机构提出。其次，《公证机构执业管理办法》第10条规定了公证执业区域的划分规则，并规定由省、自治区、直辖市司法行政机关在办理该公证机构设立或者变更审批时予以核定；该办法第29条规定，公证机构应当依照《公证法》第25条的规定，在省、自治区、直辖市司法行政机关核定的执业区域内受理公证业务。再次，《公证程序规则》第13条规定，公证机构应当在核定的执业区域内受理公证业务；第14条规定，公证事项由当事人住所地、经常居住地、行为地或者事实发生地的公证机构受理。涉及不动产的公证事项，由不动产所在地的公证机构受理；涉及不动产的委托、声明、赠与、遗嘱的公证事项，可以适用前款规定。从上述种种规定来看，公证机构办理业务的区域被省级司法行政机关核定，公证机构也应当在司法行政机关核定的执业区域内受理公证业务。

上述规定在传统的非互联网环境下比较容易执行，但在互联网环境中，除涉及不动产的公证事项以外，其他公证业务执业区域的界限则变得非常模糊；而互联网本身的跨区域连接特性也对原有的公证机构执业区域限制造成冲击。例如，甲、乙双方的住所地分别在北京和上海，甲、乙双方要做一个合同公证，而公证机构丙所处的城市在厦门，如果丙公证机构要在线下受理此项业务，则甲方和乙方必须共同到厦门的丙公证机构签署合同，否则该业务与厦门无任何关联，丙公证机构受理该业务构成违规。但是如果甲、乙双方通过丙公证机构的电子合同公证系统进行签约，则甲、乙双方无需到厦门本地也可完成合同公证，那么丙公证机构是否构成违规的跨区域执业呢？认为丙公证机构不构成跨区域执业的理由是：丙公证机构的公证系统搭建在位于厦门的丙公证机构的机房内，甲、乙双方通过互联网到丙公证机构的系统签约可以认为合同签订地（即行为地）是在厦门，因此不构成跨区域执业。这个理由是否成立？如果这个理由成立的话，各地公证机构只要通过互联网办理电子合同公证业务就可以打破核定的执业区域限制；如果这个理由不成立，则公证机构的在线系统只能办理公证机构原有辖区内的公证业务，那么互联网公证系统使用的意义将大为减损，何谈"全面提高公证服务效能"？

（二）公证机构跨区域执业公证书的证明效力问题

从已发生的多个案例判决来看，各地法院认为公证机构跨区域执业并不影响其公证书的证明效力，以下将从四个典型案例出发分析这一问题：第一个案例，云南省高级人民法院（2014）云高民三终字第81号判决书认为，依据《公证机构执业管理办法》第36条规定："公证机构违反公证法第二十五条规定，跨执业区域受理公证业务的,由所在地或设区的市司法行政机关予以制止,并责令改正。"该条是公证机构违反执业区域规定所应受到的行政处罚,其后果是由相关机关予以制止,并责令改正。除此之外,并没有效力性强制性规范对跨执业区域公证的效力予以否定。从公证行为本身以及立法目的来看,公证书的效力应重点体现在其所证明的民事法律行为、有法律意义的事实和文书的真实性、合法性上,公证机关跨区域公证并不会必然对此产生影响。因此,公证机构是否违反执业区域规定并不必然导致公证书无效。第二个案例,山东省高级人民法院(2013)鲁民三终字第 246 号判决书认为,关于跨地域公证的问题,《公证法》《公证程序规则》虽然对公证机构的执业区域作了相关规定,但对于公证机构跨执业区域作出的公证书的效力问题均没有作出明确规定。且根据《公证法》第 36 条的规定,经公证的民事法律行为、有法律意义的事实,应当作为认定事实的根据,但有相反证据足以推翻该项公证的除外。所以,在七彩虹网吧没有相反证据的情况下,涉案公证机构跨区域公证并不影响公证书的效力。第三个案例,江苏省镇江市中级人民法院(2014)镇知民终字第8 号判决书认为:公证是公证机构根据自然人、法人或其他组织的申请,依照法定程序对民事法律行为、有法律意义的事实和文书的真实性、合法性予以证明的活动。《公证程序规则》第 9 条、第 14 条等相关规定,是对公证机构从事公证活动的管理性条款,即使违反这些条款也不能当然否认公证书的公证内容的证明力。第四个案例,山东省淄博市中级人民法院(2013)淄民三初字第 71 号判决书认为:《公证法》关于申请公证应由申请人住所地、经常居住地、行为地或事实发生地的公证机构办理的规定属于管理性规范,而非效力性规范,公证机关异地办理公证应由相关行政管理部门对其进行监督检查,但并不因此而影响公证书的证明效力,在被告无反驳证据推翻公证书公证的事实的情况下,本院对于公证书的效力予以确认。综上所述,法院并不会因公证机构跨区域执业而否定其公证书的证明效力,公证机构的执业区域范围对于法院认定公证书的证明效力没有影响。

(三)公证主管部门对公证机构跨区域执业的态度

从行政监管的角度来看,司法部作为主管机关对于公证机构执业区域的限制正在逐步放宽:(1)2021 年 5 月 28 日司法部发布的《关于优化公证服务更好利企便民的意见》第 6 条规定:"放宽公证执业区域。按照分类推进、分步实施、有序调整的原则,2021 年底前将法律关系简单的公证业务执业区域放宽至省一级,促进公证资源均衡配置,方便人民群众选择优质服务、就近办证,推动更多公证事项'全省通办''跨省通办'。"(2)2021 年 6 月 29 日司法部发布的《关于深化公证体制机制改革 促进公证事业健康发展的意见》第 15 条规定:"进一步放宽执业区域。制定放开省级以下(含省级)公证业务办理行政区划限制的指导意见,按照分类推进、分步实施、有序调整的原则,针对不同类型和特点的公证事项制定具体放宽执业区域政策。一般证明性公证事项可放开至省级行政区域。对于继承等民生类公证服务事项、涉及不动产的公证服务事项,以及重大财产处分等涉及群众切身利益、审查核实告知公证程序要求高的公证事项,结合实际情况,稳慎推进扩大执业区域。推进具备相关部门信息和数据共享支撑的公证事项实行跨省通办。"(3)从行政处罚的角度来看,公证机构跨区域执业也不属于严重违反行政监管的行为。《公证法》没有规定公证机构跨区域执业会遭受何种行政处罚;《公证机构执业管理办法》第36 条也只是规定,公证机构违反《公证法》第 25 条规定,跨执业区域受理公证业务的,由所在地或者设区的市司法行政机关予以制止,并责令改正,并不会遭受其他处罚。①

总而言之,公证业务的发展方向是放宽公证执业区域限制,先放开至省级行政区域,再实现跨省通办。司法部对于公证机构在互联网上开展公证业务无禁止性规定,甚至予以鼓励。司法部对于公证机构在互联网上开展业务是否涉嫌跨区域执业也无具体定论。而法院并不认为公证机构跨区域办理公证业务会对公证书的证明效力产生任何影响。因此,公证机构在线办理民事法律行为公证业务并无法律障碍。但是针对在线开展赋强公证业务,司法部还是倾向于先在部分省市选择综合实力强、服务水平高、信息化条件好的公证机构开展试点工作。试点开展在线办理赋强公证的业务范围可能会限于中国银保监会准许银行业金融机构开展的小额、短期、无担保的互联网贷款产品。另外对于可以办理赋强公证的债权文书的内容、涉及金额以及法律关系的复杂程度、公证机构信息技术服务平台的安全性、公证员办理业务规范等,试点规定将会有明确要求。

二、民事法律行为在线公证存在的业务风险

所谓在线民事法律行为公证包括电子合同公证(双方或多方民事法律行为)、赋强公证(电子合同公证中的仅涉及简单债权合同并具有强制执行效力的公证)以及单方民事法律行为公证(涉及委托、声明、保证等)。根据《公证程序规则》第 23条的规定:"公证机构受理公证申请后,应当根据不同公证事项的办证规则,分别审查下列事项:(一)当事人的人数、身份、申请办理该项公证的资格及相应的权利;(二)当事人的意思表示是否真实;(三)申请公证的文书的内容是否完备,含义是否清晰,签名、印鉴是否齐全;(四)提供的证明材料是否真实、合法、充分;(五)申请公证的事项是否真实、合法。"而在互联网上对于民事法律行为进行在线公证恰

---

① 参见蔡伟、陈颖:《知识产权侵权诉讼中公证书的效力》,载《人民司法》2021 年第 5 期。

恰不容易满足上述《公证程序规则》对于公证事项的审查要求。

前两年,某些公证机构曾尝试性地开展网上赋强公证业务,结果因为流程设计不够严谨,技术应用较为简单,导致开展的网上公证业务产生了一定的法律风险而被主管部门叫停。总结起来,民事法律行为在线公证业务产生的法律风险主要有如下五个方面。

(一) 行为主体身份真实性的风险

行为主体身份真实性的风险体现在两个方面:一是主体身份信息准确性的风险;二是身份信息与行为主体是否匹配的风险。在线下公证业务办理时,公证员会要求当事人提供身份证件原件做当面比对,而且公证机构有仪器可以核实身份证件本身的真实性。而办理线上公证业务时,原有的线下核实身份方式不能使用,因为公证员无法远程实时使用仪器对行为主体的身份证件真伪进行鉴别,另外通过人工的方式远程比对证件照片与行为主体相貌的效果有赖于行为主体摄像头的清晰度,如果清晰度不高会影响人工比对的效果。

(二) 行为人意思表示真实性核实程序不严谨的风险

行为人意思表示真实性的核实是合同公证等民事法律行为公证业务一个非常重要的环节,线下公证通常通过公证员与行为人当面对话和书面确认的方式来核实行为人意思表示的真实性。近两年来,有一些公证机构在探索在线合同公证或者赋强公证业务时,对于行为人意思表示真实性核实程序不重视,或者基于用户体验的考虑把当事人意愿确认程序设置得过于简略和随意,比如仅通过选择阅读和勾选同意的方式来确认行为人的意愿和同意。

(三) 电子数据被篡改或者签名无效的风险

为了方便公证业务办理,北京、上海、广东等地的多家公证机构纷纷开拓了网上办证平台。但是现阶段网上办证平台大多只针对事实类公证业务或保全证据等行为类业务,一般还没有拓展到在线民事法律行为公证业务的办理。少量公证机构在办理民事法律行为线上公证业务时,套用线下见证签字确认的业务逻辑,在线上公证业务系统上没有使用电子签名技术,只是通过类似微信的在线视频通话功能由公证员来远程见证行为人签署文件和确认行为意愿。这样做的问题在于公证员远程见证的行为人可能不是文件上真正的签名人,可能产生文件被其他人冒写签名的风险;另外线下签名的纸质文件还需要寄送给公证员,这也无法保证寄送过程中已签署文件的安全性和防篡改性。

（四）无法核实证明材料真实性的风险

公证员办理公证业务还需要核查公证书所涉及内容的真实性，一般会要求当事人提供公证书所涉事项的证明文件，比如深圳市公证机构在办理个人委托公证业务时，会要求委托人提交"与委托事项相关的证明材料"，所谓的证明材料包括：(1)请委托人自行携带其他有照片的有效证件以备审查，如：居住证、驾照、社保卡、护照、港澳通行证等。(2)涉及夫妻相互委托或共同委托的，应增加提供结婚证或其他能够反映夫妻关系的权威证明材料。(3)委托书内容涉及近亲属的，应增加提供能够反映亲属关系的户籍记录等权威证明材料。(4)特殊情况由公证员根据具体情况要求当事人补充提供相应证明。[①] 以上业务通过线下方式办理往往都是在公证机构办公地点由公证员核验证明材料，而如果线上办理公证员通过摄像头来查看当事人证件或证明文件则准确率较低，当事人提供的证明文件也存在造假可能。

（五）公证文书内容违法以及文本不一致的风险

公证员在办理民事法律行为公证业务时，需要对公证文书的内容进行合法性审查，如果发现公证事项本身违法或者公证的文书有违法内容，公证员必须要求当事人对违法的内容予以删除或者修改。在线下办理公证业务时，公证员会在现场或在收取申请公证材料以后对需要公证的文件内容进行审核，以防止公证文书出现违法的内容。但是在线上办理公证时，如果没有采用电子签名技术，公证员往往会要求事先查看当事人拟签署的空白文件，然后打开视频通话再对当事人的线下签署行为予以见证和视频录制。由于是远程办理业务的状态，当事人很可能对拟签署的纸质文件偷梁换柱，导致当事人签署的文件与公证员审核过的文件内容不一致，造成公证文书内容违法违规或者不符合公证业务操作规范的风险。当事人的这种行为，即便通过公证员在正式出具公证书前的资料复审可以查明，但是无疑会付出极大的时间成本。

三、民事法律行为在线公证的风险化解方案

（一）立法明确突破在线公证业务执业区域限制

既然司法部近年来数次颁发文件逐步放宽公证机构执业区域的限制，且对于

---

① 参见深圳市深圳公证处：《办证指南·个人委托》，载广东省深圳市深圳公证处官网，http://www.szgzc.net.cn/bzfw/bzzn/wtp/201606/t20160630_386.html，2022年4月5日最后访问。

公证机构跨区域开展在线公证业务听之任之甚至鼓励倡议,倒不如从法律和行政法规中废除公证机构执业区域限制的规定。主管部门即便出于对公证行业均衡、稳定、有序发展的考虑而继续对公证机构执业区域范围进行限制,对于公证机构的在线公证业务也应该网开一面,不应限制公证机构在线公证业务的执业区域。在线公证业务基于其互联网的业务特性,不应受到公证机构执业区域范围的限制,如果有关主管机关强调在公证机构执业区域范围内开展在线公证业务,则无异于扼杀方兴未艾的在线公证业务,不利于公证行业的业务创新和业务的互联网化、智能化。

(二) 使用新技术确认行为主体身份的真实性

传统的人工进行人与身份证件比对的方式不足以在互联网上证实行为人的身份,现有的针对自然人的在线实名认证方式是通过连接公安数据库比对当事人的姓名、身份证号和人脸图像;另外要当事人填写银行账号和其银行预留手机号,并与其姓名和身份证号进行比对,也是在互联网上常用的身份核实方式;此外也可同时使用上述两种甚至更多的方式来核验自然人身份。如果要认证法人身份,往往也要通过核验法人营业执照、法定代表人身份、代理人身份以及法人对代理人的授权关系(比如银行打款认证、上传授权书)等来对法人或单位进行实名认证。

从安全的角度来讲,使用的验证手段越多,安全性和可靠性就越高,但是便捷度以及用户使用体验会更差。客观上来讲,还不存在任何一种100%安全和准确的线上实名认证方式,比如之前新闻披露的有人用AI换脸技术破解了人脸识别技术,从而冒他人之名(脸)做了违法行为。正因为如此,有人就诟病线上的实名认证方式不完美、存在安全风险,认为"美国、法国等率先推出电子公证的国家都尚未突破面见当事人这一底线。现代任何的电子技术都不是绝对安全的,故而诸多业内人士普遍认为在办理公证时还是应当坚持面见当事人",为了解决远程合同签署的问题,也有人提出"可以采取全国公证机构合作的方式,在全国公证机构联动下面见当事人"的建议。

对上述观点,本人持不同意见:第一,虽然不存在绝对安全的身份识别技术,但是多种身份识别手段的交叉使用会极大地提高身份识别的准确性,而且互联网安全领域的攻和防总是存在"道高一尺,魔高一丈"的关系,比如人脸识别厂商发现"换脸术"的破解行为以后,新的安全级别更高的人脸识别系统可以识别使用"换脸术"的行为。第二,办理公证时面见当事人只是一种传统认为可靠的身份核验方式,但是仅凭人肉眼比对证件核实身份也并非100%可靠,如果存在公证员与当事人勾结的情形,那么身份核验更是形同虚设。公证机构如果在互联网上采用人脸识别等技术核验身份,甚至可能杜绝私相授受的腐败行为。第三,至于在线核验身份的具体手段或者安全强度可以由公证主管机关要求和设定,公证机构的线上系统只要达到了主管机构要求的身份核验技术标准就不存在执业过错。系统安全如果被新技术突破,那么这种风险造成的损失可以考虑通过购买保险的方式来转移。第四,如果坚持办理公证时面见当事人会使在线办理公证业务失去实际意义。近年来,虽然很多公证机构都有自己的官网,但这些网站只是起到了引流、宣传和告知的作用。某些公证机构所谓的线上办理业务,也只是实现了线上预约办理公证业务,实际上所有的公证业务流程都仍然是在线下办理。因此笔者认为,公证机构对于网上核验主体身份不应该持排斥的态度,而应该通过最先进和可靠的技术实现对当事人的在线实名认证,没有数据和技术基础,民事法律行为公证业务将无法实现在线办理。

(三)自动化系统助力公证员在线核实意思表示真实性

线下公证对于行为人意思表示确认是通过公证员与行为人的对话、问答以及签署问询笔录的方式来确定行为人的真实意思表示。而在线上公证业务开展时,公证员无法当面问询行为人,也无法实现问询笔录的当面签署。

公证员对于行为人意思表示的线上核实主要通过两种方式:(1)通过系统做自动化处理。例如通过系统(公证机器人)实现对拟公证文件的语言朗读或提示,或者通过网站或手机页面展示相关文件内容并强制行为人阅读,由行为人进行点击确认同意或者通过电子签名的方式进行相关文件的签署。(2)通过系统由公证员在后台进行人工办理。系统连接公证员的电脑或者手机,由公证员通过摄像头对行为人进行人工问询和意愿确认,全程可以录音录像,确认完毕以后可以生成问询笔录由行为人电子签名确认。

通过公证系统(公证机器人)自动化地核实行为人意思表示有显而易见的好处:第一,减少公证员单个业务办理的工作时间,提高公证员的工作效率;第二,解决办理公证业务并发量大时的人员瓶颈问题;第三,可以实现二十四小时办理公证业务和异步办理公证业务,不受工作时间段限制,既方便各方当事人,也方便公证员。而通过系统由公证员在后台进行人工办理比较符合传统的公证员线下办证习惯,但是对于公证员的工作效率提升以及当事人的服务体验提升幅度有限。

没有相关法律法规禁止系统自动化处理合同公证和委托公证业务,此时公证员起到的作用在于查缺补漏、做最后的公证资料审核与把关,并最终承担相关法律责任。但是对于赋强公证业务的办理能否使用系统做自动化处理以及赋强公证业务是否可以在互联网上办理都存在重大争议。《最高人民法院关于适用〈中华人民共和国民事诉讼法〉的解释》第478条、《最高人民法院关于公证债权文书执行若干问题的规定》第12条规定,被执行人未到场且未委托代理人到场办理公证的,被执行人可以依照《民事诉讼法》第238条第二款规定申请不予执行公证债权文书。那么如何理解上述司法解释中关于"到场办理公证"的规定呢？这个"到场"的理解是否涵盖"进入网络虚拟空间"也就是线上办理公证的情形呢？这个问题的答案在公证业务的实务中有重大分歧。

保守派认为，这个"到场办理"是指面对面线下办理公证业务，在互联网上办理公证不属于"到场办理"。而创新派则认为，"到场办理公证"这个"到场"既包括现实的地理空间，也包括网络虚拟空间。上述司法解释之所以强调被执行人"到场"办理公证，其原因在于：第一，核实债务人（被执行人）的真实身份；第二，确认债务人签署债权文书的真实意愿；第三，确保债权文书系债务人本人签署；第四，确保所签署的债权文书内容合法。无论是在线下现场办理还是线上进入虚拟空间办理，只要两者达到的目的或功能一致，法院并不会厚此薄彼。网络赋强公证可以通过可靠的技术手段实现与传统线下赋强公证同样的功能，达到同样的目的，不会损害债务人的合法权益。

2019年6月，《最高人民法院、司法部关于扩大公证参与人民法院司法辅助事务试点工作的通知》提及，北京市中信公证处推出网络赋予债权文书强制执行效力公证系统，对网上小额借贷在线公证，将案件直接推送至人民法院，批量立案、批量执行，全程无纸化操作，从源头上分流案件，有效缓解了互联网金融案件诉讼难、执行难的问题。[①] 从这个通知的内容来看，最高人民法院和司法部从实践上肯定了网络赋强公证业务的开展。据笔者了解，最高人民法院、司法部和中国银保监会正在酝酿在线办理赋予债权文书强制执行效力公证试点工作的规范性意见。

（四）电子签名技术防止电子数据被篡改并确保签名有效

在互联网公证业务办理过程中，一些公证机构由于技术相对落后，没有使用可靠的电子签名技术实现在线签署相关合同或其他法律文件，只是通过在线视频通话功能由公证员来远程见证行为人签署文件和确认行为意愿。这种线上见证纸质文件签署的方式其实无法达到当面签署的法律效果，已签署的文件容易被替换或者篡改，纸质合同或者文件上的签名或盖章也可能被假冒。以上种种问题，需要引入可靠的电子签名技术以及合乎《电子签名法》第13条要求的电子签名签署流程予以解决。其实线上办理公证业务所需当事人签署的所有文件，包括但不限于公证申请表、合同、其他债权文书、问询笔录、委托、声明、保证等，在对当事人进行实名认证以后都可以采用电子签名的方式签署，因为"可靠的电子签名与手写签名或

---

① 参见阮啸、孙戈：《智能合约"自动执行"的司法闭环探索——兼论民法典背景下网络赋强公证在司法智能合约的应用》，载《贵阳学院学报（社会科学版）》2021年第4期。

者盖章具有同等的法律效力"①。

（五）采用权威数据库高效在线核实证明文件

在线民事法律行为公证的过程中，公证员需要核实与公证事项相关的各种证明材料。传统的方式是，公证员要求当事人提供各种纸质的证明材料或者证照原件现场核查，但是公证员在互联网上办理业务通过视频连线的方式查看纸质证明材料或者证照原件存在困难，准确性也会降低。要保证在线材料核实的准确性，应该采用不同的核查方法。现行的比较准确有效的方法是将公证业务系统与相关权威数据库进行连接，将当事人上传的证件或其他证明文件进行 OCR 识别并与权威数据库保存的信息进行一致性的校验，这是比人工核查更为准确高效的方法。这种方法的难度在于公证机构与权威数据库运营方达成合作并进行系统连接，同时也会产生信息校验的成本。未来公证机构民事法律行为在线公证业务的开展范围，将很大程度上取决于公证业务系统连接所需权威数据库的数据类型与范围。当然在线通过权威数据库核验信息的方式，也可以与人工审核以及线下审核证明材料的方式并用，不会互相排斥。

（六）采用智审系统高效辅助审查公证文书内容

公证员在线办理公证业务离不开对公证文书内容的审核，公证员既要查看公证所涉事项以及公证所涉文件的内容是否真实、合法、符合业务规范，也需要比对当事人在正式签署文件时是否对公证员审核过的公证文件内容进行了修改，修改的内容是否违法违规或者是否符合事实、合乎公证的业务规范。总而言之，公证员需要对公证书的内容做合法合规性、真实准确性、业务规范性等多维度的审查。这个时候，公证业务系统如果提供多种功能帮助公证员迅速发现公证书内容存在的问题，可以极大地提升公证员的办证效率，也可以大量减少当事人的办证时间。比如对于文件内容的智能审核功能、不同文件内容的比对功能、文件在线修改留痕功能等可以极大地提高公证员对于公证文书内容的审查效率，尤其是面对批量化审查公证文书内容的时候可以有效弥补公证机构人手不足的问题。

结　语

在线开展公证业务的目的是在确保公证业务真实性、合法性的前提下提升公证业务的效率和便捷性。司法部在《关于深化公证体制机制改革 促进公证事业健

---

① 参见《中华人民共和国电子签名法》第 14 条的规定。

康发展的意见》中提出的主要目标是：到 2022 年，事业体制公证机构、合作制公证机构普遍建立比较完善的管理体制和运行机制，规范执业、充满活力，领域广泛拓展、服务高质高效。到 2025 年，公证服务供给能力明显增强，公证服务质量和公信力显著提升，人民群众获得公证服务的可及性、便捷化程度显著提高，公证服务经济社会发展的功能作用得到有效发挥。上述目标的实现有赖于公证行业使用信息技术，确保在线公证业务实现真实合法与便捷高效双重价值的平衡，这既是互联网时代留给我们的难题和挑战，也是互联网时代给予我们的发展机遇。墨守成规、不思进取不能解决我们所面临的问题，积极突破、勇于创新才是我们应有的态度。

专题二十三　互联网公证程序与法律责任的审思

——以传统公证为比较对象

互联网的发展给公证制度带来挑战的同时,也改变了传统意义上的公证模式,使得公证从传统的线下发展至线上,带动了互联网公证的蓬勃发展。互联网公证为社会带来便利的同时也产生新的法律问题:互联网公证的程序标准尚未统一,公证机构、当事人、第三方技术提供者之间的法律责任不明确,有必要对此展开分析研究。

一、互联网公证的理论解读

(一)互联网公证提出的现实背景

公证是预防纠纷的一项法律制度。传统公证依赖当事人和公证员面对面的沟通,公证员通过草拟文书、询问等方式探求当事人内心真意,当事人签署文书材料,以书面的方式达成合意,将可能发生的纠纷化解在公证阶段。随着互联网的普及,人们生活的每一处无不受到互联网影响,网络购物、线上订餐、网约车等。而公证行业似乎还未完全与互联网接轨,因此"互联网+公证"应当随着时代浪潮不断促进自身的完善与发展。

我国互联网技术的高速发展,网民数量的逐年增长,为互联网公证奠定了基础。大量的社会生活、商业行为、艺术娱乐都涌入了互联网,互联网开始贯穿到社会大众的各个方面。以购物为例,网络购物已经成为司空见惯的一种方式,甚至随着互联网的普及,社会大众的衣食住行都可以通过互联网来解决。那么,公证作为

---

* 刘海城,安徽省六安市江淮公证处公证员助理。

预防纠纷制度,当然需要参与其中,为互联网世界的社会活动提供法律保障。

2019年中共中央办公厅、国务院办公厅印发了《关于加快推进公共法律服务体系建设的意见》明确了关于公证等公共法律服务要与科技相结合,推出电子公证项目,打造"智慧法律服务"。《中华人民共和国电子签名法》(全书简称《电子签名法》)、《中华人民共和国电子商务法》(全书简称《电子商务法》)等法律法规的颁布,为互联网公证提供了法律保障。随着信息社会的快速发展,公证作为法律服务的一环,亟待加强与科技的结合,形成完备的互联网公证体系。

(二)互联网公证的含义厘定

互联网公证,现阶段尚未有明确的定义。根据技术发展和实践经验,笔者认为,互联网公证是将传统公证办理程序全部转移到互联网中,在当事人与公证机构之间,互联网技术搭建起桥梁,以实现办理公证。简单来说,即当事人通过智能手机或是其他网络设备发起公证事项申请,并根据公证平台的提示提交相关材料。公证机构在网络公证的后台审查申请,作出受理或不予受理的决定,如果符合申请条件则受理并审查相关材料。公证员准备文书材料后与当事人以视频的方式在互联网的世界中见面、沟通,最后当事人以电子签名的方式签署公证文书材料,公证机构进行核实,出具电子公证书。

与互联网公证相似的另一种公证模式,是电子公证。电子公证与互联网公证有相同之处,亦有分别。互联网公证和电子公证,均是在科技技术及互联网发展后出现的公证方式,都可以达到公证证明的法律效果。二者的区别,笔者认为,互联网公证的核心仍旧是公证员把控公证程序,互联网技术只是辅助办理公证的工具;电子公证核心是技术,在技术保障的前提下,当事人自行根据电子软件等方式进行公证程序的办理,这个过程,甚至不需要公证员参与。因此互联网公证与电子公证的核心区别,在于是公证机构还是科技机构在公证程序中占据主导地位。

(三)互联网公证的比较优势

互联网公证以数字化的方式实现公证,不需要当事人跑腿,以当事人和公证机构互相传递电子数据的方式即可完成公证法律服务。正因为如此,相对于传统公证,互联网模式下的公证突破地域限制,解决了当事人因工作或是其他原因不能返回原户籍地公证机构办理相关手续的问题,节约当事人的时间,减少办证成本。结合当前的疫情防控措施,当事人因当地的防控措施无法返回户籍地,那么,互联网公证可以在此发挥其无需亲临现场的优势作用。

公证机构借助网络技术办理公证程序,也大大提高了办证的效率,降低了法律风险。以身份核验为例,借助人脸识别的人工智能技术,可以大大提高身份识别的准确度。电子签名也只需要当事人签名一次，即可在繁多的文书上加盖，节约了每一份文书都需要签字的时间，且不会出现漏签、错签的情况，在此环节有效地提高办理公证的效率。

二、互联网公证的程序殊异

传统的公证业务办理依赖于公证员的业务能力和专业水平，互联网公证则是需要公证员和技术平台二者相结合。这对公证员提出更高的要求：既要掌握公证法律知识，积累足够办证经验，又要熟练网络平台的技术操作。办理公证的具体程序，互联网公证与传统公证的诸多程序存在差别，主要体现在以下几个方面。

（一）基于互联网的身份核验

传统公证身份核验，依靠公证员对当事人本人及身份证件的比对，确认身份；互联网公证身份核验不需要公证员的参与，主要依赖于人脸识别系统。

互联网公证的身份核验通过人脸识别系统进行检索比对。当事人使用手机以自拍的方式采集面部特征，系统将其面部信息与身份数据库进行比对，形成匹配数值，若数值达到70%，即可认为通过核验。

与传统公证依赖公证员的人眼观察和主观判断，不同的公证员对于身份核验的主观认可并不一致。人脸识别系统则是基于人的脸部特征信息进行身份识别的一种生物识别技术，和个人身份信息数据库的对比，以确定当事人的身份是否真实、可信。[①] 人脸识别技术与现阶段其他生物识别技术相比（虹膜识别、掌纹识别等），使用方便，识别度高且识别速度快，因此互联网公证采取人脸识别系统进行身份核验既可以保证准确性又满足效率性。

人脸识别系统的核验依靠数据库的检索，面部特征的分析，其结果要比公证员主观识别更有说服力。但不可否认的是，人脸识别中亦存在潜在的问题。一是在人脸识别中存在"阈值"，阈值的调整会直接影响人脸识别的通过率和误识率，若阈值设置不当，则人脸识别的身份核验的结果就不具备说服力，现阶段的阈值设置一般是72，该数值项下的误识率较低，通过率较高，是现阶段人脸识别通常采取的数值；二是对于像双胞胎、人脸相似度较高或是医疗美容后的人脸识别，现阶段的技术的判断并不是绝对准确。

人脸识别系统具备高效和准确的特点，但公证完全依赖于人工智能是不合适的，毕竟人脸识别系统仍存在像"阈值"此类可以影响到核验结果的技术。为保障

---

① 杨琳：《科技赋能助力智慧公证》，载《中国公证》2021年第6期。

公证的客观、真实,互联网公证的身份核验可以分为两种类别加以区分。一种为一般事务的公证,如委托类公证;另一种则是人身性或是财产性较强的公证,如继承、不动产赠与、买卖等。对于前者可以通过人脸识别系统进行核验,后者则需要"双保险",在人脸识别核验通过后,公证员与当事人视频交流时再进行一次人工核验,确保身份核验的准确和严谨。[①]

(二) 互联网公证的意思表示

意思表示,是民事主体向外部表明意欲发生一定私法效果的意思的行为。意思表示是当事人进行民事法律行为的核心要素之一,也是公证不可缺少的一环,故当事人的意思表示必须是真实的。

传统公证当事人的意思表示,是公证员询问当事人相关问题,以当事人的意思表示为核心草拟文书,当事人阅读后认可文书内容与内心意思相一致,再签署相关的法律文书,以书面方式确认当事人的意思表示真实。

互联网公证可以通过数据交流的方式实现传统公证的效果。文件传输,实现当事人阅读法律文书、签署相关材料,视频通话,搭建起当事人和公证员沟通的桥梁,这些都可以通过互联网来解决。但互联网公证,公证员与当事人不处于同一空间中,如果当事人因被他人胁迫而向公证机构申请,公证员该如何确定当事人意思表示的真实性?

传统公证程序要求当事人亲自或是委托他人前往公证处办理公证。依据《公证法》第26条规定,自然人、法人或者其他组织可以委托他人办理公证,但遗嘱、生存、收养关系等应当由本人办理公证的除外。《公证程序规则》第11条提到当事人可以委托他人代理申办公证,但申办遗嘱、遗赠扶养协议、赠与、认领亲子、收养关系、解除收养关系、生存状况、委托、声明、保证及其他与自然人人身有密切关系的公证事项,应当由其本人亲自申办。对于涉及重大财产处分和人身性强的公证业务,只能由申请人本人办理公证。

由此可见,在涉及人身或是重大财产处分的公证时,根据法律的规定当事人必须亲自前往公证机构办理,因此受到暴力胁迫而做出虚假意思表示的可能性较小,即使是受到胁迫不得已做出违反自己真实意愿的行为,当事人身处公证处,与从事法律行业的公证员处于同一空间中,人身安全得以保障,可以直接向公证员寻求帮助,公证员也容易发现当事人不真实的意愿并做出相应的措施解决。[②]

互联网公证通过电子设备搭建起交流的桥梁,公证员和当事人身处两个地域,

---

① 施艺:《在线公证框架下的身份真实、意思自由》,载《中国公证》2020年第6期。
② 郭佳:《浅谈电子视频委托公证》,载《中国公证》2021年第1期。

而现有的视频技术，双方视野有限，公证员无法通过视频直接了解当事人环境是否安全，当事人做出的意思表示是出于自愿还是被迫无奈，公证员难以得知。即使公证员察觉到当事人身陷困境进行询问，当事人出于保护自身安全的考虑，也不会向公证员讲述实际情况。当事人因胁迫而做出的公证，会因不符合真实的意思表示而无效，甚至会对当事人的权益造成损失。对这一问题的解决可以从以下三个方面入手：（1）公证员对当事人行为要保持警惕意识。当事人说话是否流畅，前后有无自相矛盾，神态是否自然等，公证员在视频通话过程中要留心观察。（2）公证程序正式开始前，进行安全审查。公证员对当事人周边的环境进行确认，询问当事人周围是否有其他人在场，目前的位置是哪里等相关问题，得知当事人的人身、环境的安全。（3）改进公证平台技术手段，如当事人使用视频交流时即可以获取当事人的地理位置，增设隐藏报警功能等。①

（三）依托互联网的电子签名

互联网公证和传统公证另一区别在于互联网公证采取电子签名。根据《电子签名法》第3条规定，民事活动中合同或者其他文件、单证等文书，当事人可以约定使用或者不使用电子签名、数据电文。当事人约定使用电子签名、数据电文的文书，不得仅因为其采用电子签名、数据电文的形式而否认其法律效力。前款规定不适用下列文书：（一）涉及婚姻、收养、继承等人身关系的；（二）涉及停止供水、供热、供气等公用事业服务的；（三）法律、行政法规规定的不适用电子文书的其他情形。《电子签名法》明确电子签名与手写签名具有相同的法律效力，但仍旧对人身隶属性强或是存在其他特殊情况的公证业务作出不可以使用电子签名的禁止性规定，但这并不影响当事人采取电子签名的方式进行其他公证活动。②

现阶段的互联网公证办理程序中，当事人电子签名前需要进行人脸识别，此程序是防止在当事人不知情的情形下，他人代签相关法律文书，此种做法显然违反当事人本人意愿，不符合法律规定。设置人脸识别前置程序，签名前必须由本人进行身份核验，通过后才可以电子签名，以此种程序设计确保当事人对签署法律文书知悉并认可。在使用电子签名的情形下，签名是否是本人亲自签署并不一定是必要要素，出现代签情形未尝不可。保证当事人知晓办理公证的目的及意义且通过人脸识别系统，可以推定为当事人对代签行为是知悉并认可的，是当事人真实的意思表示。根据《电子签名法》第13条的规定，电子签名同时符合下列条件的，视为可靠的电子签名：（一）电子签名制作数据用于电子签名时，属电子签名人专有；

---

① 施艺：《在线公证框架下的身份真实、意思自由》，载《中国公证》2020年第6期。
② 方良祯：《"互联网＋公证"在公证服务中的应用研究》，载《中国公证》2021年第5期。

（二）签署时电子数据制作数据仅由电子签名人控制；（三）签署后对电子签名的任何改动能够发现；（四）签署后对数据电文内容和形式的任何改动能够被发现。当事人也可以选择使用符合其约定的可靠条件的电子签名。《电子签名法》明确规定电子签名的法律效力，但是对电子签名提出"可靠"的要求。该规定实际上更多的是依赖于电子签名的技术方，公证机构能够介入的空间并不大。

三、互联网公证的法律责任

传统公证所涉及的主体，多数情况下限于当事人和公证机构，出现法律责任，亦仅囿于当事人和公证机构之间。互联网公证则因互联网技术介入，导致技术提供方可能成为公证法律责任承担主体。技术设备于互联网公证是基础，公证机构依赖于互联网技术进行互联网公证工作，那么当互联网公证给当事人带来损失时，这三个主体之间如何分配法律责任应当厘清。

（一）责任承担主体的解明

1. 公证机构

公证机构作为独立承担责任的主体，《公证法》第 42 条、第 43 条明确了公证机构的责任，《公证程序规则》第 69 条规定公证机构及其公证员因过错给当事人、公证事项的利害关系人造成损失的，由公证机构承担相应的赔偿责任；公证机构赔偿后，可以向有故意或者重大过失的公证员追偿。可见公证机构在公证过程中出现过错才会承担相应的赔偿责任。互联网公证当然也要遵守上述的法律规定。当事人申请互联网公证，并非如传统公证向公证机构递交材料的原件，而是通过拍摄材料、上传照片的方式提交。这样的方式相对来说难以保证其真实性，因此公证机构在受理时对申请材料真实性需要严格审查。以不动产权属证书为例，如果公证人员不仔细审查权利人、编号等关键信息，导致非权利人对该不动产进行处分，那么公证机构就需要因其过错程度承担赔偿当事人受损权益的责任。

2. 电子认证服务提供者

互联网公证的技术设备是由第三方技术提供者提供，技术提供方可能会出现技术故障，导致公证办理程序发生问题，造成当事人权益损害。[1]《电子签名法》第 28 条规定："电子签名人或者电子签名依赖方因依据电子认证服务提供者提供的电子签名认证服务从事民事活动遭受损失，电子认证服务提供者不能证明自己无

———————————

[1]　李丽婷：《网络服务商在商标侵权中的法律责任》，载《中华商标》2010 年第 2 期。

过错的,承担赔偿责任。"电子认证服务提供者是互联网公证的技术支持者,专业性极强,在互联网公证的过程中起着至关重要的作用,故对其采取了过错推定责任。这表明互联网公证出现问题产生纠纷时,无论过错是在公证机构还是在技术提供方,技术提供方必须列举证据证明自身提供的技术没有任何的故障或是问题,否则就要承担相应的责任。

3. 当事人

公证程序高度依赖当事人提交的申请材料,可能出现当事人隐瞒事实、伪造证明材料等情况,故要求当事人提交的材料必须真实。互联网公证中,当事人除此之外还需履行及时通知的义务。《电子签名法》第 27 条规定:"电子签名人知悉电子签名制作数据已经失密或者可能已经失密未及时告知有关各方、并终止使用电子签名制作数据,未向电子认证服务提供者提供真实、完整和准确的信息,或者有其他过错,给电子签名依赖方、电子认证服务提供者造成损失的,承担赔偿责任。"传统公证当事人的签名,不需要当事人自身承担保密以及信息泄露后及时通知公证机构的义务,由公证机构妥善保管即可。互联网公证的签名是数据构成,属于个人信息的一种,其生成数据可以反复使用,且使用不当会给各方带来损失。

(二)责任承担方式的类型化分析

《电子签名法》对电子认证服务提供者规定的责任较为明确,但在实践中,当事人办理公证,是直接与公证机构接触,并不知晓电子认证服务提供者的存在。当事人遭受损失后,无论是否为技术方的过错导致,其首先会要求公证机构进行赔偿。如果是电子服务提供者的技术故障导致当事人的权益受损,自然是由过错方承担赔偿责任,公证机构可据此告知当事人向电子服务提供者要求赔偿。从侵权的法理看,这当然是可以的。当事人的权益有损害,电子认证服务提供者存在过错,而损害结果与过错之间存在因果关系,当事人自然享有向电子服务公司请求赔偿的权利。

但从当事人角度,其在办理公证的过程中,始终接触到的都是公证机构的公证员,而不是电子认证服务提供者的技术员,如果公证机构以此来要求当事人向技术提供方请求赔偿,则可能产生以下问题:一是考虑到公证处是以公信力来从事相关的法律活动,这样的处理方式如果不能让当事人信服,会对公证机构的信誉产生不利的影响;二是相对于公证机构和电子服务提供者,当事人是处于弱势地位,其受损权益能否得到及时赔偿难以保证。因此,个人认为可以采取下文所述的归责方式。

1. 电子服务提供者出现过错时的责任承担方式

在因电子服务提供者的过错导致当事人的权益受损后,当事人必然会要求赔偿。根据《电子签名法》的规定,当事人可以向电子服务提供者赔偿,公证机构若是因此而受到损失,也可作为电子签名依赖方向其要求赔偿。此种赔偿方式为《电子签名法》所明确,但为保障处于弱势地位的当事人,在此基础上,个人认为也可以赋予当事人直接向公证机构请求赔偿的权利,即公证机构和电子服务提供者之间为不真正连带责任。[1]

与公证机构和技术提供方相比对,当事人处于较为弱势的地位,仅仅通过向技术提供方请求赔偿损失,难以保证当事人的受损权益得到有效保护。如果当事人可以直接向公证处请求赔偿,将增加当事人权益获得赔偿的可能性,而且公证处作为法律服务机构,其自身法律意识较高,先向当事人进行赔付,而后通过法律进行自身维权相对当事人较有优势。首先,是公证机构与技术提供方本身就是合作的方式,可以采取协商的方式解决,其次,公证机构集合了法律人才,即便进行诉讼,在法律程序上更为熟悉,更有利于保障自身权益不受侵害。

2. 公证机构出现过错时的责任承担方式

互联网公证程序中,公证机构出现过错对当事人的权益造成损害,自然可以适用《公证法》第43条的规定,"公证机构及其公证员因过错给当事人、公证事项的利害关系人造成损失的,由公证机构承担相应的赔偿责任;公证机构赔偿后,可以向有故意或者重大过失的公证员追偿"。而在此情况下,公证机构虽然要承担赔偿责任,但电子服务提供者的举证责任并不能免除。[2] 电子服务提供者还需举出足够的证据来证明自身不存在过错,否则当事人向其请求赔偿时,电子服务提供者仍需对当事人承担责任。而在向当事人承担赔偿后,电子服务提供者由于缺少证据证明自身无过错,也不能向公证机构请求赔偿,但是笔者认为如果过错确实在公证机构,为保证双方的合作,公证机构仍应对其进行相当的补偿。[3]

3. 公证机构与技术提供方均出现过错时的责任承担方式

当公证机构和技术提供方二者同时出现过错,对当事人的权益造成侵害时,应适用《民法典》第1172条的规定,"二人以上分别实施侵权行为造成同一损害,能够确定责任大小的,各自承担相应的责任;难以确定责任大小的,平均承担责任"。故当两个机构都出现过错时,能够确认是公证机构在法律程序上出现较大的过错,例如公证员将公证的房产地点弄错,导致公证目的不能达成,而技术提供方在此过程中只是因技术问题导致公证时间过长,那么公证机构自然要承担较大的责任;反之,如果公证机构仅仅是让当事人漏签了某份文书,后期可以补正,而技术提供方

---

① 郑玉波:《民法债编总论》,陈荣隆修订,中国政法大学出版社2004年版,第425页。

② 杨立新:《侵权责任法》,北京大学出版社2016年版,第56页。

③ 杨立新:《民法判解研究与适用》(第7辑),人民法院出版社2004年版,第181页。

却因技术故障导致公证的材料泄露，自然是由技术提供方承担较大的责任。对于二者均出现过错情形下的责任承担，需要具体情形具体分析，而不能给出统一标准，决定何者承担较大部分的责任。[①]

结　　语

　　互联网公证是随着信息时代发展而出现的新型的公证方式，其本质上仍然是公证机构为当事人提供公证服务，只是公证的方式随时代发展有所改变，从传统面对面办理转变为互联网办理。公证办理程序上出现变化，公证机构所要面对的风险和程序上的变化是必然的。在大数据时代背景下，互联网公证模式未来会发挥更大作用，信息技术的发展改变传统公证的方式，公证机构需与时俱进，尽快构建完备的线上办证系统，不断完善互联网公证程序问题，促进互联网公证发展行稳致远。

[①]　杨立新：《侵权责任法》，法律出版社 2012 年版，第 129 页。

专题二十四　互联网金融债权网络赋强公证的合理化进路

刘　冬[*]

引　言

　　赋予债权文书执行效力的公证以其低成本、高效率的优势和特点受当事人所青睐,其作为一种重要的解纷手段还延伸至了金融领域,对于维护金融秩序稳定发挥了积极作用。2019 年 9 月,国家发展和改革委员会、中国银行保险监督管理委员会联合印发了《关于深入开展"信易贷"支持中小微企业融资的通知》(发改财金〔2019〕1491 号,以下简称《通知》),《通知》部署的重点工作任务之一便是"创新信易贷违约风险处置机制,鼓励金融机构依托金融科技建立线上可强制执行公证机制,加快债务纠纷解决速度"。政策落地后,北京、天津、上海、广东、浙江、四川、重庆等地的公证机构相继开展网络赋强公证业务,掀起了公证行业发展的新浪潮。

　　网络赋强公证,是将赋予债权文书执行效力的公证业务由线下办理转移至线上办理。目前,网络赋强公证的应用场景主要是各金融机构经由互联网发生的信用借贷业务,其作为一种预置的解纷手段在借贷关系成立之时便得以办理,针对因借款人违约而产生的纠纷。当事人之间的债权文书经由公证程序被赋予执行效力后,可实现直接进入实体权利的执行程序,而无需经由诉讼等程序对实体权利加以确定,[①]因而具有其他解纷手段不可比拟的效率优势。若是以"互联网＋"实现线上办理此类公证业务,则如虎添翼,将其效率优势发挥到极致。然而,将赋予债权文书执行效力的公证业务由线下办理转换为线上办理,是否果真能够借助于现代信息技术手段实现无差别的空间替换,进而达致其预期的解决纠纷效果,又应当遵

---

　　* 刘冬,安徽省灵璧县公证处副主任。

　　① 《中华人民共和国民事诉讼法》第 245 条第一款规定:"对公证机关依法赋予强制执行效力的债权文书,一方当事人不履行的,对方当事人可以向有管辖权的人民法院申请执行,受申请的人民法院应当执行。"

循或构建怎样的程序规则以保障其实现呢？

一、公证赋予债权文书执行效力的要件

在考虑如何通过技术手段实现线上赋强公证的无差别替换之前，首先需明确债权文书须满足何等要件才得以通过公证赋予其执行效力。赋予债权文书执行效力的公证，是指公证机构依申请对当事人间无争议的以给付为内容的债权文书进行公证，并赋予其执行效力。若债务人未依约履行经公证的债权文书载明的义务，债权人可再度向公证机构申请出具执行证书，然后据此直接向法院申请强制执行。[①] 债权人通过赋予债权文书执行效力的公证可以快速地获取执行根据，无需经过法院的审理。这样一来，不仅可以节省债权人实现债权的成本，还能够敦促债务人主动履行义务。但债权文书得以经公证获得执行效力需满足实体正确性与程序正当性的要求，且执行债权的范围在公证时便要明确。

（一）赋强公证债权的分阶段确定

1. 赋强公证债权确定的两个阶段

第一阶段是双方当事人向公证机构申请对债权文书进行公证并赋予其执行效力（赋予执行效力的公证）；第二阶段是债务人未如约履行债权文书所确定之义务时债权人向公证机构申请出具"执行证书"（确定执行债权范围的公证）。可见债务人的不履行是经赋强公证的债权文书产生执行效力的前置条件，但这一条件是否具备在当事人申请公证时并不能确定。除此之外，互联网金融合同乃双务合同，债权人是否履行其先给付义务在进行第一阶段的公证时并不作要求，因此债权人在向公证机构申请出具执行证书的第二个阶段中，须证明其已经履行义务且债务人没有如期如数对待履行义务这两个基本事实。

2. 赋强公证债权两个阶段的审查范围

第一阶段公证所确定的债务乃附条件、附期限的将来给付义务，债权人并不享有现时的债权，该债权范围亦属不明。[②] 此一阶段，公证机构需审查债权文书是否具有符合赋予执行效力的要件。而在申请执行证书的第二阶段公证中，公证机构则需要核实债务人就债权文书的履行情况如何，以决定是否出具执行证书及执行证书的内容，因而具有实体的色彩。

---

① 张文章：《公证制度新论》，厦门大学出版社 2005 年版，第 141 页。

② 马登科：《赋予执行效力公证债权的确定和救济》，载《暨南学报》（哲学社会科学版）2020 年第 4 期。

（二）不同阶段需满足的要件

1. 赋予执行效力的公证

在第一阶段的公证，即赋予执行效力的公证中，根据《公证法》第37条第一款、《公证程序规则》第39条之规定，[①]公证机构需审查如下要件：

（1）债权文书以给付为内容

"确定判决得为执行名义者，须为给付判决。"[②]因此，经公证赋予强制执行效力的债权文书须以给付为内容。理论上，经公证赋予执行效力的债权文书范围存在"扩张主义"与"限缩主义"之争，[③]现行法律法规也并未就此问题划定清晰的范围：《公证法》"以给付为内容"的规定抽象而广泛；《公证程序规则》则对给付内容做出了"货币、物品或者有价证券"的限制；《最高人民法院、司法部关于公证机关赋予强制执行效力的债权文书执行有关问题的联合通知》则以"列举＋其他"的方式保持了一定的开放性。可赋予执行效力的公证债权文书范围为何，回答这个问题，一方面需要考虑与债务人的救济途径保持动态平衡，另一方面还应当考虑是否能够实现赋强公证制度的效率价值。

（2）债权债务关系明确

"执行依据作为对请求权之执行力具有法定证明效力的法律文书，必须具有权利义务主体与给付内容的双重明确性，否则执行的主客观范围将因之不明。"[④]《最高人民法院关于适用〈中华人民共和国民事诉讼法〉的解释》（以下简称《民诉法解释》）第461条第一款规定，当事人申请人民法院执行的生效法律文书应当权利义务主体明确、给付内容明确。否则，执行机关将驳回执行申请，债权人须另行诉讼确定给付内容。因此，债权债务关系明确乃公证债权文书得以成为执行依据的应有之义。此外，赋予债权文书执行效力的公证于当事人而言程序保障不足，要求"债权债务关系明确"便于不享有调查权的公证机构进行判断，以免引发不当执行，

---

① 《中华人民共和国公证法》第37条第一款规定："对经公证的以给付为内容并载明债务人愿意接受强制执行承诺的债权文书，债务人不履行或者履行不适当的，债权人可以依法向有管辖权的人民法院申请执行。"《公证程序规则》第39条："具有强制执行效力的债权文书的公证，应当符合下列条件：（一）债权文书以给付为内容；（二）债权债务关系明确，债权人和债务人对债权文书有关给付内容无疑义；（三）债务履行方式、内容、时限明确；（四）债权文书中载明当债务人不履行或者不适当履行义务时，债务人愿意接受强制执行的承诺；（五）债权人和债务人愿意接受公证机构对债务履行情况进行核实；（六）《公证法》规定的其他条件。"

② 杨与龄：《强制执行法论》，中国政法大学出版社2002年版，第55页。

③ 扩张主义者认为，扩张强制执行公证的适用范围有利于债权人保护，而限缩主义者则以减少制度适用风险、保护债务人合法权益为由站在了对面。参见段明：《限缩抑或扩张：强制执行公证适用范围的立法选择》，载《哈尔滨工业大学学报》（社会科学版）2020年第4期。

④ 马家曦：《执行内容确定之程序展开——以"执行依据"不明的解释及应对为中心》，载《甘肃政法学院学报》2019年第3期。

减损赋强公证制度应有之效率。实践中对"债权债务关系明确"的认定标准为何存有争议。债权债务关系明确既非债权债务关系固定不变，也不能将债权债务关系复杂等同于不明确。通说认为，债权债务关系明确可分为债权债务已经确定和债权文书表明了债权债务关系的确定方法两种情形。

（3）债务人愿意接受强制执行的承诺

债务人愿意接受强制执行的承诺乃赋予公证债权文书执行效力的正当性基础。大陆法系传统民诉理论认为，执行力的正当性基础源自于既判力的正当性基础，即正当程序保障下的自我归责原则。[①] 但在司法实践中，一些没有既判力的生效法律文书，如和解协议、调解协议以及本文涉及的公证债权文书等也被赋予了执行力，使理论界关于执行力正当性基础的思考与既判力发生了分离，呈现出多元化的发展趋势。[②] 对于这些没有既判力而被赋予了执行力的生效法律文书而言，在其形成过程中，当事人并不如同在诉讼程序中那般享有充分的攻击防御机会，正当程序保障相对欠缺。如在赋予债权文书以强制执行效力的公证中，公证机构在进行赋予执行效力的公证时，双方当事人尚未产生争议，仅审查债权文书是否具备符合赋予执行效力的条件即可；在进行确定执行债权范围的公证时，公证机构往往只凭债权人单方的陈述与证据审查核实债务的履行情况，不具备双方当事人充分"对抗"的条件，容易出现包括程序失范、与实体债权不符的错误。因此，"债务人愿意接受强制执行的承诺"便成为了赋予公证债权文书执行力的正当性基础。在赋予债权文书执行效力的公证中，当事人双方达成了自愿放弃其诉讼程序利益的执行契约，是通过牺牲部分程序保障权以求得债权的迅速实现。因此，赋予债权文书执行效力的公证最核心的审查内容便是"债务人愿意接受强制执行的承诺"。在对此要件进行审查时，公证机构应致力于探求债务人的真实意思表示。

2. 确定执行债权范围的公证

如前所述，债务人的履行情况在第一阶段赋予执行效力的公证中并不能确定。即便债权文书明确了当事人的履约方式等事项，但也只能证明当事人在公证员面前作出了如何履约的真实意思表示，实际的履行情况并非一定如同债权文书的约定那样。因此，还需要公证员核实公证债权文书的债务履行情况如何，并出具相应

---

① ［日］新堂幸司：《新民事诉讼法》，林剑锋译，法律出版社2008年版，第474-475页。正当保障程序下的自我归责原则即判决以当事人在诉讼里竭尽攻击防御方法为前提，具有约束当事人的能力。

② 执行力的正当性基础从原来附属于既判力正当性基础的一元论，向程序保障下的自我归责原则与不存在实质性争议权益及时实现的必要性并存的两元论转化，再向程序保障、自我决定、效率优先等构成的多元论发展。参见黄忠顺：《执行力的正当性基础及其制度展开》，载《国家检察官学院学报》2016年第4期。

执行证书以确定执行债权的范围如何。① 《最高人民法院关于公证债权文书执行若干问题的规定》(法释〔2018〕18 号,以下简称《公证债权文书执行规定》)第 3 条明确将执行证书定性为"证明材料",②但司法实践对于执行证书的期望却远远不止于此。执行证书在司法实践中发挥着如下作用:(1)证明公证债权文书的效力与可执行性;(2)明确公证债权文书执行力的主观范围;(3)明确公证债权文书执行力的客观范围;(4)明确执行行为的实体正当性。③ 基于审执分离原则,执行机关在未参与审理的情况下对相关事实并不了解,在审查上存在困难,因此执行依据作出机关承担起了部分实体性执行要件的审查工作。但这与公证机构仅行使核实权而无调查权是存在冲突的,在该限制下由公证机构对当事人的履行情况等实体问题加以确认,将导致债务人面临较高的财产不当执行的风险。然而,我国多年的强制执行公证实践一直采用此种分工模式也并非完全没有道理。相较于执行机关,公证机构作为公证债权文书的作出机构参与了该生效法律文书的形成过程,对当事人间的债权债务情况有一定了解。此外,公证机构会保存公证办理中的材料,也会对具体核实方法进行约定,因此由其审查更为便利。对于强制执行公证中当事人程序保障不足的问题,则可以通过允许当事人向执行机关提异议或向法院另行起诉的救济途径加以解决,确保实体性要件的最终审查决定权在法院。

二、互联网金融债权网络赋强公证面临的障碍

互联网时代,纠纷解决方式因科技而转型。赋予债权文书执行效力的公证在保护债权人权益、稳定金融秩序、推动社会信用体系建设等方面均发挥着积极作用,日渐增长的互联网金融纠纷预防与解决需求,敦促着公证机构运用互联网思维和科技,提供互联网金融债权网络赋强公证服务。但现代信息技术对公证的改造是否合理,取决于其能否发挥与传统公证等效的功能,是否会对当事人的程序权利与实体利益造成损害。将赋予债权文书执行效力的公证由线下转移至线上,无法轻而易举地实现空间的无差别替换,其面临的诸多障碍影响了公证机构对前述程序及实体要件的审查。

---

① 《公证程序规则》第 55 条第一款规定:"债务人不履行或者不适当履行经公证的具有强制执行效力的债权文书的,公证机构应当对履约情况进行核实后,依照有关规定出具执行证书。"

② 《最高人民法院关于公证债权文书执行若干问题的规定》第 3 条规定:"债权人申请执行公证债权文书,除应当提交作为执行依据的公证债权文书等申请执行所需的材料外,还应当提交证明履行情况等内容的执行证书。"

③ 廖永安、张红旺:《强制执行公证中执行证书性质的再审视》,载《哈尔滨工业大学学报》(社会科学版)2020 年第 4 期。

（一）抽象层面：公证直接原则的突破

《公证程序规则》第 5 条第二款规定了公证的直接原则，要求公证员亲自办理公证事务。[①]《公证程序规则》的征求意见稿还在"申请与受理"部分强调了公证员要亲自确认当事人身份、亲自判断当事人意思表示、亲自向当事人释明法律风险。"亲自"的要求一方面有助于公证员直观地甄别当事人的身份和当事人意思表示的真实性；另一方面，公证员亲自听取当事人关于公证事项的陈述，观察其态度、神情，并对其提供的材料当场审核，可以更好地了解和更准确地判断公证事项的实际情况如何，是否符合出证条件。换言之，直接原则通过公证员与申请人直面的交流，可一定程度上防止假人假证、当事人意思表示不真实的情况出现，也有助于公证员对公证事项真实情况的捕捉。将赋予债权文书执行效力的公证由线下转移至线上，最直观的影响是对公证的"直接原则"造成冲击，进而导致了公证机构对赋强要件的审查障碍。赋强公证的核心操作正是公证员的亲自告知，并确认债务人自愿接受强制执行的真实承诺。公证员当场向债务人释明后果及风险，让债务人完全、正确地理解后再做出选择，对债务人而言也不失为一重保障。此外，《民诉法解释》还将"被执行一方未亲自或者未委托代理人到场公证"等严重违反法律规定的公证程序的情形，认定为"公证债权文书确有错误"，[②]对此法院可裁定不予执行，其对亲历性的要求可见一斑。[③]而将赋予债权文书执行效力的公证场所由线下转移至线上，时空上的距离阻断了公证员对公证事项信息的多方面获取与感知，公证员的"亲历性"受到限制进而影响其对赋强要件的审查。

（二）具体层面：公证办理过程中的障碍

1. 真实性障碍

真实性障碍既包括了公证员对当事人身份真实性的把握，又包括了公证员对当事人意思表示真实性的判断。（1）当事人身份的真实性：网络空间与物理空间的异质性以及网络本身的虚拟性，导致了主体的网络身份与实际身份的分化。进

[①] 《公证程序规则》第 5 条第二款规定："依照《公证法》和本规则的规定，在办理公证过程中须公证员亲自办理的事务，不得指派公证机构的其他工作人员办理。"

[②] 《最高人民法院关于适用〈中华人民共和国民事诉讼法〉的解释》第 478 条第一款规定："有下列情形之一的，可以认定为民事诉讼法第二百四十五条第二款规定的公证债权文书确有错误：（一）公证债权文书属于不得赋予强制执行效力的债权文书的；（二）被执行人一方未亲自或者未委托代理人到场公证等严重违反法律规定的公证程序的；（三）公证债权文书的内容与事实不符或者违反法律强制性规定的；（四）公证债权文书未载明被执行人不履行义务或者不完全履行义务时同意接受强制执行的。"

[③] 类似的情形还包括"无民事诉讼行为能力人没有监护人代为办理公证"，此种两种情况下，公证机构均不具备领受当事人的真实意思表示的条件。

行网络赋强公证时,公证员无法直接接触到当事人的相关证件,也无法与当事人进行面对面的交流,如何实现当事人身份的远程确认是摆在面前的第一道难题。除此之外,即便通过技术手段实现了当事人的远程身份确认,但如何确保电子签约、申请公证等一系列电子化操作乃所认证主体本身所为也不无疑问。在现有技术能够彻底解决身份真实性核准障碍之前,网络赋强公证的效果难以为人们所认可。(2)当事人意思表示的真实性:线下公证模式通过公证员当面询问当事人等方式了解其真实意图。公证员在充分告知当事人相关公证事项以及对当事人法律行为的后果、风险等予以释明的基础上,当面领受当事人的真实意思表示而后出证。但在网络赋强公证中,公证员的亲自询问以及"面签"被代之以智能问答和强制当事人阅读告知,这样的形式替代难以确保当事人对文书内容和赋强后果的理解和认可,也缺乏对当事人行为能力的判断和考量。此外,还有一些网络强制执行公证与当事人间借贷关系的发生是捆绑在一起的,借款人若欲完成借贷就必须勾选同意相关条款。此种捆绑式的赋强公证模式是否会损及当事人的意思自治亦不无疑问。

2. 安全性障碍

网络赋强公证在完成其效率使命的同时,也存在着因技术漏洞而引发的安全风险。频频发生的网络信息泄露事件,也迫使公证行业不得不对信息安全保护问题保持警惕。安全性障碍包括了系统安全问题与数据安全问题。系统安全要求公证系统要符合公证信息安全的国家标准,有抵御来自外部软硬件攻击的防护力。数据安全则要求公证机构在电子数据的存储、提取、备份、传输等环节注重设备、网络环境、存储介质的安全性,对输入公证系统的电子数据进行妥善保管,防止数据丢失或被人为篡改。

3. 出证质量障碍

出证质量障碍体现为两个方面:一是批量化业务办理导致的个案质量难以得到保证。互联网金融合同的赋强公证往往是批量性、同流程的同类型业务,网络赋强公证借力于大数据和人工智能可以实现同类型业务的批量化办理,进一步压低了单笔业务的办理成本。但批量化出证模式等于高度重复且简化的同一性处理,具体个案的差异性以及某些随机因素在此种模式下极易被忽略,导致公证出现瑕疵或者错误,影响网络赋强公证服务的质量。二是在第二阶段的公证,即确定执行债权范围的公证中,由于公证机构需要对债权债务的履行情况等实体性要件进行审查,在赋予债权文书执行效力的公证本身正当程序保障不足的情况下,线上进行此一环节使债务人所受保护更加薄弱,面临更高的不当执行风险。因此,对互联网金融债权进行网络赋强公证的批量化办理是否可取,公证机构又应当如何保证线上出证质量是网络赋强公证面临的又一障碍。

三、互联网金融债权网络赋强公证的规则调适

公证活动即便采取了不同于以往的更先进的技术与形式，《公证法》规定的基本原则及程序要求都不应当被打破。如前所述，将赋予债权文书执行效力的公证由线下转移至线上，无法轻而易举地实现空间的无差别替换，反而面临着许多障碍。但这绝不是赋予债权文书执行效力公证模式因循守旧、止步不前的理由。"知常明变者赢，守正出新者进"，经济活动中的"互联网＋"改变了一部分公证服务客体的存在形态。相应地，公证机构也有必要充分利用"互联网＋"实现公证业务由线下向线上的拓展，优化升级以回应现实需求。在此形势之下，我们更应该考虑的是应当遵循抑或构建怎样的程序规则对障碍加以清除，使网络赋强公证这一创新之举无碍于当事人的程序权利及实体权益。

（一）严格限定网络赋强公证的适用范围

网络赋强公证在快速获得执行根据的基础上，再次借助于互联网加速增强了对债权人的保护力度，但在这一过程中债务人却牺牲了其程序保障权利，承担着因执行不当损害其实体权益的风险。因此，出于利益平衡的考量，需严格限定网络赋强公证的适用范围以提高其准确度，建立正反清单。如前所述，现行法律规定对赋强公证债权文书的范围界定保持了一定的开放性。具体到互联网金融领域，最高人民法院、司法部、中国银监会联合发布的《最高人民法院、司法部、中国银监会关于充分发挥公证书的强制执行效力服务银行金融债权风险防控的通知》（司发通〔2017〕76号）同样采用了"列举＋其他"的方法明确了银行业金融机构运营中所签署的可赋予执行效力的债权文书类型。[①] 此外，对于有担保的债权文书能否赋予其执行效力的问题，虽然实务中存有争议，但最高人民法院于2014年作出相关批复，肯定了公证机构对附担保协议的债权文书赋予执行效力。[②] 若债权文书担保条款涉及第三方，还须第三方对公证事项不存在疑义。对于一些债权债务关系不明确的金融合同，如其多项给付内容环环相扣，存在互为条件或层层递进的关系、

[①] 《最高人民法院、司法部、中国银监会关于充分发挥公证书的强制执行效力服务银行金融债权风险防控的通知》第1条规定："公证机构可以对银行业金融机构运营中所签署的符合《公证法》第37条规定的以下债权文书赋予强制执行效力：（一）各类融资合同，包括各类授信合同、借款合同、委托贷款合同、信托贷款合同等各类贷款合同，票据承兑协议等各类票据融资合同，融资租赁合同，保理合同，开立信用证合同，信用卡融资合同（包括信用卡合约及各类分期付款合同）等；（二）债务重组合同、还款合同、还款承诺等；（三）各类担保合同、保函；（四）符合本通知第二条规定条件的其他债权文书。"

[②] 详见《最高人民法院关于含担保的公证债权文书强制执行的批复》。

所附条件是否成就难以判断,则须将其排除在外。^① 除此之外,根据《司法部关于公证执业"五不准"的通知》,公证机构不得办理非金融机构融资合同公证。因此,P2P 等非属金融机构的融资业务并不属于网络赋强公证的适用范围,可经公证赋予执行效力的互联网金融债权文书只能是以正规金融形式存在的。江苏省公证协会发布的《区块链＋金融债权文书网上赋予强制执行效力公证暂行规范》第 21 条还将合同标的金额超过 100 万元的金融债权文书排除在网络赋强公证的范围之外,^②可见其态度之谨慎。

(二)搭建与公证程序深层融合的系统平台

网络赋强公证需要现代信息技术与公证程序实现深层次的融合,这离不开公证系统平台的建设。商业公司可以是技术的提供者但不能是操控者,其仅为公证处提供作为工具的技术。公证机构应搭建产权归属于自身的独立、安全、完整的办证平台,保证对系统产生的业务数据的自主控制。具体而言,公证系统平台建设主要包含以下模块:(1)在线申办系统:在线申办系统针对当事人的公证申请及公证机构对申请的受理,其与发起申请的网络端口相接,完成人证一致及生物特性的识别,并将当事人上传的身份信息、电子合同等公证相关材料加密推送至相应办理公证业务的系统;(2)核心业务办理系统:该系统需支持公证员对当事人申请公证事项的在线审查,包括公证事项的问询与回答、当事人行为的法律意义及后果告知、审核当事人上传的电子资料,以及公证员在线签发公证书并进行电子送达等;(3)信息管理系统:该系统负责公证项目管理、公证质量监控、公证业务查询等功能;(4)数据存管系统:该系统需要对公证办理过程的数据资料,如当事人信息、债权文书、证据材料、公证书等以电子卷宗形式进行加密保存。

(三)改进网络赋强公证的在线审查规则

网络赋强公证是通过互联网设置的系统流程对赋予债权文书执行效力须具备的要件进行审查,使公证的权威性减弱。因此还需完善在线审查规则,以保障线上赋予互联网金融债权执行效力的程序正当性与实体正确性不至于受损。

1. 直接原则新释

在线审查与公证直接原则之间的抵牾是网络赋强公证绕不开的问题。美国在

---

① 金殿军:《"正面清单"与"负面清单"——新型金融合同强制执行公证可行性及其要件分析》,载《中国公证》2016 年第 10 期。

② 江苏省公证协会《区块链＋金融债权文书网上赋予强制执行性效力公证暂行规范》第 21 条规定:"通过信息系统申办合同标的超过 100 万元赋强公证的,公证机构应当在线下办理并按照《江苏省公证服务收费标准》收费,不得分解合同标的的金额办理区块链赋强公证。"

《公证示范法》的说明中指出："直到电信设备能够发展到足以确保对身份进行快速及可靠判定之前，要求在同一房间内面对公证人的亲自到场仍是十分必要的。"这一论断的可取之处在于，它没有简单地排斥公证的在线审查，只是对当前技术手段能否实现"亲历"持否定态度。目前公证行业对直接原则的理解已经存在着不同的观点：一种认为公证员必须在现实空间与当事人进行面对面的接触；另一种则认为公证员通过视频通话与当事人进行交流、询问也可视为"亲自办理"。① 在推进"互联网＋公证"的进程中，直接原则的概念和实现方式必然需要新的诠释。线下公证时代，公证员与当事人"面对面"的方式欲达致的效果无非是辨别当事人的身份与确认当事人的意思表示，线上公证时代若能适用技术手段达到同样的效果则与线下的"面对面"不存在实质上的差异。如今，指纹、人脸识别、虹膜等生物识别技术远超过肉眼对个人身份的识别的准确性。5G、WiFi等现代通信技术可实时发起并传送高清视频会话，公证员线上审查并非难以"亲历"。

2. 在线审查障碍清理

首先，第二阶段的公证，即确定执行债权范围并出具执行证书不宜在线上进行，网络赋强公证只能适用于第一阶段的公证。由于在确定执行债权范围的第二阶段的公证中，公证机构需要对债权债务的履行情况等实体性要件进行审查，在赋予债权文书执行效力的公证，对当事人本就程序保障不足的情况下，线上进行此一环节存在过于偏向债权人利益保护而使债务人面临更高不当执行之风险。其次，效率虽然是网络赋强公证制度追求的价值，但过犹不及。互联网金融债权的网络赋强公证仍应逐件办理，不宜由计算机软件无差别自动受理、批量处理，以免造成个案的失范。再次，捆绑式赋强公证模式不可取，其必然会损及当事人的意思自治。互联网金融合同无论是一经签订双方便可共同申请赋强，还是金融机构履行放款义务后才能共同申请，皆是债权债务关系成立之后当事人的选择，其自愿放弃部分程序保障权利的意思自治并未受到损害。但捆绑式的赋强公证模式则以双方借贷关系成立为"要挟"，迫使债务人作出违背自己真实意思的选择。最后，在网络赋强公证的具体环节中，针对当事人身份的真实性，公证机构可综合运用CA证书、远程人脸识别、发送验证码至当事人手机等业已成熟的技术对债务人的身份加以核查；针对当事人意思表示的真实性，公证机构可通过远程视频传送、同屏浏览等技术对当事人意愿进行核实，同时还应当对当事人所处场所、环境等可能影响其意思表示真实的情况进行评估，并要求身份验真后的当事人在完成意思表示审查前持续存在于视频画面中，且随时接受公证人员发起的人脸识别；针对兼顾同类型互联网金融债权合同网络赋强公证效率性与准确性，公证机构可预先对金融机构拟与债务人签订的格式合同进行审核，并在系统中存档，在个案的网络赋强公证办

---

① 方良桢：《"互联网＋公证"在公证服务中的应用研究》，载《中国公证》2021年第5期。

理中依托智能比对技术对单个合同与模板的一致性进行核验,改动后的合同文本须经公证机构重新审核。除此之外,在网络赋强公证中,公证机构还应对完整的公证过程包括强执公证告知、电子问询笔录、电子签名确认、远程人脸识别结果等公证电子数据进行固化存证、安全存储,确保公证行为的真实性、有效性。

(四)完善执行管辖规则

《最高人民法院关于公证债权文书执行若干问题的规定》第 2 条规定:赋强公证债权文书的执行,由被执行人住所地或被执行财产所在地人民法院管辖。[①] 其立法意图原本在于方便人民法院的执行,但互联网金融债权具有数量多、单笔金额小、债务人住所地分散等特点,若按照现行规定确定执行管辖将导致执行成本高,产生对网络赋强公证效率的阻抑,难以发挥其制度优势。因此,"完善网络赋强公证的执行管辖,是推动互联网金融纠纷解决的关键一招。"[②]目前学界和实务界呼声较高的有两种方案:一是由办理网络赋强公证的公证机构所在地法院管辖;二是由互联网法院管辖。对于第一种方案,由于公证机构不属于执行当事人的任何一方,其所在地与当事人执行赋强公证债权文书的案件没有直接联系,因此将其作为管辖联结点并无正当理由。对于第二种方案,法律层面上,《最高人民法院关于互联网法院审理案件若干问题的规定》第 3 条规定:"涉网金融合同纠纷,由与争议有实际联系地点的互联网法院管辖。"尽管该规定为诉讼管辖,但将其扩张至执行程序也并无不妥。技术层面上,互联网法院与网络赋强公证皆为现代信息技术发展催生的产物,二者具有技术共通性,互联网法院也具备网上执行的条件。因此,由互联网法院执行网络赋强公证案件在技术上有显著优势。理论层面上,涉网案件中地理要素与管辖利益之间的联系,并不如同传统案件那般紧密,由被执行人所在地或被执行财产所在地法院管辖,反而会提高执行成本,有损网络赋强公证制度本身所追求的经济价值。

结　　语

具有执行效力的公证债权需要分阶段确定。第一阶段公证中,公证机构仅审查债权文书是否具备赋予执行效力的条件,包括"以给付为内容""债权债务关系明

---

① 《最高人民法院关于公证债权文书执行若干问题的规定》第2条:"公证债权文书执行案件,由被执行人住所地或者被执行的财产所在地人民法院管辖。前款规定案件的级别管辖,参照人民法院受理第一审民商事案件级别管辖的规定确定。"

② 廖永安:《完善网络赋强公证的执行管辖是推动互联网金融纠纷解决的关键一招》,载《人民法院报》2019 年 7 月 18 日,第 5 版。

确""债务人愿意接受强制执行的承诺"；第二阶段公证中，公证机构需审查债权文书的履行情况等，以决定是否出具执行证书及执行证书内容为何。将赋予债权文书执行效力的公证由线下转移至线上面临着突破公证直接原则、真实性风险、安全性风险、出证质量难以保障的障碍，进而影响公证机构对上述程序及实体要件的审查。但知常明变者赢，守正出新者进，公证机构应当遵循或构建怎样的程序规则对上述障碍加以清除，值得更多地考虑。对此，应当严格限定网络赋强公证的适用范围、搭建与公证程序深层融合的系统平台、改进网络赋强公证的在线审查规则、完善执行管辖，以期使网络赋强公证发挥期预期制度功效。

专题二十五 "互联网＋"赋强公证模式的发展路径探析

张梦唯[*]

在网络强势发展的背景下,信息技术日新月异,赋强公证在社会治理中的重要性与日俱增,"互联网＋"赋强公证的办理模式应运而生。目前我国网络赋强公证的办理虽然已有多处试点,但却未充分发挥其应有的社会效用,实际运行中差异颇多,存在一定的隐患。"互联网＋"赋强公证模式,即网络赋强公证办理所采用的形式。文章以此为出发点,分析不同模式存在的问题与各种模式均表现出的普遍性问题。

一、问题的提出

随着司法改革的不断推进,预防性法律制度的地位日益凸显。公证作为预防性法律制度的一种,在多元化纠纷的解决中扮演着举足轻重的角色,通过公证赋予债权文书以强制执行效力便是公证的重要法律效力之一。根据裁判文书网搜索数据显示,近年来以"公证债权文书"为案由的执行案数据变化具体如图1[①]所示。

不难看出,公证债权文书执行案件数量逐年上升,意味着其对于社会治理而言非同小可。赋强公证制度已经成为解决经济纠纷的重要手段,其不仅有助于当事人降低诉讼成本、节省诉讼时间,也可以大大减轻司法机关的压力、节省司法资源。随着市场经济的发展,赋强公证凭借其价优、便捷的优势越来越受到公众青睐,其功能逐渐延伸到保险、银行、融资租赁等领域,成为公证保障交易安全、防控金融风险的重要手段,极大地彰显了公证的制度价值[②]。但该项制度将本属于国家司法机关的部分权力让渡给公证机关,使其具有确认债权并出具具有强制执行效力文书的

---

[*] 张梦唯,南华大学经济管理与法学学院硕士研究生。

① 数据来源于中国裁判文书网,以"公证债权文书"为案由、"执行案件"为案件类型进行检索所获取的,检索时间为 2022 年 4 月 18 日。

② 参见王明亮:《公证行业发展与互联网金融在线公证探索》,载《中国公证》2018 年第 8 期。

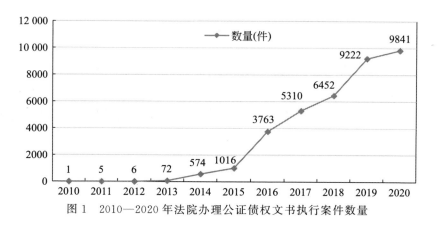

图 1　2010—2020 年法院办理公证债权文书执行案件数量

"特权"，这也就要求公证机关在履行该项职责时需要担负起与之相适应的严格责任。

科技处于不断发展之中，互联网、大数据在社会中的角色日益加重，近乎遍及社会交往的各方面。人与人之间的经济纠纷也逐渐由实体形式转向通过网络的虚拟空间来进行的交往形式，一些小额债权纠纷、互联网金融纠纷也不断涌现。赋强公证作为预防与解决经济纠纷的重要手段，也就需要顺应时代的发展，开拓线上模式，实现在线办理公证业务，"互联网＋"赋强公证的模式就此产生。与传统的线下进行赋强公证相比，线上办理赋强公证全程进行网络操作，兼具纠纷预防、解决乃至促进国家诚信体系建设的重要功能[①]。但由于互联网空间是虚拟状态，在网络上进行业务办理往往不能实际接触到当事人，对身份的核查、具体信息要件的核实也就存在一定的困难与风险，甚至出现同一系统同时办理数十件赋强公证业务的情况，在准确性与严谨性方面所面临的挑战不言而喻。

赋强公证赋予债权文书以强制执行的效力，能够对当事人的利益产生直接的影响，在办理过程中自然需要细致且谨慎，因此应当有更加全面且系统的规定对网络赋强公证业务进行监督与管理。目前，我国许多城市均已开展"网络赋强公证"的模式，但办理形式各异，制度也不甚完善，为日后执行文书的审查、出具乃至实际执行都埋下了较大隐患。

二、"互联网＋"赋强公证模式运行的必要性

（一）时代发展的必然选择

科技进步带来了互联网的强势发展，网络几乎已经贯穿于我们日常生活中的

---

① 廖永安：《完善网络赋强公证的执行管辖是推动互联网金融纠纷解决的关键一招》，载《人民法院报》2019 年 7 月 18 日，第 5 版。

每一处。2012年11月,技术专家首次提出"互联网＋"理念,2015年3月,李克强总理在第十二届全国人大三次会议上提出要"制订'互联网＋'行动计划",①2020年5月22日,国务院总理李克强在发布的2020年国务院政府工作报告中提出,全面推进"互联网＋",打造数字经济新优势。"互联网＋",简单来说,就是"互联网＋传统行业",通过将互联网与传统行业相结合,开创传统行业的新形态,寻找发展的新出路,充分利用互联网的特点,促进各传统行业的发展,从而有效推进社会的进步。

"互联网＋"赋强公证是以"互联网＋"为背景所开拓的"互联网＋公证"的一部分,也即由公证机构以网络为基础建构线上办理平台,在线进行赋强公证业务的办理(以下称网络赋强公证)。公证制度是当今社会预防纠纷的一项重要制度,强制执行公证作为其业务的重点所在,就更需要适应时代及科技的发展,最大地发挥互联网迅速、便利、普遍等特性,实现对制度本身的提升。

具体而言,一方面,网络赋强公证通过线上平台进行业务办理,不仅使当事人省去到公证机构进行业务办理的周折,且有助于当事人日后债权的有效实现,免去诉讼的麻烦;仅需"举手之劳"便可实现对自我权利的保障,从而增强当事人选择赋强公证的形式维护自身的权益的意愿,进而起到预防社会纠纷的作用,一定程度上也实现了对稀缺且珍贵的司法资源的节约。另一方面,网络赋强公证的形式有助于公证机构的业务扩张以及办理效率的提升,这也正是目前许多公证机构都在尝试开拓这种新型办理模式的原因之一。首先,线上办理赋强公证业务较传统的办理模式更加快速、便捷。一些公证机构与银行达成合作,在银行设立"网络赋强公证办理处",在当事人申请贷款的同时能够同步进行赋强公证的办理,且出证快速,便于银行更快完成业务的办理,也有助于当事人更迅速地拿到贷款。在这种模式的基础上,公证机构的业务量较以往有了显著提升。其次,线上办理赋强公证的形式更加简易、高效,除了便捷当事人以外,公证人员的办理压力也有所下降。据对河南某公证处的考察调研显示,以往的赋强公证办理需要当事人亲自前往公证机构,进行有关的身份核实、材料提供、复制、审核、文书阅读签署等工作,并待当天所有业务受理过后再统一移交至管理人员处进行核实、审批,再进行出证、送达、备案,这一流程结束往往最短也需要3~5天。而在线上办理则免去许多麻烦,申请、受理、核查、业务办理的流程直接连续进行,且出证、送达在线上就可以完成,最快不到1小时就可以完成出证,有效提高了公证人员的办事效率。

综合来看,网络赋强公证不仅是顺应时代进步的产物,也是满足不同主体需求的有效方式,确有发展推行的必要性。与"互联网＋"相结合进行的模式创新,能够

---

① 张锐昕、张昊、李荣峰:《"互联网＋"与政府的应对》,载《吉林大学社会科学学报》2018年第4期。

有效促进其社会效能的提升,进而促进社会的和谐发展。

(二)网贷纠纷化解的必然要求

如今,社会发展迅速,生活节奏加快,人们的物质生活需要也愈加丰富,而想要真正实现自身的物质需求,就需要足够的经济基础予以支撑。当经济基础难以支撑时,便开始寻求借贷。信用卡、花呗、白条、银行贷款……各式各样的借贷方式的兴起,带来的是越来越多的借贷关系的建立,也随之产生了数量逐年增多、形式逐渐多样的借贷纠纷。据裁判文书网的数据显示,民间借贷合同的纠纷数量呈逐年上升的趋势。2014 年突破 10 万件,此后每年均以十万件为基数上涨[1]。有纠纷就要解决,事实上,面对纠纷的最好处理方式并非及时解决,而是提前预防。

强制执行公证的"互联网＋"形式通过在线的程序操作,进一步提高了债权实现的效率,缩减了当事人因实地申请公证而支出的时间、金钱等成本,因此,通过在线强制执行公证来解决网贷纠纷具有不可比拟的制度优势[2]。且随着更多的借贷关系在网络上建立,作为预防纠纷重要途径的赋强公证制度也需要适应纠纷的复杂性与多样性,建构互联网平台,采用线上办理形式,准备迎接新时代的挑战。

(三)实现社会价值的内在要旨

在司法改革的进程中,诉讼逐步由"司法主体"向"最后防线"的地位转化,调解、仲裁等非诉纠纷解决方式得到有效践行与发展。公证与诉讼的价值目标不尽相同。公证的目的在于预防纠纷,而诉讼的目的则在于化解纠纷。相较于纠纷产生后耗费司法资源、人力资源去化解,以预防纠纷为价值追求的公证显然更加适应法治社会、和谐社会建设的内在要求。而赋强公证制度作为社会治理的重要角色之一,及时顺应改革发展,增强其社会实效性更是势在必行。

2020 年 10 月 20 日,司法部发布关于修改《公证程序规则》的决定。决定中,对第二条进行修改,将"便民"二字加入其中。依法治国要求我们从人民出发,服务于社会及民生,而"便民"则是对这一精神的重要体现。便民原则是法律制定乃至实施过程中都要坚持的重要原则,而互联网的特点恰恰与该原则内在契合。网络赋强公证正在朝着"一次不跑办业务"的方向努力,较以往当事人亲自前往机构办理,甚至为了补充资料来回折腾多次,带来了极大的便利。

---

① 根据中国裁判文书网的数据统计,2013—2020 年间全国民间借贷纠纷案件数量如下:2013 年 27 092 件;2014 年 107 319 件;2015 年 210 042 件;2016 年 493 176 件;2017 年 657 932 件;2018 年 789 646 件;2019 年 845 217 件;2020 年 657 626 件。

② 蔡虹、夏先华:《网贷纠纷治理的新进路:基于"互联网＋"的强制执行公证》,载《湘潭大学学报》(哲学社会科学版)2019 年第 6 期。

此外,赋强公证可使金融纠纷案件不经审判程序,直接进入执行程序,节约了司法资源和诉讼成本,最大限度地保护债权人合法权益,能够倒逼社会信用体系的建设,对法院"基本解决执行难"也具有重要推动作用①。显然,网络赋强公证是对当事人及司法主体均有所助益的制度,合理科学的社会治理方式是建设法治社会的重要一环,努力适应社会发展、利用科技手段完善自身更是制度有所发展、实现社会价值追求的应有之义。

三、不同办理模式下"互联网＋"赋强公证的实践困境

(一)全程在线网络办理模式运行存在的问题

全程在线网络办理,就是全程依靠信息技术平台自动推进,没有公证人员参与的办理形式。当事人进入公证机构建立的赋强公证办理平台,按照系统的提示进行申请、受理、告知、讯问、审查及出证,全程在网络页面通过网络技术自动进行,没有公证员参与审查及判断。此种模式下,办理的速度大大提高,可以同时受理、办理多个当事人的申请。其主要存在于网络赋强公证刚刚面世,技术、规范尚未出现的阶段,处于实验状态,存在诸多隐患。

1. 权威性不足

首先,赋强公证是一项具有强制性的制度,权威性亦与之紧密相关。仅仅依托网络技术构建的平台自动为当事人进行业务办理,并无任何公证人员的即时参与,会使业务办理显得过于简单。公证办理过程应当认真且严肃,但在此种模式下,当事人在线上的办理过程中未曾与公证人员进行互动,仅依赖页面的告知提示往往难以显示出公证的严肃性;此外,业务仅在短短数十分钟之内完成办理,会使当事人缺少"亲历"感,对自己所办理的业务缺乏应有的认真谨慎态度,从而难以意识到自己所进行的业务办理是会切实影响自身利益的公证。在此种状态下,公证文书的权威性无从体现,更难以保证。

2. 风险性增强

线上办理打破了实体空间的限制,营造出公证处与当事人"零接触"的场面。未进行实际接触,会使得对办理人身份的识别以及重要材料的审核方面存在困难,甚至出现当事人利用网络漏洞虚构身份信息或证据材料的情形。办理速度的提升带来的可能是审核的不全面、资料的不真实、身份的不确定等问题,如果没有相应

---

① 参见段明:《"强制执行公证债权文书制度改革与展望"学术研讨会综述》,载《中国公证》2018年第7期。

的程序对上述问题进行细致的审查，所出具的公证债权文书也可能会漏洞百出、争议频发。

（二）以网络为平台的在线人工办理模式运行的局限

此种办理模式是以人工操作为主体，而将网络作为辅助性的平台的一种形式。在技术支持尚不发达的地区以及尚未引起足够重视的区域，主要采用此种形式。业务办理流程仍由工作人员进行，包括受理、审核、资料上传、程序递进等工作，均由公证员进行人工操作；仅仅依靠网上平台进行电子签名、告知阅读等辅助性工作，且大多仍需要当事人到现场进行资料的提供并等待审查及上传等工作的进行，未能较好地发挥互联网的优势，反而使其沦为摆设。

该种模式下，赋强公证业务的办理虽然在线上进行，但实质上与传统线下办理的形式并无二致。徒有"互联网＋"的创新形式，却未实际投入改善的行动，使网络技术"流于表面"，并未深刻意识到"赋强公证"所蕴含的内在追求。每一项技术的创新与变革都不是一蹴而就的，面对业务创新，在保持开放的同时，更要小心求证。公证作为一项重要的社会治理制度，对社会治理乃至公民的切身利益都有着深远影响，鉴于此，网络赋强公证不应是简单地将业务由线下搬到线上办理，更不应是简单的技术叠加，而应当是善用技术为社会赋能①。

（三）"网络办理为主、人工参与为辅"办理模式运行的困局

该种形式在实践中适用范围较广，是网络与公证人员共同参与业务办理的一种办理形式。不同于"以网络为平台的在线人工办理"的形式，该种模式大多表现为以网络平台办理为主，公证人员仅通过在线平台参与进行核心及辅助性工作，如信息核验、审查等，再进行出证。目前大多网络赋强公证的试点均采用此种模式，一方面发挥互联网的优势，突破空间、时间的界限，实现多程序同时运行；在节省人力资源的同时，对应当进行的环节提前预设，避免缺漏。另一方面通过人工的参与，进行对重要环节的核查，坚持公证的直接、真实性等原则，发挥主观能动性，深入把握细节，保证办理的准确性。

这种办理形式在实践中颇有成效，但也存在网络赋强公证所具有的普遍性问题，如不同地域之间差异严重、保障机制不完善等。具体而言，主要表现在以下几方面。

1. 表现形式差异化严重

如上文所述，现今网络赋强公证的模式差异凸显，其主要问题也在于没有统一

---

① 参见张瑜明：《从技术视角看待网络赋强公证》，载《中国公证》2020年第2期。

的系统建构。由于各地技术水平不同,对发展网络办理平台的重视程度也有所差异,因而造成了不同地区不同形式的局面。办理全程以何种形式进行、具体需要通过哪些程序、办理过程是否有公证人员的参与、对身份信息及证据资料如何审查核实等,都需要制定统一的基本要求,再由各主体以此为基础因地制宜又不失秩序,开发出既具有统一性又符合各地域实际发展情况的平台。

2. 保障机制缺失

事实上,公证债权文书的出具并没有受到很好的监督。首先,其文书出具主体为公证机构,其行为并非具体行政行为,也就不具有可诉性;此外,司法机关对文书的监督只存在于当事人申请执行阶段对该文书的审查,且不能针对文书本身作出裁决。司法权的被动性也决定了其不能起到很好的监督作用。

在救济方面,根据有关法律规定,当事人或其他利害关系人对文书有争议的,只能选择向公证处申请复查,对复查决定有异议的,可以向地方公证协会投诉。这种监督救济形式与赋强公证本身所具有的"强制性"相形见绌,显得过于单一。

3. 预防性目的落空

预防性目的是赋强公证制度的本质追求,网络赋强公证则应当发挥网络的特性对制度本身进行改革,从而更好地实现其价值追求。但不当的网络赋强公证模式会对其原有的强制性、严肃性带来威胁,强化办理风险性、弱化其公信力,使赋强公证制度难以得到良性发展。另外,网络赋强公证的各个环节均需严格把控,流程中稍有疏漏便可能出现错误,致使文书失去应有的效力,甚至给当事人带来难以挽回的损失,抑或是徒增纠纷。若未能采用适当的网络办理模式,不仅难以实现预防纠纷的目的,反而会造成对其他非诉机制资源乃至司法资源的浪费。

4. 专门规定匮乏

2021年5月,江苏省公证协会出台《区块链+金融债权文书网上赋予强制执行效力公证暂行规范》(以下简称《暂行规范》),这是全国首个关于区块链网络赋强公证的业务规范。这是网络赋强公证发展路上的一大步,而这份规范的出台也从侧面反映了网络赋强公证的运行需要出台有关规定予以规范。公证行业是独立的法律行业,公证处是直接向社会提供法律服务的机构,有其特有的运行规律和管理需要[①]。但除了行业协会内部出台的规范以外,更需要全国性的规定进行统一协调。

目前,有关网络赋强公证的法律规定仅体现在《公证程序规则》第70条第二款"公证机构采取在线方式办理公证业务,适用本规则。司法部另有规定的,从其规

---

① 参见王进喜:《律师与公证制度》,中国人民大学出版社2013年版,第211页。

定。"但我国现行《公证法》《公证程序规则》等均是以尚未出现线上办理方式时期的公证业务实况为基础所制定修改的,难以适应网络办理模式下的新问题及风险,缺乏针对性内容。因此,亟需有关主体针对网络办理中可能出现的挑战,出台相应的用以规范公证行为及完善救济途径的规定。

四、"互联网＋"赋强公证模式的优化路径

（一）技术利用合理化

平台的建立需要技术支撑,故而其质量大多取决于技术水平的高低。因此,公证机构在构建平台中所运用的技术,应当合理且细致,全面考量其适应能力及实用性。对于网络赋强公证平台的建立而言,其技术除了应当具备一般的信息传递、交互的功能之外,还应具有特殊的识别、核验技术以及严密的安全防护能力。一般的信息技术用以维护业务办理的正常程序运行与推进,而特殊的技术功能则是维护公证机构公信力、保障办理人权益之必需。

首先,在身份识别上,采用证件照片上传、人脸在线识别相结合的方式,也可以参照互联网法院身份识别查验的方式,通过国家统一身份认证平台完成身份认证,取得专用账号,从而避免因公证平台技术原因导致系统错误或账号被盗用等情形[1];若以上方式仍存疑,则可采用远程音视频连线的方式,确保身份资料与办理人的一致性。此外,对于企业、金融机构等组织,要审查其营业执照、法人资格、企业资质等信息,必要时可利用大数据,考察有关官网的登记备案信息进行综合对比核实。

其次,在信息核对方面,对于实物资料要保证提供照片的原始性,避免修图、涂抹修改的情况;对于电子信息,要保证其来源合法性与真实性,并核实是否有证明其真实有效性的签字、盖章等。

最后,由于赋强公证的办理要求完全的意思自治,意思表示的真实性对于公证文书的效力有着决定性作用。意思表示真实要求行为人在未受到外力强制或诱惑的情况下,根据自己的合法权益与内心判断自主做出[2],对其的核对更应当谨慎。因此,要通过系统提示、反复确认的形式强调文书的法律效力,并适时采取实人连线问答核实的形式,了解办理人的真实意思,避免出现"假人假证""糊涂办证"等情况。

---

[1] 参见叶敏、张晔:《互联网法院在电子商务领域的运行机制探讨》,载《中国社会科学院研究生院学报》2018 年第 6 期。

[2] 司法部、中国公证协会主编:《公证程序规则释义》,法律出版社 2006 年版,第 104 页。

（二）系统运行统一化

如今网络赋强公证的模式的差异化严重，主要原因在于平台系统均为各公证机构自行开发，因技术、地域、经济发展等因素的不同使得表现形式差异化较大。但各项创新都是为了赋强公证制度本身的发展，发挥其最大的社会效用，因而要从制度本身出发，制定基础的运行规范，促进各机构系统运行的统一性，维护网络赋强公证模式的发展秩序。

1. 规范公证人员参与的方式

在线办理突破了时间、空间的限制，打破了传统面对面办证的形式，但公证要求具有"程序性"，网络赋强公证的办理理应符合公证程序要求，"公证员亲自办理"也是公证程序中的重要原则[①]，因此在线上平台的办证过程中亦需公证人员的实际参与。且由于现实情况复杂多变，并不能完全依赖网络系统及信息技术予以处理，对于办理中的重要环节或争议产生风险较大的环节，应当由公证人员亲自审查办理。如上文所提的信息识别中的远程音视频连线、在线通讯问答等，都需要公证人员对真实情况有所判断，保障办理的严肃及准确性。此外，增加办理当事人在办理过程中与公证人员的实际接触，适当互动，有助于督促其在材料提供及信息提示的阅读签署中认真进行，增强其业务办理的谨慎态度；亦有助于增加当事人的信任度，从而提高文书的权威性与公信力。

2. 制定有序的程序递进流程

赋强公证的办理并非简单的受理申请后直接审查出证，中间还包含身份核实、材料核实、告知阅读与签署、审查等程序；且该业务本质上是由先后出具的两个相互联系的文书组成，因此各程序之间的衔接至关重要。首先就是对先文书即赋予强制执行效力的债权文书的出具，应先后经过身份认证、提出申请、受理申请、资料提供与审查、内容告知与签署、出具公证书、备案的程序。其次，办理过程中应当有公证人员的参与，为了保证办证的准确性及有效性，避免瑕疵出现，应当要求公证人员全程在后台监控，且不得在同一时间参与多项业务的监督管理，保障办理的完整与严谨性。

若债务人未按约定履行债务，债权人向公证处申请出具后文书即执行文书时，平台应当能够在当事人完成对有关材料的提供及相关程序后，为其自动转接到申请执行证书的流程。当事人可以直接在该页面提出申请，并及时反馈到公证处的业务端，由公证人员进行审查，给予出具执行书或不予出具执行书的反馈。且在当

---

① 方良祯：《"互联网＋公证"在公证服务中的应用研究》，载《中国公证》2021年第5期。

事人收到反馈后，平台应当在该页面显示有关当事人可选择的救济途径的内容提示，并结合当地技术资源等情况，决定是否加入可直接进行救济申请的模块。

3. 建立专门的审查、备案系统

在各项程序的衔接中，除了常规流程外，审查及备案是维护公证文书效力、保障公证行为法律效力的至关重要的环节。因此，可以建立独立于业务办理之外的系统专用于审查、备案，仅供公证机构内部人员登录使用。此处的审查是指在出具第一个公证书之后，机构对公证人员已完成办理的公证债权文书的内部审查。在出具公证债权文书后，将文书备案于另一个独立的系统，有助于增加安全性，方便日后的调阅审查。此外，在当事人提出申请执行书的申请后，公证人员可直接登录该系统，调取案件相关信息内容，并在该系统内进行审查，决定是否出具执行书，再由该系统将决定发送至申请人。除安全性有所提高之外，独立的系统更易于工作人员进行卷宗的整理分析、对于争议事项的复查，从而提高工作的效率。另将该系统与管理部门建立连接，也有助于管理部门对各公证处所办理业务进行及时全面的监督。

（三）细化调整规范内容

1. 法律法规的强制性规范

目前法律法规中有关网络赋强公证的内容较少，对其运行难以起到全面的指导作用。首先，在办理模式方面，网络赋强公证办理模式的采用虽然大多取决于公证机构本身的选择，但也应当以法律法规等强制性规定对重要内容进行严格的要求与把控。如对机构的责任要求、对办证人员的操作要求以及对技术平台的功能要求等。其一，法律法规应当对可以采用网络赋强公证办理形式的机构范围有所规划，应当选择具备与在线办理业务相适应的服务能力与技术水平的公证机构。其二，办证人员除了应当具有传统模式下办理公证所应具备的素质之外，还要掌握相应的网络技术操控能力和灵活的应变能力，对于允许参与线上业务办理流程的人员，应当进行相应培训及考察，提高其信息处理及应对突发问题的能力。技术平台不能在开发成功之后直接投入使用，而是要经过一段时间的试运行和分析考察，避免因突然投入使用产生预料之外的问题，进而引发难以挽回的错误，影响当事人的利益实现。此外，网络办理形式下出具的文书是通过网络进行交互传递的，表现为电子数据的外观，应当对其法律效力进行认可，并规定其有效的要素，如电子签章、资料附件、公文书水印等。

2. 行业规范的灵活性调整

作为一个独立的法律行业，公证行业的自律性决定了公证协会应当采取措施对行业内部的机构进行有效的管理与监督。江苏省公证协会出台的《区块链＋金融债权文书网上赋予强制执行效力公证暂行规范》，是公证协会职责的有效履行，也是促进其行业整体发展进步的有效举措。该规范是江苏省两年来办理网络赋强公证业务的经验总结①。它的出台意味着全国公证协会应加强对网络赋强公证的发展重视程度，根据各地区不同的技术条件及经济发展水平等制定专门性规范。

（四）完善保障机制

1. 优化监督形式

"互联网＋赋强公证"形式已经取得一定成效并对制度发展有所助益，同样地，结合网络优势对业务办理进行监督也不失为一项有效的创新举措。开拓线上监督的模式，时效性更强、普遍性也更高。公证机构办理业务应当受到司法行政机关的监督以及社会公众的监督，可以如前文所述建立独立的备案系统连接公共管理平台，供有监督权的行业协会及司法行政机关随时调查核实。或者在办理平台设置问题反馈的版块，让当事人在办理过程中遇到问题可即时寻求在线帮助，对处理不妥当的行为有权即时申诉反馈，对应当公开的事项，通过网络渠道进行公示并提供查询索引，可以更好地保障公众的知情权，提升公众监督的参与度。

2. 完善救济方式

以往对公证文书内容有异议的，当事人仅可通过书面形式向公证机构申请复查。现如今公证业务可以通过网络办理，那么复查的申请也应当允许通过网络申请和推进。可在办理赋强公证的平台设立单独的模块，受理当事人复查的申请。申请模式可采用信息填充的形式进行，提前设计填写模块，包括身份、申请内容、原因、证明材料等。用户在申请界面可选择自行上传申请复查的文书附件，也可以选择在线填写信息，为申请人省去自己组织整理文书内容的麻烦，有助于公证机构有针对性地获取到业务办理所需的准确信息。在此种形式下，公证处对复查申请的接受和处理效率能有所提升，在降低当事人救济成本的同时增强救济的有效性，更好保障其合法权益。

结　　语

如今，我国正处于司法改革的重要阶段，各项社会治理制度万箭齐发，齐头并进。互联网给社会带来的作用是冲击性的，也是强有力的，合理的结合利用更是有

---

① 张全连、杨璇、施为飞：《江苏规范 区块链网络赋强公证》，载《江苏法治报》2021 年 5 月 11 日，第A01 版。

百利而无一害。对于公证机构而言，相关行业组织应统筹规划，共同致力于构建一个具有技术性强、安全性高、适应市场需求的，能够实现全国公证业务资源整合与共享的平台，从而完善公证业务的生态体系①。

除了能够提升社会治理能力之外，网络赋强公证在调节金融关系中也呈现出较高价值，能够有效促进企业发展，进而推动社会的整体发展。因此，采取相应措施，为"互联网＋"时代的赋强公证制度创新发展营造一个规范性的环境，尤为重要。只有完备的法律基础做支撑，才能有效促进赋强公证制度充分发挥其预防纠纷的社会价值，减轻司法压力，也为社会公平正义的实现保驾护航。

---

① 苗航：《互联网时代的公证法律服务之路》，载《中国公证》2020 年第 2 期。

后　记

2022 年 1 月 10 日,首届"中国公证改革发展高端专题研讨会"在湖南湘潭成功举办。本次论坛邀请了来自全国各地公证领域的专家学者和实务人士,聚焦公证法修改、合作制公证机构规范发展、互联网公证、公证业务创新等热点问题进行交流讨论,共同探讨新时代公证事业发展的中国方案。论坛在学术界与实务界引起了广泛关注,在各方积极参与下,共收到 121 篇高质量论文。经过论坛组委会的严格遴选与多轮评审,最终评选出一等奖论文 8 篇、二等奖论文 15 篇、三等奖论文 20 篇、优秀奖论文 16 篇。

作为公证领域内的学术盛会,本次论坛汇集了全国公证理论与实务专家的共同智慧,所形成的研究成果具有理论研究前瞻性、实践探索创新性、研究视阈复合性、研究方法多元性等特点,对于我国公证制度的改革发展具有重要的理论意义与实践价值。为了更好地推广这些优秀的研究成果,我们择优遴选了部分会议论文,并将其结集出版,以期为后续的公证法修改提供智力支持,为公证实践运行提供理论指导。

本书作为此次会议的成果荟萃,在汇编过程中极为注重内容结构的体系性、逻辑性与层次性。全书分为 4 编,共收录专题论文 25 篇,并按照从理论到实践、从体制到制度、从现状到未来的逻辑结构进行整体编排。各编内容介绍如下:第一编为"公证体制改革的理论检视",主要从合作制公证机构性质、事业体制公证机构机制创新、欠发达地区公证体制改革、公证机构本位证明模式等方面,对公证体制改革的相关问题进行检视与反思,进一步夯实公证体制改革的理论根基。第二编为"公证制度规范的优化革新",着力探讨公证制度定位、公证执业区域、程序违法公证书效力、公证损害责任、公证核实权、公证保全等具体公证制度在运行过程中所面临的现实困境及优化对策,以促进公证法律制度的不断完善与革新。第三编为"公证业务创新的实践探索",重点关注物业管理公证、遗嘱公证、遗赠扶养协议公证、信托公证、意定监护协议公证等创新性公证业务，在提炼总结实践探索的有益经验的基础上，进行理论层面的研析与指引。第四编为"在线公证模式的发展趋势"，主要对在线公证模式、网络赋强公证制度运行中的痛点与难点问题进行深入剖析，在提出解决进路的基础上，指明在线公证的发展趋势与未来走向。

本书由我和谢蔚副教授担任主编，夏先华和段明两位老师担任副主编。全书的整体设计与编排结构由我拟定，夏先华老师协助进行统稿与编辑，湘潭大学研究生刘浅哲、张红旺、李五志、李静茵、訾培玉、唐莹、费美望、王卓然、聂丹全程参与了书稿的编辑与校对工作。最后，特别感谢清华大学出版社李文彬老师为本书的顺利出版所付出的艰辛劳动。

廖永安

2022 年 7 月 30 日

于湘潭大学法学院